张海鹏 著

第五卷
报刊时论

张海鹏文集

社会科学文献出版社
SOCIAL SCIENCES ACADEMIC PRESS (CHINA)

目 录

一 中国近代史的宏观论述

如何看待中国近代史发展的基本线索？
　　——学习毛泽东有关论述笔记 …………………………………… 003
中国近代史的"两个过程"论及其指导意义 ………………………… 008
中国近代史和中国现代史的分期问题 ………………………………… 015
《中国近现代史纲要》的学术价值与现实意义 ……………………… 019
中国近代史的新写法、新史识、新论断 ……………………………… 022
孙中山民生主义的现代意义 …………………………………………… 027
中国近代爱国主义理性提升的历程 …………………………………… 033
中国近代史研究应该为塑造社会主义现代公民服务 ………………… 040
清代府县历史研究大有可为 …………………………………………… 043
为"一带一路"建设提供历史根据 …………………………………… 045
金融发展要在义利之间取得平衡 ……………………………………… 049
人民公仆观念之百年嬗变 ……………………………………………… 053
孙中山《实业计划》是中华民族复兴梦进程中的伟大贡献
　　——纪念《建国方略》发表100周年 ………………………… 055

二 论中国历史学建设

学习习近平总书记贺信　加强中国历史学学科体系建设 ………… 063
把握新时代中国史学发展的关键 ……………………………………… 066
要把《中国通史》编撰提上日程 ……………………………………… 068
建构包含面更广的世界史学科 ………………………………………… 070

改革开放以来的中国历史学 …………………………………… 074
新时期历史学研究中的几个问题 ……………………………… 080
在中国近代史研究中坚持唯物史观 …………………………… 086
推进我国史学话语体系建设 …………………………………… 091
努力建设哲学社会科学的基础学科——历史学 ……………… 097
建设哲学社会科学的基础学科，推进中国历史学国际话语权 … 101
对中国政治术语做出翔实的学术论证 ………………………… 113
根深叶茂　史苑繁荣
　　——改革开放 40 年来我国历史学的发展 ………………… 117
守正创新　资政育人
　　——新中国 70 年历史学的繁荣发展 ……………………… 122

三　论甲午战争与钓鱼岛问题

甲午战争的历史教训与现实思考 ……………………………… 131
甲午战争百廿年祭 ……………………………………………… 138
中日甲午战争的世纪影响 ……………………………………… 147
统治阶层贪腐是甲午战争失败的重要原因 …………………… 152
反思甲午战争绕不开钓鱼岛问题 ……………………………… 158
论《马关条约》与钓鱼岛问题 ………………………………… 164

四　论辛亥革命等问题

近代中国丧失发展机遇的省思 ………………………………… 173
从历史经验说我国面临的机遇与风险 ………………………… 176
20 世纪中国与世界关系的三个标志性年代 …………………… 184
辛亥革命为中国的进步打开了闸门 …………………………… 186
革命共和是推动辛亥革命发生的动力 ………………………… 194
怎么看待辛亥革命的伟大历史意义 …………………………… 201
怎样读懂辛亥革命历史 ………………………………………… 206
五四运动的伟大历史意义 ……………………………………… 214
九一八事变是日本蓄意制造的侵华战争开端 ………………… 221
理解抗战必须正视抗日战争中的两个领导中心 ……………… 227

走向民族复兴的重要标志

——论中国人民抗日战争胜利的历史意义 ………… 236

为什么说共产党是抗日战争的中流砥柱 ……………… 243

台湾光复是对日本殖民统治的否定

——驳李登辉台湾没有抗日的媚日言行 ………… 251

抗日保台　心向祖国

——评日据时期台湾人民的抗日斗争 …………… 255

纪念抗战不能忘记历史的基本线索 …………………… 260

下大力气推进抗日战争史研究 ………………………… 263

五　论建设好的学风

坚持百家争鸣　繁荣历史科学 ………………………… 273

普及历史知识首先应尊重历史真实 …………………… 278

关于治学与学风问题的几点感想 ……………………… 283

学问来不得半点虚假 …………………………………… 293

六　书评和影评

警世甲午　醒世亦甲午

——评电视历史纪实片《警世甲午》 …………… 297

一个沉重、震撼人心的话题

——评电视连续剧《台湾·1895》 ……………… 299

一本有中国气派的通史简写本

——读《中华史纲》 ……………………………… 302

为中华民族复兴唱响强国梦

——读《核铸强国梦——见证中国"两弹一艇"的研制》 …… 305

七　纪念前辈历史学家

发扬马克思主义在史学领域的开拓精神

——纪念范文澜诞辰110周年 …………………… 309

发扬吕振羽用唯物史观探索中国历史进程的精神 …… 314

追思胡绳同志在建树中国近代史学科中的功绩 ……… 318

胡绳与近代史研究所 ·················· 321
一个战士、学者对中国历史学的贡献
　　——追怀马克思主义历史学家刘大年 ········· 331
为中国近代史学科立个框架
　　——刘大年先生对史学理论建设的贡献 ········· 341
继承白寿彝先生为建设中国马克思主义史学筚路蓝缕、
　殚精竭虑的奋斗精神
　　——祝贺纪念白寿彝先生诞辰100周年大会的召开 ···· 345
何兹全先生的史学创新与学术贡献 ··············· 348

八　论中华人民共和国成立

中华人民共和国成立的伟大历史意义 ·············· 355
为中华民族走向复兴点赞
　　——庆祝中华人民共和国成立65周年 ·········· 367
关于中国的社会主义道路答读者问 ··············· 374
正确评价毛泽东的历史功过
　　——纪念毛泽东诞辰120周年 ············· 385
中华民族迈向伟大复兴的光辉历程 ··············· 391
中国历史将要良性运转
　　——毛泽东与近代中国历史的随想 ··········· 398

九　历史学家要有时代担当

济南大会聚焦"全球视野下的中国" ·············· 409
在第22届国际历史科学大会开幕式上的致辞 ········· 412
中国历史学家要有时代担当 ·················· 414
说说历史有什么用 ······················ 416

一
中国近代史的宏观论述

如何看待中国近代史发展的基本线索？*

——学习毛泽东有关论述笔记

什么是中国近代史的基本线索？毛泽东1939年12月在《中国革命和中国共产党》一文中说了这样一段话："帝国主义和中国封建主义相结合，把中国变为半殖民地和殖民地的过程，也就是中国人民反抗帝国主义及其走狗的过程。从鸦片战争、太平天国运动、中法战争、中日战争、戊戌变法、义和团运动、辛亥革命、五四运动、五卅运动、北伐战争、土地革命战争，直至现在的抗日战争，都表现了中国人民不甘屈服于帝国主义及其走狗的顽强的反抗精神。"[1] 又说："自从一八四〇年的鸦片战争以后，中国一步一步地变成了一个半殖民地半封建的社会。"[2] 这就是我们平常所说的中国近代史的"两个过程"。我认为，这仍然可以看作是对中国近代史基本线索最确当的概括。

毛泽东对中国近代史做出的"两个过程"的概括，是根据中国人民长期革命实践取得的。中国人民为此花了几乎一个世纪的时间。对中国的社会性质，马克思主义的创始人没有做出说明。列宁虽然在1912年写的《中国革命和中国民粹主义》一文中指出中国是个落后的、半封建的农业国家，在1915年的《社会主义与战争》和1919年的《帝国主义是资本主义的最高阶段》《民族主义和殖民地问题提纲》中说中国是半殖民地国家，但是并未做出论证。在中国共产党成立以前的20世

---

* 本文为1984年5月稿，1989年10月修改，发表于《求是》1990年第3期。后收入《张海鹏自选集》，学习出版社，2012。

[1] 《中国革命和中国共产党》，《毛泽东选集》第2卷，人民出版社，1991，第632页。

[2] 《中国革命和中国共产党》，《毛泽东选集》第2卷，第626页。

纪初期，中国人对中国的社会性质，对帝国主义及其在中国的走狗应取何种态度，都没有正确的认识。中国共产党成立的初期，把正确认识中国社会性质及革命基本问题提上日程，但问题并未得到彻底解决，以至于在二三十年代，还爆发了一场关于中国社会性质问题的大论战。中国共产党人在马克思列宁主义指导下，对中国社会性质和革命性质问题进行了严肃思考和理论创造。毛泽东在1939年底和1940年初连续发表了《中国革命和中国共产党》《新民主主义论》等论著，系统地、科学地、正确地解决了这一问题。毛泽东说："认清中国的国情，乃是认清一切革命问题的基本的根据。"① 中国共产党制定中国革命的总战略、总策略就是建立在对中国国情正确认识的基础上的。所谓中国的国情，最根本的就是中国社会的性质。毛泽东不止一次强调指出：只有认清中国社会的性质，才能认清中国革命的对象、中国革命的任务、中国革命的动力、中国革命的性质、中国革命的前途和转变。认清中国社会性质，才能解决近代中国历史发展的基本规律问题。毛泽东关于"两个过程"的概括，正是基于对近代中国社会性质的分析而形成的对历史发展的规律性认识。这是他把马克思列宁主义与中国的历史实际、革命实际结合的产物。

近代中国的历史实际就是，一方面是帝国主义和中国封建统治者相勾结，使中国沦为半殖民地半封建社会，另一方面必然是中国人民的不断反抗。中国人民的根本任务就是首先完成反帝反封建的民主革命任务，实现的根本途径就是人民大众联合起来，在先进阶级领导下进行反帝反封建的革命。只有驱逐了帝国主义势力，中国才能争取到民族独立；只有推翻了封建地主阶级的统治，中国人民才能获得民主解放，从而达到真正的社会进步。因此，只有人民大众的反帝反封建的民主革命，才是中国争取民族独立和谋求人民解放的正确道路。新、旧民主主义革命时期的社会性质是一样的，由此决定的革命对象、革命动力也是相同的，不同点仅在于革命的领导力量和革命的前途不同。而有的论者认为，在中国近代前期，争取独立和谋求进步的根本道路，主要应该是向西方学习，发展资本主义。提出这种见解的论者在说明近代中国的根本道路时，回避了反帝反封建的问题，不能不使人产生这样的错觉：中

---

① 《毛泽东选集》第2卷，第633页。

国似乎可以不经过反帝反封建的斗争，只需向西方学习、发展资本主义，就能实现民族独立和社会进步。这就不能不涉及近代中国革命道路的问题。

从历史发展的一般规律说，资本主义代替封建主义是历史的一大进步，但是在近代中国那样的特殊环境下，向西方学习、发展资本主义不可能成为争取独立和谋求进步的根本道路，因为帝国主义不允许中国发展独立的资本主义，先生老是欺负学生。许多先进的中国人这样努力尝试过，都失败了。孙中山先生高明之处就在于他懂得了要救中国，必须革命，必须争取国家的独立、自由和主权。在新中国成立以前的近代中国历史上，抛开反帝反封建，抛开民族独立，仅仅强调向西方学习、发展资本主义，是可行的吗？几个世代的中国人都做过这样的富强梦，中国并没有富强起来。研究中国近代史，不能不注意到这个最基本的事实。

有的人提出要重视中国近代史上资本主义经济发生、发展的意义，这是对的。可问题是如何才能发展资本主义和国际国内环境允不允许中国发展资本主义。近代中国是一个半殖民地半封建社会，在中国发展资本主义，不仅遇到了封建势力的抵制，而且首先遇到了帝国主义势力的反对。毛泽东指出："帝国主义侵略中国，反对中国独立，反对中国发展资本主义的历史，就是中国的近代史。"[①] 帝国主义侵略中国，是要把中国变成它的殖民地半殖民地，是要把中国人民变成它的奴隶，是要在中国建立超经济剥削的基地，不是要把中国变成它的商品竞争对手。为此目的，帝国主义要在中国开设工厂，利用中国的廉价劳动力和市场，在中国榨取超额利润。只要它这样做了，如同马克思论述英国殖民者在印度那样，它就不能在中国避免产生中国的民族资本主义。因此，在中国，要产生民族资本主义，绝不能以帝国主义和封建主义的主观意志为转移。但是在中国，不驱逐帝国主义势力，不推翻封建主义统治，民族资本主义便得不到顺利发展。试看，在帝国主义和封建主义统治下，中国的民族资本主义几经磨难，起起伏伏，总是得不到顺利发展，始终没有成为中国社会占统治地位的生产方式，便是明证。

也有的人提出应把是否向西方学习作为区别近代中国历史上进步与反动的分水岭。从这一观点出发，他们把洋务运动同农民战争、维新运

[①] 《新民主主义论》，《毛泽东选集》第 2 卷，第 679 页。

动、资产阶级革命并列起来，构成近代中国历史前进的基本脉络。因而洋务运动就是进步潮流，洋务派就是进步势力。其实洋务运动之所以在19世纪60年代发生，并在此后30年间有了发展，正是资本—帝国主义侵略中国步步深入的产物，是帝国主义与中国封建统治相结合把中国变成半殖民地半封建社会的产物。洋务运动期间虽然发展了一批近代资本主义企业，且这批企业是此后中国社会经济进一步发展的起点，我们却不能仅仅根据这一点把它说成是近代中国的进步潮流，正如我们不能把最早在中国创办了资本主义企业的外国侵略势力称作中国的进步潮流一样。因为无论是外国侵略势力还是本国的封建统治者，他们在中国发展资本主义企业，都是以巩固侵略成果或维持封建统治为目的的。如果说在客观上对中国资本主义的发展起了某种刺激作用，那是派生出来的结果。《共产党宣言》说资产阶级"迫使一切民族——如果它们不想灭亡的话——采用资产阶级的生活方式；它迫使它们在自己那里推行所谓的文明，即变成资产者"。① 资本—帝国主义把亚洲、非洲和美洲的许多国家变成了殖民地、半殖民地。它们一方面极其残酷地统治殖民地半殖民地的人民，另一方面把资本主义的文明带到那里。马克思说，英国在印度造成的社会革命"毕竟是充当了历史的不自觉的工具"。② 但是这种社会革命的成果即资本主义的生产力并不属于人民，印度人民并不能指望从资本主义文明中获得民主、自由和进步。在当今的国际社会，少数富强发达的资本主义国家与大多数落后贫弱的不发达国家形成强烈的反差，已是无可争议的事实。这种反差不是历史自然发展的现象，而是新、老殖民主义的压迫、剥削造成的。少数资本主义国家的发达富强，是建立在大多数落后国家贫穷的基础上的。近代以来，虽然落后地区广大人民不断斗争，力图改变这种社会经济发展的不合理格局，但可惜迄今终未根本扭转这种历史格局。尽管那些早已成为殖民地的国家或地区，其资本主义文明的输入并不比中国晚，许多毋宁说还要早些，但它们大多并未取得中国今天的生产力发展水平。这不是因为别的，而是由于中国彻底取得反帝反封建的斗争胜利后，争取到了社会生产力迅速发展的社会条件。总结近代世界历史发展的这一历程，难道我们可以说资

---

① 《共产党宣言》，《马克思恩格斯文集》第2卷，人民出版社，2009，第35—36页。
② 马克思：《不列颠在印度的统治》，《马克思恩格斯文集》第2卷，第683页。

本—帝国主义把资本主义带到世界的落后地区是起到了促进世界历史向前发展的进步作用吗？

洋务运动是怎样产生的呢？1860年《北京条约》签订后，侵略者获得了满意的结果，占领军退出北京。统治者中的一些人如奕䜣、曾国藩、沈兆霖等人认为洋人不仅"不伤毁我宗庙社稷"，还能帮助自己镇压"心腹之患"的太平天国运动，便对外国侵略者产生了好感。于是，宁愿割地赔款、出卖主权，换得侵略者的欢心。1860年是一个转折点，在这之前，清政府对于外国侵略，还是抵抗与妥协并举；在这之后，妥协就是主要的了。从1860年起，封建统治者与资本—帝国主义的结合就很自觉了，以至于后来那拉氏说出要"量中华之物力，结与国之欢心"，达到了登峰造极的程度。洋务运动就是这帮对内镇压、对外妥协投降的封建官僚搞起来的，代表人物就是奕䜣、曾国藩、李鸿章等人。洋务运动期间，中外反动派结合得愈益紧密，半殖民地半封建社会的演变过程也就得以完成了。由此可见，我们不能说洋务运动是进步运动，说它是统治阶级在外国资本主义侵略和国内人民不断反抗斗争的情况下，掀起的一场以巩固封建统治秩序为目的的运动，则更近乎事实。而这种地主阶级自救运动无论是从主观动机还是从客观效果看，都是适应了资本—帝国主义侵略中国、把中国变成半殖民地半封建社会需要的。

坚持用"两个过程"来概括中国近代史的基本线索，是不是对反帝反封建斗争谈得过多了呢？这个问题是根本不存在的，因为我们研究的对象是中国近代史。反帝反封建是中国近代史的主要内容之一。正是在进行反帝反封建斗争的基础上，中国人民逐步接受了马列主义，并最终选择了社会主义道路。这是中国人民长期进行反帝反封建斗争的历史结果。中国近代史的内容当然是极其丰富的，除了反帝反封建这一面以外，还有其他各种社会内容。是否可以说，中国近代史上各种形式的斗争，都为反帝反封建这一关系中华民族生死存亡的主线所制约？不谈或少谈中国人民反帝反封建斗争的历史，中国近代史的研究还有多少实际价值呢？因此，不存在谈得多不多的问题，而是如何正确研究它的问题，如何坚持用马列主义、毛泽东思想研究近代史，正确总结民主革命时期反帝反封建斗争的历史经验，来为社会主义建设服务，更好地尽到历史工作者的社会职责的问题。

中国近代史的"两个过程"论及其指导意义[*]

近年来，在中国近代史基本线索问题的讨论中，关于"两个过程"的说法引起了广泛的争鸣。所谓"两个过程"是根据毛泽东的原话概括出来的。是毛泽东在把马列主义应用于中国革命的具体实际过程中，为了革命事业的实际需要提出的，它正确解决了中国近代历史上的若干基本问题。实践证明，它既符合中国近代历史发展的客观进程，也符合马列主义的基本原理，用它来指导中国近代史的研究工作，理应受到人们的重视。

中国近代史的"两个过程"

半殖民地半封建中国的历史，就是中国的近代史。从 1840 年的鸦片战争开始，中经 1919 年的五四运动，到 1949 年中华人民共和国成立即新民主主义革命完成，都包括在这段历史过程之内。这 109 年，是中国历史上最重要的转变时期之一，也是距离我们今天的时代最近的历史时期。较之中国悠长久远的历史发展来说，这 109 年是短暂的，但它包容了比此前历史丰富得多、复杂得多、重要得多的内容。中国近代史最重要的内容是什么呢？

鸦片战争以前，中国是一个独立的封建专制国家。自明末以来出现

---

[*] 本文作于 1984 年 4 月，曾提交 1990 年 3 月在厦门大学召开的全国史学理论讨论会，原载《高校社会科学》1990 年第 5 期。后收入张海鹏《追求集——近代中国历史进程的探索》，社会科学文献出版社，1998。

的资本主义萌芽，由于封建社会末期腐朽王朝的统治，没有得到发展，没有在中国的封建社会里孕育出资本主义的生产方式。帝国主义的侵略改变了这种状况。鸦片战争以后，资本—帝国主义从四面八方向中国紧逼过来。用政治、经济、军事、文化各种手段侵略中国，迫使中国社会自给自足的封建经济逐步解体，促使中国产生了资本主义因素，把一个封建社会变成了一个半封建社会；同时，帝国主义又残酷地统治了中国，它从不平等的《南京条约》起越来越严重地从中国攫夺大量权益，清政府的独立权逐步丧失，中国变成了一个半殖民地国家。在中国沦为半殖民地半封建社会的过程中，中国人民不甘心屈服于帝国主义和封建主义的双重压迫，从未停止过对国内封建统治和国外侵略势力的反抗，掀起了像旧民主主义革命和新民主主义革命那样一次比一次高涨的人民革命浪潮，终于完成了资产阶级民主革命的任务，推翻了封建统治阶级，把帝国主义侵略势力赶出了中国。

这就是中国近代史的基本发展过程。毛泽东在1939年12月概括到那时为止的近代中国历史发展的客观内容时指出："帝国主义和中国封建主义相结合，把中国变为半殖民地和殖民地的过程，也就是中国人反抗帝国主义及其走狗的过程。"毛泽东还说，从鸦片战争、太平天国运动、中法战争、中日战争、戊戌维新、义和团运动、辛亥革命、五四运动、五卅运动、北伐战争、土地革命战争，直到抗日战争，都表现了中国人民不甘屈服于帝国主义及其走狗的顽强的反抗精神。毛泽东对中国近代史"两个过程"的这种概括，不仅总结了历史，而且指导了此后的革命斗争，是运用马列主义总结中国历史规律的范例。事实证明，毛泽东的"两个过程"论，是符合近代中国历史发展规律的，是正确的。

"两个过程"论是对中国近代历史发展的规律性的认识

有的近代史研究者认为"两个过程"论没有概括中国近代史的全部内容，片面地理解了中国近代史上的阶级斗争，认为只有"摆脱"它的"束缚"，才能开创近代史研究的新局面。这种意见是值得商榷的。

首先,"两个过程"论是对近代中国历史过程的理论概括。做出这种理论概括,当然首先要考察近代中国历史发展的各个方面、各种层次、可能影响历史发展的各主要事件,考察时代条件、国内外形势、社会性质、阶级力量配备、经济发展状况、文化思想的作用等问题;不考察这些方面而做出理论概括,就可能得出不周密、不完备,因而也就是不科学的结论,必然带有主观随意性。即使经过考察,在马克思主义指导下进行科学抽象,所得出的理论性的认识,也只能反映历史过程的本质的、基本的特点,不可能也没有必要把大量历史现象包举无遗。中国近代历史发展的内容是十分丰富的,在对大量历史现象经过科学的综合抽象之后得出的"两个过程"的认识,只是指出了中国近代社会两个最基本的过程:第一,中国近代是一个半殖民地半封建社会,它不是完全的封建社会,也不是完全的殖民地社会,它是在帝国主义和中国封建统治者从矛盾、斗争到逐步结合的过程中形成的;第二,在这个过程中,中国人民为了反对帝国主义和封建主义,展开了不屈不挠的斗争。这就是中国近代历史发展的主要内容。说它是两个过程,只是为了理论概括的方便,实际上是同一历史发展过程的两个主要的方面。"两个过程"是对近代历史过程的本质的正确抽象,它既能反映中国近代史的本质和主流,又能将各种历史现象包容在它所规定的历史范围之内。

其次,"两个过程"论反映了近代历史发展的基本规律。人类社会按照原始社会、奴隶社会、封建社会、资本主义社会、共产主义社会依次发展,这是马克思发现的人类历史发展的基本规律之一。中国的马克思主义历史学家已经证明,中国历史也是按这几种社会形态发展的。但到封建社会末期,中国并未进入完全的资本主义社会。中国的社会性质是什么?直到20世纪初期马克思主义在中国大规模传播以前,中国人都没有形成正确的认识。中国共产党成立以后,正确认识中国社会性质的问题开始提上日程,但未得到完满解决。到20世纪二三十年代,还爆发了一场关于中国社会性质的大论战。经过激烈的争辩,各种政治流派都提出了自己对中国社会性质的看法和改造中国的方案。毛泽东对中国社会性质问题进行了深入的考察和缜密的研究,于1939年12月发表《中国革命和中国共产党》、1940年1月发表《新民主主义论》,系统地、科学地论证了中国的社会性质问题,指出,自1840年鸦片战争以后,中国一步一步地变成了一个半殖民地半封建社会。这个结论极其重要，它是中国共产党制定中国革命总战略、总策略的基本依据。

所谓历史规律是重复出现的历史现象的本质的反映。"两个过程"所体现的近代历史发展的规律就是近代中国诸多历史现象的本质的反映，在整个近代史时期，它始终起着决定性的作用。中国的民主革命以1919年五四运动为转折点，之前为旧民主主义革命时期，之后为新民主主义革命时期。两个时期的区别仅在于革命的领导力量和革命的前途不同。其社会性质是一样的，由此决定了革命对象、革命动力都是相同的。在近代史研究中，掌握了"两个过程"论就等于掌握了打开中国近代史宝库的入门锁钥。循此继进，人们就更能看清近代中国丰富多彩的历史容貌。显然，把"两个过程"论当作一种"束缚"，是不妥的，如果真要"摆脱"它，近代史研究就可能误入歧途。

"两个过程"论对近代史研究的指导意义

"两个过程"的理论是毛泽东在新民主主义革命时期提出来的。它对中国共产党领导的民主革命具有重要的指导意义，这已为全部革命历史所证实，似乎没有人提出疑义。但它对中国近代史的前期即旧民主主义革命时期有何指导意义呢？对于这一点，近代史研究者的认识不尽一致。根据"两个过程"论的规定，近代中国既然是半殖民地半封建社会，中国人民的基本任务就是进行反帝反封建的民主革命。新民主主义革命时期是这样，旧民主主义革命时期也是这样。有的论者提出了另外的解释，认为在中国近代史前期，向西方学习、发展资本主义，是近代中国争取独立和谋求进步的根本道路。提出这种解释的学者在说明近代中国的根本道路时，回避了反帝反封建的提法，使人怀疑中国可以不经过反帝反封建的斗争，只需向西方学习、发展资本主义，就能实现民族独立和社会进步。这就涉及，毛泽东提出的"两个过程"论，对前期中国近代史的研究是否具有指导意义的问题了。我以为，毛泽东提出的"两个过程"论对前期近代史的研究同样具有指导意义。这是因为，毛泽东的理论是从中国近代史的实际发展过程中概括出来的。中国近代历史的客观过程是：19世纪中叶以后，中国经历了从一个独立的封建社会逐步变为半殖民地半封建社会的过程，到19世纪末完成了这个演变；

而自从外国资本主义侵略中国、中国开始沦为半殖民地半封建社会起，中国人民就展开了不屈不挠的反帝反封建斗争，太平天国运动、戊戌变法、义和团运动、辛亥革命是几个主要的标志。这就是说，"两个过程"作为近代中国的历史规律，是在19世纪形成的，不是在后来出现的。

第一，关于根本道路。争取民族独立和人民的民主解放是近代中国人民的根本任务，怎样来实现这一任务呢？一百多年来中国人民为了找到救国救民的正确道路，进行了艰苦卓绝的摸索和奋斗，付出了几代人的努力，几经失败和痛苦，终于在中国共产党的领导下获得了成功。历史学家不应该主观主义地为说明历史而说明历史，应当客观地、实事求是地去总结历史经验。事实是，只有驱逐了帝国主义势力，中国才能争取到民族独立；只有推翻了封建地主阶级的统治，中国人民才能取得民主解放，从而取得真正的社会进步。因此，只有反帝反封建的民主革命，才是中国争取民族独立和谋求人民解放的正确道路。把向西方学习、发展资本主义作为近代中国争取独立和谋求进步的根本道路，有意无意地抹杀或模糊了中国人民面临的反帝反封建斗争的严重任务。历史已经证明它不是一条正确的道路。近代史上许多志士仁人提倡学习西方、发展资本主义的努力，对中国近代历史的发展是很有意义的，但把它提升到历史发展的根本道路的高度，则显然有违历史事实。

第二，近代中国的确需要发展资本主义，问题是如何才能发展资本主义。近代中国是一个半殖民地半封建社会，在中国发展资本主义，不仅遇到了封建势力的压制，而且首先遇到了帝国主义势力的反对。如前所述，帝国主义虽然促进了中国资本主义的发展，更重要的却是压制了中国资本主义的发展。帝国主义侵略中国，是要把中国变成它的殖民地半殖民地，是要把中国人民变成它的奴隶，不是把中国变成它的商品竞争对手。为了达到这个目的，帝国主义要在中国开设工厂，利用中国的廉价劳动力和市场，在中国榨取超额利润。在近代中国首先发展起来并占据统治地位的是外国资本主义，接着是封建统治者的官办和官督商办企业。在这种情况下，不驱逐帝国主义势力、不推翻封建主义统治，资本主义要成为中国人民的生产力是不可能的，要大规模地发展资本主义也是不可能的。如果没有帝国主义侵略这个大前提，资本主义生产方式在中国的土壤里发育成长，进而彻底推翻封建制度，建立资产阶级国家，从历史发展的规律来说，这当然是最理想的。但是，研究历史不能凭想象和推测。

毛泽东关于中国近代史的科学论断是马列主义与中国实际相结合的产物之一

中国共产党登上中国革命的历史舞台，是在旧的资产阶级民主革命遭到失败之后。以毛泽东为代表的中国共产党人，在马克思列宁主义一般原理的指导下，反复研究了中国的历史实际和革命实际，在20世纪30年代总结出了引导中国革命走向胜利之路的基本理论——新民主主义革命的理论。马克思主义的经典作家指出了无产阶级进行革命的一般原理，但没有为中国无产阶级进行革命指出具体途径。把马克思主义的一般原理同半殖民地半封建中国的具体实际结合起来，产生了在广土众民而又饱受帝国主义和封建主义压迫的东方大国进行革命并取得胜利的理论，无疑是中国对马克思列宁主义理论宝库的重要贡献。

毛泽东的历史知识非常渊博。他在考虑中国革命问题的时候，非常注意中国的历史特点。从孔夫子到孙中山，都在他的历史视野之内。他把研究理论、研究现状、研究历史放到重要的位置。从毛泽东思想形成的过程来看，毛泽东运用马克思主义原理结合中国历史实际时，主要是结合了鸦片战争以来的中国近代历史的实际。可以认为，毛泽东对中国近代社会性质的分析、对近代民主革命经验的总结，以及由此而得出的对中国近代史的一系列基本结论，是毛泽东思想的内容之一。他在探讨中国近代史的基本规律时，不是为学问而学问，而首先、主要是为了阐释中国革命的基本问题，指导现时的革命斗争。因此，他把对中国近代史的研究，同对马克思主义理论的研究和革命现实问题的研究，紧密结合在一起。当然，我们不能教条化地理解毛泽东关于中国近代史的每一个具体论点，但是，对于毛泽东关于中国近代史的规律性认识，绝不能轻率否定。

有人认为："我们的历史认识基本上是解放前后在党的民主革命理论指引下取得的"，"民主革命时期对历史的某些未必正确的理解长期凝固不变，成为'框框'，障碍着人们的视线"。问题的实质不在于我们的历史认识是在民主革命时期取得的，还是在社会主义时期取得的，而在于这个理论是否正确，是否符合马克思主义。党的民主革命理论虽然是在解放前创立的，但它不同于资产阶级的民主革命理论，它是在马克思列宁主义指导下取得的，党的民主革命理论是马克思主义理论的组成部分之一。毛泽东在《新民主主义论》中指出："中国的民主革命，没有共产主义去指导是决不能成功的。"他在《论联合政府》一文中谈到党的最低纲领和最高纲领时还说："只有经过民主主义，才能到达社会主义，这是马克思主义的天经地义。"可见，党的民主革命纲领虽然是党的最低纲领，但党的民主革命理论是马克思主义的。解放后，广大历史工作者在马克思主义指引下，在毛泽东关于中国近代史的一系列基本结论指导下，在近代史研究领域形成了若干重要的理解。把这些理解当作对人们的"障碍"，要求突破它，这种对近代史研究领域基本成绩的评价，恐怕是有欠公允的。

有一种要求重写近代史的议论。这种议论如果是针对以往的研究著作过于浮浅、片面而发的，则不失为一种好想法，如果是针对以往研究中贯穿的反帝反封建的基本思路立言，把它作为一种框框要求突破，恐怕是一种错误观念。只有通过对近代史的研究努力论证近代中国半殖民地半封建社会的性质，全面地总结民主革命时期反帝反封建的历史经验，我们对中国近代史的认识才是深刻的，我们的工作对今天的社会主义现代化事业才会有借鉴意义。重写近代史如果是要突破这些基本思路，恐怕会回到 40 年前旧中国资产阶级、地主阶级的史学著作的老路上去。那样做，不是创新，而是复旧。这是显而易见的。

中国近代史和中国现代史的
分期问题[*]

关于中国近代史的分期，准确地说是关于中国近代史与中国现代史的分期，是确定中国近代史学科对象的重要问题。换句话说，究竟是以1919年作为中国近代史、中国现代史的分界线，还是以1949年作为中国近代史、中国现代史的分界线，数十年来，一直是争论不休的问题。

1949年10月新中国建立以前，研究中国近代史的学者，对于中国近代史、中国现代史没有明确地区分，就是说没有形成有关中国近代史和中国现代史明确的概念。那时候的学者，基本上认为中国近代史、中国现代史是同一个含义。这种状况明显地说明那个时候中国近代史还没有形成独立的学科。

新中国建立以后，胡绳先生1954年在《历史研究》创刊号上发表《中国近代历史的分期问题》一文，引起了近代史学者的强烈关注和热烈讨论。1957年，《历史研究》编辑部汇集了三年来学者的讨论文章予以出版。这次讨论，对于中国近代史学界学习马克思主义基本理论，学习唯物史观，认识近代中国历史的基本线索问题，起到了很大的推动作用。这次讨论的主题是中国近代历史的分期问题，所谓中国近代史，胡绳的文章非常明确地局限在1840—1919年，无形之中，就把中国近代史的时限范围，限制为1840—1919年间的历史。从这时开始，中国历史学界出现了中国近代史和中国现代史的明确分界，分界线就是1919年发生的五四运动。此后，学术界往往把自1919年五四运动以后的历史称作中国现代史，而把1919年上溯到1840年鸦片战争的历史称作中

---

[*] 本文原载于《人民日报》2009年11月20日，第7版（理论版）。

国近代史。换句话说，把旧民主主义革命时期的历史称作中国近代史，而把新民主主义革命时期的历史称作中国现代史。

那个年代是百家争鸣的时代。即使学术界有如此的认识，不同意见也有明确的表达。范文澜、刘大年、荣孟源、李新、林敦奎等学者提出按照社会性质来划分历史时期。按照这种观点，1840—1949 年的中国是半殖民地半封建社会，中国近代史应该包含 1840—1949 年的整个时期。范文澜是这一主张的最初提出者。他于 1947 年在华北新华书店出版的《中国近代史》上编第一分册前言和目录，把旧民主主义革命时期和新民主主义革命时期都划作近代中国的历史时期。但是，在 20 世纪 80 年代以前，无论是教学、研究或者撰著中国近代历史，都是以 1919 年五四运动为界的。这是那时的时代条件使然。

进入改革开放的历史新时期后，又一次出现了中国近代史和中国现代史分期问题的讨论。坚持 1919 年五四运动是中国近代史和中国现代史分界线的学者，主要以旧民主主义革命与新民主主义革命的区别为根据，为了突出无产阶级领导的新民主主义革命的重要性，坚持主张中国近代史结束于 1919 年。但是这种主张忽视了以社会性质作为区别历史分期问题的标志的意见，忽视了在半殖民地半封建社会里，无论是旧民主主义革命还是新民主主义革命，都是民主革命的性质，都是反帝反封建，区别只是领导力量的不同、革命前途的不同。因此在新的历史时期，主张以半殖民地半封建社会的 1840—1949 年为中国近代史的呼声高涨起来了。中国社会科学院近代史研究所赓续 20 世纪 50 年代的主张，再次明确宣布以 1840—1949 年的中国历史作为近代史研究所的研究对象。李侃、陈旭麓、胡绳、张海鹏等发表文章，论证了认识中国近代史、中国现代史分期的种种理由。1998 年以前出版的有关中国近代史的出版物，包括通史类性质的学术著作、教科书以及通俗读物，几乎都以 1919 年五四运动为下限；有关中国现代史的出版物，几乎都以 1919 年为上限。但自 1999 年以来，已经有数种中国近代史书采用了 1840—1949 年的分期方式。这几种书是：

第一部以 1840—1949 年为断限的《中国近代史》（张海鹏主编），1999 年由群众出版社出版，这是为中国警察写的一本简明中国近代史；2000 年辽宁大学董守义等编著的《中国近代史教程》上下册，由中国社会科学出版社出版；2001 年山东大学王文泉、刘天路主编的《中国近代史》，由高等教育出版社出版；2007年《中国近现代史纲要》由高等教育出版社出版。其中，《中国近现代史纲要》是马克思主义理论研究和建设工程重点教材，是全国高等学校本科生必修的思想政治理论课教材，由该书编写组集体编写，首席专家是沙健孙、马敏、张建国、龚书铎、李捷。该书开篇第一句话就是："中国的近现代史，是指1840年以来中国的历史。其中从1840年鸦片战争爆发到1949年中华人民共和国成立前夕的历史，是中国的近代史；1949年中华人民共和国成立以来的历史，是中国的现代史。"这个开篇第一句话是一个非常重要的表示，它标志着中国近代史、中国现代史的分期已经写进了大学教材，成为学术界的共识。这样的认识有可能成为中国近现代史学界的主流认识。当然我们也不排除在分期问题上还有不同看法，只是大概那不会成为主流认识了。2007年张海鹏主编的《中国近代通史》十卷本由江苏人民出版社出版。这是第一部写出了1840—1949年中国近代历史的大部头通史性著作。一些读者评论，该书的出版对中国近代史学科建设的作用是值得肯定的。

虽然近代史学界已基本上统一了对中国近代史、中国现代史的分期认识，但是在近代史学界内外，也还存在不同认识。2008年4月《光明日报》发表《三字经》修订版前言，坚持了1919年是中国现代史上限的传统说法。最近报载，一本大陆学者编撰的《中国近代史》在台湾出版，受到台湾学生的欢迎。报道说该书是大陆学者在我国台湾地区出版的第一本完整叙述中国近代历史的著作："关于中国近代史，大陆与台湾在许多问题上认识并不一致。比如在最基本的历史分期上，台湾把从1840年到1949年的历史作为近代史，而大陆近代史一般断限在1919年，把1919年至1949年作为现代史。"大陆学者编撰的《中国近代史》在台湾出版，当然是海峡两岸学术交流值得注意的好事。但是，报道对海峡两岸有关中国近代史分期（或称断限）的说法则是完全错误的，既不符合台湾学术界的现实，也不符合大陆学术界的现实。从台湾学术界来说，不可能把1949年作为近代史的下限。这是常识，不需要多加解释。从大陆学术界来说，把近代史断限在1919年，基本上是1998年以前的事，1998年以后，一般不做这样的断限。可见报道者对两岸学术界的情况是隔膜的。也许那本书的作者还坚持以1919年作为中国近代史的断限，这当然是作者的个人主张，是作者的学术自由，旁人不需要说三道四，但是在向大众做介绍时，需要做出准确的概括。个人的意见当然可以坚持，现在看来，这样的个人意见，恐怕难以为多数学者接受。这本书的副题为"告别帝制"，似尚可斟酌。即使以1919年作为近代史的断限，仅仅用"告别帝制"作为那近80年历史的概括，似乎并不严谨。今年是五四运动90周年，从新文化运动到五四运动，在中国近代历史上那么重大的事件，用"告别帝制"是不足以揭示那段历史的真谛的。

总结一句话：中华人民共和国的成立标志着近代以来中国人受侵略、受欺侮的时代一去不复返了，标志着近代中国半殖民地半封建社会的结束，中国开始进入社会主义的现代化建设时期。这就是说，这一事件标志着中国近代史的结束，是中国现代史的开端；标志着旧时代的结束、新时代的开始；标志着资本主义发展道路的终结，社会主义发展道路的开始。

有人主张，中国现代史从1919年开始，一直延续下来。这种主张不仅模糊了社会性质的不同，也掩盖了1949年这个年代的极其重要性。有人主张中国现代史从1911年开始，这种主张貌似重视辛亥革命，却忽视了1949年中华人民共和国建立较辛亥革命更为重大的历史意义。

明确中国近代史包括了1840—1949年的中国历史，是时代前进的结果，是马克思主义理论与中国历史实际相结合的结果，是中国近代史学者运用唯物史观观察全部近代中国历史所得出来的正确结论，是中国近代史学科成熟的表现。这是中国近代史学科60年来取得的重要成就，值得加以肯定。我希望，这个认识能够为中国近代史学科以外的学术界朋友们所接受。

2009年9月25日

《中国近现代史纲要》的学术价值与现实意义[*]

马克思主义理论研究和建设工程重点教材《中国近现代史纲要》经过中央批准，即将进入全国大学生的课堂。这一重大举措，不仅对于今天在校的和未来十年、二十年在校的全国大学生是极其重要的，对于今天和未来即将走上各级领导岗位的干部也是极其重要的。这一举措，对于用马克思主义理论，用历史唯物主义方法，指导人们学习历史，特别是中国近现代史，加强马克思主义主流意识形态，意义极为重大。

作为一个在中国近代史研究园地多年耕耘的学者，我从学科体系的角度观察《中国近现代史纲要》，感觉这本教材有如下一些特点。

第一，明确了中国近代史与中国现代史的时限概念。教材在开篇的话中，开章明义地指出：中国的近现代史，是指1840年以来中国的历史。其中从1840年鸦片战争爆发到1949年中华人民共和国成立前夕的历史，是中国的近代史；1949年中华人民共和国成立以来的历史，是中国的现代史。这个定义极其重要，它定义了中国近代史和中国现代史的学科范围。这个问题，是中国近现代史学界长期讨论，虽已取得基本共识，但并未完全取得共识的问题。

1949年以来，关于中国近现代史的学科分界，长期存在分歧。范文澜、刘大年等一向主张，应该把中国半殖民地半封建社会的历史称作中国近代史，而把中华人民共和国成立以后的历史称作中国现代史。但是更多的学者坚持以1919年为界，把1919年前的历史称为中国近代史，把1919年后的历史称为中国现代史。这样的分法，在20世纪50—

---

[*] 本文原载于《高校理论战线》2007年第4期。

60年代有一定的理由，但是，这种分期最明显的破绽，是把一部完整的半殖民地半封建社会的历史分割开来了。1997年，胡绳在祝贺《近代史研究》创刊百期的时候，明确提出把1840—1949年的历史称作中国近代史，把中华人民共和国成立以后的历史称为中国现代史。我本人随后在1998年发表长文，论证了把1949年作为中国近代史的下限的必要性。这篇文章在学术界有一定的影响，但不同的意见还是存在。在我看来，似乎原先坚持把1919年作为中国现代史起点的学者，较多地仍在做这样的坚持。

《中国近现代史纲要》教材对中国近现代史的明确分期，不仅使中国的大学生对于中国的近现代历史有正确的分期概念，而且对于中国近现代史学界统一认识有极大的好处。这样的认识有可能成为中国近现代史学界的主流认识。当然我们也不排除在分期问题上还会有不同看法，但大概那不会成为主流认识了。

这种中国近现代史学科的分期，对于正确认识近代中国时期的历史性质和现代中国时期的历史性质是非常必要的。

第二，《中国近现代史纲要》教材明确了中国近现代史不同时期的历史主题。中国近代史是人民群众为救亡图存和实现中华民族伟大复兴而英勇奋斗的历史，是经过旧民主主义革命和新民主主义革命赢得民族独立的人民解放的历史，也就是说，通过反帝反封建赢得民族独立，是近代中国的历史主题。中国现代史，是经过社会主义革命、建设和改革，把一个极度贫弱的旧中国逐步变成一个初步繁荣昌盛、充满生机和活力的社会主义新中国的历史，可以说，实现有中国特色的社会主义现代化，是现代中国的历史主题。

认识中国近代史、中国现代史有着不同的历史主题，是很重要的。有了这个认识，我们对1840年以来中国历史发展的规律性，就有了认识的基础；它对于大学生领会在中国近现代历史上，人民群众怎样选择了马克思主义、选择了中国共产党、选择了社会主义道路，就有了历史学的基础。

第三，《中国近现代史纲要》教材用历史唯物主义观点，正确处理了近代历史上的旧民主主义革命和新民主主义革命的历史过程，观照了历史发展中的政治、经济与文化等多种面相，它是用唯物史观处理历史题材的模范。学术界有不少论著主张近代中国的历史是现代化的历史，主张用现代化史观取代所谓革命史观。教材没有采用这种观点。这是符合中国共产党十五大的观点的，因而是符合中国化的马克思主义的，是符合发展中的马克思主义的。从史观的角度来说，单纯的革命史观、简单的现代化史观，都不是研究和认识中国近代史的正确史观。只有唯物史观才是指导中国近现代史研究的正确史观。因此，这部教材，对于今后大学生确立正确的历史观是极有帮助的。

第四，《中国近现代史纲要》教材通过正确的史实分析，阐述了社会主义基本制度在中国的确立、社会主义建设在探索中曲折发展、改革开放和社会主义现代化建设新时期的历史进程，阐明了建设中国特色社会主义的历史进程中的基本问题，说明了探索的曲折性以及探索所取得的非凡成就。这一历史分析，可以坚定大学生对现代中国历史发展道路的认识，坚定他们对选择社会主义道路的正确性的认识，坚定他们对中国共产党领导合法性和正确性的认识，也能帮助他们认识建设有中国特色的社会主义不是一蹴而就的，是要通过艰苦努力才能达到的。这样的认识，对于培养和造就大批党和国家未来的领导人才和社会主义建设各方面人才是极其重要的。

总之，这部历史教材，通过党中央的批准和推荐，通过持久的教学努力，必将对培养我国未来人才正确的世界观、人生观和历史观产生积极的影响。它对于中学历史教科书，特别是中学中国近现代历史教科书的编写，也是极大的支持和鼓舞；对于排除一些干扰和杂音，也必将产生积极的影响。

中国近代史的新写法、新史识、新论断*

完成了几代史学家未竟的意愿

编撰一部《中国近代通史》，是中国社会科学院近代史研究所五十多年来一直在奋斗的一个目标。20世纪五六十年代范文澜先生任所长时，即布置了这样一个研究课题，并且几次组织力量、布置任务，几上几下，终究由于时代的原因等，未能毕其功。范文澜只有一部《中国近代史》上册，只写到义和团运动，而且只有政治史；刘大年也曾努力推动，主持编写《中国近代史稿》，出了三册，也只写到义和团运动，虽然力图加入经济、文化思想、边疆与少数民族方面的内容，但毕竟比较单薄，而且社会史方面的内容没有注意到。80年代以来国内出版过的通俗近代史读物有几百种，也大多陈陈相因，缺少新意。

20世纪90年代，我在主持近代史研究所工作时，一直在思考是否应该重提编写《中国近代通史》的话题。1999年，在中国社会科学院工作会议上，时任中国社会科学院院长李铁映同志在工作报告中把编写《中国近代通史》作为一项任务提了出来。《中国近代通史》的问世，可以说是完成了几代史学家的未竟意愿。本人忝列主编，深感实现了近代史研究所几代人的夙愿。

经过半个多世纪的研究，特别是最近二十多年的研究，中国近代史

---

* 本文原载于《北京日报》2007年5月28日，第20版，"理论周刊·读书"。

领域已经有数以百计的专著出版，有数以千计的论文发表。中国近代史研究早已越过了以往局限于晚清时期的范围，民国时期的历史研究也取得了许多成果。比如，以往所谓中国近代史，是指 1840 年至 1919 年的中国历史。经过最近二十多年的探讨，认为中国近代史应是半殖民地半封建社会的历史，也就是 1840 年至 1949 年中华人民共和国成立的历史，中国民主主义革命时期的历史，被多数学者所接受。这个认识，胡绳先生呼吁于前，我也撰写专文主张于后。我们现在编写中国近代通史，就不能只写到 1919 年，而要写出 1840—1949 年 110 年的历史了。

第一次搭起了一个既不同于党史，又不同于近代专门史的总的框架

《中国近代通史》十卷本，530 万字，是中国近代史领域第一部完整的大型近代通史专著。该书总结了五十年来，特别是近二十多年来中国近代史研究领域的成果，第一次完成了一部以 1840—1949 年为时间范围的大型的中国近代通史。从通史的角度说，它第一次搭起了一个总的框架，这个框架不同于一般的中国近代史，不同于一般的近代专门史，也不同于中共党史和国民党史，它是从中国近代史的视角观察、研究近代中国 110 年的历史的。这样一个框架，在中国近代史编写中是一种创新。

从 110 年的长程观察中国近代史，可以清楚地看出近代中国从"沉沦"到"谷底"再到"上升"的全过程。而以 1919 年为终结点的中国近代史书就看不出这个全过程，所以一般读近代史的人，往往感觉到整个近代史都是屈辱史。读了《中国近代通史》，不仅可以读到屈辱，还可以读到中国人民的奋斗，读到他们对国家前途的种种探索，看到国家的前途和光明。

从半殖民地半封建中国 110 年长程历史来考察，近代中国历史到了 20 世纪初（1901—1915 年），可以说是半殖民地半封建社会沉沦到谷底的时期。从此以后，中国社会内部的发展开始呈现上升趋势。此后，资产阶级及其政治代表的力量、无产阶级及其政治代表的力量迅速成长并终于先后取代旧势力，成为主导社会发展的力量。在这样的社会背景

下，中国的政治、经济、军事、对外关系、思想文化、民族关系、边疆状况以及社会问题都有了自己独特的面貌。中国近代史不是停止在1919年，而是打通来看，1840—1949年的历史发展自成一个历史段落，既区别于1840年以前的封建社会，又区别于1949年以后的社会主义社会。从另一方面说，该书是从整个中国近代史的角度观察晚清至民国时期的社会各阶级、各政党和社会生活的，这与单纯的政治史研究或者政党史研究、社会史研究有所不同。

近些年来，有学者指出，中国近代史为自己提出了两大任务：一是争取国家的独立，二是争取国家的富强。换言之，用反帝反封建争取国家的独立，用现代化争取国家的富强。近20年来，关于中国近代史的宏观审视，大体上沿着这样两种方向进行。但是，这两种方式在近代中国历史进程中，各居于什么地位，其相互关系如何，讨论得很不够。在叙述近代中国谋求独立的历史任务时，我们当然应当充分关注资本主义经济在中国发生发展的历程，关注在资本—帝国主义和封建统治压迫下谋求发展资本主义的种种努力，或者说从现代化的角度来说明、分析这种努力。两大历史任务是相辅相成的，不是替代关系。

改变了以往把历史的多样性化约为单一线条的写法

政治史、革命史仍然是这部近代通史的主干，该书吸取了以往研究政治史、革命史的积极成果，在叙述政治史和革命史的时候，改变了以往只突出革命史，或者只突出革命阶级、革命的政党活动的历史的做法，尽可能依据史实复原社会各阶级的活动，反映他们的声音，复原各阶级和政党之间的互动，复原复杂的社会生活的本身内容。如，关于辛亥革命时期，不仅进一步揭示了辛亥革命历史过程，还充分加强了对于清末新政与立宪运动的研究，尤其是力图揭示新政、立宪与革命三者之间错综复杂的互动关系，使清末民初这段历史构成一幅丰富多彩的历史画卷。对于清末新政与立宪运动的研究，不应当只是为辛亥革命史的叙述做铺垫。这种叙述让我们看到，当时的中国政治舞台上主要存在三股重要的社会政治势力：清政府、立宪派和革命派。他们各自设计了不同的社会政治方案，开展了既有歧异又相互关联的社会政治运动：新政、立宪与革命，三股势力互争雄长。可以说，正是这三股势力的较量与消长决定了近代中国社会政治在清末民初的新走向。这种写法改变了以往把历史的多样性化约为单一的线条的做法，力图将复杂多样的历史本相呈现出来，这一特色在各卷中都有体现。

关于北洋军阀时期，对革命派、改良派、北洋派三方矛盾关系的分析，对南北对峙问题的看法，对北洋派系内部斗争及其对民国政治的影响，对民国前十年经济发展的分析，以及一些具体问题的评价，等等，都反映了作者的认识和创新。

又如叙述1924年至1927年间的历史，虽以国共两党为主角，但也适当兼顾了中国青年党（国家主义派）的政治活动和主张。有关北伐战争的历史，以往大多重视南方革命派，而不重视研究北洋军阀，很少关注北方军阀是如何应对这场战争的。该书同时关注北伐的主体和北伐的客体。只有对南方革命党和北洋军阀及其政府的观念、行为及其互动都有比较深入的认识，我们才能对北伐战争和国民革命这一近代中国极为重要的政治运动有更为清晰的了解。

采用了把相关专题史溶进通史之中的写法

该书在各卷的相关章节安排中，有机地糅合了经济发展、社会生活、思想文化、边疆地区的发展情况。如叙述洋务运动时期历史，有相当篇幅叙述洋务运动历史和早期现代化的开端、早期维新思想、列强文化输入以及中国新社会因素的初步发展；关于辛亥革命时期的历史，对实业救国思潮、教育救国思潮、立宪思潮、地方自治思潮等专题，以及清末民初的文化观念与社会生活变迁都有综合论述；关于民初经济发展的叙述；20世纪30年代关于社会性质的论战和左翼文化运动，关于财经政策和税制改革、币制改革；关于抗战时期的思想、文化和学术，以及抗战胜利后有关社会的动荡与纷扰，均描述了政治史以外社会生活的不同面相，不乏新见。这些相关专题史内容溶进通史之中，可以使历史更加丰满，呈现丰富多彩的画面。

历史研究是一个不断累积推进的过程，后人的研究必须以前人的研究成果为基础，并在此基础上有所进步。该书各卷注意吸取前人的研究成果，广泛参考了已有的各种研究成果，凡是重要的，都做出注释，以示不掠人之美。

对太平天国的研究提出了一些新见解

有关太平天国的研究，学术界已有相当充分的展开。该书在写作中吸收了以往研究成果，又做了若干创新。如重新辩正了洪秀全登极与金田起义的史实：先有洪秀全于庚戌年二月二十一日（1850年4月3日）在平山的登极，后有杨秀清等人于十月初一日（1850年11月4日）在金田的起义（起兵勤王），纠正了原先将起义日期定在庚戌年十二月初十日（1851年1月11日）洪秀全生日，将洪秀全登极时间定在辛开元年二月二十一日（1851年3月23日）的错误。

再如太平天国定都天京（南京）后，以《百姓条例》为主要内容贯彻了一整套较为激烈的社会经济政策，包括人无私财、取消家庭、分男行女行的城市政策和"不要钱漕"只收"贡献"的农村政策。该书对这些政策及这些政策遭受挫折后恢复正常城市生活和"照旧交粮纳税"的过程做了认真仔细的考察；对《李秀成书供原稿》做了仔细的重新识别、梳理，订正了前人（如罗尔纲等）的错误、疏漏之处。

一本著作不可能十全十美，该书也是一样。由于时间紧迫、篇幅有限，某些问题的研究深入不够，显然还存在若干不足。如有些历史资料尚未充分掌握和运用，国内外所藏历史档案还未充分发掘，有些历史史实尚未充分展开叙述，对一些历史问题的分析还有深入余地，对海外同行学者的论著参考不够。在内容结构上，除了政治史内容叙述尚称充分外，有关经济、外交、思想文化、社会以及边疆少数民族地区等各领域所占篇幅尚感偏狭。有的史实还有遗漏，有的地方文字还需要推敲、润饰。所有这些，都有待于今后修订时继续努力。

孙中山民生主义的现代意义[*]

中国民主革命的先行者孙中山具有非常丰富的社会改革思想。三民主义是他的社会改革思想的核心。三民主义由民族主义、民权主义和民生主义组成。同盟会时期的三民主义和中国国民党一大时期的三民主义，在内涵上是有区别的，有不同的历史背景和历史内容。在孙中山看来，民生主义是三民主义的归宿。在孙中山的一生中，民族主义、民权主义，部分地或局部地得以实现。唯有民生主义是他终生奋斗的目标。

在三民主义的整个体系中，民生主义最为人们所误解

在孙中山的心目中，所谓民生主义就是社会主义，就是英文Socialism的对译。他经过反复斟酌，认为把由日本传来的西方词语"社会主义"译为"民生主义"更为允当。但是，在三民主义的整个体系中，正是民生主义最为引起人们的误解和批评。孙中山不得不花许多精力，去解释和阐发他的民生主义。

人们的误解不是没有根据的。孙中山在阐释民生主义的过程中，说了许多批评资本家和资本主义制度的话。从这些话中，人们不难得出民生主义是要反对资本家的看法。所以孙中山一再解释，民生主义并不是要反对资本、反对资本家，只是要反对少数人对社会财富的垄断，防止

---

[*] 本文是应北京日报理论部邀请撰写的，原载于《北京日报》2008年1月7日，第20版，"理论周刊·文史"。后收入《张海鹏自选集》，学习出版社，2012。

资本家垄断所产生的社会流弊。从孙中山的解说中，我们看到民生主义就是社会主义，或是国家社会主义、集产主义、共产主义；民生主义不反对资本、资本家，而是防资本家之专制，但有时又说是排斥少数资本家，是平民反对资本家，或是对资本家打不平的；有时说民生主义即贫富均等，要把全国的贫富都打到平等，有时又说均贫富是误会；有时说民生主义是不用革命手段，消弭社会革命于未然，或消灭阶级战争；有时说民生主义是生活上幸福平等，是社会财富公平分配。民生主义究竟是什么？孙中山并未给我们下一个准确的不变的定义，他的说法有时是前后矛盾的。由于民生主义学说中蕴含若干与社会主义相近的设想，民生主义往往被评价为社会主义。有人说，"民生主义是介于社会主义与资本主义之间的主义"，"它可以显现社会主义的特性，也可以显现资本主义的特性"。还有人说，"最大限度地发展国家资本主义"才是孙中山社会主义经济思想的实质。有人主张民生主义是资本主义的。还有人认为，民生主义所主张的国有社会主义，是"将资本主义生产与社会主义分配相结合"。

1924年8月，在中国国民党一大召开以后，孙中山在广州演讲民生主义时讲到民生主义的定义，有三处值得注意。在民生主义第一讲中，孙中山说："什么叫作民生主义呢？……我今天就拿这个名词来下一个定义，可说民生就是人民的生活——社会的生存、国民的生计、群众的生命便是。"又说："民生就是政治的中心，就是经济的中心和种种历史活动的中心。"

在民生主义第二讲中，孙中山说："共产主义是民生的理想，民生主义是共产的实行；所以两种主义没有什么分别，要分别的还是在方法。"又说："这种把以后涨高的地价收归众人公有的办法，才是国民党所主张的平均地权，才是民生主义。这种民生主义就是共产主义。……因为三民主义之中的民生主义，大目的就是要众人能够共产。""人民对于国家不只是共产，一切事权都要共的。这才是真正的民生主义。"

在民生主义第三讲中，孙中山说："我们要实行民生主义，还要注重分配问题。我们注重的分配方法，目标不是在赚钱，是要供给大家公众来使用。"又说："我们的民生主义，目的是要打破资本制度。……所以民生主义和资本主义根本上不同的地方，就是资本主义是以赚钱为目的，民生主义是以养民为目的。"

孙中山所要建立的，不是没有资本家的社会，而是不要大资本家的资本主义社会，这就是他的民生主义的真谛

民生主义的真谛究竟是什么？换句话说，民生主义的内容如何？中国究竟应该建设成一个怎样的社会？

孙中山认识到，在那时的时代潮流之下，中国不可避免地要走上资本主义道路，"建立有助于资本成长与流通的新实业"。中国要发展资本主义，又要避免资本家垄断社会财富、压制人民群众，办法在哪里？中国实业发展未久，大资本家还未出现，也还没有资本家垄断社会经济的现象，这就为孙中山设计中国式的资本主义发展道路提供了合适的客观环境。孙中山认为，只要实行以土地国有和节制资本为主要内容的一系列民生主义政策，就能够避免出现大资本家，就能防止社会财富集中于少数人手中，就能防止资本家专制。民生主义的出发点，是防止垄断性的大资本家出现，反对大资本家垄断社会财富。孙中山在革命之初制定的革命方略中就严正指出"敢有垄断以制国民之生命者，与众弃之"，即是为此。可见，孙中山所要建立的，不是没有资本家的社会，而是不要大资本家的资本主义社会。

民生主义主张通过平均地权实现土地国有，是要限制大地主、大资本家对土地的垄断。平均地权，通过地主自报地价，国家按价收税、按价收买以及涨价归公的办法来实现。这种设计在实施过程中，必然会遇到许多困难。在广大农村、山区，地价不可能很快增长，国家不可能从地主手中按价尽收土地，地主仍将相当牢固地控制土地所有权。这种土地制度是事实上有限制的地主土地所有制，换一个角度说，是不完全的土地国有制。尽管如此，平均地权仍是对封建地主土地所有制的严重冲击，其最大实效可能正是造成农民和土地的分离，造成游离于土地之外的农村无产者，为正在发展中的现代工业企业准备产业后备军。

实现平均地权，在孙中山看来，就算完成了民生主义的一半。完成另一半，就要靠发达资本。他说："要解决民生问题，一定要发达资本，振兴实业。"振兴实业的办法，无非发展铁路等交通事业、发展矿业、

发展机器工业。发展的办法,就靠节制资本。节制资本,并不是节制资本主义生产,而是节制私人资本的发展。如果任由中国私人或者外国商人来经营,将来的结果也会是私人资本发达起来,也要生出大富、大贫等阶级的不平。仅仅节制资本,也不是解决民生问题的办法。"中国不单是节制资本,还要发达国家资本","由国家管理资本",全国人民便享资本的利,不受资本的害。

实行土地国有、节制资本、发达国家资本的政策,能防止大资本家为祸社会,也能刺激中等资本家——中产阶级的活力。孙中山正是呼吁、企盼中国社会产生中产阶级。正在成长中的中产阶级,是孙中山所渴望的,是实施民生主义、避免社会弊病的阶级基础。可以说,民生主义所要代表的是正在发展中的、受到严重压抑的、政治经济实力都很软弱的、渴望同官僚垄断势力和外国资产阶级争取平等地位的中国民族资产阶级的利益。

孙中山的民生社会主义,在社会发展目标上公开声称与马克思主义的社会主义、共产主义不相冲突,而且是好朋友

孙中山对中国劳动大众充满了深切同情,一生为社会平等而奋斗。他对欧美社会里出现的劳资间的阶级斗争深恶痛绝,不希望这种"社会病态"在中国出现。民生主义的归结点,是社会和平协调发展,永远消弭劳资间的阶级斗争。他认为,中国社会应未雨绸缪,设计新的发展战略,预防"西方国家劳资间的不协调以及劳工大众所处的困境"。要"建设一个极和平、极自由、极平等的国家",方才可以实现没有阶级冲突、阶级竞争的社会图景,从而可以永远不再革命。这种设想,准确地反映了中产阶级要求在和平、稳定、协调的社会环境中发展资本主义的愿望。

孙中山认为,只要实行民生主义,经济生活上人人平等,共同富裕,就能保证中国永远不再革命。"仆之素志在提倡实业,实行民生主义,而以社会主义为归宿,俾全国之人,无一贫者,同享安乐之幸福。"从早年到晚年,孙中山都十分关心工人、农民的生活。他说:"我希望

看到人民大众的生活状况获得改善,而不愿帮助少数人去增殖他们的势力,直至成为财阀。"因此,他赞成土地公有、资本公有办法,就是希望形成"所得的利益归人民大家所有",又"和资本家不相冲突"那样的社会局面。这就是他理想中的民生主义——社会主义模式。当然,孙中山追求的社会主义,是他常加称赞的德国俾斯麦的国家社会主义,是"不能够马上推翻"资本制度的社会主义,是劳资和平协调发展而不致引起社会主义革命的社会主义。这种社会主义,不是马克思主义学说中经过社会主义革命的社会主义。我在自己的研究论文中把孙中山的这种民生主义或者社会主义,称为民生社会主义。

这种民生社会主义,实际上是孙中山设计的一种有中国特色的资本主义发展模式。这种模式的特点,一是以国家资本为社会的主要经济构成,不允许大资本垄断社会经济现象的存在;二是以中产阶级为支撑社会发展的阶级基础,社会发展目标由代表中产阶级利益的政治代表所掌握;三是融入了社会主义的分配办法,力求全社会和平协调发展,全民都得到富裕,防患社会革命于未然;四是在政治方向和社会发展目标上,公开声称与马克思主义的社会主义、共产主义理想不相冲突,而且是好朋友。

民生主义中有一些与社会主义原则相近的东西,对建设中国特色社会主义有一定借鉴意义

从以上历史事实来看,孙中山设计的民生社会主义的美丽图景,是令人敬佩的。但是,这一美丽图景在那个时代是无法实现的。因为,中国的社会现实不容许孙中山在这块土地上试验自己的理想,他也没有深刻认识到中国农民对土地的渴望,没有体察到农民和地主阶级之间阶级斗争的存在。中国社会里资本主义生产关系正在成长,民族资产阶级已有一定经济实力,官办企业在发展,外国资本的独资企业已经控制了中国经济的走向,现代工业企业中的劳资关系已经存在。对这些客观存在估计不足而设计民生社会主义的美丽图景,是一种单向度思考。试想,在中国的现实情况下,土地公有、资本公有能否实现?实现以后能否防

止垄断性的大资本家产生？如何保证社会全体成员公平分配、人人幸福？是否能避免劳资间阶级斗争的产生？怎么才能使工人和资本家不发生冲突，农民得益、地主不受损失？这些都是难以得到肯定答案的问题。孙中山以为阶级斗争是社会发展的病态，是可以人为地加以医治的。殊不知阶级斗争是社会经济发展过程中，由于阶级利益差异之驱使必然产生的客观存在，人们不可能从主观上消灭它。按照马克思主义的观点，在资本主义发展到一定阶段时，社会主义革命的到来不可避免。设想避免阶级斗争，避免社会革命，政治革命与社会革命毕其功于一役，做一劳永逸之计，是主观的、空想的、幼稚的。

尽管如此，从思想史的角度看，孙中山民生主义思想中有一些与社会主义原则相近的东西，对我们今天建设中国特色社会主义还是有借鉴意义的。

孙中山民生主义学说中，关于发展生产力的思想，关于发达国家资本、节制私人资本的思想，关于缩小贫富差别的思想，关于正确处理劳资关系的思想，关于全社会和平协调发展的思想，关于共同富裕的思想，明确体现了重视民生、福利民生、和谐社会的旨趣，是值得我们今天借鉴的。党的十七大明确地肯定了中国特色社会主义道路，坚持发展的"两个毫不动摇"，坚持又好又快地发展生产力，坚持科学发展观，采取有效措施缩小贫富差距，下大力气解决"三农"问题，扶持弱势群体，让全体人民都能享受到改革开放的成果。这些都体现了以人为本的原则，体现了和谐发展的原则，体现了共同富裕的原则，体现了重视民生的原则。孙中山的民生主义学说，是可以为我们建设和谐社会带来一定启示意义的。

中国近代爱国主义理性提升的历程[*]

中国历史上不乏爱国主义的传统。自1840年鸦片战争以来，救亡图存成为中华民族在近代中国面临的重大时代课题，爱国主义由此被赋予了时代特色，至1949年新中国成立，中华民族的爱国主义热情尤为高涨，不断地掀起爱国主义高潮。

中国近代历史上充满爱国主义的壮歌

近代中国的爱国主义高潮以及这种爱国主义高潮的形成，需要几个条件：帝国主义侵略大幅升级，国内政府举措失当，引起"国亡无日"，救亡图存十分急迫；爆发了与外国侵略有关的突发性事件，民众参与广泛，群情汹涌，引起社会广泛关注；因为内政外交失措，形成全国关注的重大事件，对当时和后世产生不可磨灭的影响。按照以上认识，可以举出近代中国的若干次爱国主义高潮。

1. 中国近代历史上的反洋教高潮也是爱国主义高潮的表现

1860年《北京条约》签订以后，基督教在华传教成为事实。传教士以外国侵略实力为后盾，在传教的过程中，常常与中国地方当局和老百姓发生政治、经济和文化上的冲突。地方官绅常常发起反洋教运动以相对抗。反洋教斗争，表面上是针对外国宗教的斗争，实质上是针对帝国主义对中国的侵略。在一定意义上，近代中国历史上的反洋教高潮，

---

[*] 本文是应北京日报理论部邀约撰写的，原载于《北京日报》2009年8月31日，第20版，"理论周刊·文史"。

可以看作爱国主义高潮。

2. 从"公车上书"到维新运动的展开，是近代民主运动的高潮，也是近代爱国主义的高潮

甲午战败、马关割台的消息令举国震惊，朝野上下群情激愤，人民群众在悲愤中逐渐觉醒，再次出现爱国主义高潮。以孙中山为首的革命派立即成立兴中会，探索以革命方式推翻腐朽的清朝统治的道路；以康有为为首的改良派在北京掀起"公车上书"，发动戊戌维新运动，希图走上从体制内改造清政府的道路。马关割台是中国历史发展的一个重要关节点。可以说，从"公车上书"到台湾人民武装反抗日本割让台湾的斗争，再到维新运动的展开，是近代民主运动的高潮，也是近代爱国主义的高潮。

3. 义和团反帝爱国运动，是19世纪60年代以来反洋教运动的一次总爆发，是对甲午战后列强在华瓜分势力范围的一次总反抗，是近代中国一次大规模的爱国主义高潮

1898年维新救亡运动失败后，中国的农民再一次拿起大刀长矛发动了一场挽救民族危亡的英勇斗争，力图用自己的血肉之躯筑成一道捍卫民族独立的长城。他们"最恨和约，误国殃民"，要求"保护中原，驱逐洋寇"，使中国重归"一统"。聚集在义和团旗帜下的广大农民正是抱着这样的崇高志愿投入这场反帝爱国运动的。1900年春夏之际，义和团势力控制了保定、天津、北京地区，成为影响中国政治发展的重要力量。义和团没有统一的组织，没有形成领导中心，但在天津、北京一带抵抗八国联军的侵略，洒尽了鲜血。1900年8月八国联军占领北京以后，义和团被八国联军和清军联合镇压。

4. 进入20世纪以后，中国人民的爱国主义热情和爱国主义运动一浪一浪地高涨

进入20世纪后，革命救国、实业救国、教育救国，风起云涌。在辛亥革命以前，革命派的舆论宣传和武装反清斗争、立宪派的国会请愿运动，实际上都具有爱国主义的性质。1905年爆发了留日学生归国运动、拒俄运动、反美爱国运动等多次大规模的爱国主义运动。1911年以武昌首义为代表展开的推翻清朝专制统治的斗争，是推进中国历史进步的伟大斗争，当然是一次爱国主义高潮。辛亥革命以后，最重要的爱国主义高潮出现在五四运动时期。

五四运动孕育了爱国、进步、民主、科学的伟大精神。正是这种精神，推动了中华民族的觉醒，推动了中国共产党的成立，推动了党领导下的新民主主义革命在艰难曲折中走向胜利、走向新中国，实现了五四时期志士仁人"改造社会""改造中国"的伟大理想。今天对五四运动的解读，可以有多个路向，如救亡与启蒙的双重奏、对民主和科学的追求、思想解放运动、社会主义的郑重选择等。但是，五四运动首先是近代中国一次伟大的反帝爱国运动，是近代以来爱国主义的一次伟大高潮。

5. 在中国共产党领导下，中华民族的爱国主义从自发走向自觉

1921年中国共产党成立后，大力推动工人运动，从1922年初至1923年2月"二七"大罢工，中国工人运动出现了一个高潮期，其间有30余万工人参加了大小100多次罢工。1922—1923年中国工人运动的高潮，也是中国共产党领导的主要由工人阶级参加的爱国主义高潮。

1924年国共合作后，"打倒帝国主义""废除不平等条约"的口号一浪高过一浪。"打倒帝国主义""废除不平等条约"，明确了近代中国反帝反封建斗争的民主革命的主要任务，区分了帝国主义国家的政府与人民，避免了笼统排外主义的倾向。在此期间发生的广州沙面反帝斗争、上海五卅反帝斗争、省港大罢工、汉口九江收回英租界以及全国高涨的反帝废约斗争，是规模空前的全国性的反帝大风暴，组成了那个时期响彻云霄的爱国主义颂歌，把近代以来的爱国主义高潮推向了一个新的高峰。

1931年九一八事变以后，日本帝国主义对中国的侵略日甚一日，救亡图存迫在眉睫，民族矛盾逐渐上升为国内最基本的矛盾。随着日本帝国主义扩大在华北的侵略，1935年12月9日，北平大、中学生数千人在中国共产党的领导下举行了抗日救国示威游行，反对日本分裂中国的"华北自治"，掀起全国抗日救国新高潮，这就是"一二·九"运动。这是中国共产党领导的一次大规模学生爱国运动。1937年卢沟桥事变以后，全民族抗战的大局要求国民党和共产党把抗日放在第一重要的位置。抗日战争中，中国国民党领导的正面战场和中国共产党领导的敌后战场坚持了战略配合，坚持了八年抗战，终于在国际反法西斯势力的支持下取得了近代中国第一次反侵略战争的伟大胜利。八年抗战是一次空前无比的爱国主义高潮。

抗战胜利后，国内矛盾发生转变，美国支持国民党政权挑起内战。反帝反封建的民主革命表现为国内战争。三年国内战争期间始终存在两条战线，一条战线是激烈的武装斗争，另一条战线是非武装的和平运动，如1945年发起于昆明、重庆的"一二·一"反内战、争民主运动，1946年底发生的由美军强奸中国女大学生引发的全国大规模反美运动，1947年遍及国民党统治区的"反饥饿、反内战、反迫害"运动，等等，都是规模空前的青年学生爱国运动，同时也有国统区广大人民群众参加，是导致国民党政权下台的第二条战线，这些构成了这次国内战争期间的爱国主义运动高潮。中国共产党的指导方针、中国共产党人的参与和引导，是关系这一时期爱国主义运动成功与否及其历史作用的十分重要的因素。可以说，正确引导爱国主义朝着历史前进的方向发展是中国革命胜利的一个非常关键的因素。

近代中国爱国主义高涨的启示

在建设中国特色社会主义的历史时期，回顾民主革命时期的爱国主义运动，我们可以获得历史的启迪和借鉴，这对于我们在新的历史时期发扬爱国主义精神是有意义的。

其一，爱国主义是与近代中国救亡图存的时代主题紧密联系在一起的，与时代前进的步伐合拍。

由于帝国主义侵略和封建专制制度的落后与腐朽，鸦片战争以后，中国沦为半殖民地半封建社会。在这样的社会境遇下，逐渐觉醒的社会精英和人民大众为救亡图存开展斗争，这就是近代中国的爱国主义。换句话说，近代中国的爱国主义是与反帝反封建斗争紧密结合的，是随着帝国主义侵略的加深和反帝反封建斗争的逐步开展，一波一波开展起来的。列强侵略深入到哪里，哪里就可能出现爱国主义行动，就可能引发爱国主义高潮。中华民族与帝国主义的矛盾、人民大众与封建统治者的矛盾，是近代中国的主要社会矛盾。爱国主义行为、爱国主义高潮，正是这两大主要矛盾的反映。以反洋教而言，最初一个个具体的反洋教事件，应该说是中外关系中的冲突个案。作为一个主权国家，只要及时处理，处理得当，应该不会演变为影响全国的政治事件。可惜的是，半殖民地半封建的中国，主权不完整，地方官遇到民教纠纷，惧怕洋人，往往袒教抑民，或者先做出较为公正的审判，后在传教士及其后台——外国驻华领事机构的压迫下，做出损害地方老百姓政治、经济利益的行为。这就为发生大的反洋教运动埋下了动因。天津教案就是一次最典型的表现。上述所列各次爱国主义高潮的起因与形成，与此大略相同。换句话说，爱国主义行为的发生，与列强侵略有关，也与国内政治的软弱有关。列强侵略与国内政治的软弱，正是半殖民地半封建社会的具体表现。

其二，对于历史上的爱国主义要做客观的、历史的评价，要辩证地认识。

我们肯定当时当地发生的爱国主义运动或者高潮，是在当时当地人民群众认识水平和觉悟条件这样的历史前提下，不是全面地肯定，更不是在另外的历史条件下也加以肯定，而是对具体的历史问题做具体的分析。任何历史分析都要以一定的历史条件为转移。比如，对于义和团运动，应该看到，义和团反帝爱国运动是以排外主义的面貌登上近代中国历史舞台的。批评义和团的人往往过分强调了义和团的排外问题而贬低了它的革命性和进步作用；赞扬义和团的人又往往只强调其反帝爱国的革命本质而避开排外主义问题，或者将反帝爱国的内容实质与排外主义形式割裂开来，否定二者之间的内在联系。笔者和朋友在 20 多年前曾联合著文，指出义和团的排外主义实质上是农民阶级有历史局限性的民族革命思想，也是中国人民反抗帝国主义侵略的原始形式。它反映了中国人民反帝斗争初期的共同特点，义和团运动不过是它的典型代表和集中表现。从鸦片战争到五四运动前夕的 70 多年间，所有群众反帝斗争都没有超出笼统排外主义斗争这一发展阶段。因此，对义和团的排外主义，不应采取简单回避或全盘否定的态度，而是需要依据马克思主义的基本原理进行科学的阶级分析和历史考察，对它做出合情合理的解释。

义和团运动的组织形式和斗争方式有愚昧的一面，"灭洋"的斗争口号有笼统排外的一面，但是义和团运动的反帝爱国精神是值得称赞的。义和团运动要"排除"的不再是一城一地的外国侵略者，而是帝国主义在中国的一切侵略势力和侵略工具，向帝国主义的侵略政策展开反攻，在全中国和全世界造成空前未有的影响。这是以往任何一次反侵略斗争所无法比拟的。义和团运动充分表明在当时的历史条件下，排外主义在反帝斗争中所能发挥的最大的历史作用，同时也充分暴露出排外主义的致命弱点和历史局限性。这样，就从正、反两个方面为中国人民的反帝斗争发展到新的更高的阶段，提供了丰富的实践经验和教训。但是，从中国人民认识过程的发展来说，排外主义又是应该抛弃的。因为它不是科学的理论，不能指引中国人民夺取反帝斗争的胜利。

其三，爱国主义运动的经验是在历史发展过程中不断总结提高的。

近代中国爱国主义高潮迭起，每次爱国主义高潮的历史条件是不同的，每次爱国主义高潮的具体表现形式也是不同的。随着人民大众历史觉醒程度的提高，人们会对此前的爱国主义行动进行反省。反省的过程就是提高认识的过程。

如对于义和团笼统排外主义，此后具有某种资产阶级意识的知识分子和商人提出了"文明排外"的主张。20世纪初期的几次爱国主义运动，如拒俄运动、反美爱国运动、收回利权运动、国会请愿运动等，都是在"文明排外"主张的指导下实现的。"文明排外"似乎比笼统排外有时代的进步意义，但"文明排外"也不是完全正确的认识。"文明排外"针对的是以前的"野蛮排外"，但还是具有笼统排外主义的倾向。20世纪初期当马克思主义关于帝国主义的理论传入中国后，中国人逐渐认识到，以前侵略中国的西方列强就是帝国主义。特别是中国共产党成立后，中国共产党的"二大"初步形成了反帝反封建的斗争战略与策略，此后在指导国民革命的过程中就提出了"打倒帝国主义"的口号。显然，"打倒帝国主义"是比"灭洋"那样的"野蛮排外"和"文明排外"都要更为科学、更为符合实际的战斗口号。"打倒帝国主义"，把帝国主义和一般的外国人区分开来，把帝国主义国家的政策和人民在中国的活动区分开来，这就从根本上改变了笼统排外的性质，展现了中国人民对西方列强的认识的一个崭新的高度。

当日本帝国主义发动全面侵华战争，试图变全中国为它的殖民地的时候，中国共产党响应全国人民普遍高涨的抵抗日本侵略的爱国主义呼声，提出了建立中华民族抗日民族统一战线，从武和文两个方面，开展坚决反对日本帝国主义的持久抗战。为了达到反抗日本帝国主义的目的，还同美、英等国结成反法西斯的国际统一战线，终于赢得了抗日战争的胜利。联合一般的帝国主义，反对对中国为祸最烈的日本帝国主义，是"打倒帝国主义"原则的重大发展，是历史的重大进步，是反帝反封建斗争在新的历史条件下的新体现。这一体现，完成了从近代中国初期笼统排外主义到科学地"打倒帝国主义"原则的转变，这也是爱国主义高潮性质上的重大转变。

中国近代史研究应该为塑造社会主义现代公民服务[*]

中国社会科学院建院30周年时,李长春同志代表中共中央表示了热烈的祝贺。他要求哲学社会科学工作者自觉投身于时代发展的浩荡洪流中,自觉投身于建设中国特色社会主义的伟大实践中,自觉投身于党的理论创新进程中,为加快推进社会主义现代化,实现中华民族的伟大复兴,提供有力的思想保证、精神动力和智力支持。这就是党和人民赋予哲学社会科学工作者的历史使命。

中国近代史学者、中国近代史学科在这个历史使命中有着自己不可替代的地位。中国近代史研究要为塑造有中国特色的社会主义现代公民服务。这是中国近代史学科的学术使命,也是中国近代史学科的时代使命。

党中央决定把中国近现代史作为大学教学中的公共必修课,是一项正确的决策。作为党中央直接抓的马克思主义理论研究和建设工程重点教材《中国近现代史纲要》已经编写完成,并且进入大学课堂。这个举措对于提升我国大学生(社会主义建设的未来人才)的思想素质和加深他们对于中国近现代国情的理解,将会起到重要的作用;这一举措,对于用马克思主义理论,用历史唯物主义方法,指导人们学习历史,特别是中国近现代史,加强马克思主义主流意识形态,意义重大。

这本教材,吸取了中国近代史学界在长期学术研究和探讨中坚持和发展了的若干基本观点。第一,明确了中国近代史与中国现代史的时限

---

[*] 本文发表于《中国社会科学院院报》2007年6月26日,第1版,"热点纵横";《北京日报》2007年7月23日,第20版,"理论周刊·文史"。

概念，即从 1840 年鸦片战争爆发到 1949 年中华人民共和国成立前夕的历史，是中国的近代史；1949 年中华人民共和国成立以来的历史，是中国的现代史。这个定义极其重要，它定义了中国近代史和中国现代史的学科范围。这个问题是中国近现代史学界长期讨论、近些年才基本取得共识的问题。这种分期，对于正确认识近代中国时期的历史性质和现代中国时期的历史性质是非常必要的。

第二，明确了中国近现代史不同时期的历史主题。中国近代史是人民群众为救亡图存和实现中华民族伟大复兴而英勇奋斗的历史，是经过旧民主主义革命和新民主主义革命赢得民族独立的人民解放的历史，也就是说，通过反帝反封建赢得民族独立，是近代中国的历史主题。中国现代史，是经过社会主义革命、建设和改革，把一个极度贫弱的旧中国逐步变成一个初步繁荣昌盛、充满生机和活力的社会主义新中国的历史，可以说，实现有中国特色的社会主义现代化，是现代中国的历史主题。有了这个认识，我们对 1840 年以来的中国历史发展的规律性，就有了认识的基础；为大学生领会在中国近现代历史上，人民群众怎样选择了马克思主义、选择了中国共产党、选择了社会主义道路，提供了历史学的基础。

第三，用历史唯物主义观点，正确处理了近代历史上的旧民主主义革命和新民主主义革命的历史过程，观照了历史发展中的政治、经济与文化等多种面相，它是用唯物史观处理历史题材的模范。学术界有不少论著主张近代中国的历史是现代化的历史，主张用现代化史观取代所谓革命史观。教材没有采用这种观点。这是符合中国共产党十五大的观点的，因而是符合中国化的马克思主义的，是符合发展中的马克思主义的。从史观的角度来说，单纯的革命史观、简单的现代化史观，都不是研究和认识中国近代史的正确史观。只有唯物史观才是指导中国近现代史研究的正确史观。因此，这部教材，对于今后确立大学生正确的历史观，是极有帮助的。

第四，通过正确的史实分析，阐述了社会主义基本制度在中国确立、社会主义建设在探索中曲折发展、改革开放和社会主义现代化建设新时期的历史进程，阐明了建设中国特色社会主义的历史进程中的基本问题，说明了探索的曲折性以及探索所取得的非凡成就。这一历史分析，可以坚定大学生对现代中国历史发展道路的认识，坚定他们对选择社会主义道路的正确性的认识，坚定他们对中国共产党领导合法性和正确性的认识，也能帮助他们认识建设有中国特色的社会主义不是一蹴而就的，是要通过艰苦努力才能达到的。这样的认识，对于培养和造就大批党和国家未来的领导人才和社会主义建设各方面人才是极其重要的。

有一种观点在历史学界有某种影响。这种观点认为，新中国建立以来，或者说近三十年来，中国的历史学界只有两派，即史观派和史料派。似乎史观派是没有史料的，史料派是没有史观的。所谓史观派，指的是主张用唯物史观指导历史研究的学者；所谓史料派，指的是像傅斯年那样的资产阶级学者，认为只有他们的研究是以史料为据的。这种观点简单地把20世纪的中国史坛概括为唯物史观派和考据派的此消彼长。把中国历史学界划分为史观派和史料派是没有根据的，把唯物史观与考据对立起来的观点也是值得商榷的。任何一个历史学家，在观察历史现象和从事史学著述的时候，不可能只有史观，或者只有史料，往往是某种史观和一定的史料相结合。离开了史观的史学著作是不存在的，离开了史料的史学著作也是不存在的。用唯物史观指导历史研究的学者，恰恰最重视史料的搜集、整理和出版。唯物史观离开了史料，根本无从立足；唯物史观也最重视历史考据，历史现象纷纭复杂，只有将唯物史观作为解剖刀，切实地考据历史现象，才能看出历史的本质，才能够发现历史的规律。

只有在唯物史观指导下，尽可能全面地占有史料，经过切实的考据功夫，才能发掘出历史真实，或者尽可能接近历史的真实。只有尽可能接近历史真实的史学著作，才能为社会提供历史学的借鉴功能，才能为人们了解历史、判明未来提供有用的智力支持，才能为塑造社会主义现代公民服务。

清代府县历史研究大有可为[*]

在中国传统社会，国家治理基本依靠两个方面，一是封建王朝中央政府的顶层设计，一是地方府县的执行能力。通常而言，郡县治则天下安，郡县失治则天下乱。这已被大量历史事实所证明，我们从清代历史中也可以清楚地看到这一点。由此可见，研究府县的历史是一个很重要的学术课题。近年来，学术界对清代府县进行了一些研究，但大多是分散进行的，缺乏建立在集体研究基础上的宏观概括，也缺乏标志性的学术著作。与对清代中央政府的研究相比，对清代府县的研究就薄弱许多。新形势下，在清代府县研究方面下一些功夫，不仅有利于进一步推进整个清史研究，而且具有重要的现实意义。

清代的府县是清代国家治理体系中的重要一环。朝廷的旨意要在全国得到落实，府县是关键环节；督抚能否把一个地方管理好，府县也是关键环节。农业税是有清一代国家赋税的基本形式，是国家财政最重要的来源。因此，府县的基本职能是申报农业丰歉、保证赋税制度的落实。当然，申报人口繁衍情况，对民众实施教化，保护农田水利，维护租佃平衡，维护社会稳定，也是府县的基本职能。

社会太平时期，府县官员比较好做，上意下达、下意上闻，只要对上处处逢迎、对下威抚兼施，社会就能顺利运转。社会矛盾比较多的时期，府县官员的所作所为对整个国家发展的影响就很大。尤其是社会动荡时期，许多府县官员为保住乌纱帽报喜不报忧，下意不能上闻，给整个国家治理带来很大隐忧。比如，清代的白莲教起义、太平天国运动，都是因为吏治腐败、人民苦难不能表达而最终爆发的。而起义爆发后府

---

[*] 本文原载于《人民日报》2017年1月11日，第7版。

县官员一开始都是隐匿不报,最终酿成大祸。以太平天国运动为例,洪秀全等为了金田起义做了许多准备工作,但直到1850年12月8日,广西巡抚郑祖琛才奏报:"查桂平县之金田村、白沙、大洋,并平南县属之鹏化、花洲一带及郁林州属,现据该州县禀报,均有匪徒纠聚,人数众多。"1851年1月6日,抵达广西的钦差大臣李星沅奏报:"桂平之金田村,另有会匪聚集,号称万余,并帖伪示诱胁。"这是金田起义的消息最早送达朝廷的时间,在此以前,朝廷对洪秀全等人的活动情况一无所知。即使有广西巡抚、钦差大臣的奏报,朝廷对于金田起义的详细情况以及起义首领人物是谁,均是一头雾水。为什么会这样?府县官员责任甚大,他们不但不能体恤民情,而且不能及时掌握府县社会动态。从国家治理角度说,府县吏治腐败,不能体恤民情,不能如实上报基层社会实际情况,是社会动乱发生的重要原因。

研究清代府县的历史,要把府县职能与国家治理体系联系起来,深入探讨府县职能在国家治理中的作用。一般来说,府县得力,社会就会安定些;府县失职,社会难免动荡。从更长时段来看,自秦朝实行郡县制以来的两千多年间,中国社会遭遇过许多曲折,但大体上统一多民族国家的趋势没有改变,中华文化的根基也未曾动摇。这与中国始终坚持郡县制、府县制度不无关系。这种政治制度具有中国特色,是大一统中国的底层根基。秦代郡县制发展到清代的府县制度,大体上定型了。辛亥革命后,封建君主专制制度被推翻,但府县制度依旧保留下来了,只是在民国时期随着社会发展稍有变化。

新中国成立后,地方行政体系可以说继承了清代的府县制度,同时又根据时代特点和社会发展需要进行了创新。这种继承与创新的关系,说明研究清代府县制度具有重要现实意义。目前,关于清代府县制度,一些研究者是从行政区划角度论述府县的变化,这个很有必要。但更为重要的应该是研究府县的社会功能及其在历史发展中的作用,研究府县是如何实现自己的社会功能的。这样的研究不仅有学术意义,更有现实借鉴意义。当前,我们正在努力推进国家治理体系和治理能力现代化,深入研究清代府县,把这一学术课题研究深、研究透,才能做到以史为鉴。

为"一带一路"建设提供历史根据[*]

四川举办"天府之国与丝绸之路"学术讨论会,邀请国内外学者出席研讨天府之国与丝绸之路的历史关系,很有意义。我谨提出一点不成熟的思考,为会议助兴。

"一带一路"是十八大以来提出的国家后续发展的宏大构想,也是推进新的历史时期中国与世界各国共同发展的国际合作倡议。它与16世纪以后资本主义、殖民主义、帝国主义的发展模式有本质区别,它不以掠夺别国以自肥,而是共同发展、合作共赢的新倡议。

"一带一路"国家级顶层规划提出后,学术界特别是国际关系学、政治学、经济学等与现实紧密相关学科阐述"一带一路"意义的研究文章和学术研讨较多。"一带一路"的现实意义需要加以阐述,提出"一带一路"的历史根据更应该加以说明。这是历史学家应该做的事。

近年来,国内学术界为了配合"一带一路"倡议的提出,各地举办了若干涉及丝绸之路的学术讨论会,西安、兰州、银川、泉州、桂林等地都曾举办讨论"一带一路"的学术会议。此次成都召开"天府之国与丝绸之路"学术会议,就提交的论文看,国内外学者从史料出发,论证了四川经北方草原到达中亚的陆上丝绸之路,经过云南到达印度的西南丝绸之路,以及从长江到达东南海疆的海上丝绸之路,这种集中研讨四川与丝绸之路关系的学术会议,把人们对丝绸之路的认识一下集中到了四川。

---

[*] 本文原载于《光明日报》2017年5月10日,第16版。

一般来说，张骞"凿空"西域是开辟丝绸之路的里程碑。据《史记·大宛列传》记载：张骞到了大夏，看到了从印度贩运到大夏的邛杖和蜀布。可见，在张骞通西域之前很久，从四川出发通过南亚诸国到达中亚的丝绸之路就已开通了。事实证明，张骞通西域只是打通了官方的交通渠道，在此以前，民间贸易交流渠道早已存在了。

从考古资料可见，新石器时代中国就有了丝织物的遗存。四川在渔猎时期，即传说中的"蚕丛"时期，就出现了采桑养蚕的习俗，学者辨识的甲骨文中就有"蚕"字，"蜀"字很可能就是从"蚕"字演化而来。养蚕缫丝的生产技艺，可以肯定四川是发源地之一。蜀锦是综合性生产技艺的成果，是社会文明进步的里程碑。文献资料早就记载了蜀锦，考古发掘已证明，蜀锦是丝绸之路上找到的重要物证。

从中国出发通往世界各地的丝绸之路，是自然形成的商道，像茶马古道一样。走在这条商道上的有商人，有僧人，有官人，有军人，也有各种游历者。丝绸之路不仅是货运通道，也是文明传播的通道，是不同民族、不同文明交融互鉴的载体。

可以把先秦至今丝绸之路的历史划分为几个历史时期：从先秦到元朝，是丝绸之路的 1.0 时代；明清时期是丝绸之路的 2.0 时代；鸦片战争以后至民国时期是 3.0 时代；现在的"一带一路"是丝绸之路的 4.0 时代。

1.0 时代，主要是"中原"与"四裔"互动的过程。"中原"物质文化水平高于"四裔"（四方边远之地），丝绸、瓷器、茶、香料、铜铁器具等中原物质流入四裔各国，四裔各国的物种和文化也流入中原。丝绸之路成为交流、交往、交融的重要桥梁，这种交往包括贸易、通婚、官方往来、和亲甚至战争等形式，也包括交往中各民族、种族的冲突与融合。中原物质文化影响了四裔，蜀锦成为四裔国王、贵族互赠礼品之物。四裔物质文化也影响了中原，成为中原一体多元文化的构成部分。

2.0 时代是中国主动与世界沟通的时代。这种沟通超过了"中原"与"四裔"的关系。中国是当时世界经济和贸易的中心地区，15 世纪初郑和下西洋是当时世界上最伟大的远洋航行，表明了那时中国物质文化的高度发展，表明了那时中国人探索世界的能力。可惜这种发展势头未能继续下去，明末清初的闭关是一个标志。郑和远航之后是欧洲人开启的大航海时代。16世纪中叶葡萄牙人东来,在澳门站住脚跟,形成了澳门、日本长崎和南美巴西之间的大三角贸易圈。17世纪从澳门有大量白银流入中国,中国经济进入了一个数量增长、质量未能提高的时代。学者研究,白银大量流入促进了长江下游经济的发展,但这种交流是以欧洲人为主导,中国没有从这种贸易中学到国外先进的技术。这时正是欧洲资本主义生产方式兴起的时代。

从14世纪开始,陆上丝绸之路出现阻碍。14—17世纪,奥斯曼帝国遮断了陆上丝路通道,是陆上丝路衰败的重要原因。明朝初年用百余年建筑长城嘉峪关,本意是用来接待、管理西域来的商人。由于奥斯曼帝国遮断,西域商人往来减少,敦煌、阳关、玉门关、嘉峪关也随之荒废。16世纪以后海上丝路受阻,既与明末清初实行海禁有关,也与西方资本主义兴起,海上通道被霸权国家控制,和平贸易受到抑制有关。当然,明末清初实行海禁政策,是皇权集中的产物,是逆历史潮流而动的。清代乾隆皇帝虽废除海禁,却把四口通商改为广州一口通商。所以,统治者狭隘的视界也是丝绸之路衰落的原因。总之,丝绸之路的兴起与衰落,都还值得历史学者下功夫探讨。

3.0时代,西方商人选择以鸦片作为替代品,用大炮做护卫,推行殖民主义体制。中国处在被动挨打的位置,海上丝绸之路就衰落了。

4.0时代就是当前的时代。中国改革开放事业需要再一次冲破道道难关,2008年美欧经济危机至今难以提振,也威胁到中国经济发展。2010年中国经济总产值超过日本成为世界第二。如何推动中国经济发展,推动世界经济复苏,成为摆在中国领导人面前的首要问题。"一带一路"倡议的提出恰逢其时。

丝路精神,即"计利当计天下利"精神,是一种典型的中国思维。一个地区,一个国家,乃至整个世界,都需要发展。用剥夺别国来求自富,是欧美世界在资本主义发展过程中采用的办法,是损人利己的办法,这是西方思维。从历史经验看,这种思维带给世界的影响是消极的,是不利于各国共同发展的。今天欧美遇到的经济难以提振、麻烦的移民问题、恐怖主义、"脱欧"苦恼等,未必不是资本主义—殖民主义—帝国主义时代留下的恶果。"计利当计天下利",是以共赢追求共富的思维,是一家发展,家家发展,一国发展,各国共同发展的思维。

共同发展，就是各国人民都要享受发展的红利，各国人民的福祉都要得到保障。"一带一路"倡议体现的就是这样的思维，就是用共赢的手段达到共富的目的。"一带一路"倡议提出后，世界各国广泛欢迎，朋友圈越来越大，就是这个道理。

金融发展要在义利之间取得平衡[*]

货币金融史是我国经济史特别是近代经济史的重要分支学科。总结以往货币金融史研究成果，进一步加强这方面的学术研究，对于推动中国近代经济史研究，推动中国近代史研究，一定会有大的益处。

习近平总书记不久前在全国金融工作会议上强调指出，金融是实体经济的血脉，为实体经济服务是金融的天职，是金融的宗旨，也是防范金融风险的根本举措。这句话把货币、金融的本质说透了。

货币金融的出现，是人类文明史的基本标志之一。马克思说："货币作为价值尺度，是商品内在价值尺度即劳动时间的必然表现形式。"劳动产品只有作为商品用来交换才产生价值。产品只有在大范围内交换，才能推动货币的产生。也只有在更大范围商品交换和货币流通的条件下，才能产生资本和资本的流通。只有在资本广泛流通时才有近代意义的金融产生。因此，商品、货币、金融是随着生产力的不断发展和大幅提升，而产生，而提升的。货币、金融是为实体经济服务的，反过来又推动实体经济的发展。离开了实体经济，货币、金融就没有存在的余地。在市场经济条件下，货币、金融成为一个复杂的体系，复杂到有时候会自以为可以摆脱实体经济而独立存在，以为虚拟经济可以支配一切。这时候，实体经济和货币经济之间就会失去平衡。如果这种平衡被打破，就会产生金融危机或者经济危机。这种危机发生，一定会影响实体经济的发展，整个社会机体就会产生严重不安、动荡乃至危机。

---

[*] 本文是2017年9月在河北师范大学与复旦大学联合主办的第四届中国金融史国际学术讨论会上做的主题报告。《人民日报》2017年12月4日的"大家手笔"栏目中摘要发表，题目改为《从货币金融史中汲取智慧》。全文发表在《中国经济史研究》2019年第1期。

发生这种情况，用中国传统观念来讲，就是义利关系失去了平衡。如果货币金融只追求利，而忘记了为实体经济服务的本能，就是失去了义。义并不反对利，但义利关系要取得平衡，社会经济才能顺利发展，否则就可能翻车。

商品社会里的货币流通，本质上是作为劳动产品的商品流通，是物的流通。货币作为物的等价物的出现，有利于物质生产资料和生活资料的流通，有利于社会平稳发展。中国早在南北朝时期便出现质库，是为抵押贷款的先声。明末清初，在中国资本主义萌芽时代，钱庄、票号等金融机构渐次兴起。中国民间金融在儒家文化浸染下，恪守"仁义礼智信"的经营准则，创造了那个时代的金融文化。中国传统金融机构几乎完全凭借贷双方的信守承诺，活跃于中国自然经济舞台达数百年之久，直至近代才在西方银行金融体系冲击下黯然退场。中国传统金融的诚信精神保证了义利关系的平衡，推动了商品的流通。这样的历史经验，是商品经济中的中国特色，值得货币金融史学者去研究和总结。

货币经济与实体经济失去平衡的情况在历史上时有发生。中国进入近代后，受到西方政治、经济、军事、文化的侵略，西方银元的流入以及中国货币铸造权的下移、纸币的滥发，使中国市场上货币流通的种类多达上百种，形成货币流通的混乱。货币流通的混乱就是社会的经济体系关系失去义利平衡。这种情况如果严重出现，对社会经济、政治的冲击将是不可估量的。这种严重失衡的情况，在近代中国至少出现过两次。

在清末，外国银行不仅经营对清政府的各式贷款，而且操纵着中国的外汇市场，使大量外国银元流入中国，并大量发行纸币，直接控制中国金融业。据学者估计，当时中国市场上流通的货币总量为25亿元，其中外国银元有11亿元，外国钞票有3亿元，两者合计占全国货币总量的56%。大量外国货币在中国市场流通，严重冲击了中国金融市场。1908年，在商业与金融中心上海，竟然发生了外商银行联合抵制中国钞票的事件，"喧宾夺主，实足骇人听闻"。清政府试图在取缔中国商号发行纸币的同时，限制外国银行发行纸币，最终没有成功。正是在这样的金融市场背景下，发生了1910年的上海金融危机，这场危机当时被称为"橡胶股票风潮"。上海的这场金融风潮由1908年伦敦市场橡胶股票涨价引起。在伦敦金融市场，橡胶股票最快的销售速度是100万英镑的股票在半小时之内销售一空，国际橡胶投资已接近疯狂。上海金融市场被卷入这场国际资本橡胶投机活动。很多上海人疯狂抢购橡胶公司的股票，唯恐失去暴富机会。到1910年4月，仅仅几个月时间，40家公司的2500万两股票已经销售一空。经过炒买炒卖，股票价格轮番上涨。很快，世界金融中心伦敦橡胶股票行情暴跌。上海各界购买橡胶股票动用的资金总计达到4000万两，参与投机的上海各大钱庄纷纷倒闭，形成风卷上海、影响全国的金融风潮。第二年，即1911年就发生了辛亥革命；1912年2月12日，宣统皇帝就被迫退位了。辛亥革命的爆发当然有非常复杂的原因，但上海的"橡胶股票风潮"对人心的冲击究竟起了多大的作用呢？表面上是金融风潮，实质上是政府无能力管理金融市场，造成金融脱离实体经济的假象，极大地冲击了金融市场和实体经之间的平衡，社会陷入混乱。

1948年国民党在大陆垮台前夕，一场币制改革引发的金融风暴，成为推倒国民党大陆统治地位的重要原因之一。国民党发动内战后，不仅失去人心，而且军事失利，控制地域缩小，物资产出减少，货币发行却在大量增加，财政金融形势恶化。1948年上半年财政实际收入为80万亿元，支出却达340万亿元，赤字率超过75%；其中最为浩大的是军费支出，正常预算和特别预算相加，超过了预算总额的70%。政府开支几乎全靠印钞票，法币面值最高已达500万元，发行最多时以每天10万亿元这样令人目眩的数目增长，从而刺激物价持续走高，每天甚至每小时都在变化。1月米价每石150万元，8月中旬攀升到5833万元；金价每两超过5亿元，法币与美元兑换价超过1000万比1，法币已失去支付功能。1948年8月国民党政府实行币制改革，以金圆券兑换法币，导致金融市场一片混乱。上海黄金存兑发生挤死7人的惨剧。蒋经国在上海"打老虎"也失败了。到1949年5月24日，金圆券发行数共计825165亿元，为其最初发行限额的41000余倍。结果是物价狂涨，1949年5月上海的物价指数为1948年9月的500多万倍。5月的最高米价为1石3亿元，黄金1两兑价接近50亿元，1美元兑价超过8000万元。金圆券信用极度下降，一些地区已视金圆券为废纸。

大家知道，1949年蒋介石的国民党政权就失去大陆，不得已退到台湾。币制改革失败这个案例，是民国最后时期金融市场混乱的典型，也是货币、金融、物价脱离物质资料实际价值的典型案例，是金融货币与劳动产品失去义利平衡的典型案例，非常值得货币金融史学者去研究。

我还想举最近的两个例子。1997年"金融大鳄"索罗斯掀起的金融风暴搅得亚洲国家一片凄惨，只有中国顶住了这场风暴。2008年美国华尔街因次贷危机引起的金融风暴，直接冲击了美国和欧洲国家的经济。把金融和金融衍生物反复炒热，是脱离实体经济的表现，一定会反过来冲击实体经济。

2012年9月，我参加了马克思主义理论研究与建设工程考察团对欧洲经济危机的考察，实际考察了法国、西班牙。考察中，与法国国际问题研究所、法国经社理事会、法国共产党总部、马德里自由大学、西班牙共产党总部等方面的专家学者座谈。我了解到从美国的金融危机到欧洲的债务危机，是2008年以来世界经济、政治形势的基本标志。这场危机影响波及全世界，也影响了中国，但中国发展一枝独秀，经济增长率保持在7%左右。欧洲危机何时结束，西班牙皇家战略研究所研究员斯腾伯格先生从欧洲危机的调整看，认为要到2013—2014年。法国国际问题研究所亚洲研究中心主任尼古拉斯（Nicolas）女士认为，处于优势的美国模式遭受了沉重打击。

尼古拉斯女士认为，美国内部长期控制房地产流，长期靠信贷，表明美国运转机制存在弱点。她还认为，美国房地产的证券化，以及信贷、金融的技术构成等多方面技术原因，造成了此次美国金融危机。对于将美国金融危机产生的原因归结为信贷、金融方面的技术因素，我曾当面提出商榷，这是不是经济学家的纯经济观点，是否应该把此次危机理解为资本主义经济制度的周期性表现，对方不愿意正面回答我的问题。

无论是1997年亚洲金融风暴，还是2008年华尔街金融风暴引起的世界经济危机，都是货币、金融领域失去义利平衡的表现。把金融和金融衍生物作为一个独立的体系，似乎靠它可以搅动世界经济，忘记了它是为实体经济服务的。忘记了这一点，就会给世界经济和政治带来极大的风险和冲击，破坏世界的稳定。

这是我观察货币、金融历史作用的一点感想。聊供第四届中国金融史国际学术讨论会的学者、专家批评。

人民公仆观念之百年嬗变[*]

百年前的辛亥革命，进行了许多可歌可泣的斗争，也留下了许多令人扼腕的故事。推翻君主专制、建立共和制度、颁布《中华民国临时约法》等，人们说过很多；为了取得辛亥革命的成功，许多志士仁人前仆后继、勇于牺牲，如秋瑾、林觉民、方声洞等，人们也记得很多。有一件事，人们却很少谈到、很少记得，那就是辛亥革命中孙中山提出了人民公仆观念。

孙中山就任临时大总统，自称人民公仆，从而确认以人民为本位。这对于中国阶级社会以来的官场政治来说，是一大革命。1911年12月29日，孙中山为感谢各省代表选举他为临时大总统，在致各省都督电中称："今日代表选举，乃认文为公仆。"把大总统等同人民的公仆，体现了人民至上的价值观。孙中山曾以大总统名义发布通令，要求所有政府官员"皆系为民服务，官规具在，莫不负应尽之责任，而无特别之利益"。他还在《建国方略》中说："国中之百官，上而总统，下而巡差，皆人民之公仆。"有一位年逾80岁的盐商去往南京，想一睹孙中山的风采。孙中山接待了这位老者，并对他说："总统在职一天，就是国民的公仆，是为全国人民服务的。"老者问："总统离职以后呢？"孙中山答道："总统离职以后，又回到人民的队伍里去，和老百姓一样。"孙中山的回答使这位老者感到他见到了民主的风采。孙中山以总统之尊接待一位普通盐商，体现了一种伟大的公仆精神。这也是孙中山、辛亥革命留给后人的宝贵政治和精神遗产。孙中山自己从政更是以身作则、廉洁自持，始终保持着人民公仆形象。

---

[*] 本文原载于《人民日报》2013年12月1日，第5版，"大家手笔"。

在封建社会，当官做老爷是社会生活的常态，官老爷高高在上，老百姓匍匐在社会的底层。皇帝以下的官员，县老爷是最低级别的行政官员，但也是父母官，县里的老百姓都是其子民。县老爷又是所谓牧民之官。何谓牧民？就是把老百姓当作牲口来放牧。老百姓见了县老爷就要磕头，自称草民。下级见了上级也要磕头，所有官员见了皇帝都要匍匐称臣。两千多年来，这几乎是一成不变的。辛亥革命把这个老规矩革掉了。孙中山为了落实人民公仆观念，以临时大总统名义颁布命令，废除老爷称呼，废除磕头礼节；强调人民一律平等，人民是主人，官员是人民的公仆。这种转变与推翻君主专制、建立共和制度是同等重要的，同样带来了思想的大解放，同样具有极大的纪念意义。官员是人民的公仆，应该带来政治生活、政治制度的变革。令人扼腕的是，孙中山的临时大总统只做了三个月。袁世凯上台后，人民公仆之说不再被人提起，做官依旧，当老爷依旧，人民依然处在社会的底层。

官员是人民公仆，在中国共产党人这里变为现实。中国共产党人来自人民，共产党的官是为人民服务的。1944年9月，毛泽东同志在追悼中央警卫团一名普通共产党员的会上说："我们的共产党和共产党所领导的八路军、新四军，是革命的队伍。我们这个队伍完全是为着解放人民的，是彻底地为人民的利益工作的。"这篇题为《为人民服务》的著名演讲，鲜明地指出了中国共产党为人民服务的根本宗旨。中国共产党执政以后，一贯强调各级党政干部都是人民公仆，是人民勤务员，执政的目的是为人民服务。不过，今天仍有个别党政干部以官老爷自居，不以人民为本位，不在为人民服务上下功夫，为政不廉，贪污腐败，不仅玷污了共产党人为人民服务和为共产主义奋斗的理想信念，也与孙中山百年前就提出的人民公仆观念格格不入。

毛泽东同志说过："人民，只有人民，才是创造世界历史的动力。"回顾百年中国历程，领导干部应始终牢记"人民公仆"四个字。

孙中山《实业计划》是中华民族复兴梦进程中的伟大贡献[*]

——纪念《建国方略》发表100周年

《实业计划》是孙中山1919年发表的关于振兴中国实业，实现国民经济近现代化的专著。在庆祝中华人民共和国成立70周年、《实业计划》发表百周年的时候，重新认识《实业计划》是很有意义的。

最早提出中国现代化的伟大计划

孙中山《实业计划》为中华民族复兴梦的形成做出了伟大贡献。《实业计划》发表于1919年，后来作为《建国方略》之二出版。原文是英文，题为"中国的国际发展"，翻译成中文时定名为"实业计划"。鉴于1918年第一次世界大战在欧洲结束，国际上为战争服务的大批军事工业将要停业，消耗军工产品的数以百万计的军人将要转业，国际游动资金将要寻找投放方向，孙中山提出了推动中国现代化的实业计划。他认为在未来二十年到四十年时间里，中国将有极好的发展机会，可以消纳国际上的资金，可以组织国际上的大银行团来中国投资，组织国际企业共同发展中国实业。

孙中山提出中国实业发展的宏观规划是：建设10万英里铁路，100万英里碎石路（即公路），疏浚现有运河、开挖新的运河，治理长江、黄河、西江、淮河等河流，在全国普遍建设电报、电话以及无线电等；

---

[*] 本文是2019年8月在上海出席上海宋庆龄研究会主办的"《建国方略》与中国梦"座谈会的发言，发表于香港《紫荆》杂志11月号。

在沿海沿江建设商埠商港渔港；在铁路中心点、终点以及商港地建设新的城市；发展钢铁业、水泥业、矿业、农业；在中国北部、中部建造森林；移民于东三省、蒙古、新疆、青海、西藏等地。为了实现这个宏观规划，孙中山提出了在中国发展实业的六大计划。他提出的发展重点是北方大港、东方大港、南方大港，使三大港发展成为国际贸易大港，与国际上发生广泛联系。要使三大港真正具备国际大港资格，三大港就要有广大的腹地，要有便利的交通，要建设交通沿线的商埠、商港和城市，使之形成各个大腹地的商业网络。

在渤海湾适当地方（约今唐山港）建北方大港，这是中国与世界交通运输的关键。它的腹地包括北方各省直至蒙古、新疆，铁路要联通北方大港与西北边境的喀什噶尔、伊犁，要开挖运河联通中国北部、中部以及北方大港，要在山西、河北建钢铁厂、建大型煤矿，要向蒙古、新疆大量移民。这是第一计划。

在上海附近杭州湾（约当今上海洋山港和宁波北仑港）建东方大港，东方大港要远胜于现已为全国最大商港的上海港，它的腹地是长江流域，直达成都。为了大量应用水力，就要整治上海至汉口的长江河道以及长江流域各水系，建设长江流域各地商埠、城市，为此要建设水泥厂。对于如何整治汉口以上至成都的长江河道，也都提出了设想。至于宜昌以上，"当以水闸堰其水，使舟得溯流以行，而又可资其水力"，航路"下起汉口，上达重庆"。这其实就是修筑三峡大坝的设想。整治河道，先从长江入海口开始。关于入海口河道，孙中山征求了一些国际上著名水利专家的意见，提出了具体的河道整治方案，如收窄入海口，使流速加快，将长江大量泥沙冲入深海，泥沙来不及沉淀，再利用回潮的自然力将泥沙还填至河口两旁，培植了海岸，增加了土地。有关入海口保留一条河道还是两条或三条以及上海至江阴、江阴至芜湖的河道如何整治，都提出了具体工程方案。这是第二计划。

改良广州港使之成为一世界大港即南方大港。孙中山认为广州是太平洋沿岸最大都市，也是亚洲商业中心。英国占领下的香港力图阻止广州成为世界大港。广州如果成为世界大港，香港泊船载货码头将归于无用。当然广州成为世界大港，香港也会被带动起来，不必顾虑广州的繁荣会伤及香港自由港地位。为建设广州大港，就要疏通广州水路系统，包括西江、北江和东江；使西南广大地区成为广州腹地，就要建设西南铁道系统，包括广州至重庆线、广州至成都线，途经湖南、贵州、桂林、梧州、泸州等地；广州至云南大理腾越线，广州至思茅线，广州至钦州直达越南边境东兴。

北方大港、东方大港、南方大港是头等港；还要建设沿海二等港，包括营口、海州（今连云港）、福州和钦州；建设三等港包括葫芦岛、黄河埠（疑即黄骅港）、芝罘（烟台）、宁波、温州、厦门、汕头、电白、海口，以及若干沿海渔业港。此外还要创建大型造船厂，建造超过1000万吨商船等。这是第三计划。

此外，为了论证建设10万英里铁路，孙中山还详细设计了中央铁路系统、东南铁路系统、东北铁路系统、西北铁路系统、高原铁路系统的线路，提出了建设机车、客货车制造厂的设想。这是第四计划。第五计划涉及与人民日常生活密切相关的粮食工业、服装工业、住房工业、汽车工业、印刷工业。既然要建设100万英里碎石路，少不了各种民用、工业用车辆在路上跑。第六计划是矿业。前三项计划是设计关键，后三项计划是为前三项计划服务的。

综观孙中山拟定的国际开发中国的实业计划，以建设三大世界性的大港为中心，每个中心分别辐射到北部、中部、南部中国，并且辐射到西北、西、西南边境。这样就以铁路、公路和河流等交通线为纽带，把港口和腹地连接在一起，沿交通线建设商埠和城市，沿海建设二等和三等港口以及渔港，连接三大港口。所有轻重工业都按照三大板块进行布局，以建设三大世界性港口为中心，把三大港口与全国连接起来。显然，这个设计的出发点是国际贸易，是把中国和世界连接起来。笔者认为，这个中国现代化的计划是十分完整的、前无古人的，是近代中国第一个完整而又具体的国家现代化计划，是鸦片战争以来中国人求富求强的中国梦的最为系统的体现。

提出这个计划，没有对世界资本主义生产力一定程度的了解，没有对中国国情的一定了解，是提不出来的。在当时的中国，能提出这个计划的只有孙中山一人。

存在历史局限性

孙中山对中国现代化的这个美丽的憧憬，存在着难以克服的历史局限性。换句话说,这个现代化计划在当时的历史条件下是不可能实现的。

首先,这个计划是建立在依靠国际开发的基础上,是第一次世界大战结束而引起的思考。第一次世界大战是一次帝国主义战争,是帝国主义国家为了掠夺更大利益、瓜分欧洲弱小国家领土进行的战争,双方投入兵力数以千万计,战争造成了欧洲严重的创伤。据史书记载,这次战争中,直接死于战争的军人 900 万,受伤、终身残疾的军人 2300 万,战争中饿死、疾疫死者 1000 万;直接经济损失 1805 亿美元,间接经济损失 1516 亿美元,商船损失 1285 万吨。欧洲经济遭受沉重打击,工业发展倒退 8 年。显然,孙中山对这次被称为欧战的第一次世界大战的性质及其造成的严重后果缺乏基本认识。欧战造成了欧洲的衰落,欧洲自救不遑,哪有资金和人力投入中国开发?欧战后,欧洲国家发生一系列革命,各国政治上很不安定,哪有能力组织银行团到中国来搞国际开发?欧战后形成"凡尔赛－华盛顿"体系,帝国主义国家分赃不平,彼此仇恨,不久,第二次世界大战就在酝酿中了,哪有精力考虑中国的国际开发?欧战后,欧洲衰落,美国、日本得利,日本正在逐步加大对中国的侵略,美国眼看日本侵略中国而不施加援手,中国的国际地位更加低落了。

孙中山还天真地认为,在中国组织国际开发行为,各国获利丰厚,可以终结世界上的国际战争、商业战争和阶级战争。这是很幼稚的想法。时间过去了 100 年,试问:世界上的国际战争、商业战争和阶级战争消弭了没有?

其次,这个计划不是建立在依靠中国自身的基础上。在孙中山提出这个计划的时候,中国是一个广土众民又十分衰弱的国家,是一个半殖民地半封建的国家,按照笔者的说法,是"沉沦"到"谷底"的国家,是国家独立主权低到不能再低的国家。在孙中山提出这个计划的时候,正是北洋军阀统治的时候,是政治统治、社会治理最混乱的时候。这时候,中国作为第一次世界大战的战胜国,居然不能在巴黎和会上争取到山东的权益。巴黎和会前,中国人对美国总统威尔逊的许诺抱有很大期望,以为公理可以战胜强权。不料和会上威尔逊屈服于日本的压力,宁愿牺牲中国的合法权益。这是引起五四运动的基本原因。中国当时没有形成一定的工业能力,缺乏现代化建设的人才,90% 以上的人口是文盲和半文盲。没有工业基础和文化基础的城市化过程将是一场灾难。在这样的国情下,提出这样大规模的现代化建设计划,在当时引起人们的嘲笑,是不难理解的。

具有重要的思想史价值

孙中山在 20 世纪 20 年代初提出的这个中国梦,又具有在未来实现的可能性,在中国思想史上有着极为重要的价值。孙中山在《实业计划》中谈到的一些有益的观点,可以用其中的三句话来总结。

孙中山在 1921 年 10 月为《实业计划》写的自序中指出:"惟发展之权,操之在我则存,操之在人则亡,此后中国存亡之关键,则在此实业发展之一事也……庶几操纵在我,不致因噎废食,方能泛应曲当,驰骛于今日世界经济之场,以化彼族竞争之性,而达我大同之治也。"这是一句话。

在《实业计划》末尾的总结中,孙中山看出欧美垄断资本主义代替自由资本主义的趋势。他认为,"大公司"(垄断资本主义企业)是经济进化之结果,非人力所能屈服。克服大公司带来的弊病,就是组织更大的归人民公有的大公司,"故在吾之国际发展实业计划,拟将一概工业组成一极大公司,归诸中国人民公有,但须得国际资本家为共同经济利益之协助。"这是第二句话。

在上述总结中,孙中山还说:"前之六大计划,为吾欲建设新中国之总计划之一部分耳。简括言之,此乃吾之意见,盖欲使外国之资本主义以造成中国之社会主义,而调和此人类进化之两种经济能力,使之互相为用,以促进将来世界之文明也。"这是第三句话。

我抄在这里的三句话,在 200 页的《实业计划》中,寥寥数语,却是点睛之笔。如果没有这三句话,全文都可以看作是废纸。有了这三句话,全文的价值就很高了。

"发展之权,操之在我则存,操之在人则亡",这是全部计划的关键所在。在 1949 年前的中国,发展之权操之在我是做不到的。能够做到这一点,只有在新中国成立之后,在人民掌握了国家的主权之后,才可能做到发展之权操之在我。孙中山这句话提示我们,他没有把国际发展计划的时间放在当时，他描绘的只是一个远景规划。

"将一概工业组成一极大公司，归诸中国人民公有"，以与外国大公司竞争。这句话也极为重要。一个工业基础很弱的国家，要与国际大公司合作开发，不组成国家所有的大公司是绝对不成的。这句话提示我们，未来中国工业化过程一定要走国有化的道路，仅仅依靠私有的小公司是无法与外国垄断企业竞争的。

"使外国之资本主义以造成中国之社会主义，而调和此人类进化之两种经济能力，使之互相为用"，这句话也极为重要。孙中山讲这句话的时候，所谓中国的社会主义可能是指民生主义，他是说把民生主义与资本主义调和起来。当我们今天再看这句话的时候，我们似乎可以理解为中国社会主义市场经济，社会主义市场经济不正是把社会主义原则与市场经济的运行方式结合起来吗？

总结一句话：实现中华民族伟大复兴就是中国人的中国梦。中华民族复兴是近代以来中国人一直在做的梦。孙中山从1894年第一次喊出振兴中华的口号，可以看作中国人正式提出中华民族复兴的呼唤，到20世纪20年代提出实业计划，是他振兴中华思想的进一步发展，是他在真正意义上提出了中华民族复兴的中国梦。

孙中山的实业计划在1949年前的中国是不可能实现的，只有在新中国才有可能逐步实现。在中华人民共和国诞生70周年的时候，我们可以说，中国共产党的领导，中国特色社会主义制度，已经提供了实现孙中山实业计划的平台，我们今天取得的发展已经超过了孙中山的实业计划了。我们从来没有像今天这样接近中华民族的复兴了。

但是，我们不能因此轻视孙中山的实业计划。孙中山呕心沥血，为中华民族复兴设计的中国梦是实现整个中国梦过程中一个伟大的贡献，他留给我们的思想遗产在中国社会主义现代化的过程中是永远值得珍视的。

二
论中国历史学建设

学习习近平总书记贺信 加强中国历史学学科体系建设[*]

党中央决定成立中国历史研究院，是发展和繁荣我国哲学社会科学的重大决策。习近平总书记在致中国社会科学院中国历史研究院成立的贺信中，殷切希望中国历史研究院"总结历史经验，揭示历史规律，把握历史趋势，加快构建中国特色历史学学科体系、学术体系、话语体系"，"立时代之潮头，通古今之变化，发思想之先声，推出一批有思想穿透力的精品力作"，"充分发挥知古鉴今、资政育人作用"。[①] 习近平总书记的贺信给予中国历史研究工作者极大的鼓舞。

习近平总书记早在2015年8月致中国史学会筹办第22届国际历史科学大会的贺信中就指出："历史研究是一切社会科学的基础，承担着'究天人之际，通古今之变'的使命。"[②] 2016年在哲学社会科学工作座谈会上，习近平总书记在谈到哲学社会科学的系统性、专业性时，把历史放在各个学科的第一位。习近平总书记所说"历史研究是一切社会科学的基础"，以及他有关历史学的一系列论述，应该包括在习近平新时代中国特色社会主义思想体系内。我认为，习近平总书记指示成立中国历史研究院，是他一贯重视历史和历史研究，一贯重视历史经验运用的具体体现。

我作为在中国社会科学院从事历史研究工作且已退休的老年学者，

---

[*] 本文是在2019年1月3日中国历史研究院揭牌仪式和座谈会上的发言基础上略加丰富形成的，刊载于《历史研究》2019年第1期。
[①] 习近平：《贺信》，《人民日报》2019年1月4日，第1版。
[②] 习近平：《习近平致第二十二届国际历史科学大会的贺信》，《人民日报》2016年8月24日，第1版。

对中国历史研究院的成立表示衷心祝贺！中国历史研究院成立伊始，我结合习近平总书记的贺信，就中国历史研究院的工作，提出几点建议。

第一，中国历史研究院要把马克思主义指导下的中国历史学学科体系、学术体系和话语体系建设提上讨论日程，要集中精力探讨中国历史学的学科体系、学术体系和话语体系建设。新成立的历史理论研究所，主要任务应该是在马克思主义基本理论和习近平新时代中国特色社会主义思想指导下，在中国历史学丰富的实践基础上，研究提出中国历史学学科体系、学术体系和话语体系的基本思路，发动历史学界开展广泛讨论，形成基本共识。

建设中国史学话语体系、提高话语权，最根本的要求是自觉坚持以马克思主义为指导研究中国历史和世界历史，总结历史发展规律。近代以来，西方学者往往有强势的话语权，他们提出的一些概念、话语，可供我们参考，但绝不可以作为我们研究的准绳。在马克思主义指导下建设中国史学话语体系，关键是总结、概括出体现这一话语体系的学科概念。

中国五千多年的悠久历史给我们留下了许多优秀文化遗产。儒家、道家、法家等古代思想流派以及一些政治家、思想家等，都有许多治国理政的思想精华和精彩论断。中国历史上的大一统思想和政治传统、各民族交往交融的历史经验，"自强不息、厚德载物"以及"以人为本"的古训，是先人留下的优秀传统。正是这些优秀的历史文化传统，使我们在面对近代殖民主义、帝国主义侵略时，可以长久支撑、不屈不挠，汲取新知、革故鼎新，终于改变了近代中国社会向下"沉沦"的屈辱局面，迎来中国共产党成立后中国社会的"上升"趋势。研究总结这些历史经验对于形成中国历史学的学科体系、学术体系和话语体系有着重要的意义。

中国历史学者研究历史时所坚持的概念和理论，如马克思主义社会形态学说、中国文明起源、汉民族形成、资本主义萌芽、中华民族在长期历史进程中的民族交往交流与交融、采用阶级分析观点研究阶级社会历史以及"从分散到整体"的世界史观等，要加以坚持和发扬。就中国近现代史而言，要坚持诸如半殖民地半封建社会、反帝反封建、旧民主主义革命和新民主主义革命、旧三民主义和新三民主义、民族资本主义和官僚资本主义以及帝国主义和"一切反动派都是纸老虎"等概念或论断,要在坚实史料支持下进一步论证和丰富这些概念;要对诸如社会主义初级阶段、中国特色社会主义、中国特色社会主义的本质特征、人民代表大会制度、协商民主、民族区域自治以及社会主义市场经济体制等政治、经济术语做出严谨的历史学论证,使之成为史学学术话语。只有在这些方面努力,中国史学的学术体系和话语体系才能提升到一个新的水平,而不是跟在西方学者后面亦步亦趋。

第二,为了筑牢中国历史学的学科体系、学术体系和话语体系,中国历史研究院要组织力量编写出符合新时代要求的奠基性史学著作。中国历史学的专题研究已经具有雄厚的基础,我们应该在此基础上加以概括、提炼,形成体现中国学者集体智慧的大型综合性著作。

我建议把《中国通史》的编著提上日程。我们已经有范文澜著《中国通史》,郭沫若著《中国史稿》以及白寿彝著《中国通史》,但这些大型通史至少是二十多年前出版的。今天重新编写中国通史的条件应该已经成熟了。还有新中国建立七十年的历史、改革开放四十年的历史、中国共产党近百年来的奋斗史、鸦片战争以来一百八十年的变革史等,都要编列计划,切实推进。这些大型著作的编撰、出版,是中国历史学学科体系、学术体系和话语体系的重要载体,是中国历史学的标志性著作。对这些著作,中国历史研究院应该组织中国史学界团结拼搏,力争在本世纪中叶,即中华人民共和国成立一百周年时,期其必成。这将成为中华民族伟大复兴实现之日史学界做出的贡献。

第三,中国历史研究院要把培养史学领域战略思想家提上工作日程。中国社会科学院不缺专门家,但缺乏战略思想家。我认为,中国历史研究院不仅要产生大批史学专门家,更要采取措施培养少数战略思想家。多数人成为史学研究上的专门家,少数人不局限于具体问题的研究,而具有广阔的视野、宏观的思维,上下古今,国内国外,无不涉猎。许多专门家及其学术成果形成引领历史学某些学术领域前进的标志,始终处在学术研究的前沿。历史学战略思想家要善于在马克思主义指导下在历史学学科体系内进行创造性思考,提出史学领域引领学术前进的重要的学术概念,创新学术话语体系。

新时代中国历史学要发展繁荣,历史研究要达致"究天人之际,通古今之变"的理想境界,还要付出很大努力。我们不要辜负党中央的期望,不要辜负习近平总书记的期望。

把握新时代中国史学发展的关键[*]

习近平同志在致信祝贺中国社会科学院中国历史研究院成立时，强调历史研究是一切社会科学的基础，并希望广大历史研究工作者"总结历史经验，揭示历史规律，把握历史趋势，加快构建中国特色历史学学科体系、学术体系、话语体系"。加快构建中国特色历史学学科体系、学术体系、话语体系，是新时代中国史学发展的关键，是新时代赋予广大历史研究工作者的重大使命。完成这一重大使命，需要从以下几个方面着力。

坚持以科学理论为指导。加快构建中国特色历史学学科体系、学术体系、话语体系，必须坚持以马克思主义为指导。近代以来，西方学者在史学方面有很强的话语权，并不断把自己的话语体系向外输出。西方学者提出的概念、理论我们可以参考，但切不可作为自己研究的准绳。中国史学发展要始终坚持以马克思主义为指导，植根于中国史学丰富的理论和实践。

深入研究中国优秀历史文化传统。中华民族5000多年文明史给我们留下许多优秀历史文化传统。2000多年前，儒家、道家、法家等各个思想流派相互切磋、相互激荡，形成了百家争鸣的文化大观，留下许多思想精华。一些政治家、思想家对治国理政做出许多精彩论述，至今仍有重要价值。中国历史上大一统的思想和政治传统、各民族交往交流交融的历史经验，对今天国家发展仍具有重要借鉴意义。深入研究我国优秀历史文化传统，总结历史经验，对于加快构建中国特色历史学学科体系、学术体系、话语体系具有重要意义。

---

[*] 本文发表于《人民日报》2019年4月1日，"大家手笔"。

不断丰富学科概念和理论。中国历史研究工作者在研究历史时所坚持的概念和理论，如马克思主义社会形态学说、中国文明起源、中华民族在长期历史进程中的民族交往交流交融等，都要继续坚持和发扬。就中国近现代史研究而言，要坚持诸如半殖民地半封建社会、反帝反封建、旧民主主义革命和新民主主义革命、旧三民主义和新三民主义、民族资本主义和官僚资本主义等科学概念，通过大量史料进一步论证和丰富这些概念；同时要对诸如社会主义初级阶段、中国特色社会主义、人民代表大会制度、协商民主、民族区域自治以及社会主义市场经济体制等政治、经济术语进行严谨的历史学论证，使之成为历史学学术话语。只有不断丰富学科概念和理论，中国史学研究才不会跟在西方学者后面亦步亦趋。

努力推出重要史学著作。重要史学著作应是符合新时代要求的奠基性史学著作。中国史学的专题研究已经具有雄厚基础，可以在此基础上加以概括、提炼，形成体现中国学者集体智慧的大型综合性著作。今天，重新编写中国通史的条件已经成熟。这些大型著作的编撰，是构建中国特色历史学学科体系、学术体系、话语体系的重要载体，中我国史学发展的标志性成果。

大力培养史学大家。加快构建中国特色历史学学科体系、学术体系、话语体系，不缺专家，但缺乏战略思想家型的史学大家。史学大家要善于以马克思主义为指导，在历史学学科体系上做出创造性思考，提出引领历史学发展的重要学术概念，创新学术话语体系。新时代中国史学要发展和繁荣，历史研究要达至"究天人之际，通古今之变"的理想境界，需要在培养一批史学大家方面做出更大努力。

要把《中国通史》编撰提上日程[*]

2019年新年刚过,中国历史研究院正式挂牌。党中央做出的这个决定是送给新中国70周年的纪念礼物,是送给中国历史学界的礼物。

习近平总书记一再强调:历史研究是一切社会科学的基础。总书记在给中国历史研究院成立贺信中指出,中国历史研究院要"立时代之潮头,通古今之变化,发思想之先声,推出一批有思想穿透力的精品力作",这是对中国历史学界的新年祝愿和鞭策。

中国历史学界应该回应总书记的新年祝愿。如何回应?我说点感想。

中国有几千年的文明史,我们对世界文明的贡献,与世界各国相比,不遑多让。虽然近代我们落伍了,但是1921年中国共产党诞生后,中国社会从鸦片战争以来的"沉沦"趋势发生了重大变化,社会和人民的精神面貌大大提升了,中国社会发展的"上升"趋势明显了。新中国成立,我们在中国特色社会主义道路上不断探索、前进,终于在新中国成立60年时,国内生产总值超过了日本,仅次于美国。环顾宇内,在不安宁的世界上,唯独中国社会呈现祥和的发展局面。中华民族复兴的路子从来没有像现在这样走得踏实了。

回首几千年,我们现在有条件来总结我们走过的历史了。我想应该把《中国通史》的编著提上日程。我们已经有范文澜著《中国通史》、郭沫若著《中国史稿》以及白寿彝著《中国通史》,国外也有《剑桥中国通史》,但这些大型通史至少是二十多年前出版的。中国历史研究经过新中国成立70年,特别是改革开放40年,今天重新编写中国通史的

---

[*] 本文刊发于《北京日报》2019年2月16日,"理论周刊"。

条件应该已经成熟了。中国历史研究院应该把《中国通史》的撰写提上工作日程，应该汇集全国史学界力量，准备用5—10年时间完成多卷本《中国通史》。我们要用"究天人之际，通古今之变"的精神，把中国几千年的历史道路、历史发展规律、历史发展特点、人文内涵展现出来，要探究中国历史自身的发展特点与其他文明究竟有何相同和不同之处，中国历史何以成为今天这样的独特，要为我们的道路自信、制度自信、理论自信、文化自信寻找出合乎逻辑的、有史料证明的历史根据来。

还有新中国成立七十年的历史、改革开放四十年的历史、中国共产党近百年来的奋斗史、鸦片战争以来一百八十年的变革史等，都要编列计划，切实推进。这些大型著作的编撰、出版，是中国历史学学科体系、学术体系和话语体系的重要载体，是中国历史学的标志性著作。对这些著作，中国历史研究院应该组织中国史学界团结拼搏，力争在本世纪中叶，即中华人民共和国成立一百周年时，期其必成。这将成为中华民族伟大复兴实现之日史学界做出的贡献。

新年伊始，新中国70周年纪念到来之际，作为史学战线一个老的追梦者，发表这样一点感想，就教于各位朋友。

建构包含面更广的世界史学科[*]

中国的世界史研究，作为一门学科是后起的。1949年以前，中国的历史学界还谈不上世界史的研究，直到20世纪下半叶才逐渐兴盛起来。中国社会科学院世界历史研究所在20世纪60年代中期成立，对于推动国内的世界史研究起到了重要的作用。改革开放以来，它服务于国家的对外开放事业，也适应全球化背景下的时代需要，进一步推动了我国世界史学科的发展与繁荣。

中国学者用中国人的眼光观察世界历史的发展进程，对世界历史研究中的"西欧中心论"保持着质疑的态度，并且一直在探讨中国学者主张的世界史理论体系。武汉大学历史系吴于廑教授对世界史学科的对象、范围、主题、途径、主线和研究方法提出了一系列看法，他认为，世界历史在前资本主义时代是孤立发展的，只是经历了15、16世纪以来的一系列重大转折之后，才形成整体的世界史。吴于廑先生在他撰写的《中国大百科全书》"世界历史"条目中指出，世界历史的纵向发展"是指人类物质生产史上不同生产方式的演变和由此引起的不同社会形态的更迭"，而横向发展"是指历史由各地区间的相互闭塞到逐步开放，由彼此分散到逐步联系密切，终于发展成为整体的世界历史这一客观过程而言的"，"研究世界历史就必须以世界为全局，考察它怎样由相互闭塞发展为密切联系，由分散演变为整体的全部历程，这个全部历程就是世界历史"。这个看法的核心是如何从全局上说明历史怎样发展为世界历史，可以把它称为整体世界史观。这种世界史理论体系，希望

---

[*] 本文是在中国社会科学院"世界史高级论坛"开幕式上的致辞，原载于《中国社会科学报》2009年1月6日，"历史学版"。

突破"西欧中心论",写出真正意义上的世界史。北京大学历史系教授罗荣渠提出了以现代化的世界进程作为世界历史理论体系和架构的观点,并且为此做了大量研究。他主张:"新的现代化理论应该以马克思主义关于生产力与生产关系的理论、基础与上层建筑的理论为纲,从经济史入手,加强对原始积累、商业资本、工业资本一直到垄断资本的更深入的全面研究。"这一理论模式,在中国世界史学界有相当影响。是否以现代化作为世界近现代史学科新体系的主题,学者间一直存在争论。最新的争论出现在最近出版的《历史研究》杂志上。这期杂志上有学者坚定主张以现代化为主题构建世界近现代史新的学科体系,也有学者反对这一主张,认为"不应该抛弃社会形态从低级向高级发展的主线另起炉灶"。还有学者坚持整个社会形态的交替构成了人类历史进程的基本内容和主要线索,认为"没有一种其它的历史理论和学说比马克思主义的历史理论更加关注人类整体的历史,马克思主义的历史理论对人类社会及其发展变化的阐述所具有的系统性和完备性是任何已知的其他理论无法相比的。从这一意义上说,我们在构建世界历史体系的工作中也应该坚持以唯物史观为指导"。

在世界史研究和撰写体系中,突破"西欧中心论",是否意味着世界历史就是各国历史的总和呢?有的世界史学者认为,中国编写的各种世界史教材(包括通史和各种断代史),都是按照社会发展形态进行历史分期,逐一叙述各地区、各国和各民族的历史。这实际上是一种分阶段的各国历史汇编。学者认为,这样一种历史叙述方式不能总揽世界全局,不能从全局考察人类社会的演变过程,不可能成为反映客观历史过程的科学著作。中国学术界应该以一种开放的、包容的、多元的态度,努力构建中国的世界史体系,有鉴别地吸取当代国际史学及社会科学一切新理论和新方法,考察人类文明形成与发展的整体轨迹,考察人类社会历史的整体发展。由此,有学者提出了"全球史观"这样的概念,认为"全球史观"可以避免用国别史范畴的概念去说明世界史的运行特点和规律的弊病,更加科学地发现和说明整个世界的发展状况及发展规律。

近年来,我国世界史学者就全球化和全球史进行了热烈的讨论。有的学者认为,全球史观是一种借用历史哲学和历史学已有成果的新提法,不是解释历史的新方法,更不是一种博大周密的新体系。有的学者认为，全球史观不是不需要历史中心，而是要建构新的中心。也有学者认为，全球史观的影响力有限，尽管全球史观已经问世近半个世纪，但西方人文社会科学的基础基本上还是建立在"欧洲中心论"的历史解读之上。还有学者认为，全球史观还存在诸多理论缺陷，最明显的是忽视社会内部的发展。有学者认为，就如同不存在"文化全球化"一样，也不存在"全球化"的全球史。每个国家和民族都有自己心目中的全球史。

在我看来，在讨论世界史体系、质疑"西欧中心论"的时候，不能犯简单化的毛病。已经有学者指出，"西方中心论"是否成立，并不取决于主张这种理论逻辑的研究者是否站在西方的立场上，而是取决于世界历史的客观进程中是否发生过西方作为支配性的力量崛起于世界的历史事实。客观来看，从曾经影响世界历史进程的角度说，在15世纪以前，世界历史上存在过不止一个中心。资本主义兴起和发展以后，世界历史的中心变成以西欧为主。无论是向世界各地传播资本主义，还是向世界各地同时传播殖民主义，欧洲都曾经严重影响了世界历史的进程。但是世界历史的中心也不止一个。在很长的时期里，东方社会以中国为代表也是一个中心。当然这个中心自19世纪中叶起，其地位慢慢下降以至于消亡。世界无产阶级革命兴起，俄国十月革命以后，世界逐渐形成社会主义阵营和资本主义阵营，社会主义阵营就有苏联一个中心，资本主义阵营有美国一个中心。第二次世界大战中，难道不是世界历史上的多中心吗？我们不能否认，在一段时间里，在欧洲发动战争的德国是一个中心，在亚洲发动战争的日本也是一个中心。历史进程还在发展之中，二战后，反殖民主义及民族独立运动在世界范围内兴起，世界历史的中心也在发生变化。今天的美国是世界历史上的一个中心，但是不能说今天的世界只有一个中心。世界历史的推进从来都是在不止一个中心存在的情况下，两个或者多个中心进行博弈的结果。因此在处理世界历史进程的中心问题上不可以太过于简单化。质疑"西欧中心论"或者"西方中心论"，是质疑将西欧或者西方作为观察世界历史发展的中心的观点，不是否定在世界历史发展的某一个时期，西欧或者西方起过历史中心的作用；是质疑在这种观点下，无视其他地区如广大的亚洲、非洲、拉丁美洲各国人民推动历史发展、创造历史契机的主动能力和实践。

按照历史唯物主义的原则，按照实事求是的精神，如何准确把握影响世界历史进程中的重大事件，并从这些重大事件与世界的联系中来总体把握世界历史发展的全局，是世界史研究者的责任。中国的和平发展，中国与世界越来越广泛的多种联系，要求发展中国历史学中的世界历史研究，建立包含面更广的世界史学科。这是时代向中国的世界史研究学者提出的任务。

我认为，今天的中国正处在成为影响世界历史进程的发展中大国的过程中。有中国特色的社会主义理论体系，加上科学发展观的实践，促使中国正在形成区别于世界历史上各种发展模式的新的模式。我们正在利用这种新的发展模式，应对来自世界大国美国的资本主义经济危机。我相信，中国的这种发展模式会减轻世界范围的经济危机的冲击。在这种历史背景下，为了使中国的发展之路走得更为平稳，中国人还需要有更为开阔的国际视野，需要更为丰富的世界历史知识，需要有对世界历史发展不平衡性的深刻认识。这就要求国家的世界历史教学有更大的发展。可惜，我们今天的世界历史教学还不能够适应这种时代需要。中国的世界历史教学事业，还需要加大力度，还需要扩大规模。因此，在国务院学位委员会制定的学科目录中，把世界历史的教学作为一级学科尽早地确定下来，对于适应时代对世界历史知识的需要，进一步推动中国的世界历史研究，是较为恰当的。

改革开放以来的中国历史学[*]

改革开放 30 年来，中国历史学在史学理论创新、研究领域拓宽、学术功能与社会功能结合等方面都取得了显著进步。

一 在对外开放的大背景下吸收、研究、借鉴国外史学理论

党的十一届三中全会后，中国历史学迎来了繁荣发展的良好机遇。30 年来，中国历史学家与世界各主要国家和地区的历史学家之间建立了广泛的学术联系。中国学者到各国留学、讲学、出席相关学术会议，足迹几乎遍及全世界。自国际历史学会在 1980 年召开的第 15 届国际历史科学大会起，中国史学会便组织代表团积极参加了历次讨论会，从而加强了与国外学术界的联系与交流。各国历史学家有关世界历史、地区史、考古学、中国古代史、中国近代史、史学理论等方面的著作，也被大量翻译成中文，在国内广为传播。各国学者学术研究中的积极成果，也被中国学者广泛借鉴。

在历史学领域各学科建设中，大量翻译、引进了西方国家历史学领域的理论研究成果，在中国历史学研究中，以马克思主义为指导，借鉴国外的史学理论，并开展了对西方史学理论的学术研究和评论，如所谓新康德主义、新黑格尔主义、西方马克思主义、自由主义、生命派的历史理论、分析的历史哲学等和所谓文化形态史观、现代化史观、全球化

---

[*] 本文原载于《光明日报》2008 年 11 月 9 日。

史观，实证主义史学、年鉴学派史学、计量史学、心理史学、社会史学，以及以系统论为代表的自然科学研究方法在史学研究上的应用，乃至后现代史学等。这种引进和借鉴，是改革开放方针在历史学领域的体现。这些西方史学流派和研究方法的引进，对于中国史学家开阔眼界，进一步认识历史的复杂性，开展多方面的史学研究是有帮助的。

二　突破政治史、革命史的单线条式叙述，极大地拓宽了研究领域

半个多世纪以来，中国历史学研究是在唯物史观指导下进行的大量实证研究的基础上，不断取得新的历史认识的。近30年来，有关文化史、社会史、经济史、思想史、中外关系史、民族史、边疆史以及历史地理学的研究等方面，甚至人口史、灾荒史等都有了很大的进展。政治史、革命史的研究也在克服简单化毛病的基础上不断前进。社会历史是十分复杂的，研究文化史、社会史、经济史、思想史、中外关系史、民族史、边疆史与研究政治史同等重要，不可偏废。

在中国古代史研究领域，学者对中国几千年的历史做了大量深入的实证研究。这些研究，使对古代中国的历史形成了许多新的认识，如有关人类起源问题、有关中国农业起源问题、有关中国文明和国家起源问题、有关中国历史发展中的社会形态问题等。

关于人类的起源。自1871年达尔文发表《人类起源与性的选择》以来，关于人类起源和起源地问题众说纷纭，但大多数学者认为人类起源于非洲特别是中非的肯尼亚。中国考古学的成就证明，现代人单一起源的说法得不到中国考古学的支持。中国考古学家已发掘的几个点，如北京人、元谋人、繁昌人，人类活动都在距今200万年左右，至少可以证明，人类起源不一定是单一的，应该是多源的。

关于中国农业的起源。中国考古学家和历史学家在研究了大量古代遗址中的植物遗存后，已经得出大体接近的认识：1万年前，中国的栽培稻出现；8000—9000年前，稻作农业形成；6000—7000年前，稻作开始在以长江流域为中心的地区普及，稻作农业经济的代表遗址是距今6000年左右的河姆渡遗址。距今7500—8000年的遗存中，粟、黍已在

华北广泛栽培了；距今 6000—7000 年的仰韶文化时期，华北旱作农业建立。考古资料证明，我国极有可能是世界上粟、稻、黍等几种主要农作物的起源地，至少是起源地之一。这一认识也有别于欧洲学者的中国农产品"西来说"的早期认识。

关于中国文明的起源。20 世纪中叶以前，欧美学者坚持中国文明西来说，赞成者众多。随着 20 世纪下半叶以来中国考古发掘提供的大量实物资料，中国学者开始依据地下发掘的实物资料和历史文献，实事求是地研究中国文明的起源。近 20 年来，大量的考古发现使中国文明起源与早期发展的多元一体进程在国内学术界取得了相当广泛的共识：中国文明起源是多元的，各地都有自己向文明社会迈进的过程（即"文明化进程"）；中国文明的形成是一体的，即各个地区的文化相互竞争、碰撞、融合，最终形成了中国文明。有的学者把这种认识概括为"多元起源，中原核心，一体结构"，这一概括得到了多数学者的认同。

这一时期，中国古代史学界还开展了一些大型资料整理和专题研究项目。

为了推动对中国早期历史的研究，"夏商周断代工程"联系了自然科学和人文社会科学各方面学者共同攻关。对中国文明史初期的年代学大体已取得共识，夏的年代在公元前 2070 年至前 1600 年，这是在研究基础上得出的结论。

为了推动对中国历史最后一个封建朝代——清朝历史的研究，政府启动了国家清史编纂工程。计划用十年左右时间，组织 1000 多位清史学者，以世界历史的广阔视野，创造性地继承中国修史传统，开展全面的清史研究，计划完成 100 卷大约 3000 万字的清史工程。这一计划目前正在积极实施中（http://www.tecn.cn）。

为了推动历史学研究，学术界组织了大型史料编纂工作。简帛文书的整理与研究、敦煌吐鲁番文书的整理与研究、徽州文书的整理与研究、晚清与民国史料的整理与研究、社会经济史料的编纂与整理、近代革命史料和中共党史资料的编纂与整理，都在推动着中国历史学研究的深入。为了对先秦以至辛亥革命以前的传统文化典籍进行一次全面的、科学的、系统的分类整理，国家还推动了极大型类书《中华大典》的编纂。这一极大型类书，在创新《古今图书集成》分类体例的基础上，正在积极实施中。

与中国古代史学科相比，中国近代史是在20世纪初产生、20世纪下半叶发展起来的新兴学科。近代中国的历史，是中国与西方列强猛烈冲撞的历史，也是中国的政治结构、经济结构、社会文化结构发生剧烈变化的历史。换句话说，是中国人反对帝国主义、反对封建主义，探索中国独立和富强道路的历史。中国历史学界对中国近代史的时间范围做过长时间的学术讨论。30年前，中国学术界大多把1919年发生的五四运动作为中国近代史和中国现代史的分界点。最近这些年，许多学者认为这样的分期是不科学的。因为以社会经济形态作为划分历史时期的标准，1840—1949年都是半殖民地半封建社会，同一个社会形态分成两个不同的历史时期，显然是不妥当的。

近代中国长期处在内外战争的环境之中，革命势力的成长、革命事业的开展，成为这段历史的基调。以往学者们在处理近代中国的历史时，往往只强调革命史，对于全面的历史研究则照顾不够。最近30年来，学术界做了许多探讨。一些人提出了现代化史观，主张在中国近代史研究中，用所谓现代化范式代替所谓革命史范式。事实上，在近代中国，革命是社会的基调，革命是为了谋求国家的独立和富强。要独立就要反帝反封建，要富强就要现代化。但是在近代中国110年的历史中，现代化未能成为时代的基调。还有一种意见，提出现代化史观和革命史观的区别。学者认为，对于这种区别，不要简单地采取否定或者肯定的态度，应该依据唯物史观的基本观点，实事求是地看待历史的过程，既要看到革命史在近代中国历史发展中的基本作用，也要看到现代化进程在近代中国也有一定程度的表现。研究和叙述历史不能简单化。

三 经济全球化背景下的时代需要，推动了中国世界史学科的发展与繁荣

中国的世界历史研究，作为一门学科也是后起的，20世纪下半叶才逐渐兴盛起来。中国学者对世界历史的研究经历了先介绍外国学者的研究成果，再独立进行研究的过程。中国学者用中国人的眼光观察世界历史的发展进程，对世界历史研究中的"西欧中心论"保持着质疑的态度，并且一直在探讨中国学者所主张的世界史理论体系。一般认为，

世界历史在前资本主义时代是孤立发展的，只是经历了15、16世纪以来的一系列重大转折之后，才形成整体的世界史。这个看法的核心是如何从全局上说明历史怎样发展为世界历史，可以把它称为整体世界史观。这种世界史理论体系，希望突破"西欧中心论"，写出真正意义上的世界史。也有学者提出了以现代化的世界进程作为世界历史理论体系和架构的观点，并且为此做了大量的研究。这一理论模式，在中国世界史学界有相当影响。

在世界史研究和撰写体系中，突破"西欧中心论"，是否意味着世界历史就是各国历史的总和呢？有的世界史学者认为，中国编写的各种世界史教材（包括通史和各种断代史），都是按照社会发展形态进行历史分期，逐一叙述各地区、各国和各民族的历史。这实际上是一种分阶段的各国历史汇编。学者认为，这样一种历史叙述方式不能总揽世界全局，不能从全局考察人类社会的演变过程，不可能成为反映客观历史过程的科学著作。中国学术界应该以一种开放的、包容的、多元的态度，努力构建中国的世界史体系，有鉴别地吸取当代国际史学及社会科学一切新理论和新方法，考察人类文明形成与发展的整体轨迹，考察人类社会历史的整体发展。由此，有学者提出了"全球史观"概念，认为"全球史观"可以避免用国别史范畴的概念去说明世界史的运行特点和规律的弊病，更加科学地发现和说明整个世界的发展状况及发展规律。

客观来看，从曾经影响世界历史进程的角度说，在15世纪以前，世界历史上存在过不止一个中心。资本主义兴起和发展以后，世界历史的中心变成以西欧为主，但是世界历史的中心也不止一个。按照历史唯物主义的原则，按照实事求是的精神，如何准确把握影响世界历史进程中的重大事件，并从这些重大事件与世界的联系中来总体把握世界历史发展的全局，是世界史研究者的责任。中国的和平振兴，中国与世界越来越广泛的多种联系，要求发展中国历史学中的世界历史研究，建立包含面更广的世界史学科。这是时代向中国的世界史研究学者提出的任务。

中国历史编纂学在近代输入西方史学方法后，形成了近代实证史学的传统。1949年后，中国马克思主义史学逐渐从边缘走向主流，成为影响中国历史学发展和中国历史学家的主要思想。近些年来，随着中国社会经济结构的深刻变化，文化思想领域的多元、多变倾向开始形成，对马克思主义史学的挑战随之发生。在纪念改革开放 30 周年的时候，需要更多关注中国历史学的发展趋势和前景。我们要迎接对马克思主义史学的挑战，在新的时代背景下发展马克思主义史学。在今天的中国历史学界，只有坚持唯物史观的思想指导，坚持学术上百家争鸣的方针，坚持实事求是的历史主义态度，坚持历史研究中的国际视野，中国历史学的发展才能更为平稳、扎实和繁荣，才能取得更高的学术成就，也才能为中国特色社会主义文化的发展繁荣提供历史学的有力支持。

新时期历史学研究中的几个问题[*]

真理标准问题的讨论和党的十一届三中全会的胜利召开，在推动思想大解放的同时，也促进了全党、全国人民对社会主义本质和基本规律的认识。在改革开放成为国家和社会发展进步总要求的大背景下，中国历史学研究取得了令人瞩目的成就，出现了繁荣、发展的局面。

关于对唯物史观理解的问题

十一届三中全会后的思想解放运动，推动了史学界对于机械化、教条化地运用马克思主义阶级斗争理论、唯物史观的反思，对史学领域一系列错误观点的拨乱反正起到了直接推动作用。

对于历史研究来说，检验真理的实践标准就是必须尊重基本史实。通过反思，史学界普遍认识到：阶级斗争学说的确是马克思主义理论宝库中的基本理论。运用阶级斗争理论对历史上的阶级社会、阶级斗争做出必要的分析，是正确的、必需的。运用阶级分析的方法，将会使我们更深刻地理解历史发展的本质，认清历史前进的规律。但是，把阶级斗争作为标签到处乱贴，把任何历史现象都与阶级斗争相联系，就犯了教条化、简单化、扩大化、标签化的错误，会对历史上纷繁的社会现象得出非历史主义的结论。这就从根本上违反了历史的真实，违反了阶级斗争与历史主义相统一的认识方法和分析方法，因而也违反了马克思主义的基本原理，就不可能得出正确的认识和科学的结论。

---

[*] 本文原载于《求是》2009年第7期。

只有正确掌握和领会马克思主义基本理论,依据唯物史观的基本观点,结合中国历史实际进行深入研究和探讨,才能推进若干重大历史和理论问题的认识与进步。新的历史时期,历史学界展开了一系列重大历史理论的讨论,诸如如何认识中国历史发展的规律,如何认识五种生产方式在中国历史上的适用问题,如何认识中国封建社会长期延续的问题,如何认识资本主义萌芽问题,如何认识历史创造者问题,如何认识历史发展的动力问题,这些讨论都很热烈、很深入。虽然一时难以得出一致意见,但是像这样结合中国历史实际,深入探讨唯物史观的基本理论,探讨中国历史发展的基本规律,在以往教条化地理解马克思主义的氛围下,是难以进行的。

比如,如何对几千年的中国历史进行分期,一向是中国历史学者十分关注的问题。以上古、中古、近古的概念来分期,这种分法失之笼统,难以揭示历史发展的实质。据此,许多历史学家主张运用马克思主义的社会经济形态理论作为中国历史分期的理论根据。关于运用马克思主义的社会经济形态学说考察中国历史问题,近些年来有各种讨论和质疑,聚讼纷纭。有学者考察了马克思、恩格斯、列宁和斯大林有关社会经济形态学说的演变,认为斯大林比较完整地提出了五种生产方式的演进这种表达方式。斯大林的表达简明扼要,容易产生简单化和公式化的毛病;如果据此认为五种生产方式是斯大林制造出来的公式,并不符合马克思主义学说史的真实情况。学者们指出:社会形态的发展是一种自然历史过程,用社会经济形态来划分历史的不同阶段,能够比较全面深刻地解释不同时代的本质特征。当然,主张用马克思社会经济形态理论做指导来划分历史发展阶段,揭示不同历史阶段的基本特征,并不意味着要把丰富多彩的历史剪裁成社会发展史的公式。

中国存在长期的封建社会,一向是中国历史学家的基本看法。近年来也有不同的讨论。有的学者认为,中国早期历史文献中有"封邦建国"的记载,那才是中国历史上的"封建",它与欧洲中世纪的封建制度是不同的,中国历史不应套用封建社会的名称。其实,中国历史上"封邦建国"的"封建"只是当时的一种政治制度,多数学者主张的封建制度或封建社会,是一种社会经济形态,是指封建的生产方式,是指领主制或地主制那样的生产关系。如果认为只有"封邦建国"的"封建"才是"封建",中国历史就很难讲得通了。

近代中国长期处在内外战争环境中，革命势力的成长、革命事业的开展，成为这段历史的基调。以往学者们在处理中国近代历史时，过于强调革命史，对历史的丰富内容则照顾不够。最近30年来，学术界对此做了许多探讨。有的学者主张以现代化范式代替革命史范式。因为在近代中国，革命是社会的基调，革命就是为了谋求国家的独立和富强。独立就是要反帝反封建，富强就是要实现现代化。还有一种意见，提出现代化史观和革命史观的区别。对此，有学者认为，先不要简单地予以否定或者肯定，应该依据唯物史观的基本观点，实事求是地看待历史过程，既要看到革命在近代中国历史发展中的基本作用，也要看到现代化进程在近代中国有一定程度的表现。总之，采用现代化视角观察近代中国历史是可取的，但"代替说"并不合适，研究和叙述历史绝不能简单化。

关于借鉴国外史学理论的问题

30年来，中国历史学家与世界各主要国家和地区的历史学家之间建立了广泛而深入的学术联系。中国学者到各国留学、讲学、出席各种与历史学相关的学术会议，足迹几乎遍及全世界。各国历史学家有关世界历史、地区史、考古学、中国古代史、中国近代史、史学理论方面的大量著作，被中国学者翻译成中文，并在中国广泛流传。中国历史学家在对西方史学理论进行认真研究、分析的基础上，广泛借鉴国外的史学理论。西方史学流派和研究方法的引进，对于中国历史学家开阔眼界，进一步认识历史的复杂性，开展多面向的史学研究是有帮助的。也有学者指出，现在历史学的学位论文、学术论文和专著，动辄引用西方学者（哪怕是二三流学者）的论点展开论述，不再引用马克思主义经典著作的论点，几乎形成了新的教条主义。我们认为，在新的历史时期和时代条件下，中国历史学家应该继续在马克思主义基本理论的指导下，广泛汲取中国传统史学理论和西方史学理论的有益成果，有所突破，有所创新，形成有中国特色和中国气派的史学理论、史学概念和史学体系。

关于拓宽研究领域的问题

随着改革开放和社会主义现代化建设的深入发展,历史学者的眼界和观察历史的方法也在不断深化革新。以往的历史研究,根据时代需要,突出了革命史、政治史。但是,如果写历史只写革命史、政治史,就会限制人们认识历史的丰富内容。30 年来,有关文化史、社会史、经济史、思想史、中外关系史、民族史、边疆史以及历史地理学等方面,都得到了与政治史同等重要的研究,甚至人口史、灾荒史等研究也有了很大进展。

大规模现代化建设带动了大规模的考古工作。都城考古、文化遗址考古、古墓考古取得的极其丰硕的成果,甲骨文、金文、简帛资料的大量发现,敦煌吐鲁番文书以及徽州文书等史料的发现,晚清与民国史料的整理与研究、社会经济史料的编纂与整理、近代革命史料和中共党史资料的编纂与整理,都在推动着中国历史学研究的深入,这些不仅极大地改变了我们对《史记》等古代文献提供的中国上古史的认识,也大大丰富了我们对战国直到魏晋乃至宋元明清历史的认识。在中国古代史研究领域,学者们对中国几千年的历史做了大量深入的实证研究。通过这些实证研究,对古代中国的历史形成了许多新的认识。比如,有关人类起源问题,中国考古学家从已发掘的几个点,如北京人、元谋人、繁昌人等,证明人类的活动在距今 200 万年左右。这至少可以说明,人类起源不一定是单一的,而是多源的。再如,关于中国农业起源问题,中国考古学家和历史学家在研究了大量古代遗址中的植物遗迹后,已经取得这样的认识:中国极有可能是世界上粟、稻、黍等几种主要农作物的起源地,至少是起源地之一。这一认识有别于欧洲学者所谓的中国农产品"西来说"的早期判断,扭转了中国学者此前的认识。

中国近代史、中国现代史的学科概念发生了根本变化。中国历史学界对中国近代史的时间范围进行过长时间的学术讨论。30 年前,中国学术界大多把 1919 年发生的五四运动作为中国近代史和中国现代史的分界点。最近这些年,许多学者认为这样的分期是不科学的,因为以社会经济形态作为划分历史时期的标准,1840—1949 年都是半殖民地半封建社会，将同一个社会形态分成两个不同的历史时期，显然是不妥当的。目前，学术界已经基本达成共识：应该按照马克思主义关于社会形态的学说，把半殖民地半封建社会时期的中国历史作为中国的近代史，也即把1840—1949年的中国历史作为中国近代史，1949年以后新中国的历史作为中国现代史。

关于世界史研究的问题

改革开放以来，中国与世界建立了越来越广泛的联系，中国历史学也产生了推动世界历史研究、建立包含面更广的世界史学科的内在要求。这是时代向中国的世界史研究学者提出的任务。这就要求世界史研究学者按照历史唯物主义原则，实事求是，准确把握影响世界历史进程的重大事件，从这些重大事件与世界的各种联系中总体把握世界历史发展的全局和走向。

破除"西欧中心论"，建立更深更广的世界史学科。中国的世界史研究，直到20世纪下半叶才逐渐兴盛起来。中国学者用中国人的眼光观察世界历史的发展进程，对世界研究中的"西欧中心论"保持着质疑的态度，并且一直在探讨中国学者主张的世界史理论体系。应该说，在世界史研究和撰写体系中，质疑并突破"西欧中心论"或者"西方中心论"，本质就是质疑把西欧或者西方作为观察世界历史发展中心的观点。这当然不是否定在世界历史发展的某一个时期，西欧或者西方起到过历史中心的作用，而是质疑在这种观点支配下，无视其他地区如广大的亚洲、非洲、拉丁美洲各国人民推动历史发展、创造历史契机的主动能力和伟大实践。

坚持唯物史观，坚决抵制历史虚无主义。1949年后，中国的马克思主义史学逐渐从边缘走向主流，成为影响中国历史学发展和中国历史学家的主要思想观念。近年来，随着中国社会经济结构的深刻变化，思想意识形态领域形成了多元的倾向，对马克思主义史学的挑战随之而来。有的学者明确质疑唯物史观，有的学者热衷于传播诸如后现代史学这种来自西方的史学理论，借以解构马克思主义史学的立场和传统。有人一味吹捧所谓"蓝色文明"，贬低、否定所谓"黄色文明"，否定、贬低中国传统文化，借以达到消解中华民族爱国主义传统的目的。有人著书立说，贬低、否定中国近代以来的革命历史和革命精神，美其名曰"告别革命"，对近代中国特别是中国共产党领导下的革命历史采取了虚无主义的态度。这种历史虚无主义的根源不外是唯心史观，它无视历史发展的客观规律，混淆了历史前进中的支流与主流、现象与本质。我们必须认清历史虚无主义的本质，洞察它对理论和实践的巨大危害，旗帜鲜明地坚决予以抵制。

历史已经无可辩驳地证明：迄今为止所有形形色色的历史理论都不能取代历史唯物主义关于人类社会历史的认识。一方面，我们固然应该积极吸取能够正确解释历史客观事实的历史学理论，但更为重要的是，我们必须清醒地认识到，只有始终不渝地坚持马克思主义，坚持唯物史观的指导，坚持学术上"百家争鸣"的方针，中国历史学才能实现大发展、大繁荣。

在中国近代史研究中坚持唯物史观[*]

为了纪念党的生日，机关党委给我出了题目，要我谈谈我是怎样在中国近代史研究中坚持唯物史观的。作为一个共产党员，纪念党的生日，我应该说点什么。不过这个题目太大，我不一定做得好，只是说一点个人的体会吧。

我从学习到工作，都曾花时间学习马克思主义的基本理论，学习唯物史观的基本理论。《共产党宣言》给了我共产主义世界观的最基本信仰，也给了我唯物史观的基本理论知识。我从《"政治经济学批判"序言、导言》、《德意志意识形态》第一卷第一章《费尔巴哈——唯物主义观点和唯心主义观点的对立》、《反杜林论》以及《路德维希·费尔巴哈和德国古典哲学的终结》等著作中学习到了有关唯物史观的系统知识。马克思和恩格斯的《家庭、私有制和国家的起源》《德国农民战争》《1848年至1850年的法兰西阶级斗争》《不列颠在印度的统治》《不列颠在印度统治的结果》，列宁的《帝国主义是资本主义的最高阶段》《中国的战争》等著作，教给我怎样用唯物史观去观察社会历史现象。我从毛主席的《中国社会各阶级的分析》《论持久战》《中国革命和中国共产党》《新民主主义论》《论人民民主专政》《关于正确处理人民内部矛盾》《实践论》《矛盾论》等著作中学习了马克思主义、唯物史观与中国的社会历史实际相结合的基本方法和理论。我的专业研究方向是中国近代史，所以，我是在学习中国历史尤其是中国近现代史专业知识的过程中来学习和体会马克思主义、唯物史观的基本理论的。

---

[*] 本文是2006年8月30日在中国社会科学院党的工作会议上的发言，原载于《中国社会科学院院报》2007年7月3日，第2版。

我所理解的唯物史观，是一种实事求是的精神，体现在历史研究过程中，是在全面搜集、研究历史资料的时候，不仅看到历史的表面现象，而且努力追索历史过程的本质，把科学的方法和革命的精神结合起来。我在从事中国近代史研究的过程中，不论是对具体历史问题的研究，还是对宏观历史的思索，都努力本着唯物史观的基本精神，努力体现科学方法和革命精神的结合。中国近代史起自晚清，经过民国时期，直接与中华人民共和国相连接。中国近代史不仅中国人在关注，欧美、日本等大国也都在关注。不仅历史学家在关注，几乎所有的人在关注，持有各种意识形态的人都在寻求对近代中国历史进程的解释。因此对中国近代史的认识，直接关系到对中国近代历史发展道路的认识，关系到对中国共产党历史道路的认识，必然导向对中华人民共和国的认识。研究中国近代史，不坚持唯物史观做指导，不坚持科学的方法与革命精神相结合，就难以得出令人信服的科学结论。我在研究太平天国运动、义和团运动、辛亥革命历史的时候，我在研究孙中山、黄兴等历史人物的时候，我在研究皖南事变历史的时候，我在研究中国共产党领导下的农民战争历史的时候，我在研究近代留日学生及其归国运动的时候，我在研究中日关系和抗日战争的时候，我在研究台湾、香港、澳门历史的时候，我在研究帝国主义侵略中国和中国人民反抗历史的时候，都是本着这种精神。我认为只有本着这种精神，才能使自己的研究结论符合历史的本质，符合历史的真实。

从 1984 年在《历史研究》上发表《中国近代史的"两个过程"及有关问题》一文，20 多年来，我依据唯物史观的基本理论，结合毛泽东同志有关中国近代史的论述，发表了一系列有关中国近代史的基本线索、有关中国近代史的分期、有关中国近代史的理论范式和学科体系等带有宏观探索和理论思考的论文。这些论文，对于国内学术界的研究具有一定的影响，许多论文被广泛转载；也受到国外学术界的注意。这些论文指出，从 1840 年到 1949 年，是中国历史上的近代时期，这个时期的社会性质是半殖民地半封建的，这个时期中国人民的主要历史任务是反对帝国主义、反对封建统治。要充分估计中国人民，特别是近代农民在反帝反封建斗争中的作用，也要恰当评价资产阶级特别是民族资产阶级在近代中国的历史作用。在近代，由于西方殖民者的侵略，由于资本主义生产方式的引进，中国传统社会开始走向现代化，但这种现代化，不是属于中国人民的现代化，而是半殖民地半封建社会的现代化。总起来说，中国人民只有争得了民族独立和人民民主，才能为中国人民自己的真正现代化扫清障碍。一些论者试图用现代化的研究范式取代在马克思主义指导下中国近代史的研究范式，这是不妥当的。对这种研究取向，我明确表明了不同的意见。

针对学术界和新闻媒体反映的错误倾向，我曾毫不含糊地展开批评。我的武器就是唯物史观。我想在这里举几个例子。1995年，应我院科研局要求，我在科研局的会议上就近年来近代史研究领域的倾向性问题做了报告，事后将报告整理出来，以《中国近代史研究中马克思主义史学观点面临挑战》为题，发表在《要报》和《信息专报》上，同时还以这个题目，在院党办主持的会议上，在中央国家机关宣传部长会议上做了报告，产生了一定的影响。同年，我还针对一些人试图否定半殖民地半封建的观点，在教育部社科中心和北京市史学会联合主办的研讨会上做了发言，那篇发言在《高校理论战线》上发表，在北京的高校中也产生了好的影响。1996年，我在一次研讨会上做了《不能否定中国人民的反帝斗争》的发言，也在《高校理论战线》上发表了。这一年，我还依据以上认识，完成了《近年来中国近代史研究中若干原则性争论》的论文，阐述了用唯物史观正确看待近代史研究领域中的原则性争论问题。这篇长文先后在《炎黄文化研究》和《马克思主义研究》上发表，此后还在北京市高校工委主持的北京地区高校政治课教师报告会上做了演讲，也产生了积极效果。

针对我院学者李泽厚、刘再复"告别革命"的观点，我在《当代中国史研究》上发表了《"告别革命"说错在哪里》的评论文章，批驳了歪曲、诬蔑中国近代革命史、世界革命史的错误言论，指出"所谓告别革命，实际上是要告别马克思主义，告别社会主义，告别近代中国人民的全部革命传统"，"把近代中国的革命历史都否定了，把本世纪的革命理论都'解构'了，所谓反帝反封建自然不成立了，中华人民共和国的成立自然就失去合理性了。如此，则所谓有中国特色的社会主义、社会主义的市场经济，岂不是都消解殆尽了么？"这篇文章也被多处转载，受到了广泛关注。

2003年"非典"期间，中央电视台第一频道在黄金时间播出长篇电视连续剧《走向共和》，北京地区的几位历史学者在看过若干集后，曾经在一起交换意见，共同认为这个连续剧的倾向是错误的，并向中央做了反映。我在该片放映过程中，写了《电视剧〈走向共和〉引起观众历史知识的错乱》，刊登在我院《要报》上。这篇短文为中央政策研究室《政研内参》转载。同时，我还在《高校理论战线》、我院《社科党建》和《马克思主义研究》上发表了有关的评论文章，揭穿这个电视连续剧所谓"历史正片"的虚伪面目，分析它违背历史事实、违背唯物史观的错误，力图给读者以正确的引导。

最近的例子，是今年3月1日在《中国青年报·冰点周刊》复刊号上发表的《反帝反封建是近代中国的历史主题》。广州某大学退休教授在1月11日《冰点周刊》发表《现代化与历史教科书》一文，全面否定我国中学历史教科书，否定中国近代史领域一些正确的观点，否定近代中国人的反帝斗争，引起了读者的强烈不满。有关部门要求《冰点周刊》停刊整顿，这一举措在港台以及海外媒体中产生了强烈的反效果。2月下旬，《中国青年报》约我写稿，评论《现代化与历史教科书》这篇文章。我以完成任务为己任，在一个星期内完成了一万五六千字的写作和修改任务，用两个不同的版本在《中国青年报》和团中央的网站上发表。发表后反应较好。在这篇文章里，我本着唯物史观的指导精神，用具体的历史事实驳斥了《现代化与历史教科书》的错误，文章最后一部分，特别从历史观和方法论的角度强调唯物史观不可动摇。新华网记者为这篇文章发了摘要通稿。国内几乎所有的网站、国外的几乎所有报纸做了报道。台北的《海峡评论》随即转载了全文。前些天，台北《世界论坛报》也连载、发表了我改写和压缩的文章，并且在编者按语中对该文做了很高的评价。

我还有一个机会面对台湾地区的历史学者宣讲唯物史观。台北的《历史月刊》，1998年是创刊十周年，编辑部打电话给我，要我给该刊撰文，纪念创刊十周年。我决定直接向该刊的读者宣讲唯物史观。这年《历史月刊》二月号发表了我写的《关于中国近代历史发展规律的认识和对若干史实的解说》的长文（1.6万字）。我在这篇长文中系统解说了唯物史观的基本原理，结合这个原理对近代中国的若干历史事实，包括帝国主义侵华问题、洋务运动问题、辛亥革命问题、孙中山学说（特别是三民主义）问题、资产阶级历史作用问题、三大政策即"联俄、联共、扶助农工"问题等分别进行了解说。文章发表后，中研院张玉法院士、该院近代史所前所长陈三井研究员告诉我,台湾地区研究中国近代史的主流学者大都看过了这篇文章。著名的民国史专家蒋永敬教授在他的文章里还征引了我的观点。1999年,我随同李慎明副院长访问香港科技大学,也以这个题目对该校社会科学院的教授们发表了演讲。台湾、香港地区的学者是否接纳我的观点,我不得而知,但是迄今未见他们的反驳文章,则是事实。

我进入工作单位,有幸在著名的马克思主义历史学家范文澜、胡绳、刘大年等同志领导下工作,不仅读他们的著作,而且亲炙他们的教诲。在他们弃世前后,我曾撰文阐述他们在中国近代史领域的开拓之功,特别是他们在史学研究中开创马克思主义理论指导的先驱作用。我在撰写有关范文澜、胡绳、刘大年、吕振羽等前辈史学家开创马克思主义理论指导史学研究功绩的时候,也是一种自我学习,督促、鼓励自己努力沿着这些前辈史学家开创的道路,继续前行,不能动摇。

推进我国史学话语体系建设[*]

习近平同志在哲学社会科学工作座谈会上指出:"面对世界范围内各种思想文化交流交融交锋的新形势,如何加快建设社会主义文化强国、增强文化软实力、提高我国在国际上的话语权,迫切需要哲学社会科学更好发挥作用。"发挥我国哲学社会科学作用、提高话语权,离不开话语体系建设。为此,习近平同志对哲学社会科学界提出了"不断推进学科体系、学术体系、话语体系建设和创新"的任务。在我国发展的重要阶段,推进哲学社会科学话语体系建设具有十分重要的意义。我国史学界应直面不足,努力在马克思主义指导下推进我国史学话语体系建设,努力提高学术话语权。

话语体系和话语权是国家软实力的重要组成部分

按照我的理解,哲学社会科学话语体系建设的主要目的,是使我国哲学社会科学形成与我国物质生产能力相匹配的话语影响力,提高国家话语权。如果按照硬实力和软实力的分法,我们可以把物质生产能力看作硬实力,把文化、哲学社会科学、意识形态等的影响能力看作软实力。哲学社会科学话语体系和话语权正是国家软实力的重要组成部分,也是我国在世界上和平发展、中华民族实现伟大复兴的重要衡量指标。从这个意义上说,建设与我国物质生产能力相匹配的哲学社会科学话语

---

[*] 本文原载于《人民日报》2016年7月25日,"学术"版。

体系，是我国哲学社会科学发展极为光荣的使命，也是极为紧迫的任务。

从历史上看，一个国家的哲学社会科学话语体系、话语权，大体与该国的物质基础相匹配。一个小国、弱国，一般来说很难形成自己的哲学社会科学话语体系并在世界上拥有话语权。从16世纪到19世纪上半叶，当中国还显得很强大的时候，正在崛起的西方资本主义国家对中国的学术表现出很大的兴趣和尊敬。老子、孔子等中国先哲的著作在欧洲被翻译出版，欧洲汉学开始兴盛。17世纪传教士们编译的《中国哲学家孔子》，向欧洲思想界传播了一个完全不同的东方思想体系，深刻影响了18世纪欧洲的思想家。一些欧洲思想家如伏尔泰等在自己的著作中描述过中国和中国的学术，许多欧洲思想家的思想其实都受到中国学术思想的启迪。当西方国家完成工业革命、忙于在世界各地抢占殖民地和市场的时候，它们就开始探寻中国实力的底细，并计划对中国施加兵威。鸦片战争后，中国面对西方列强的侵略，手足无措。甲午战争的失败是当时的清政府未能想到的，甚至也是西方各国未曾想到的。甲午战争后，西方列强在中国划分势力范围，几乎要瓜分中国。八国联军侵华、《辛丑条约》签订，彻底打倒了中国士大夫的自大，崇洋观念开始兴盛。中国知识界认识到自己国家的落后，纷纷到东洋、西洋留学，如饥似渴地学习西学知识。《群学肄言》《民约论》《法意》《群己权界论》等西方资产阶级上升时期的理论著作纷纷被译成中文出版。苏格拉底、柏拉图、亚里士多德、培根、孟德斯鸠、康德、黑格尔等西方思想界的名士被中国思想界所接纳。这些理论著作和思想家的观点就成为当时中国学术话语体系的核心。严复、梁启超、胡适、鲁迅、郭沫若等新型知识分子，都是在吸吮西学知识后成长起来的。从中我们可以看出，近代中国的衰落导致中国哲学社会科学话语体系基本上是以西方话语体系为参照、为圭臬，话语权极为微弱，中国的软实力也跌到了谷底。

我国史学话语体系和话语权亟待加强

中国共产党在把马克思主义基本原理同中国实际包括中华文化相结合的过程中，大力推进马克思主义中国化。在这一过程中，我们党为克服哲学社会科学界"言必称希腊"的崇洋风气，树立自己的理论自信、文化自信，花费了大量时间和心力，取得了积极成效。毛泽东同志提出的"帝国主义和一切反动派都是纸老虎""实践论""矛盾论""人民内部矛盾""三个世界"等一系列概念和论断，邓小平同志提出的"贫穷不是社会主义""社会主义市场经济""计划经济不等于社会主义，资本主义也有计划"等一系列概念和论断，不但在政治领域有着重要影响，在哲学社会科学界也产生了广泛影响，成为我国哲学社会科学的代表性话语。但应该承认，新中国成立以来的大多数时间里，我国哲学社会科学话语体系建设水平总体并不高，话语权在国际学术领域还处于弱势，即使有着传统优势的史学也是如此。

新中国成立以来，我国哲学社会科学界的眼光是向外的。就史学而言，先是大量翻译出版苏联的史学著作，如苏联科学院主编的多卷本《世界通史》。后来是大量翻译出版欧美国家和日本的史学著作，像"剑桥世界史""剑桥中国史"等在中国大量出版。"剑桥中国史"包括剑桥晚清史、剑桥民国史、剑桥中华人民共和国史等，虽然对中国学者的研究有参考作用，但主要是针对西方读者写的。相反，中国史学家的著作虽然也有被西方国家翻译出版的，但数量甚少，在国外图书市场中只是点缀，难以在西方学术话语体系中崭露头角。像范文澜撰著的《中国通史》、郭沫若主编的《中国史稿》、刘大年主编的《中国近代史稿》、白寿彝主编的《中国通史》、逄先知和金冲及主编的《毛泽东传》以及近些年中国学者出版的大部头中国史学著作，都没有外文译本（包括外国出版的译本和中国出版的译本）。这是目前的基本状况，从一个侧面反映了我国史学在国际上的话语权还比较弱。

美国学者在中国近代史研究领域提出了不少新的概念和理论，如冲击—反应模式、现代化研究范式、中国近现代历史的连续性等。这些风靡世界也曾风靡中国的概念和理论，体现了西方的学术话语体系和话语权。历史虚无主义的流行，在根源上与其中一些概念和理论紧密相关。我国历史学者研究历史时所坚持的概念和理论，如马克思主义社会形态学说、中国文明起源、汉民族形成、中华民族在长期历史进程中的民族融合、近代中国社会性质是半殖民地半封建社会、中国近代史的主题是反帝反封建、民族资本主义和官僚资本主义等，往往不被西方学者接受，甚至现在也不大受我国年轻学者重视。在西方许多学者眼中，中国作为社会主义国家在意识形态上与西方是对立的。正是由于这一偏见，他们总是难以理性客观地评价中国的哲学社会科学，总是习惯于排斥中国历史学者提出的概念和理论。

随着经济快速发展，我国国力不断增强，世界影响力日益提升，学术上的话语权也有了可喜变化。比如，过去人们说蒙古学、敦煌学在国外，现在就不能那么说了；中国抗战在世界反法西斯战争中的地位和作用，以往西方学者基本忽略不计，现在开始有了较高评价；一些欧洲学者也开始采用近代中国是半殖民地半封建社会这样的概念。当然，这种变化还是有限的，我国哲学社会科学话语体系的建设、话语权的提高还要经历一个长期的过程。如果说21世纪是中国的世纪，在经济上可能会来得早一些，在学术上则要来得晚一些。对于中国哲学社会科学话语权的提高，西方国家是不习惯的，也是不耐烦的，需要一个较长的适应期。正因为如此，推进我国哲学社会科学包括史学的话语体系建设，是当前我国哲学社会科学界的紧迫任务。

历史学者不能辜负这个时代

中国的发展会使西方学者对中国的看法有新的转变。西方学者学术观念的转变是值得欢迎的，但这并不等于他们会在学术上支持中国学者的话语体系。要把我国建设成为哲学社会科学强国，需要中国学者自己去建设自己的话语体系、提高自己的话语权。现在是抓这个问题的时候了。就史学来说，我国史学的许多研究无疑有独步世界的学术成就，但是还没有被国际学术界所了解、所接受。建设我国史学话语体系、提高话语权，中国历史学者还需要下一番苦功夫。

从20世纪20年代开始，李大钊、陈独秀、李达、郭沫若、吕振羽、范文澜、翦伯赞、侯外庐等一批中国学者就开始坚持以马克思主义为指导，运用唯物史观研究中国历史。今天，建设我国史学话语体系、提高话语权，最根本的要求就是自觉坚持以马克思主义为指导来研究中国历史和世界历史。在马克思主义指导下建设我国史学话语体系，关键是总结、概括出体现这一话语体系的科学概念和学科范式。就中国近现代史而言，要坚持以前提出的半殖民地半封建社会性质、反帝反封建斗争、旧民主主义革命和新民主主义革命、旧三民主义和新三民主义等科学概念，要在更多史料的支持下进一步论证和丰富这些概念；要对诸如中国特色社会主义、协商民主、民族区域自治等政治术语做出翔实的学术论证，使之成为学术话语；要对我国学者有较多话语权的社会历史发展规律学说进行更加深入的学术研究和论证。只有在这些方面进行努力，我国史学才能把话语体系提升到一个新的水平，而不是跟在西方学者后面亦步亦趋。

建设我国史学话语体系、提高话语权，基础是开展扎实深入的史学研究。否则，话语体系就是无根的浮萍，话语权也就无从谈起。这就要求我们坚持在马克思主义指导下深入开展史学研究。比如，我们要研究中华文明起源的历史根据，中华文明何以不同于世界其他文明，中华文明在历史上是如何吸收其他文明的精华，中华文明的优点和弱点在哪里；要研究中国历史发展的特点，中国封建社会经历漫长历史时期的原因，中国几千年的经济结构、政治结构和社会结构是如何形成的；要研究中国传统社会意识形态体系或者说儒学体系的精华和糟粕是什么，儒学体系在面对西方资本主义思想体系时为什么打了败仗，今天正在走向复兴的中华民族应该如何看待中华传统文化包括儒学体系；要研究中国革命的特点和成功的原因究竟是什么，马克思主义在中国化过程中是如何与中国革命实际相结合、与中华传统文化相结合的，中国特色社会主义在中国发展的历史必然性；要研究五千年不曾中断的中华文明对世界做出了哪些贡献，中华文明的连续性发展对当今世界发展有什么启示意义，如何看待世界历史发展以及世界历史发展中心的转移；等等。这些课题都需要历史学者深入研究。只有把这些问题研究透了，才能把握历史发展规律。历史学者要有甘坐冷板凳的精神，研究要有十分扎实的史料根据、十分严谨的论证逻辑，要有令人信服的阐释力。只有这样的研究，才能在学术上有说服力，才有助于提高我国史学话语体系建设水平和话语权。

建设我国史学话语体系，既需要学者个人开展深入的研究，产出一系列运用史料得当、见解独到的精深专著；又需要运用集体力量组织学者攻关，产出多种体系宏大、结构严密的大部头著作；还需要具有战略思考能力的学者在专门研究的基础上对研究成果进行新的概括，提出具有主体性、原创性的概念和理论，使我们的研究在方法论意义上对国际史学界产生重要影响。

　　我国史学话语体系建设水平和话语权的提高,当然也会有许多具体的表现。比如,西方学术界主动翻译引进中国学者的历史研究成果,作为其研究、认识中国历史和现状的基本参考,也作为其研究、认识世界历史和现状的重要参考;西方大量历史学者来中国访学,大量留学生为学习历史到中国深造。在这一过程中,我国学术界也要主动翻译出版我国历史学界的代表性著作,将我们的研究成果推介到西方国家;我国学术机构、学术团体应召开重要的国际学术会议,去评价和推介我国历史学界的重要研究成果。这些都是在建设我国史学话语体系、提高话语权过程中需要做好的具体工作。

　　建设我国史学话语体系、提高话语权,不会一蹴可就,需要我们付出艰辛努力。习近平同志指出:"当代中国正经历着我国历史上最为广泛而深刻的社会变革,也正在进行着人类历史上最为宏大而独特的实践创新。这种前无古人的伟大实践,必将给理论创造、学术繁荣提供强大动力和广阔空间。这是一个需要理论而且一定能够产生理论的时代,这是一个需要思想而且一定能够产生思想的时代。我们不能辜负了这个时代。"新时期的中国历史学者要承担起自己的历史责任,绝不能辜负了这个时代。中国历史学者要坚定对马克思主义的自信,对中国历史传统和文化传统的自信,对中国学术界理论和文化创造力的自信,为构建中国特色哲学社会科学贡献自己的力量。

努力建设哲学社会科学的
基础学科——历史学[*]

习近平总书记在哲学社会科学工作座谈会上的重要讲话，既高屋建瓴地指明了我国哲学社会科学在马克思主义指导下不断发展的光辉前景，也指出了加快构建中国特色哲学社会科学的紧迫性、必要性和可能性，以及克服目前我国哲学社会科学不足的途径和办法，给予广大哲学社会科学工作者极大的鼓舞和启示。

中国特色哲学社会科学包括传统学科、新兴学科、前沿学科、交叉学科、冷门学科等诸多学科，要构建一个全方位、全领域、全要素的哲学社会科学体系，使包括历史学在内的基础学科更加健全扎实，是其中极为重要的一环。2015年8月23日，习近平总书记在致第22届国际历史科学大会贺信中指出："历史研究是一切社会科学的基础，承担着'究天人之际，通古今之变'的使命。世界的今天是从世界的昨天发展而来的。今天世界遇到的很多事情可以在历史上找到影子，历史上发生的很多事情也可以作为今天的镜鉴。重视历史、研究历史、借鉴历史，可以给人类带来很多了解昨天、把握今天、开创明天的智慧。所以说，历史是人类最好的老师。"

繁荣哲学社会科学，首先要繁荣哲学社会科学领域最基础的学问——历史科学。在这次哲学社会科学工作座谈会上谈到要加快完善对哲学社会科学具有支撑作用的学科时，习近平总书记把历史学的位置列到哲学之后。我想这其中是有深意在的。

马克思、恩格斯在《德意志意识形态》中说："我们仅仅知道一门

---

[*] 本文原载于《光明日报》2016年7月27日，"史学"版。

唯一的科学，即历史科学。"恩格斯还说："凡不是自然科学的科学都是历史科学。"所有学科领域中，历史学是最基础的。凡学必有史，包括自然科学在内。历史科学是基础科学，无论哪一门学科，都离不开历史，离不开对历史过程和历史规律的深刻理解和把握，至少离不开本学科形成和发展的历史。哲学、文学、经济学、政治学、法学、国际关系学、民族学、人类学、宗教学等，莫不如此。即使是自然科学，也离不开历史，至少离不开自然科学各学科自身形成发展的历史。只有立足于本学科既有历史，学科发展才有根基。只有透彻了解本学科形成发展的历史，才能对学科发展的方向做出准确的判断。科学事业永远是后人站在前人的肩膀上前进的。无论是哲学社会科学还是自然科学，都是在人类社会发展过程中产生的，都有其产生、形成和发展的社会历史背景。无论是社会科学家还是自然科学家，只有透彻了解了人类社会发展的历史，了解了人类社会历史的发展规律，才能明了本学科发展的方向，以及本学科如何才能推动社会的发展，成为推动社会发展的积极力量。否则就是无本之木、无源之水，对社会也难有有用之处。

历史学是基础科学，基础科学研究是"坐冷板凳"的学问，是要求严谨学风的学问。哲学社会科学各学科的研究，都必须建立在一定的材料分析基础上，历史学研究尤其如此。历史研究本质是一项实证研究，历史研究必须建立在历史文献、考古资料以及档案等的基础之上。历史研究讲究全面占有史料，有多少史料说多少话，用史料说话。纪念抗战胜利70周年之际，习近平总书记强调研究抗战历史，要让历史说话，用史实发言，强调抗战研究要深入，就要更多通过档案、资料、事实、当事人证词等各种人证、物证来说话，尽量掌握第一手材料。不仅抗战史如此，历史学各领域莫不如此。为了掌握第一手资料，历史研究者要深入国内外图书馆、档案馆、各种民间机构和个人居所，去搜集各种有用的史料。这种史料包括历史文献、简帛、碑刻、档案、书信、电报、谱牒、方志、会议记录、口述史料、照片录像等。

当然，拿到史料并不表示搜集史料工作的完成，必须对史料加以鉴别，考证其真伪，才能对历史研究有用处。中国古代史学家特别是乾嘉学派在这方面做足了功夫。我国青年一代历史学者要充分掌握这些本领，否则研究就难以得出正确的结论。史学工作者不主张史学就是史料学。司马迁说"究天人之际，通古今之变"，习近平总书记在贺信中也引用了这句话。这句话确实把历史研究的真谛讲出来了。照我的理解，"究天人之际"，是讲自然和人类社会的关系，换言之，是要建立事物彼此之间的联系，要在联系的基础上探究彼此之间的关系和规律。"通古今之变"，是要长时段看历史的变化。只有从长时段观察历史的变化，才能看出历史发展的走向、趋势和规律。这一条，光靠老祖宗的乾嘉考证是不够的。这需要运用马克思主义的解剖刀和方法论。唯物辩证法可以告诉我们如何探究事物之间的联系，历史唯物论可以教会我们如何从历史研究中发现历史发展的规律性。习近平总书记说："坚持以马克思主义为指导，是当代中国哲学社会科学区别于其他哲学社会科学的根本标志，必须旗帜鲜明加以坚持。"坚持马克思主义为指导不是说教，而是鸦片战争以来我国学术发展的基本趋势和经验总结。繁荣中国特色哲学社会科学，繁荣中国历史学，学习马克思主义基本理论是做学问的一项基本功。忽视这项基本功，在做学问的道路上难以取得大的成功。

以往我国学术界的眼光是向外的。就历史学而言，先是大量翻译苏联的史学著作，包括多卷本的苏联科学院《世界通史》等多在中国出版了中文本；后来是大量翻译出版欧美国家（以及日本）的历史学著作，多卷本《剑桥世界史》《剑桥中国史》等在中国大量出版。在中国出版界大量翻译出版外国历史学著作时，西方出版界却很少翻译出版中国史学著作。如范文澜的《中国通史》、郭沫若主编的《中国史稿》、刘大年主编的《中国近代史稿》、白寿彝主编的《中国通史》以及近些年出版的大部头中国史学著作，都没有外文译本（包括外国出版的译本和中国出版的译本）。外国历史学家大多不懂得汉语，即使懂些汉语的学者也不大方便阅读中文出版的历史著作。中国历史学刊物有外文版的很少，在外国发行的更少，有关部门应该大力推动中文历史学著作在国外的翻译出版和发行工作。当然，随着中国经济的迅猛发展、中国国力和世界影响力的增强，这种状况也在悄然改变。2007 年，英国伦敦著名的 Routledge 出版公司主动找到中国社会科学院近代史所，请我们主编一本中国近代史的学术刊物。这份名为 *Journal of Modern Chinese History* 的学术刊物已经在欧洲发行好几年了，在一定意义上体现出中国近代史研究领域的中国学者的话语体系在欧洲逐渐产生了影响。

要推动中国历史学发展，需要从人力、物力各方面给予更多支持，制定并组织开展一批重大课题研究。要着重研究中国历史发展的规律性，中华文明起源的历史根据，中华文明何以不同于其他世界文明，中华文明的优点和不足在哪里，中华文明在历史上是如何吸收其他文明的精华的；要探讨中国几千年的政治经济结构是如何形成的，中国多民族统一国家形成的历史特点，中国传统儒学和思想文化的发展演变；要回答为什么中华文明在近代逐渐落后于西方文明，研究马克思主义是如何与中国革命实际相结合的，马克思主义中国化是如何指引中国探索出新的发展道路的；还要关注世界不同地区的文明发展历程和世界历史上文明中心的转移，探索社会主义、共产主义运动的发展规律；等等。这些课题，需要学者进行深入研究，要有十分扎实的史料依据，要有严谨的论证逻辑，要有令人信服的阐释力。只有这样的研究，才能有说服力，才能建立中国历史学的话语体系和学术气派。当然，历史学研究也要重视扶持冷门学科，如古文字研究、历史地理学研究、音韵与方言研究等。这些冷门学科，对于中国历史文化的传承、历史学学科体系的完备以及中国历史学话语体系的建设是不可或缺的。

  发展中国特色历史科学，还要下大力培养和储备人才。他们不仅要有丰富扎实的中国历史学基础知识，还要了解欧美世界历史学的进展，尤其要懂得马克思主义理论，懂得把马克思主义基本理论与中国的文化传统结合起来。既需要培养大批专门人才，也需要培养一批跨学科的具有战略性思维能力的人才。新一代的学术人才需要有创造力和创新精神。形成有中国气派的历史学话语体系，固然需要大批扎实的专门研究成果做支撑，也需要具有战略性思维能力的专家学者不断提出某个学科领域的新概念、新范畴、新概括、新表述，形成具有方法论意义的中国学派的研究模式，使之对国际历史学界产生更大的影响。

  中国哲学社会科学界，包括历史学界已经经历了新中国成立以来近70年的学术积累，具有对国外学术界的充分了解和把握，具备了对中国化马克思主义的理论自信和对中国文化传统的自信，历经一段时间的独立思考、刻苦钻研，一定会取得更加丰硕的成果，一定能使有中国特色、中国风格、中国气派的哲学社会科学话语体系大放光彩。我对此有着无限的憧憬和强烈的期待。

建设哲学社会科学的基础学科，推进中国历史学国际话语权[*]

习近平总书记在哲学社会科学工作座谈会上指出："面对世界范围内各种思想文化交流交融交锋的新形势，如何加快建设社会主义文化强国、增强文化软实力、提高我国在国际上的话语权，迫切需要哲学社会科学更好发挥作用。"发挥我国哲学社会科学作用，提高话语权，离不开话语体系建设。为此，习近平总书记对哲学社会科学界提出要"不断推进学科体系、学术体系、话语体系建设和创新"。在我国发展的重要阶段，提出哲学社会科学话语体系建设具有十分重要的意义。历史学作为哲学社会科学的重要组成部分，应直面不足，努力在中国化马克思主义指引下推进我国历史学话语体系建设，努力提高学术话语权。

习近平总书记在哲学社会科学工作座谈会上的讲话，高屋建瓴，指出了我国哲学社会科学在马克思主义指导下发展的光辉前景，指出了加快构建中国特色哲学社会科学体系的紧迫性、必要性和可能性，指出了克服目前我国哲学社会科学弱点的途径和办法，给予哲学社会科学工作者极大的启示。

繁荣我国哲学社会科学，使我国哲学社会科学的学术研究对国际学术界，对国际社会，表现出强而有力的影响，将是中国在国际上和平崛起的重要表征，也是体现中国软实力的主要表征。

---

[*] 本文原载中国社会科学院马克思主义研究学部编《30位著名学者纵论哲学社会科学》，中国社会科学出版社，2017。

历史学是哲学社会科学的基础学科

在建设中国特色哲学社会科学体系中，把中国的历史学科学体系建设好，是极为重要的一环。

习近平总书记2015年8月23日在济南举行的第22届国际历史科学大会开幕式上的贺信中指出："历史研究是一切社会科学的基础，承担着'究天人之际，通古今之变'的使命。世界的今天是从世界的昨天发展而来的。今天世界遇到的很多事情可以在历史上找到影子，历史上发生的很多事情也可以作为今天的镜鉴。重视历史、研究历史、借鉴历史，可以给人类带来很多了解昨天、把握今天、开创明天的智慧。所以说，历史是人类最好的老师。"习近平总书记关于历史研究的评价，给与会的中外历史学家很大的鼓舞。繁荣哲学社会科学，首先要繁荣哲学社会科学领域最基础的学问——历史科学。

在哲学社会科学工作座谈会上谈到要加快完善对哲学社会科学具有支撑作用的各学科时，习近平同志把历史学的位置提到哲学之后，而位于其他各学科之前。这种位置的变化，不同于我国社科规划办的学科排列，也不同于国务院学位委员会通过的学科目录的排列，我想这是有深意的。

马克思、恩格斯在《德意志意识形态》中说："我们仅仅知道一门唯一的科学，即历史科学。"恩格斯还说："凡不是自然科学的科学都是历史科学。"所有学科领域中，历史学是最基础的。凡学必有史，包括自然科学在内。

历史科学是基础科学，无论哪一门学科，都离不开历史，离不开对历史过程和历史规律的深刻理解和把握，至少离不开本学科形成和发展的历史。哲学、文学、经济学、政治学、法学、国际关系学、民族学、人类学、宗教学等，莫不如此。即使是自然科学，也离不开历史，至少离不开自然科学各学科自身形成发展的历史。只有立足于本学科既有历史，学科发展才有根基。只有透彻了解本学科形成发展的历史，才能对学科发展的方向做出准确的判断。科学事业永远是后人站在前人的肩膀上前进的。无论是哲学社会科学还是自然科学，都是在人类社会发展过程中产生的，都有其产生、形成和发展的社会历史背景。无论是社会科学家还是自然科学家，只有透彻了解了人类社会发展的历史，了解了人类社会历史的发展规律，才能明了本门学科发展的方向，以及本门学科如何才能推动社会的发展，使本门学科成为推动社会发展的积极力量。否则就是无本之木、无源之水，对社会没有多少用处。

凡是不能正确理解历史的来龙去脉的，哲学社会科学各个学科的讨论以及对国内国际现实问题的研究与评论，必然缺乏深度，所做出的结论必不能透彻，必不能揭示事物的真相。换句话说，只有历史学研究做到位了，历史认识全面了，天人之际、古今之变清楚了，各学科的研究、国内国外现实问题的研究才有所凭借，才可以深度展开，也才能得出多数人所能接受的结论，从而为社会发展贡献本学科的真知灼见。

历史学是基础科学，基础科学研究是"坐冷板凳"的学问，是打破沙锅璺到底的学问，是要求严谨学风的学问。

哲学社会科学各学科的研究，都必须建立在一定的材料分析基础上。历史学研究尤其如此。历史研究本质是一项实证研究，必须建立在历史文献、考古资料以及档案的基础上。历史研究讲究全面占有史料，有多少史料说多少话，用史料说话。

在纪念抗战胜利70周年的政治局会议上，习近平总书记强调研究抗战历史，要让历史说话，用史实发言，强调抗战研究要深入，就要更多通过档案、资料、史实、当事人证词等各种人证、物证来说话，尽量掌握第一手材料。这是非常专业的意见。不仅抗战史如此，历史学各领域莫不如此。

为了掌握第一手资料，历史研究者要深入国内外图书馆、档案馆、各种民间机构和个人居所，去搜集各种有用的史料。这种史料包括历史文献、简帛、碑刻、档案、书信、电报、谱牒、方志、会议记录、口述史料、照片录像等。研究鸦片战争以来的历史，研究五四运动以来的历史，研究中国共产党历史，研究中华民国以及中国国民党历史，研究中华人民共和国历史，研究台湾史以及海峡两岸关系历史，研究中国特色社会主义形成、发展的历史等，都要注重史料的搜集，也要强调运用档案史料。国家开放档案史料，对历史学者的研究是最有力的支持。国家应该为历史研究者利用史料提供方便。美国、日本、英国、法国等国家在这方面的做法令中国历史学者称道，任何中国人仅凭护照就可以在美、英等国档案馆调阅档案。我们的档案管理工作应该得到改善。

　　拿到史料并不表示搜集史料工作的完成，必须对史料加以鉴别，考证其真伪，才能对历史研究有用处。中国古代史学家特别是乾嘉学派在这方面做足了功夫。我国年轻一代历史学者要掌握这些本领，否则研究难以得出正确的结论。

　　史学工作者不主张史学就是史料学。司马迁说"究天人之际，通古今之变"，习近平同志引用了这句话。这句话确实把历史研究的真谛讲出来了。照我的理解，"究天人之际"，是讲自然和人类社会的关系，换言之，是要建立事物彼此之间的联系，要在联系的基础上探究彼此之间的关系和规律。"通古今之变"，是要长时段看历史的变化。只有从长时段观察历史的变化，才能看出历史发展的走向、趋势和规律。这一条，光靠老祖宗的乾嘉考证就不够了。这需要运用马克思主义的解剖刀和方法论。唯物辩证法可以告诉我们如何探究事物之间的联系，历史唯物论可以教会我们如何从历史研究中发现历史发展的规律性。历史学者可以借用各种研究方法，但是绝对需要唯物辩证法的方法，绝对需要历史唯物论的指导，这是毋庸置疑的。习近平说："坚持以马克思主义为指导，是当代中国哲学社会科学区别于其他哲学社会科学的根本标志，必须旗帜鲜明加以坚持。"坚持马克思主义为指导不是说教，而是鸦片战争以来我国学术发展的基本趋势和经验总结。

　　年轻一代历史学者极需要培植马克思主义基本理论的素养。据我所知，一些大学历史学院的本科生、硕士生、博士生，可能没有读过马克思主义基本著作，有的连《毛泽东选集》也没有读过。繁荣中国特色哲学社会科学，繁荣中国历史学，学习马克思主义基本理论是做学问的一项基本功。忽视这项基本功，在做学问的道路上难以取得大的成功。

　　讲真实的历史，从历史本质和历史规律讲历史，对于历史虚无主义是最有力的驳斥。

话语体系和话语权是国家软实力的重要组成部分

　　按照我的理解，哲学社会科学话语体系建设的主要目的，是使我国哲学社会科学形成与我国物质生产能力相匹配的话语影响力，提升国家话语权。如果按照硬实力和软实力的分法，我们可以把物质生产能力看作硬实力，把文化、哲学社会科学、意识形态等的影响能力看作软实力。哲学社会科学的话语体系和话语权正是国家软实力的核心组成部分，也是我国在世界上和平崛起、中华民族实现伟大复兴的重要衡量指标。从这个意义上说，建设并提升与我国物质生产能力相匹配的哲学社会科学话语体系，是我国哲学社会科学发展极为光荣的使命，也是极为紧迫的任务。

从历史上看，一个国家哲学社会科学的话语体系、话语权，大体与该国的物质基础相匹配。一个小国、弱国，一般来说很难形成自己的哲学社会科学话语体系并在世界上拥有话语权。从 16 世纪到 19 世纪上半叶，当中国还显得很强大的时候，正在崛起的西方资本主义国家对中国的学术表现出很大的兴趣和尊敬。老子、孔子等中国先哲的著作在欧洲被翻译出版，欧洲汉学开始兴盛。17 世纪传教士们编译的《中国哲学家孔子》，向欧洲思想界传播了一个完全不同的东方思想体系，深刻影响了 18 世纪欧洲的思想家。一些欧洲思想家如伏尔泰等在自己的著作中描述过中国和中国的学术，许多欧洲思想家的思想其实受到中国学术思想的启迪。但当西方国家完成工业革命、忙于在世界各地抢占殖民地和市场的时候，它们也开始探寻中国实力的底细，并计划对中国施加兵威。鸦片战争后，中国面对西方列强的侵略手足无措。甲午战争的失败是当时的清政府未能想到的，甚至也是西方各国未曾想到的。甲午战争后，西方列强在中国瓜分势力范围，几乎要瓜分中国。八国联军侵华、《辛丑条约》签订，彻底打倒了中国士大夫的自大，崇洋观念开始兴盛。中国知识界认识到自己国家的落后，纷纷到东洋、西洋留学，如饥似渴地学习西学知识。《天演论》《群学肄言》《民约论》《法意》《群己权界论》等西方资产阶级上升时期的理论著作纷纷被译成中文出版。苏格拉底、柏拉图、亚里士多德、培根、孟德斯鸠、康德、黑格尔等西方思想界的名士被中国知识界所接纳。这些理论著作和这些思想家的观点成为当时中国学术话语体系的核心。严复、梁启超、孙中山、胡适、鲁迅、郭沫若等新型知识分子，都是在吸吮西学知识后成长起来的。毛泽东在他的著作中曾肯定近代中国人学习西学的过程。

到了辛亥革命前后，有些文化人面对西学的文化强势，开始反思中国的文化，认为中国的文化、学术落后，就是因为汉字不好，有人就主张废除汉字，制定了汉字拉丁化方案。包括鲁迅在内，甚至劝说年轻人不要看中国书，只看西文书。世界语报纸，直到20世纪90年代初汉字可以输入电脑前还有发行。

从20世纪20年代开始，包括《共产党宣言》在内的一批马克思主义理论著作被译成中文出版。李大钊、陈独秀、李达、郭沫若、吕振羽、范文澜、翦伯赞、侯外庐等中国学者开始运用唯物史观研究中国历史、中国哲学和中国社会。马克思主义理论在中国学术界成为一套新兴话语体系。

从中我们可以看出，近代中国的衰落导致中国哲学社会科学的话语体系基本上是以西方话语体系为参照、为圭臬，话语权极为微弱，中国的软实力也跌到了谷底。

中国话语体系长期以来在国际上处于弱势地位

以毛泽东为代表的中国共产党人把马克思主义基本理论与中国革命实际和文化传统相结合，走上了中国化的马克思主义道路，也走上了中国特色工业化、现代化道路。在这个过程中，要克服只知希腊、罗马的崇洋风气，树立自己的理论自信、文化自信和道路自信，需要花费大量时间和心力。

毛泽东作为中国共产党和中华人民共和国的主要缔造者和领导人，曾经提出"帝国主义和一切反动派都是纸老虎""和平共处五项原则""实践论""矛盾论""人民内部矛盾""东风压倒西风""三个世界"等著名论断，邓小平提出的社会主义改革开放方针、"贫穷不是社会主义"、"社会主义有计划，资本主义也有计划"、"社会主义市场经济"以及实践是检验真理的唯一标准等著名论断，都在政治思想领域广泛影响了国际舆论。实际上，这也是中国哲学社会科学领域的代表性话语体系。

但是，我们应该承认，新中国成立以来的大多数时间里，中国哲学社会科学领域的话语体系，总体来说在国际学术领域还是处于弱势地位。这与我国的国力总体上是相匹配的。中国具有传统优势学术地位的历史学领域尚且如此，其他学术领域大多如是。

在这个时期，中国学术界的眼光是向外的。就历史学而言，先是大量翻译出版苏联的史学著作，包括苏联科学院主编的多卷本《世界通史》；后来是大量翻译欧美国家（以及日本）的历史学著作并在国内出版，"剑桥世界史""剑桥中国史"等在中国大量出版。"剑桥中国史"系列包括剑桥晚清史、剑桥民国史、剑桥中华人民共和国史等，其实都是针对西方读者写的，对中国学者固然不无参考作用，但也不是多么了不起的学术著作。中国学者的历史学著作很少被西方国家翻译出版。中国也有外文出版社等，他们翻译了少量中国学者的历史书，但发行量甚少，难以占领国外市场，在国外图书出版界只是点缀，难以在西方话语体系中露出头角。

中国出版界大量翻译出版外国历史学著作，而西方出版界很少翻译出版中国史学著作。如范文澜的《中国通史》、郭沫若主编的《中国史稿》、刘大年主编的《中国近代史稿》、白寿彝主编的《中国通史》、逄先知和金冲及主编的《毛泽东传》以及近些年出版的大部头中国史学著作，都没有外文译本（包括外国出版的译本和中国出版的译本）。这恐怕是目前的基本态势。这在一个侧面反映了中国历史学的话语体系状况。

美国学者在中国近代史领域提出了不少新的概念，比如冲击—反应模式、现代化研究范式、中国近现代历史的连续性、文明的冲突、告别革命、历史的终结等，风靡世界，也风靡中国。这些在中国历史学领域是体现话语体系的典型概念。中国学术界流行的历史虚无主义，在理论根源上往往与上述某些概念有关。中国历史学者有关研究历史采用马克思主义社会形态学说的概念，有关近代中国社会性质是半殖民地半封建社会的概念，有关中国近代史的主题是反帝反封建的概念，有关中国革命史是在中国化的马克思主义理论指导下取得胜利的概念，有关民族资本主义和官僚资本主义的概念，在历史学研究中采用阶级观点和阶级分析的概念，有关中国文明起源的概念，有关汉族形成的概念，有关中华民族在长期的历史过程中民族融合的概念，等等，往往不为西方学者接受，甚至也不大受中国年轻学者的重视。

这种情况既与国家的经济地位有关，也与国家的政治地位有关。中国是共产党领导的社会主义国家,这在西方世界的眼中是可怕的,至少是意识形态上的敌人,西方学者不认为中国是民主国家,坚持认为中国是专制国家,因此认为中国的学术也是不自由的。在西方许多学者眼中,中国作为社会主义国家在意识形态上与西方是对立的,正是由于这一偏见,他们总是难以冷静客观地评价中国的哲学社会科学,总是习惯于排斥中国历史学者提出的概念和理论。

当然,外国历史学家大多不懂汉语,即使懂些汉语的学者也不大方便阅读中文出版的历史著作。中国历史学刊物有外文版的很少,在外国发行的更少。这在客观上妨碍了外国学者了解中国的哲学社会科学包括历史学成果。国家应该大力推动汉语历史学著作由外国出版机构翻译发行的工作。

随着中国经济的迅猛发展,中国国力和世界影响力的增强,学术界的状况也在悄然改变。据我的浅薄了解,过去可以说蒙古学、敦煌学在外国,但现在不能那么说了。中国抗战在世界反法西斯战争中的地位和作用,以往西方学者忽略不计,现在开始有较高的评价了。也有欧洲学者采用近代中国是半殖民地半封建社会的概念了。中国历史学领域的许多专门研究,无疑有独步世界的学术成就,但是为外人了解尚需时日。

从历史和现实的角度观察,学术领域话语体系的建立,与国家的经济实力有关,与国家的政治制度有关。中国的经济总量已超过日本,仅次于美国。国外经济学界一般估计,不超过 10 年中国经济总量将超过美国。应该看到,无论是日本、欧洲还是美国,他们对中国经济的发展和国际地位的提升,是不适应的,是不习惯的,也是不耐烦的。因为中国的人均 GDP 在世界上排名很靠后。尽管现在美国、英国有一些经济学者、政治学者对中国的观察和评论持比较客观的态度,但还不足以影响西方学术界。

根据经济是基础、政治是上层建筑(学术包含在上层建筑中)的基本观点,我判断,说 21 世纪是中国的世纪,从经济上可能来得早一些;从政治上,可能要晚于经济;从学术上,则要更晚一些。未来10—20 年或者更长时间,如果中国国内的经济与政治持续按照现在的规模和格局发展的话,中国经济与政治形势在国际上获得比较广泛的承认,可能有一个拉锯时期,需要一个适应时期。西方观察家(包括历史学者)从现实利害关系出发,在一定的历史发展阶段下,他们是会承认或者认可中国的经济与政治发展格局的。承认中国发展是中国特色社会主义，而不是中国特色资本主义，需要一个转弯的时间；承认中国共产党领导的协商民主政治是中国特色的民主政治，而不是专制，也需要有一个转弯的时间；承认中国社会主义宪法体现的是社会主义性质的民主宪政，承认中国化的马克思主义是发展中的马克思主义，都需要一些时间。美国的政治历史学者福山已经开始转弯了。这个"历史的终结论"的发明者，在2008年后重新做了思考，2011年出版了《政治秩序诸起源》，"把中国当作国家形成的范本"，研究中国发展模式，研究"其他文明为何不能复制中国道路"。这个学术观点的转变很有典型意义。这个观点是我们愿意看到的，但在我看来，在意识形态的角度他的立场并未根本转变。

因此，提升我国哲学社会科学包括历史科学的学术体系建设水平，是我国学术界当前的紧迫任务。

提升话语权，历史学者不能辜负了这个时代

中国的发展会使西方学者对中国的看法有新的转变，西方学者学术观念的转变是值得欢迎的，但这并不等于他们在学术上支持中国学者的话语体系。要把中国建设成为哲学社会科学强国，需要中国学者自己去建设自己的话语体系、提升自己的话语权。现在开始抓这个问题，是时候了。就历史学来说，中国历史学的许多研究无疑有独步世界的学术成就，但是还没有被国际学界所了解、所接受。如何建设话语体系、提升话语权，中国历史学者还需要下一番苦功夫。

从20世纪20年代开始，李大钊、陈独秀、李达、郭沫若、吕振羽、范文澜、翦伯赞、侯外庐等一批中国学者就坚持以马克思主义为指导，运用唯物史观研究中国历史。中国历史学者要自觉地用中国化的马克思主义正确方向指引，来研究中国历史，研究中国近现代史，也要研究世界历史。毛泽东早就说过：从孔夫子到孙中山都要总结。这就是说，从有文字以来的中国历史都要研究，都要总结。今天，建设中国历史学话语体系、提升话语权，最根本的要求就是自觉坚持以中国化马克

思主义为指导来研究中国历史和世界历史。在中国化马克思主义指导下建设并提升中国历史学话语体系，关键是总结、概括出体现这一话语体系的科学概念和学科范式。就中国近现代史而言，要坚持以前提出的半殖民地半封建社会性质、反帝反封建斗争、旧民主主义革命和新民主主义革命、旧三民主义和新三民主义等科学概念，要在更多史料的支持下进一步论证和丰富这些概念；要对诸如中国特色社会主义、协商民主、民族区域自治等政治术语做出翔实的学术论证，使之成为学术话语。要对我国学者有较多话语权的社会历史发展规律学说，做出更加翔实的学术研究和论证，形成具有中国学术特色的学术体系。只有在这些方面进行努力，我国历史学才能把话语体系提高到一个新的水平，而不是跟在西方学者后面亦步亦趋。

建设中国历史学话语体系、提升话语权，基础是开展扎实深入的史学研究。否则，话语体系就是无根的浮萍，话语权也就是空谈。这就要求我们坚持在中国化马克思主义指导下深入开展史学研究。我们要研究中华文明起源的历史根据，中华文明何以不同于世界其他文明，中华文明在历史上是如何吸收其他文明的精华，中华文明的优点和弱点在哪里；要研究自甲骨文以来中国历史发展的特点，中国封建社会经历漫长历史时期的原因，中国几千年的经济结构、政治结构和社会结构是如何形成的；要研究中国传统社会意识形态体系或者说儒学体系的精华和糟粕是什么，儒学体系在面对西方资本主义思想体系时为什么打了败仗，今天正在走向复兴的中华民族应该如何看待中华传统文化包括儒学体系；要研究中国革命的特点和成功的原因究竟是什么，马克思主义在中国化过程中是如何与中国革命实际相结合、与中华传统文化相结合的，中国特色社会主义在中国发展的历史必然性；要研究五千年不曾中断的中华文明对世界做出了哪些贡献，中华文明的连续性发展对当今世界发展有什么启示意义，如何看待世界历史的发展以及世界历史发展中心的转移；等等。这些课题都是需要历史学者深入研究的，把这些问题研究透了，才能把握历史发展规律。历史学者要有甘坐冷板凳的精神，研究要有十分扎实的史料根据、十分严谨的论证逻辑，要有令人信服的阐释力。只有这样的研究，才能在学术上有说服力，才有助于中国历史学话语体系水平和话语权的提高。当然，中国历史学也要注意扶持某些冷门学科，如古文字研究，甲骨文、金石铭文研究，历史地理学研究，音韵与方言研究等。这些冷门学科，对于中国历史学的传承、中国历史文脉的传承和累积以及中国历史学话语体系的建设是极有意义的。

这样的研究，不应只限于历史学，其他学科，如哲学、文学、政治学、经济学、法学、社会学、民族学等在其中也是大有作为的。

发展中国特色历史科学，要下大力培养和储备人才。这样的人才不仅要有丰实的中国历史学基础知识，了解欧美世界历史学的进展，尤其要懂得马克思主义理论，懂得把马克思主义基本理论与中国的文化传统结合起来，最好又精通几门主要外国语。现在这样的人才还太少。在国家发展的大环境下，是一定可以涌现出未来中国需要的优秀学术人才的。需要培养大批专门人才，也需要培养一批跨学科的具有战略性思维能力的人才。新一代的学术人才需要有强烈的创造力。形成中国历史学的气派，固然需要大批扎实的专门研究成果做支撑，但更需要具有战略性思维能力的学者提出某个学科领域的新概念、新范畴、新概括、新表述，形成具有方法论意义的中国学派的研究模式，使之对国际历史学界产生较大的影响力。

建设中国历史学话语体系，既需要学者个人开展深入的研究，产生一系列运用史料得当、见解独到的精深专著；又需要运用集体力量组织学者攻关，产生多种体系宏大、结构严谨的大部头著作；还需要具有战略性思维能力的学者在专门研究的基础上对研究成果进行新的概括，提出具有主体性、原创性的概念和理论，使我们的研究在方法论意义上对国际史学界产生重要影响。

中国历史学话语体系水平和话语权的提升，当然也会有许多具体的体现。比如，西方国家学术界主动翻译引进中国学者历史研究成果，作为其研究、认识中国历史和现状的基本参考，也作为其研究、认识世界历史和现状的重要参考；西方大量历史学者来中国访学，大量留学生为学习历史到中国深造。当然，在这一过程中，中国学术界也要主动翻译出版中国历史学界的代表性著作，将我们的研究成果推介到西方国家；中国学术机构、学术团体应召开重要的国际学术会议，去评价和推介中国历史学界的重要研究成果。这些都是在建设中国历史学话语体系、提升话语权过程中需要做好的具体工作。

2000年我访问位于伦敦的《中国季刊》编辑部，讨论如何让中国学者的近代史论文在该刊发表。该刊编辑部负责人告诉我，只要你们提交5万英镑，就可以利用该刊一期篇幅。随着中国经济的迅猛发展，中国国力和世界影响力的增强，这种状况也在悄然改变。2007年，英国伦敦著名的Routledge出版公司主动找到中国社会科学院近代史所，请近代史所主编一本中国近代史的学术刊物，由Routledge出版公司出版发行。这份名为Journal of Modern Chinese History的学术刊物已经在欧洲发行好几年了。这在一定意义上体现出中国近代史研究领域的中国学者的话语体系开始在欧洲产生影响。现在这本英文刊物一年只出两期，应该加大影响力，最好改为季刊，使之与英语世界的《中国季刊》齐名。类似的英文期刊，在中国社会科学院有关研究所（院）也在编辑发行。这是一个好的趋势。我希望看到，未来某个时候，欧美的学术机构、大学、公共图书馆、母语非汉语的学者，主动订阅中国学术期刊。

中国哲学社会科学界，包括历史学界已经经历了新中国建立以来近70年的学术积累，已经具有对国外学术界的充分了解和把握。中国学者应该与国家的逐步强大所形成的物质基础相匹配，相应地具备对中国化马克思主义的理论自信，对中国文化传统的自信，对中国学术界的理论和文化创造力的自信，独立思考，为创建哲学社会科学的中国学派而奋斗。未来20年或者更长一点时间，一定会是中国哲学社会科学大放光彩的时期，一定是中国哲学社会科学群星灿烂的时期，我对此有着无限的憧憬和强烈的期待。

建设中国历史学话语体系、提升话语权，不会一蹴可就，需要我们付出艰辛努力。习近平同志指出："当代中国正经历着我国历史上最为广泛而深刻的社会变革，也正在进行着人类历史上最为宏大而独特的实践创新。这种前无古人的伟大实践，必将给理论创造、学术繁荣提供强大动力和广阔空间。这是一个需要理论而且一定能够产生理论的时代，这是一个需要思想而且一定能够产生思想的时代。我们不能辜负了这个时代。"新时期的中国历史学者，要承担起自己的历史责任，绝不能辜负了这个时代。中国历史学者要坚定对中国化马克思主义的理论自信，对中国历史传统和文化传统的自信，对中国学术界理论和文化创造力的自信，为构建中国特色哲学社会科学贡献自己的力量。

2016年7月26日
2017年2月8日修订

对中国政治术语做出翔实的学术论证[*]

我进入工作单位后，有幸在著名的马克思主义历史学家范文澜、胡绳、刘大年等同志领导下工作，不仅读他们的著作，而且亲炙他们的教诲。在他们辞世前后，我曾撰文阐述他们在中国近代史领域的开拓之功，特别是他们在史学研究中开创马克思主义理论指导的先驱作用。我在撰写有关范文澜、胡绳、刘大年、吕振羽等前辈史学家开创马克思主义理论指导史学研究功绩的时候，也是一种自我学习，督促、鼓励自己努力沿着这些前辈史学家开创的道路继续前行，不能动摇。

在历史研究中，马克思主义、唯物史观最具有"指南针"和"解剖刀"的意义

近代中国的历史进程告诉我，只有坚持社会主义的方向，中国才能复兴；只有坚持中国共产党主张的马克思主义与中国实践相结合，中国才能前进。所以，在学术事业中，在历史研究的实践中，我坚持只有遵循唯物史观的指导，我们的学术研究事业才能更为客观，更加科学，更符合历史事实。要认清人类历史发展的方向，要揭示人类历史前进的规律，只有马克思主义、唯物史观最具有"指南针"和"解剖刀"的意义。形形色色的唯心史观，在这个问题上都显得软弱无力。迄今为止，所有的历史事实都未能证明对人类社会历史的唯心主义解释是符合客观

---

[*] 原载于《北京日报》2018 年 6 月 11 日，第 16 版"理论周刊"。

历史事实的。所有的历史理论都不能取代历史唯物主义的人类社会历史的认识。我们当然应该注意吸取能够正确解释历史和社会现实的各种思想、学说和理论，但是，只有坚持马克思主义，坚持唯物史观的指导，坚持学术上百家争鸣的方针，中国哲学社会科学事业的发展才能更为平稳、扎实和繁荣。

我并不主张在学术研究实践中到处引用马克思主义的只言片语。我主张学习唯物史观的基本理论，努力领悟唯物史观的方法论意义，在研究实践中，在百家争鸣中，运用这种方法论做"解剖刀"，去辨识历史事实，开拓学术视野，建立自己的学术观点。我撰写的学术论文，都是努力学习这种方法论，努力实践这种方法论的指导。当然，这不是说我已经做得很好了，只是说一直在努力中；当然这种努力是无止境的，生命有日，在学术活动中都要这样去做。

写历史，是写过去的政治、过去的经济、过去的文化，不是写今天的政治、今天的经济、今天的文化。过去的政治、过去的经济、过去的文化不等于今天的政治、今天的经济、今天的文化。这是历史与现实的基本区别。司马光著《资治通鉴》，是要让最高统治者借鉴历史上的经验。从借鉴历史经验的角度说，历史对于现实的意义，今天仍是这样的。但是历史对于现实，仅止于借鉴，提出更多的要求是不合适的。历史为现实服务，不是说为现实政治做简单的服务；所谓服务，是从借鉴历史经验的意义上说的。

提升中国历史学话语体系，关键是总结、概括出科学概念和学科范式

党的十八大以来，习近平总书记就哲学社会科学多次发表讲话，指出我国哲学社会科学学科体系、学术体系、话语体系建设水平还有待提高，指出支撑话语体系的基础是哲学社会科学体系。没有自己的哲学社会科学体系，就没有话语权。这些意见极为重要，哲学社会科学工作者要努力贯彻这些讲话精神。

2016年我在《人民日报》和《光明日报》上发表文章《推进我国史学话语体系建设》《努力建设哲学社会科学的基础学科——历史学》，

我认为，美国学者在中国近代史研究领域提出了不少新的概念和理论，如冲击—反应模式、现代化研究范式、中国近现代历史的连续性、文明的冲突、告别革命、历史的终结等。这些风靡世界也曾风靡中国的概念和理论，体现了西方的学术话语体系和话语权。历史虚无主义的流行，在根源上与其中一些概念和理论紧密相关。中国历史学者研究历史时所坚持的概念和理论，如马克思主义社会形态学说、中国文明起源、汉民族形成、中华民族在长期历史进程中的民族融合、近代中国社会性质是半殖民地半封建社会、中国近代史的主题是反帝反封建、民族资本主义和官僚资本主义等，往往不被西方学者接受，甚至现在也不太受中国年轻学者重视。

在我看来，建设中国历史学话语体系、提升话语权，最根本的要求就是自觉坚持以中国化马克思主义为指导来研究中国历史和世界历史。在中国化马克思主义指导下建设并提升中国历史学话语体系，关键是总结、概括出体现这一话语体系的科学概念和学科范式。就中国近现代史而言，要坚持以前提出的半殖民地半封建社会性质、反帝反封建斗争、旧民主主义革命和新民主主义革命、旧三民主义和新三民主义等科学概念，要在更多史料的支持下进一步论证和丰富这些概念；要对诸如中国特色社会主义、协商民主、民族区域自治等政治术语做出翔实的学术论证，使之成为学术话语。要对中国学者有较多话语权的社会历史发展规律学说，做出更加翔实的学术研究和论证，形成具有中国特色的学术体系。只有在这些方面进行努力，中国历史学才能把话语体系提高到一个新的水平，而不是在西方学者后面亦步亦趋。

把这些问题研究透了，才能把握历史发展规律

建设中国历史学话语体系、提升话语权，基础是开展扎实深入的史学研究。否则，话语体系就是无根的浮萍，话语权也就是空谈。这就要求我们坚持在中国化马克思主义指导下深入开展史学研究。比如，我们要研究中华文明起源的历史根据，中华文明何以不同于世界其他文明，中华文明在历史上如何吸收其他文明的精华，中华文明的优点和弱点在

哪里；要研究自甲骨文以来中国历史发展的特点，中国封建社会经历漫长历史时期的原因，中国几千年的经济结构、政治结构和社会结构是如何形成的；要研究中国传统社会意识形态体系或者说儒学体系的精华和糟粕是什么，儒学体系在面对西方资本主义思想体系时为什么打了败仗，今天正在走向复兴的中华民族应该如何看待中华传统文化包括儒学体系；要研究中国革命的特点和成功的原因究竟是什么，马克思主义在中国化过程中是如何与中国革命实际相结合、与中华传统文化相结合的，中国特色社会主义在中国发展的历史必然性；要研究五千年不曾中断的中华文明对世界做出了哪些贡献，中华文明的连续性发展对当今世界发展有什么启示意义，如何看待世界历史的发展以及世界历史发展中心的转移；等等。这些课题都需要历史学者深入研究，把这些问题研究透了，才能把握历史发展规律。历史学者要有甘坐冷板凳的精神，研究要有十分扎实的史料根据、十分严谨的论证逻辑，要有令人信服的阐释力。只有这样的研究，才能在学术上有说服力，才有助于中国历史学话语体系水平和话语权的提高。

根深叶茂　史苑繁荣[*]

——改革开放 40 年来我国历史学的发展

社会大变革的时代，一定是哲学社会科学大发展的时代。改革开放 40 年来，我国社会发生翻天覆地的变化，我国哲学社会科学也迎来了大发展。习近平同志指出，"历史研究是一切社会科学的基础"。改革开放以来，我国历史学作为对哲学社会科学具有支撑作用的学科，走出"文革"带来的"史学危机"，呈现一片繁荣景象。在纪念改革开放 40 周年之际，有必要对我国历史学一些领域的突出成就进行梳理和总结，以更好构建中国特色历史学。

我国历史学发展总体上取得显著成就

40 年来，我国历史学的各个领域，无论是中国古代史、中国近代史、中国现代史、中共党史还是世界史、史学理论研究，都呈现繁花似锦的局面，各个领域都有代表性著作问世。比如，在中国通史方面，有范文澜、蔡美彪等著的《中国通史》十卷，郭沫若曾任主编后由编写组完成的《中国史稿》七卷，白寿彝总主编的《中国通史》十二卷，林甘泉等主编的《中国经济通史》九卷，龚书铎总主编的《中国社会通史》八卷，郑师渠总主编的《中国文化通史》十卷等；在中国近代史方面，有许涤新、吴承明主编的《中国资本主义发展史》三卷，刘大年主持、中国社会科学院近代史研究所编著的《中国近代史稿》三

---

[*] 本文原载《人民日报》2018 年 8 月 6 日，第 16 版。

册，李新、陈铁健总主编的《中国新民主革命通史》十二卷，李新总主编的《中华民国史》十二卷，张海鹏主编的《中国近代通史》十卷；在中国现代史方面，有当代中国研究所撰著的《中华人民共和国史稿》五卷，龚育之、金冲及等主编的《中国二十世纪通鉴（1901—2000）》五卷则包括中国近代史和中国现代史；在中共党史方面，有原中共中央党史研究室编写的《中国共产党历史》两卷、《中国共产党的九十年》等；在世界史方面，有吴于廑、齐世荣主编的《世界通史》六卷，武寅主持的《世界历史》八卷，陈之骅等主编的《苏联兴亡史纲》，马克垚主编的《世界文明史》，何芳川等主编的《非洲通史》三卷，彭树智主编的《中东国家通史》十三卷，刘绪贻、杨生茂主编的《美国通史》六卷。这些代表性著作，集中体现了我国历史学发展的成就。

至于各具体领域的学术论文和学术专著，更是不胜枚举。政治、经济、社会、思想文化、对外关系、法律、军事、民族、生态环境、灾害与救灾等领域，都有大量论著问世。这些论著都是在近代以来史学研究的基础上进行的，其深度和广度大大超过新中国成立后前 30 年的史学成果，更不要说 1949 年前的史学成果了。

改革开放 40 年来我国历史学能取得如此大的发展成就，一个重要原因就是中国特色社会主义事业迅猛发展，国家综合国力显著增强，包括历史学在内的哲学社会科学各学科都从中受益。比如，上世纪 90 年代初成立国家社会科学基金，基金总额逐年扩大，历史学每年都有数以百计的项目获得资助。国家还实施了一系列支持历史学发展的重大工程，如夏商周断代工程、中华文明探源工程、国家清史纂修工程、边疆研究工程、抗战研究专项工程等。这些工程的启动和推进，对于历史学相关领域的研究起到了重要推动作用。

中国古代史研究的重大进展

我国历史悠久，是世界上唯一一个文明发展未曾中断的文明古国。河南偃师二里头遗址的考古发掘，让史学界确认了夏代的存在。文献记载上的夏代被考古学研究证实，这是中国古代史研究的重大进展。1985年夏鼐出版《中国文明的起源》，标志着中国文明起源的研究正式进入了历史学者的视野。

在突破了中华文明西来说、夷夏东西说以后，中原中心论曾经是学术界的主流观点。那么，我们的先民建立的文明形态到底是什么样的？黄河流域以外多个地区包括长江流域、辽河流域、珠江流域考古发掘的丰富材料使史学界认识到，我们先民建立的文明形态是多元的，可谓繁星满天。在中华文明发展的过程中，"多元"逐渐走向"一体"，中原地区成为中华文明起源的中心，二里头二期遗址表明"一体"的形成。夏代晚期城址的发现是一个重要标志，说明私有制产生了、阶级出现了，凌驾于社会之上的统治工具国家出现了，文明已经走到历史的大门口。丰富的考古资料和文献相互参证，使我们对夏商时期的认识比以前深刻多了，它们再也不是传说时代，而是确确实实的历史存在。

在中国古代史领域，对于各个朝代的历史都有了更深入的研究，推出了一批高质量的成果。值得一提的是，国家组织的清史纂修工程，极大推动了中国历史上最后一个封建朝代清朝历史的研究。清史纂修工程由著名清史专家戴逸担任清史编纂委员会主任，汇集一大批清史学者，创造性地继承了中国修史传统，对清史开展全面研究。经过 10 余年时间，清史纂修主体工程大约 100 卷 3000 多万字的文稿撰写已经结束，不久就应该可以与公众见面了。

中国近代史研究的新认识

改革开放以来，中国近代史研究的最大变化是学科对象的变化。我国史学界对中国近代史的学科对象做过长时间的学术讨论。20 年前，我国史学界大多把 1919 年发生的五四运动作为中国近代史和中国现代史的分界点。但随着研究的深入，许多学者认为这样分期并不科学。因为，以社会形态作为划分历史时期的标准，1840 年至 1949 年中国都是半殖民地半封建社会，同一个社会形态分成两个不同的历史时期，显然是不妥当的。应按照马克思主义关于社会形态的学说，把半殖民地半封建社会时期的中国历史作为中国的近代史，即以 1840 年至 1949 年的中国历史作为中国近代史的学科对象。1997 年，中国近代史研究大家胡绳先生明确提出："把 1919 年以前的八十年和这以后的三十年，视为一个整体,总称之为'中国近代史',是比较合适的。这样,中国近代史就成为一部完整的半殖民地半封建中国的历史,有头有尾。1949年中华人民共和国成立以后的历史可以称为'中国现代史'。"现在,这一认识已经成为我国史学界的共识。马克思主义理论研究和建设工程重点教材《中国近现代史纲要》明确指出:"从1840年鸦片战争爆发到1949年中华人民共和国成立前夕的历史,是中国的近代史。"明确中国近代史的学科概念,无疑是一种学术进步。在这个学科概念下,中国近代史包括了晚清历史和全部民国历史。学者可以从长达100多年的长时段来研究中国近代史,更便于考察近代中国的历史轨迹及其发展规律。

在上世纪80年代以后的历史研究中,有关近代中国的发展规律引起学者的关注。帝国主义列强侵略中国,使中国沦为半殖民地半封建社会,近代中国经历了屈辱的历史。这就是历史的"沉沦"。到1901年签订《辛丑条约》,中国社会沉沦到谷底。1921年中国共产党成立,中国社会开始走出谷底、走出深渊,迈出了上升的步伐。这以后,中国社会的主要标志不是屈辱,而是奋斗,是艰苦卓绝的奋斗,在奋斗中诞生了新中国。1949年成为中国近代史和中国现代史的分界线。

2015年是中国人民抗日战争暨世界反法西斯战争胜利70周年。习近平同志就抗战史研究发表了重要讲话,强调"我们不仅要研究七七事变后全面抗战8年的历史,而且要注重研究九一八事变后14年抗战的历史,14年要贯通下来统一研究。要以事实批驳歪曲历史、否认和美化侵略战争的错误言论"。这为抗战史研究指明了方向,也给中国近代史学者极大鼓舞。为此,国家安排了抗战研究专项工程,支持抗战史研究。作为成果之一,抗日战争与近代中日关系文献数据平台已经上线,引起学者们普遍关注。

世界史研究的创新思考

改革开放以来,我国世界史研究成绩显著。总体而言,面对庞大的研究对象,我国仅有为数不多的教学和科研人员从事世界史研究,困难是显而易见的。在2011年国务院学位委员会和教育部公布的《学位授予和人才培养学科目录(2011年)》中,世界史学科从二级学科调整为一级学科，这对高校世界史教学和研究是一种有力推动。相信再过一段时间，我国世界史教学和科研人员数量将会有大幅提升。

我国世界史学者一直致力于摆脱"西欧中心论"的研究思维和编撰模式，也在力图与之前苏联的教条主义模式相区别，思考建立中国学者的世界史研究思维和编撰模式。吴于廑从世界史学科的对象、范围、主题、主线和研究方法出发，提出"从分散到整体"的总体世界史观。他认为：世界历史在前资本主义时代是孤立发展的，只是经历了15、16世纪以来的一系列重大转折之后，才形成整体的世界史。这一看法的核心是从全局上说明历史怎样发展为世界历史，可以称之为整体世界史观。这一世界史理论体系希望突破"西欧中心论"，写出真正意义上的世界史。有学者主张以现代化为主题构建世界近现代史新的学科体系，有学者主张全球史观，这些都在世界史学界展开了广泛讨论，并出现相应的研究成果。这表明，在世界史领域，我国学者正在探索新的世界史研究模式。

努力构建我国历史学的理论体系

从鸦片战争以来，我国学术受西学影响是一个不争的事实，历史学也是一样。改革开放以来，我国史学界为构建我国历史学的理论体系做出不少努力，也取得了一些进展，但这个任务远未完成。习近平同志提出加快构建中国特色哲学社会科学，这对我国历史学构建自己的理论体系提出了更加迫切的要求。在改革开放40年后的今天，在中国特色社会主义具有重大世界影响的今天，我国史学界有必要认真总结过去，坚持以马克思主义为指导，发扬我国史学的优良传统，构建新时代我国历史学的理论体系，概括出体现这一理论体系的科学概念和学科范式。

构建我国历史学理论体系，既需要学者个人开展深入研究，推出一系列运用史料得当、见解独到的精深专著；又需要运用集体力量组织学者攻关，产出一批体系宏大、富有创见的大部头著作；还需要具有战略思考能力的学者对研究成果进行新的概括，提出具有主体性、原创性的概念和理论，使我国历史学在方法论上对国际史学界产生重要影响。这是站在改革开放40周年历史新起点上，我国史学界面向未来需要努力的方向。

守正创新　资政育人[*]

——新中国 70 年历史学的繁荣发展

新中国成立后，一些历史专门问题的研究与争鸣，实际上是关于马克思主义基本理论、关于唯物史观的大学习、大讨论。唯物史观的指导地位在我国历史学研究中得到确立。

改革开放以来，我国历史学之所以能取得丰硕研究成果，一个重要原因就是党和国家事业的快速发展为历史学发展提供了强大支撑。

新时代坚持和发展中国特色社会主义对历史学发展提出了新要求。我国历史研究工作者绝不能辜负党和人民的期望，要在构建中国特色历史学学科体系、学术体系、话语体系上不断取得新进展。

1949 年 10 月 1 日中华人民共和国的成立，开启了中华民族历史新纪元，也使我国哲学社会科学发展站到了新的历史起点上。70 年来，我国历史学适应新中国发展的需要，牢固树立唯物史观，不断推进学术创新，取得丰硕研究成果，为推动实现中华民族伟大复兴发挥了作用、做出了贡献。

唯物史观的确立翻开我国历史学新篇章

五四运动以后，唯物史观的基本观点一直在影响着我国学术界、史

---

[*] 本文原载于《人民日报》2019 年 6 月 17 日，第 9 版。

学界，但新中国成立前，唯物史观在历史学领域不占主流地位。新中国成立后，从旧中国走过来的许多历史学家开始认真学习新理论、吸收新知识、改造旧史观，唯物史观的指导地位在我国历史学研究中得到确立。

20世纪50年代，我国广大历史研究工作者在广泛的学术研究和讨论中，积极学习马克思主义理论、唯物史观，探讨中国历史发展的特点和规律。在中国史领域，关于古史分期、中国近代史分期、封建土地所有制、资本主义萌芽、农民战争、亚细亚生产方式、中国封建社会长期延续、阶级斗争与历史主义、民族英雄与爱国主义、历史人物评价等问题，都曾经引起热烈的学术争鸣。这些争鸣都是从唯物史观出发提出的关于中国历史研究的重大课题，涉及如何根据马克思主义社会形态学说研究中国历史分期、如何用阶级观点分析中国历史上的阶级斗争、如何认识人民群众是历史的创造者以及杰出人物的历史地位等。比如，关于中国历史分期，主要讨论中国的封建社会何时开始。不管是提出西周封建说、春秋战国之交封建说，还是提出魏晋封建说，都是从如何理解马克思主义社会形态学说出发的。相关争鸣大都引用马克思主义经典著作、依据中国历史典籍，在引经据典中展开自己的分析，各自立说。这些历史问题本身就极为复杂，不同学者对马克思主义理论的学习和理解程度不同，对中国古代典籍的理解程度也不一样，形成不同的认识是很自然的。关于中国近代史和中国现代史分期的热烈讨论，源于胡绳1954年在《历史研究》创刊号上发表的《中国近代历史的分期问题》，相关讨论持续3年之久。这次讨论对于中国近代史学界学习马克思主义基本理论和唯物史观、认识近代中国历史的基本线索，产生了很大的推动作用。

这些关于历史专门问题的研究与争鸣，实际上都是新中国成立后关于马克思主义基本理论、关于唯物史观的大学习、大讨论。争鸣之中或许有偏颇，但这种通过史学争鸣学习马克思主义基本理论和唯物史观的方法效果十分明显，一大批历史研究工作者迅速成长起来。在这个时期，老一辈史学家推出了不少重要研究成果，如郭沫若的《奴隶制时代》、范文澜的《试论中国自秦汉时成为统一国家的原因》、李亚农的《中国的奴隶制与封建制》。一大批年轻的史学家也推出了一批有影响的研究成果，如刘大年的《论康熙》、丁名楠等的《帝国主义侵华史》等。

新中国成立后,历史学研究机构的健全是我国历史学不断发展的重要基础。中国科学院成立后,其所属的近代史研究所、考古研究所、历史研究所、世界历史研究所等研究历史的专业学术机构先后建立起来,经济研究所、文学研究所、哲学研究所、民族研究所等也都有专门研究历史的研究组。一大批专门从事历史研究的老中青学者聚集到这些研究机构,形成了我国历史学研究的专业队伍。1977年5月,党中央决定把中国科学院设置的哲学社会科学部独立出来,建立中国社会科学院,隶属中国社会科学院的四个历史方面研究所的队伍迅速扩大,后来还成立专门研究我国边疆地区历史的机构——边疆史地研究中心,现在已经发展为边疆研究所。中国社会科学院成立后,各省、市、自治区都成立了社会科学院,都设有专门研究历史的机构。在高校,综合大学和师范院校普遍设立了历史系(院)。高校历史学教师不仅担负教学任务,大部分教师还承担科研任务,极大推动了历史学的繁荣。此外,党校系统、军队系统、地方志系统等也都设有研究历史的机构。

发起于1949年7月、成立于1951年7月的中国史学会,为团结全国史学界、推动我国历史学发展做了很多工作。从上世纪50年代开始,中国史学会组织编辑大型中国近代史料,陆续出版了由各方面专家主持编辑的近代史系列资料。

我国历史学在改革开放中不断迈上新台阶

党的十一届三中全会以后,我国历史学得益于改革开放的时代大潮,在各个方面都实现了迅速发展,可谓根深叶茂、史苑繁荣。

改革开放后,我国历史学的各个领域,无论是中国古代史、中国近代史、中国现代史、中共党史还是世界史、史学理论研究,都呈现繁花似锦的局面,各个领域都有代表性著作问世。至于各具体领域的学术论文和学术专著,更是不胜枚举。政治、经济、社会、思想文化、对外关系、法律、军事、民族、生态环境、灾害与救灾等领域,都有大量论著问世。以中国通史方面的研究成果为例,就有范文澜、蔡美彪等著的《中国通史》十卷,郭沫若曾任主编后由编写组完成的《中国史稿》七卷，白寿彝总主编的《中国通史》十二卷，林甘泉等主编的《中国经济通史》九卷，龚书铎总主编的《中国社会通史》八卷，郑师渠总主编的《中国文化通史》十卷等。

这一时期我国历史学的发展成就，还体现为在许多重大问题上有了新突破。比如，改革开放后学者们根据大量考古发掘成果，并结合文献史料研究，推动中华文明起源研究取得亮眼成绩。一些学者根据黄河流域、长江流域以及辽河流域的考古发现，把中华文明起源概括为"多元起源，中原核心，一体结构"，得到许多学者的认同。再如，中国近代史、中国现代史的学科概念发生重要变化。按照马克思主义社会形态学说，把半殖民地半封建社会时期的中国历史作为中国近代史，新中国成立后的中国历史作为中国现代史。还如，我国学者在创建世界历史研究的学科体系方面有了明显进展。吴于廑提出世界历史的纵向发展"是指人类物质生产史上不同生产方式的演变和由此引起的不同社会形态的更迭"，而横向发展"是指历史由各地区间的相互闭塞到逐步开放，由彼此分散到逐步联系密切，终于发展成为整体的世界历史这一客观过程而言的"，这一观点产生了重要影响。

改革开放使我国历史研究工作者与其他国家历史学者有了广泛接触，各种国际性学术讨论对于我国历史学发展起到重要推动作用。中国史学会代表团出席了1980年及以后历届国际历史科学大会，2015年还在山东济南成功举办了第二十二届国际历史科学大会。改革开放后国家建立学位制度和博士后研究制度，培养了大量具有相当学术基础的历史学硕士、博士和博士后研究人员，满足了党和国家事业发展对史学人才的需求，也为历史学研究队伍补充了新鲜血液。

改革开放以来，我国历史学之所以能取得丰硕研究成果，一个重要原因就是党和国家事业的快速发展为历史学发展提供了强大支撑，国家综合国力的增强使包括历史学在内的哲学社会科学各学科都从中受益。比如，上世纪90年代初成立国家社会科学基金，基金总额逐年扩大，历史学每年都有数以百计的项目获得资助。国家还实施了一系列支持历史学发展的重大工程，如夏商周断代工程、中华文明探源工程、国家清史纂修工程、抗日战争研究专项工程等。这些工程的启动和推进，对于历史学相关领域的研究起到了重要推动作用。例如，2002年国家启动清史纂修工程，集中政治史、军事史、边疆史、民族史、经济史、科技史、文学史、文化史等领域的老、中、青三代清史专家共襄盛举。在清史纂修过程中，还整理了数量庞大的档案史料和文献资料，编纂出版了"档案丛刊""文献丛刊""研究丛刊""编译丛刊""图录丛刊"等丛刊。大量档案史料和文献资料整理出版，为学者们的研究提供了极大方便，对于培养青年历史研究工作者也起到了重要作用。如果没有国家强大实力的支撑，这些重大工程是很难开展的。

为构建中国特色历史学不懈努力

党的十八大以来，以习近平同志为核心的党中央高度重视历史研究。习近平同志在致第二十二届国际历史科学大会的贺信中指出："历史研究是一切社会科学的基础，承担着'究天人之际，通古今之变'的使命"，强调"重视历史、研究历史、借鉴历史，可以给人类带来很多了解昨天、把握今天、开创明天的智慧"。2019年1月，习近平同志在致信祝贺中国社会科学院中国历史研究院成立时，希望广大历史研究工作者要"总结历史经验，揭示历史规律，把握历史趋势，加快构建中国特色历史学学科体系、学术体系、话语体系"，要"立时代之潮头，通古今之变化，发思想之先声，推出一批有思想穿透力的精品力作"，要"充分发挥知古鉴今、资政育人作用"。贯彻落实习近平同志这些重要指示精神，关键是加快构建中国特色历史学学科体系、学术体系、话语体系。这是新时代我国历史学发展的关键，是新时代赋予广大历史研究工作者的重大使命。

改革开放以来，历史学研究的各个领域大量翻译、引进西方历史学的理论研究成果，在研究历史时借鉴西方史学理论，开展对西方史学理论的学术研究和评论。这种引进和借鉴，对于打开我国历史研究工作者的眼界、拓展我国历史学研究领域、丰富我国历史学研究方法是有好处的。西方学者提出的概念、理论我们可以参考，但切不可作为自己研究的准绳。我国历史学发展要始终坚持以马克思主义为指导，坚持唯物史观，植根于我国史学丰富的理论和实践。这是加快构建中国特色历史学学科体系、学术体系、话语体系的必然要求。

新时代坚持和发展中国特色社会主义对历史学发展提出了新要求。

我国历史研究工作者绝不能辜负党和人民的期望，要在构建中国特色历史学学科体系、学术体系、话语体系上不断取得新进展。努力探究中国历史发展的特点，探究中华文明与其他文明究竟有何相同、有何不同，探究中国历史发展的内在逻辑，通过历史研究为我们坚定道路自信、理论自信、制度自信、文化自信提供历史根据。我们要在今天的时代背景下"究天人之际，通古今之变"，写出具有中国特色、中国风格、中国气派的中国通史、世界通史。

三
论甲午战争与钓鱼岛问题

甲午战争的历史教训与现实思考[*]

今年是甲午战争爆发120周年，又是一个甲午。这是令中日两国不能忘记的历史事件，也是令中国人民不忍回首的历史事件。认真回顾与反思那场战争的历史场景，认识那场战争何以发生、何以形成那样令人不忍回首的结局，对于我们今天维护祖国领土完整与统一，更好地实现中华民族伟大复兴的中国梦，具有重要的现实意义。

甲午战争爆发的历史背景

据日本史学家井上清教授的研究，4世纪以后，日本通过朝鲜接触了中国文化。到了奈良时代，日本多次派出遣唐使率领大量留学生到长安、洛阳留学，吸收了中国文化中的许多东西，包括文字、儒学、佛学、法律制度、行政体制、文学、庙宇建筑乃至京城设计各方面，形成了日本文化的基础。16世纪末期，明朝万历年间，丰臣秀吉以武力统一日本全国后，他的野心膨胀起来，想要征服琉球、菲律宾，还要征服朝鲜和中国。丰臣的这种主张一直为德川幕府时期的政治家、思想家所继承。19世纪80年代，"脱亚入欧"论的主张者福泽谕吉极力为发动侵华战争制造理论根据、提供舆论准备。明治维新后，明治天皇要"开拓万里波涛，布国威于四方"，图谋夺取琉球、朝鲜和台湾。1874年日军侵占台湾南部失败，于1879年吞并琉球。琉球与中国之间存在藩属关系，吞并琉球遭到清政府抗议，中日之间就琉球地位问题谈判数年，

---

[*] 本文原载于《求是》2014年第14期。

终成为悬案。直到 1888 年，日本决心用战争手段解决中日关系问题，便主动放弃谈判。日本随即把目光转向朝鲜。日军派军舰到朝鲜釜山海面进行测量，与朝鲜军队发生冲突。日本一方面与清政府就朝鲜问题进行谈判，另一方面压迫朝鲜订立了第一个不平等条约《江华条约》。这个条约为日本下一步侵朝行动打开了方便之门。1884 年朝鲜甲申政变失败，日本操纵朝鲜政局的图谋未能得逞。为此，日本派出伊藤博文到中国与李鸿章谈判，签订了《天津会议专条》，规定"将来朝鲜国若有变乱重大事件，中日两国或一国要派兵，应先互行文知照"。日本未从甲申政变中占到便宜，但取得了向朝鲜派兵的权力。

此后，日本抓紧扩军备战，建设海陆军，成立直属天皇的参谋本部，派遣大批间谍到中国侦察。1887 年春，参谋本部陆军大佐小川又次综合侦察结果，提交了《征讨清国方略》，对中国总兵力和各省军力分布做了详细报告，分析了清政府的财政、军费、海军建设、沿海和长江防御设施、官僚和国民素质，分析了日本政府的财政状况、军费和海军建设以及日本官僚和国民素质，提出以八个师团军力"攻占北京，擒获清帝"。1890 年，日本首相山县有朋在日本第一届国会上提出"主权线"和"利益线"概念，认为日本是主权线，朝鲜是利益线，为了确保利益线，就要攻取中国。1893 年，日本政府成立"出师准备物资经办委员会"，颁布《战时大本营条例》，同时，派出参谋次长川上操六率队到朝鲜和中国各地考察，布置了军事间谍网，进一步构思了进攻作战的细节，得出了对华作战可以稳操胜券的结论。就在此时，朝鲜南部发生东学道农民起义。朝鲜政府要求清政府出兵"代剿"。伊藤博文和山县有朋获悉此事后，喜为天助，随即怂恿清政府出兵。李鸿章派出直隶提督叶志超带 2000 兵力开赴朝鲜，于 12 日全部到达牙山。

制造战争的借口成功后，日本于 6 月 5 日正式成立战时大本营。同时派出日本海军一个旅团约 7000 兵力进驻仁川，与清军形成对峙。7 月 23 日清晨，日本驻朝公使大鸟圭介以"改革内政"的名义，率军攻入汉城王宫，驱逐国王，组成亲日的傀儡政府。朝鲜士兵抵抗，死伤数十人。7 月 25 日，日本海军在仁川附近丰岛海面击沉中国运兵船"高升号"，约 800 名清军死难。日本发动的侵朝、侵华战争就这样开始了。

这场战争为时八九个月。1895 年 2 月日军攻占北洋海军基地威海卫，北洋海军全军覆没。清军战败，一片狼藉，海陆军主力尽失，仗是不能再打了。日本也差不多耗尽了兵力。列强也不希望战争延续下去。1895年3月19日，李鸿章以全权大臣名义到达日本乞和。4月17日，李鸿章被迫在《马关条约》上签字。

中国在甲午战争中失败的原因

中国在甲午战争中失败的原因，120年来各方面人士有不同的解读。这里依据历史事实，做出一些分析。

中日两国社会制度、发展阶段不同，是评估战争胜败的基础性因素。此时的中国是一个半殖民地半封建社会。虽然在19世纪60年代开展了洋务运动，但没有触及社会制度变革，在社会发展阶段上只可与日本幕府末期相比较，改革效果，中国尚且不及日本幕府末期。日本通过明治维新，大力提倡与开展"殖产兴业"，不仅引进西方资本主义的生产技术，而且引进西方资本主义的社会制度，使日本迅速发展成为一个后起的资本主义国家。据统计，从1868年到1892年，日本总共建成了5600多家公司，总投资达到2.89亿日元，平均每年设立233家公司，资本差不多1100万日元，大概折合中国700多万两白银。中国在洋务运动时期的成就，难以与日本相比。甲午战争前，日本已经形成了全国统一市场，颁布了宪法，召开了国会，建立了以天皇为核心的高度集权的中央统治机构，政府大臣大多留学欧洲，或者到欧美各国考察过，具有远较清朝大臣广阔的世界知识。日本加强军备建设，建立了新式陆海军，新式陆军加上预备役部队近30万人。中国除了北洋海军较为现代，陆军仍旧是湘淮军，没有建立起新式陆军。社会发展阶段不同，经济实力、军备实力相差甚大，这是决定这场战争成败的关键因素。

清政府缺乏对日本走向军国主义的清醒判断。日本发动这场侵朝、侵华战争，做了几代人的准备，包括政治准备、经济准备、军事准备、社会动员和外交准备，设计了多种实施方案。日本派出的情报人员足迹遍及北京、天津、上海、汉口、广州、福州、厦门、湖南、陕西、四川以及东北各地。一些后来在日本政坛担负重要职务的人都到中国做过调查。所有到中国搜集情报的人回国后都提交调查报告。著名的如桂太郎

《邻邦兵备略》、驻华武官福岛安正《征清意见书》、小川又次《征讨清国方略》、海军部的六份《征清方策》等。情报人员绘制了包括朝鲜、中国东北和渤海湾在内的军用详细地形图。反过来,清政府朝野对日本明治维新以来的情况缺乏了解,对日本几代人准备"征韩""征清"的图谋未曾研究。清政府处理中日关系都是就事论事,不是放在欧美列强推行殖民主义侵略政策的大背景下思考,不去追究、探讨这些事件的背后原因,且往往处置失当。

清朝内耗严重,领导力量薄弱。日本组成举国一致的战争体制,包括军事、政治、后勤、外交都分别做了周详安排。"集中目标,讨伐中国"的情绪弥漫全国。战端一开,清政府惊慌失措。清政府各大臣意见相左,主战、主和争论不休。帝党、后党围绕主战、主和相互攻讦。为了巩固光绪皇帝的地位,帝党主战;慈禧太后为了不耽误自己的 60 岁大庆,支持李鸿章对日妥协。朝廷和政府难以形成对日作战的领导核心。李鸿章以北洋大臣、直隶总督的身份处在应战的指导地位,但应对谋略、调兵遣将事事需要奏请,难以迅速形成决策。

清政府把国家安全寄托在列强调停上,没有做战争准备。在战争过程中,日本实行积极进攻的战略原则,李鸿章采取的是消极防御的战争指导方针,"保全和局"是李鸿章应对战争的不二法门。李鸿章在战争一触即发之际,不相信战争能打起来,只相信"万国公法",以为只要以理服人,"谁先开仗,即谁理绌"。他把应对战争可能爆发放在国际调停上,不断请俄国、英国、美国出面调停,调停时间长达一个半月,不做战争准备。在中国担任总税务司的英国人赫德当时就说,中国"对战争毫无准备,实在令人吃惊","外交把中国骗苦了,因为信赖调停,未派军队入朝鲜,使日本一起手就占了便宜"。平壤大败后,李鸿章眼看局势于己不利,又忙着请列强调停和局。日本在军事上一步也不放松,处处掌握主动。历史事实证明,在战争的每一步进展上,李鸿章都把战争的前景寄望于列强调停。调停没有把中国带进和局,而是把中国导向了失败。

清军战略上消极防御,步步退让。日本在战役指挥上,总是先下手为强,每一步都是先手,不给对方留下后路。李鸿章的战役指挥,是步步退让,仗也打得很窝囊。丰岛海战后,北洋海军不敢到大同江以南海域巡行,制海权拱手让人。黄海海战中北洋海军只是小败,李鸿章报告清政府:北洋舰队"快船、快炮太少,仅足守口,实难纵令海战"。实行"避战保船"死守港口的方针,放弃了黄海制海权。日军在辽东花园口登陆,长达半个月,除了本地农民奋起抵抗外,李鸿章未组织反击。日军进攻大连湾和旅顺,李鸿章指示:"宁失湾,断不失旅。"结果设防的大连湾被放弃,北洋舰队的基地"铁打的旅顺"也被攻陷。日军在山东半岛荣成湾登陆,也没有遇到抵抗。

清朝的军事体制落后,难以指挥调动、形成合力。日本在广岛设立战时大本营,天皇亲自坐镇,统一指挥军事和政治、外交。清政府没有建立统一的国防军,只有旧式的军队湘军和淮军,没有统一的领导机关,军队各有所属,互不听调,一些将领贪生怕死,邀功请赏,只知保存自己,没有全局观念。李鸿章指挥北洋海军,却指挥不动南洋海军;可以指挥淮军,却指挥不动湘军。鸭绿江沿线数万清军,互不相属,互不支援,一两天时间,防线就为日军全面突破。大连湾守将见日军进攻,放弃抵抗。旅顺是北洋海军基地,设防坚固,各守将互不统属,有将无帅,最后也被日军攻破。

国际环境总起来讲对清政府不利。清政府与列强签订了《南京条约》《天津条约》《北京条约》等,中国已被束缚在西方列强的条约体系之中,以中国为核心的东方宗藩体系正在全面崩溃。清政府还存在中国中心观念,守着夷夏之防、宗藩体系,想以调停手段达到"以夷制夷"的目的,缓解中国面临的紧迫局面。其实,列强在华各有利益,而且互相矛盾。李鸿章想借俄国力量对日本施压,俄国表面上答应,是为了增加其在远东获利的机会,一旦日本强硬,并不想真正去做。英国与俄国在远东有利益冲突,不想俄国在调停中起多大作用,急忙插手调停,实际上英国是支持日本对华行动的。美国从自己的利益考虑也没有对日本施压。总之,此时中国处在封建社会末期,面对西方资本主义列强的挑战,完全处在下风。在国际事务上,朝野上下颟顸无能,赔款压力巨大,经济发展乏力,贪污腐败成风,武备不兴,民气不扬。这种状况对付当时的日本是必然要败的。

对历史教训的几点思考

回顾120年前甲午战争的历史,客观地看待中国失败的历史教训,我们可以得出几点认识。

第一，国家要避免被侵略，关键在于国家综合实力强大。国弱民贫，经济落后，难免受外人欺凌。近代欺凌过中国的欧美国家（以及后起的日本），都是处于上升中的资本主义—殖民主义国家，都已经完成或者正在完成工业化。中国当时只经历了延迟的、远不完全的早期现代化进程，根据学者研究，这个过程的力度还不如日本幕府末期的改革。对于中国这样一个停留在封建社会末期的落后大国，挨打是难以避免的。国家强大的基本要素有三：经济实力增长，外部势力不敢小视；社会制度先进，外国不能轻视；人民奋发向上，外国不会恣意动武。今天，新中国通过60多年的社会主义建设、改革和发展，我们已经在中国特色社会主义道路上迈出了坚实步伐，国家经济总量已经超过日本，仅次于美国。中国共产党领导下的多党合作协商议政的民主制度，证明是完全适合中国特点的社会政治制度，其优势已经得到证明。中国民气昂扬向上，同仇敌忾，中国人民解放军作为正义之师、威武之师，保卫国家安全、保卫海疆主权的决心是坚定不移的，这是与120年前决然两途的，也是为120年的全部历史和现实证明了的。日本当局企图否定二战格局，修改"和平宪法"，坚持解禁"集体自卫权"，都是针对中国的危险举动。我们必须正告玩火者：2014年的马年，不是1894年的马年，1894年的马年是不可能在今天复制的。

第二，外交交涉要以国家实力为基础。19世纪90年代的中国正好缺乏这样的基础，却要谋求"以夷制夷"，无异与虎谋皮，实际上被外国列强玩弄于股掌之中。列强早已逼迫中国签订了一系列不平等条约，中国已被束缚在西方列强的条约体系之中，指望"以夷制夷"，期待列强在实质上帮助中国，是南辕北辙。这个历史教训是十分深刻的！外交努力只有依靠强大的国家物质基础和强大的国防，才可能有效。

第三，历史的辩证法再次证明，侵略者是没有好下场的。甲午战败虽然给中国带来沉痛打击，而且此后日本一再侵略中国，直到七七事变开始，日本叫嚣三个月内灭亡中国。但是，甲午失败，促进了中国人的民族意识和民族觉醒。1919年中国外交代表在巴黎和会上拒绝签字，是这种觉醒的最初表现。中华民族坚持了抗战，终于在国际正义力量配合下，打败了日本侵略者。日本无条件投降，国际社会给予日本必要的战后处分，这是日本军国主义长期膨胀的必然下场。

第四，改善中日邦交要正视历史。1972年9月中日两国复交以来，中日两国之间共签署了四个政治性文件。这些条约和协议的基本精神在于正视过去以及正确认识历史，是发展中日关系的政治基础。当前中日关系出现波折，主要是由于日本政府所谓"购岛"、领导人参拜靖国神社等一系列事件，严重违背了上述原则精神。鉴于今天安倍政权的右倾化，使中日两国关系处在1972年建交以来最紧张的时刻；又鉴于16世纪末以来，近400年间日本谋我中华的历史，尤其是甲午中日战争、抗日战争中，日本强加给中华民族的极大伤害和灾难，要使中日关系正常化，我们更要抓住正视历史和正确认识历史这一条不放。只有这样，中日两国关系才有可能正常地向前发展。

第五，日本军国主义给中国人民带来的刻骨铭心的历史灾难不能忘记。日军攻进旅顺后兽性大发，进行大屠杀，两万居民死难。日本军人对平民的野蛮大屠杀，是日本军国主义的体现。南京大屠杀以及日本第二次侵华战争期间在中国各地的屠杀，都是这种军国主义的再现，将永远被钉在历史的耻辱柱上。2014年2月，全国人民代表大会常务委员会通过9月3日为中国抗日战争胜利纪念日，通过12月13日为南京大屠杀死难者国家公祭日，完全反映了中国人民的意志。

甲午战争百廿年祭[*]

进入甲午马年，恰逢甲午战争120周年。甲午战争在中国人的历史记忆中打下了难以磨灭的烙印。甲午战争失败成为中国历史发展的转捩点，也成为远东历史发展的转捩点，进一步说甚至成为国际局势发展的转捩点。中国在甲午战争中失败的惨痛教训，在在都引起人们深深的思考。不幸的是，当甲午战争120周年的时候，中日关系正经历着建交40年后的一次令人痛苦的倒退。个中缘由，值得今天的人们好好总结。痛定思痛，因作甲午战争百廿年祭，对120年前的历史做出检讨。

日本处心积虑为发动侵华战争做准备

甲午战争，是日本侵略朝鲜、侵略中国的不义战争。

日本觊觎朝鲜、中国和琉球由来已久。16世纪末，关白（相当于宰相）丰臣秀吉说，"要率军进入朝鲜，席卷明朝四百余州"，[①] 要把北京作为日本的首都。[②] 17—18世纪，日本鼓吹占领朝鲜和中国者，代不乏人。19世纪幕府末期的思想家多有占领中国、朝鲜、琉球的主张。明治维新的先驱者吉田松阴提出"北割满州之地，南收台湾、吕宋诸岛"。"脱亚入欧"论的主张者福泽谕吉要求日本"应同西洋人对待中

---

[*] 本文原载于《光明日报》2014年6月25日，"史学"版。收入本书时恢复了删除的部分。
[①] 日本参谋本部编《日本战史·朝鲜战役》，村田书店，1978，第11页。
[②] 丰臣秀吉：《二十五条觉书》，转引自水野明《日本侵略中国思想的验证》，《抗日战争研究》1995年第1期。

国朝鲜之方法处分中国"。① 无疑，这是为发动侵华战争制造理论根据、提供舆论准备。

1868年，明治天皇发表《宸翰》，宣布"继承列祖列宗之伟业"，"开拓万里波涛，布国威于四方"。在这个方针下，日本图谋夺取琉球、朝鲜和台湾。日本"国威"首先加于琉球和台湾。独立的琉球国被强行改为日本的琉球藩，又借口琉球漂流民在台湾南部被杀事件讹诈清政府，并出兵台湾。虽未取得满意的结果，却用狡猾的手段逼得不懂国际法的总理衙门大臣承认日本此举是"保民义举"。1878年底日本成立主管军令的参谋本部，直属于天皇，独立于政府。1879年日本以武力吞并琉球。因为琉球与中国之间存在藩属关系，吞并琉球遭到清政府抗议，中日之间就琉球地位问题谈判数年，成为悬案。直到1887年，总理衙门大臣曾纪泽还向日本驻华公使盐田三郎提出，琉球问题尚未了结。1888年，日本已决心用战争手段解决中日关系问题，便主动放弃谈判。此后，清政府不承认冲绳县，只承认琉球国。

琉球得手，日本即把朝鲜问题提上议事日程。1873年，西乡隆盛说过，天皇"早在维新时就已考虑朝鲜一事"，"忍耐至此，乃为等待今日之到来"。② 日军从台湾撤兵不到半年，就派军舰到朝鲜釜山进行测量，在江华岛与朝鲜军队发生冲突。日本一方面派大臣与清政府谈判朝鲜问题，另一方面压迫朝鲜订立第一个不平等条约《江华条约》。这个条约挑拨中国与朝鲜间存在的宗藩关系，明定"朝鲜国乃自主之邦"，为日本下一步侵朝行动打开了方便之门。1882年朝鲜发生反对日本的壬午兵变，日本派出军队进行威胁，朝鲜被迫同意日本派兵护卫使馆，日本取得了在朝鲜京城驻兵的权利。1884年朝鲜发生甲申政变，政变失败，挫败了日本操纵朝鲜政局的图谋。此后，日本派出伊藤博文到中国与李鸿章谈判，签订了《天津会议专条》，规定"将来朝鲜国若有变乱重大事件，中日两国或一国要派兵，应先互行文知照"。甲申政变的失败被日本认为是自己的一次失败，但取得了向朝鲜派兵的权力，这又是日本的一次胜利。

---

① 吉田松阴、福泽谕吉言论，转引自水野明《日本侵略中国思想的验证》，《抗日战争研究》1995年第1期。
② 转引自井上清《日本历史》中册，天津市历史研究所译校，天津人民出版社，1974，第542页。

此时，日本自觉实力还难以与中国对抗，便加紧在国内扩军备战，建设海军和陆军；同时派出特务人员到中国做实地调查。这些人回国后都撰写了考察报告。1887年春，参谋本部陆军大佐小川又次提交了《征讨清国方略》，这个方略对中国总兵力和各省兵力分布做了详细报告，分析了清政府的财政、军费、海军建设、沿海和长江防御设施、官僚和国民素质，分析了日本政府的财政状况、军费和海军建设以及日本官僚和国民素质，提出"断然先发制人，制订进取计划"，以八个师团军力"攻占北京，擒获清帝"；战后缔结和平条约，"一定要把下述六要冲划入我国版图：一、盛京盖州以南之旅顺半岛。二、山东登州府管辖之地。三、浙江舟山群岛。四、澎湖群岛。五、台湾全岛。六、扬子江沿岸左右十里之地"。战后还要把中国划分为六块，制定统辖中国的方略。方略提出，1892年就可以实施这个作战方案。[①] 可以说，这个方略对中国国情的总体认识，是当时清政府官员不具备的。

1890年，日本首相山县有朋在日本第一届国会上提出了"主权线"和"利益线"概念，认为朝鲜是日本的利益线，为了确保利益线，攻取中国就是第一要务了。显然，日本将发动侵华战争的命题已经提上了国会讲坛。在第四届国会上，天皇提出所谓"兼六合而掩八纮"，[②] 实际上就是批准了发动侵朝、侵华战争的方针。

1893年，日本政府成立"出师准备物资经办委员会"，颁布《战时大本营条例》，同时，派出参谋次长川上操六率队到朝鲜和中国各地考察，布置了军事间谍网，构思了进攻作战的细节，得出了对华作战可以稳操胜券的结论。外务大臣陆奥宗光秘密对英国交涉修改条约，求得对华开战时获得英国的支持。

对日本来说，发动侵朝、侵华战争的一切准备已经就绪，唯一缺少的就是战争借口。这时候，正好朝鲜南部发生东学道农民起义，起义军打出了"逐灭夷倭""灭尽权贵"的口号，表示了反对外来侵略和封建统治的态度。1894年5月31日，起义军占领全州。朝鲜政府向清政府

[①] 小川又次：《征讨清国方略》，译文见水野明《日本侵略中国思想的验证》，《抗日战争研究》1995年第1期。
[②] 引自井上清《日本历史》下册，第668页。

请求"遣兵代剿"。① 日本知道朝鲜的请求后喜出望外，伊藤博文和山县有朋把这个消息看作天助，随即怂恿清政府出兵："贵政府何不代韩戡乱……我政府必无他意。"② 日本驻朝鲜公使也派人向朝鲜外署了解中国出兵情况，假惺惺地表示："倭人意在知照，亦无派兵之说。"③ 实际上，"必无他意"也好，"无派兵之说"也好，都是谎言。日本不管朝鲜有没有向日本发出请求，都可根据《天津会议专条》出兵控制朝鲜。李鸿章对日本"必无他意"信以为真，派出直隶提督叶志超带2000兵勇开赴朝鲜。

日本诓骗清政府出兵成功，便立即于6月5日正式成立战时大本营。大本营成立的同一天，一批日本海军即开赴汉城。叶志超率清军于12日全部到达牙山，日本一个旅团约7000兵力利用"大演习"名义租用游船公司的轮船也进驻仁川，与清军形成对峙，其实力远超清军。

这时候，东学道农民起义事件已经平息，"平叛"的借口已不存在。清政府建议中日两国同时撤兵，朝鲜也希望日军撤出。日本不仅拒不撤兵，而且继续增兵，还进一步提出了改革朝鲜内政的主张，清政府认为这是干涉内政，表示反对。7月23日清晨，日本驻朝公使大鸟圭介以"改革内政"为由，率军攻入汉城王宫，驱逐国王，组成亲日的傀儡政府。朝鲜士兵抵抗，死伤数十人。7月25日，日本海军不宣而战，在仁川附近丰岛海面击沉中国运兵船"高升号"，约800名清军遇难。日本发动的侵朝、侵华战争就这样开始了。

8月1日，日本对中国宣战后，大本营迁到广岛，天皇以大元帅身份到广岛统帅大本营，举国一致的战时指挥体制正式形成。"击中目标，讨伐中国"的情绪弥漫全国。

历史事实证明，甲午战争是日本蓄谋已久、经过周密准备后发动的，绝不是偶然冲动。

---

① 引文见《北洋大臣来电》，故宫博物院编《清光绪朝中日交涉史料》第13卷，文海出版社，1970，第8页。
② 引文见《北洋大臣来电》，故宫博物院编《清光绪朝中日交涉史料》第13卷，第7—8页。
③ 引文见《北洋大臣来电》，故宫博物院编《清光绪朝中日交涉史料》第13卷，第7页。

面对日本侵华战争，清政府手足无措

鸦片战争后，中国遭到英、法、美、俄等欧美大国的侵略，清政府切身感受到自己的落后，对英法诸大国的强大是领教了的。但那时候的士大夫和清流派各大臣，对近邻日本是看不起的。1871年《中日修好条规》签订，总理衙门没有让日本拿到中国给予欧美的那些特权，日本对此心存不满。清政府主政大臣和清流各大臣对国际大势懵无所知，对东邻日本在明治维新后的改革发展也不求了解，对日本蓄谋发动侵朝、侵华战争的备战活动完全不了解。日本参谋本部派出要员来华考察敌情，从事种种间谍活动，包括与若干官员接触，清政府竟罔无所闻。情报人员绘制了包括朝鲜、中国东北和渤海湾在内的军用详细地形图，图上标明了每一条道路和小丘。有一个欧洲人曾经获得了这样一份地图。[①] 中日开战后，与军令部和外务省有直接联系的著名间谍宗方小太郎一直在威海卫北洋舰队基地刺探军情，中国官方发现了他传出的情报，对他发出了抓捕通报。但宗方在离开威海卫乘船到上海的途中用湖北商人的假身份骗过了所有检查，顺利回国。[②]

日本大规模出兵朝鲜，暴露了其更大的侵略野心。清政府和主事的北洋大臣李鸿章手足无措，进退维艰。事前对日本的图谋缺乏基本的调查研究，对日本可能的侵略野心未能做出准确的判断，对中日之间不断发生的台湾事件、琉球事件、壬午兵变、甲申政变等交涉只是就事论事，敷衍塞责，得过且过，并不追究日本动作的背后原因，对中日关系的走向未能做出认真的总结与长远的安排。

李鸿章培育的北洋舰队虽然在1888年成军，但1888年以后就不再购进新的战舰，军费捉襟见肘，弹药严重不足。在中国担任总税务司职务的英国人赫德在黄海大海战半个月前说："北洋水师的克虏伯火炮没有炮弹，阿姆斯脱郎的火炮又无火药。冯·汉纳根……需要有足够打一

[①] 见T. Dennett, *Roosevelt and Russo-Japanese War*, p.148，转引自丁名楠等《帝国主义侵华史》第1卷，人民出版社，1973，第331页。

[②] 《宗方小太郎日记》1894年9月11日、12月14日条，戚其章主编《中国近代史资料丛刊续编·中日战争》第6册，中华书局，1993，第123、132页。

场几个钟头之久的大海战的炮弹,现在还没有到手。"① 据《泰晤士报》驻东京记者布林克莱(Brinkley)报道,日本在战前储存的弹药"比在一次对华战争中可能耗去的还要多"。② 慈禧太后为了修建圆明园,以及为了仿效乾隆,要做60岁大庆,挪用军费,而且令大小官吏贡献年俸若干,完全不顾民心向背,一意粉饰太平。李鸿章管得了北洋舰队,却管不了南洋舰队。兵员分布在全国各地,动则请奏,调动不便。有人说,甲午战争中李鸿章以一人敌日本一国,怎么可能打赢战争。

清政府内各大臣意见相左,主战、主和争论不休。帝党、后党围绕主战、主和相互攻讦。为了巩固光绪皇帝的地位,帝党主战。主战人士拿不出克敌制胜的办法。慈禧太后为了不耽误自己的60岁大庆,支持李鸿章对日妥协。御史言官主战,他们没有实权,不敢得罪慈禧太后,把攻击的矛头对准了李鸿章。朝廷和政府难以形成对日作战的领导核心。

面对日本大举出兵,李鸿章显然不相信日本会先开仗。他劝告日本派兵人数不要多,不可深入内地,日本答复"唯行其所好而已",不受中国政府约束。日军占领朝鲜王宫,李鸿章让官兵相信所谓"万国公法",说什么"我不先开仗,彼谅不动手","谁先开仗,即谁理绌"。③中国提出中日同时撤兵,日本拒绝。在撤兵和改革朝鲜内政问题上,中日之间不能取得共识,李鸿章以为,单凭外交上的折冲樽俎,就可以"保全和局",没有做厚积兵力的打仗准备。俄国参与调停,英国参与调停,美国也参与调停,法国、德国在观望。无论是参与调停还是观望,都是从自己在华和在远东的利益着想,并不是从中国的利益出发。俄国驻中国公使积极参与调停,但俄国驻朝鲜代理公使私下劝日本早点开战,免得中国做好了准备。英国表示绝对不会采取威胁手段强迫日本撤兵,英国甚至劝告清政府妥协,承认日本对朝鲜的侵略要求,以免发生战争。清政府自己不做备战准备,不把外交寄托在自己实力基础上,"保全和局"的调停外交不能获得实效。日本外交则是利用英俄矛盾,谋求英俄中立。日本外交成功了。战争即将开始,清政府及其外交部门

---

① 《赫德致金登干函》(1894年9月2日),陈霞飞主编《中国海关密档·赫德、金登干函电汇编》第6卷,中华书局,1995,第112页。
② A. M. Pooley ed., "Secret Memoirs of Count Hayashi," p. 44, 转引自丁名楠等《帝国主义侵华史》第1卷,第331页。
③ 《复叶提督》,吴汝纶编《李文忠公全书·电稿》第16卷,第14—15页。

一直在等待调停,一个半月时间过去了,基本上未做军事上的准备,这场战争的结局,是不难预计的。

赫德在战争爆发时就说过:"战争骇人地向毫无准备的我们袭来,李鸿章所吹嘘的舰队、要塞、枪炮和人力,都已证明远非一般所期待得那样厉害。"[①] "外交把中国骗苦了,因为信赖调停,未派军队入朝鲜,使日本一起手就占了便宜。"[②]

战争进行中,在李鸿章消极防御作战方针的指导下,仗也打得很窝囊。丰岛海战后,北洋海军不敢到大同江以南海域巡行,制海权拱手让给日本。叶志超部从牙山败退,还向朝廷报牙山大捷。清军一万多人退到平壤,既不侦察敌情,也不布置远局,被四路日军分进合击,予以歼灭。黄海海战,北洋海军只是小败,李鸿章报告清政府:北洋舰队"快船、快炮太少,仅足守口,实难纵令海战"。[③] 实行"避战保船"死守港口的方针,放弃了渤海、黄海制海权。日军在辽东花园口登陆,长达半个月,除了本地农民奋起抵抗外,李鸿章未组织抵抗。日军进攻大连湾和旅顺,李鸿章指示:"宁失湾,断不失旅。"[④] 结果设防的大连湾被放弃,北洋舰队的基地"铁打的旅顺"也被攻陷。日军攻进旅顺后,兽性大发,进行大屠杀,两万居民死难。日本外相陆奥宗光也记下了世界舆论的谴责:"日本披着文明的外衣,实际是长着野蛮筋骨的怪兽。"[⑤] 山东半岛荣成湾未布置防守,日军在那里登陆,没有遇到抵抗。1895年2月,日军占领威海卫,包围刘公岛,北洋海军提督丁汝昌在候援绝望中自杀,北洋舰队全军覆没。3月,日军占领澎湖群岛。

甲午战争改变了中国和日本

甲午战争的结局,是清政府事前没有料到的。日本在战争中完胜,

---

① 转引自丁名楠等《帝国主义侵华史》第1卷,第345页。
② 《中国海关与中日战争》,第59页,转引自戚其章《甲午战争国际关系史》,人民出版社,1994,第71页。
③ 《据实奏陈军情折》,吴汝纶编《李文忠公全书·奏稿》第78卷,第61页。
④ 《复旅顺龚道》,吴汝纶编《李文忠公全书·电稿》第18卷,第26页。
⑤ 陆奥宗光:《蹇蹇录》(中译本),商务印书馆,1963,第63页。

也是欧美各国没有料到的。

甲午战争的失败给予中国的打击是世纪性的。从近代中国的历程中处处可见甲午失败的影响。

中国的宝岛台湾以及澎湖列岛在《马关条约》中割让给日本。清政府在洋务运动中苦心经营的台湾模范省一举被日本攫走,台湾人民失去祖国庇护,遭受了长达半个世纪的苦难。按照条约规定,辽南广袤的土地也要割让给日本,但由于帝国主义各国在远东利益上的矛盾,俄、德、法三国干涉,日本被迫吐出辽南,却反过来强迫清政府拿出3000万两白银埋单。

按照条约规定,清政府被迫付出2亿两白银战争赔款,三年还清,还清以前日军驻在威海卫,清政府承担三年军费150万两白银。清政府平均每年需付出8000万两赔款,相当于一年财政收入。清政府忍痛向法俄、英德银行团发起三次大借款,共借得外币折合约3亿两白银,扣除折扣、佣金,实得2.6亿两白银。此银交还日本外,所剩无几。三次大借款,中国除忍受苛刻的政治条件外,经济上也遭受重大损失,36—45年内,中国要付出本息远远超过3亿两白银的数额。加上几年后《辛丑条约》本息差不多10亿两白银赔款,中国被牢牢捆绑在欧美和日本债务单上,国家的贫穷落后是不可解开的结了。

日本通过甲午战争胜利取得了巨大的回报。它从一个不怎么被人看得起的亚洲国家变成"亚洲巨人",变成军国主义—帝国主义国家。通过《马关条约》的签订,不仅牢牢地把琉球控制在自己手中,也把本来属于台湾的钓鱼岛等群岛控制在自己手中,霸占台湾成为它的第一块殖民地,还在中国承认朝鲜独立的名义下实际控制了朝鲜半岛,为1910年吞并朝鲜打下了基础。中国付给日本的赔款折合成3.58亿日元,这是当时日本想都想不到的一笔巨大收入。日本内阁大臣井上馨说,看到这么多的财富滚滚而来,"无论政府和私人都顿觉无比地富裕"。这笔巨款中近2.7亿日元转入临时军费和扩军支出,用作扩充海陆军等军事费用以及扩大军事产业基础。其中建立八幡制铁所(今天属于"全日铁")这样的大型钢铁厂,只用了58万日元。同时它还以5000万日元作为储备金,建立了金本位制,打下了资本主义经济发展的基础。① 可以说,日本的资本主义

---

① 以上日元数字,参考蒋立文《甲午战争赔款数额问题再探讨》,《历史研究》2010年第3期。

经济基础和军事工业基础以及教育基础,都是靠甲午战争中攫取的不义之财奠定的。正是在这个基础上,日本在 1905 年取得了对俄战争的胜利。也就是这个基础,成为此后日本制定大陆政策,在 1931 年发动九一八事变,1937 年发动七七事变,企图一举灭亡中国的奠基石。第一次中日战争(甲午战争)和第二次中日战争,带给中国人民无尽的苦难。

欧美列强看见东方刚刚崛起的小国日本打败了中国,便认为这个东方巨人已经躺在"死亡之榻"上,瓜分这个巨人的"遗产"的时机已经到来,便纷纷在中国占领租借地,划分势力范围,抢占路矿权利,控制中国经济命脉。中国名义上保持着独立的地位,实际上处在半瓜分的状态。

甲午战争后,中国历史上与周边亚洲国家建立的宗藩关系体系彻底瓦解,殖民主义体系在亚洲取代了宗藩关系体系。远东地区(包括中国与朝鲜)从此成为欧美、日本等列强关注的焦点。此后,八国联军(其中日本出兵最多)对中国的侵略,第一次世界大战(日本借口对德国宣战,进攻并占领中国山东)、巴黎和会、华盛顿会议以及《九国公约》、李顿调查团、第二次世界大战(中国抗日战争战场是第二次世界大战东方主战场)、太平洋战争、开罗会议,等等,都直接与远东、与中国相关。说甲午战争改变了世界格局,一点都不为过。

甲午战争的失败,不仅给予中国沉重一击,同时也使中华民族猛烈警醒。中国不能停留在老样子上,应该有所变革。以孙中山为首的革命派、以康梁为首的改良派,都是受甲午战争的失败刺激应运而生的。从此以后,中国社会改造自身的革命就成为不可逆转的了!

甲午战争过去了 120 年。中国、日本乃至世界,都发生了巨大变化。第二次世界大战暨中国抗日战争的结束、中华人民共和国的成立,改变了中国和日本,也改变了远东的国际格局。1972 年中日建交,结束了 1871 年以来中日两国的不正常局面。中日建交以来的四个政治性文件,一个重要的支撑点是对中日关系历史的正确认识。这是我们今天认识中日关系的出发点。

中国、日本、朝鲜半岛,今天仍旧是世界关注的中心。今天的中国、日本、朝鲜半岛,已经不是 120 年前的中国、日本、朝鲜半岛了。回顾历史,我们可以十分自信地说,重踏甲午战争覆辙的时代背景已经不存在了。

中日甲午战争的世纪影响[*]

中日甲午战争爆发已经过了双甲子。回顾120年前的那一段历史，总结历史的经验教训，可以使我们在今天紧张的中日关系和世界局势面前变得聪明一些。本文谨就甲午战争给后世带来的巨大影响讲一点思考，请读者不吝指正。

第一，甲午战争的失败给了中国最沉痛的打击。

甲午战争给中国的打击是空前的。1842年《南京条约》签订以来，清政府与欧美列强签订了一系列不平等条约，带来割地赔款等一系列损害中国主权的损失，但《马关条约》给中国带来的损失超过了以往一切损失。各项赔款加在一起是23150万两白银，清政府实际付出的要数倍于这个数目。这是因为，清政府靠向欧洲的三次大借款3亿两白银来赔付日本的战争赔款。三次大借款的本息（36—45年还清）加在一起可能为6亿—8亿两白银，这是一个巨大的包袱。这是其一。其二，割让台湾和澎湖列岛是中国人心中永远的痛。台湾被日本殖民统治超过50年，至今在台湾人民的心里留下了难以弥补的历史创伤与悲情。日本在台湾实行殖民统治，从台湾掠夺了大量的物质财富，滋养了日本的战争机器。《马关条约》还规定任便日本人在华从事制造，这就为日本对华资本输出，从事经济侵略打开了方便之门。甲午战争和随后几年的八国联军侵华，使中国完全陷入半殖民地半封建社会的深渊，极大地阻滞了中国现代化的进程。

第二，甲午战争的胜利给日本的侵略野心带来了巨大的刺激和鼓舞。

---

* 本文原载于台北《海峡评论》2014年8月号。

日本在战争中获得胜利，全国上下立即感受到了胜利带来的刺激。光是战利品就收获甚丰。战争赔款一项，日本政府在三年内收到清政府赔款3.58亿日元，相当于日本3—4年全国财政收入之总和。这部分钱，除了极少部分孝敬天皇本人外，绝大部分用来扩充军备和与军备相关的工业生产，以及改革货币体制，实行金本位制。我曾参观过八幡制铁所，这是日本第一座钢铁企业，高大的烟筒上刻着"1901"字样，表示1901年建成投产，这正是利用甲午赔款建的，当年只花了58万日元。甲午战争的赔款迅速养肥了日本，使日本综合国力空前强大起来。接着，日本乘中国爆发义和团运动，以日本使馆书记生被杀为由，加入八国联军，蹂躏了中国京城。在八国联军中，日本军队的数量是最多的。通过《辛丑条约》，日本又分得了大量赔款，获得了在华大量权益。

日本综合国力的强大，进一步刺激了其侵略扩张野心。日本在甲午一战获胜，控制了朝鲜，打败了中国，部分实现了16世纪以来日本政治家的预想，下一步就是进一步控制中国的东北（"满洲"）。为了控制东北，就要把俄国势力驱逐出去。这就是1903—1905年的日俄战争。通过在中国领土上打的日俄战争，日本抑制了俄国在中国东北的势力，获得了在中国东北的部分权利，但是还不满足，于是在1928年制定了所谓的"大陆政策"，并且在1931年发动了九一八事变，一举占领了东北。

第三，甲午战争出人意料的结局，刺激了帝国主义列强加大侵略中国的胃口。

中国在甲午战争中战败，是出乎所有人意料的，不仅中国人意外，日本人意外，欧美列强也意外。早就开始侵略中国的欧美列强看到小小的日本居然战胜了庞大的中国，欧美列强认为中国已经躺在"死亡之榻"上了。甲午战后，列强在华采取了一系列瓜分中国的手段，划分势力范围，强占租借地，抢夺铁路修筑权、矿产开发权等。继之而来的就是八国联军侵略中国。在华外国军人多时达10万人。华北大片地区被占领，天津被占领并被外国管制，京师北京被八国分区占领。这是近代以来中国的衰败到达谷底的时候，中国差一点就被完全灭亡了。北京的紫禁城旁设立了外国武装保卫的使馆区（包括日本使馆在内），用枪口监督着中国中央政府的一举一动。清政府成了洋人的朝廷。一位西方历史学家评论说，中国此时"已经达到了一个国家地位非常低落的阶段，低到只是保护了独立主权国家的极少的属性的地步了"。可以这样说，日本和欧洲列强都从中国在甲午的失败中获得了巨大的利益。甲午战争的胜利是日本和欧美列强的共同胜利。

第四，甲午战争后，中国历史上与周边亚洲国家建立的宗藩关系体系彻底瓦解，殖民主义体系在亚洲取代了宗藩关系体系。这代表着东方的国际关系体系被西方的国际关系体系取代。远东地区（包括中国与朝鲜）从此成为欧美、日本等列强关注的焦点。此后，八国联军（包括日本）对中国的侵略，第一次世界大战（日本借口对德国宣战，进攻并占领中国山东）、巴黎和会、华盛顿会议以及《九国公约》，李顿调查团，第二次世界大战（中国抗日战争战场是第二次世界大战东方主战场），太平洋战争，开罗会议，等等，都直接与远东、与中国相关。说甲午战争改变了世界格局，一点都不为过。

第五，甲午战争的失败推动了中华民族的觉醒。

甲午战争不仅刺痛了中国，也刺醒了中国。中国人在这样严重的失败面前没有被打趴下，一些先进的中国人通过甲午战败开始认识到只有推翻清朝统治，才能救中国。孙中山领导的革命从这时候开始起步。1894年11月，正是平壤战败和黄海海战失败后，孙中山在夏威夷发起成立兴中会，提出了推翻清朝的主张，第一次发出了"振兴中华"的号召。康有为领导的戊戌维新也从反对签订《马关条约》开始。严复在天津的报纸上第一次提出了"救亡"的口号，此后，"救亡"成为所有爱国者在国家危难面前的中心主张。革命和维新两股力量成为甲午以后推动中国变革的主要力量，可以说这是中国民主主义革命的真正开端。

中华民族的觉醒还表现在开始了有意识地向西方学习的过程。甲午以前，中国朝野也好，知识界也好，对东邻日本是瞧不起的，对日本在幕府末期的改革是不大了解的，对日本明治维新后的进步也是不屑于看的，总之对日本在近代的崛起是不重视的。中国派留学生到美国、到欧洲都比到日本早。但是，1896年，因为甲午战败的刺激，第一批13人的留学生去了日本。1905年日本战胜了俄国，大出中国知识分子的意料，这一年涌到日本的中国留学生一下子达到8000—10000人。这些年轻的留学生放下了看不起日本的身段，要去看看日本是怎样自强的，日本是怎样学习西方的，中国可以从中学到些什么。当年留学日本的青年吴玉章写道："东亚风云大陆沉，浮槎东渡起雄心。为求富国强兵策，强忍抛妻别子情。"说的就是这样的心情。中国民主主义革命时期的许多革命者都是留日学生出身的。孙中山不说，黄兴、宋教仁、蒋介石、张群等是，陈独秀、李大钊、董必武、周恩来等也都是。他们在日本学到了，要学习西方，要改变中国，只有用革命的手段，才能救中国。

第六，甲午战争的胜利刺激使日本忘乎所以，最终落得彻底失败的结局。

16世纪末丰臣秀吉统一日本全国以来，就立下了志愿，要把中国的北京作为日本的都城。甲午战争以后，日本一直盯着中国。第一次世界大战打响后，日本借口对德国宣战，出兵青岛，提出灭亡中国的"二十一条"，不久占领济南和胶济铁路线。2014年是第一次世界大战爆发100周年，我们知道，中国派出了劳工到欧洲参与对德作战。日本却在山东，名义上对德作战，实际上对中国作战。1931年九一八事变后，日本在中国发动局部战争，不断占领长城沿线。1937年卢沟桥事变后，日本叫嚣三个月灭亡中国。但是中国在极其困难的条件下坚持了长达八年的抗战，在苏联、美国、英国的支持下，中国的抗战获得了最终胜利，日本接受了无条件投降。这是近代以来中国对外作战的第一次胜利！

日本由于甲午胜利冲昏了头脑，没有弄清楚第二次中日战争时的中国已经不是第一次中日战争时的中国，中国人民的觉醒是一个决定性的条件。国共两党建立抗日民族统一战线，中国国民党领导了抗日的正面战场，中国共产党领导了抗日的敌后战场，在抗战中发挥的中流砥柱作用，都是这种觉醒的表现。

第七，至今造成中日关系紧张的钓鱼岛问题，与甲午战争有着密切关系。

钓鱼岛至少在明代初年（14世纪下半叶）就为中国人发现，为中国所管辖。但日本在甲午战争胜利确有把握的1895年1月，通过内阁决定把钓鱼岛划归冲绳县管辖。日本外务省正式发布的文件说钓鱼岛属于冲绳县，就是指此而言。但是日本内阁的决定是秘密的，从没有对外正式公布，直到1952年编辑《日本外交文书》才收录这个决定。所以日本窃取钓鱼岛，是偷偷摸摸的行为，是见不得人的勾当。但是，日本这种窃取行为却掩盖在甲午战争胜利的结局中。其实，说起冲绳县，本是琉球王国，是明清两代中国的藩属国。日本吞并琉球，曾引起清政府强烈不满，交涉经年，直到 1888 年日本为策划大举侵略中国主动停止交涉，最终也被甲午战争的结局掩盖了。琉球主权未定，基本上有两个理由：一是因为中日之间就琉球地位的谈判，被甲午战争打乱了；二是由《开罗宣言》等一系列国际条约所形成的对日本领土的规定，这是二战后的一项国际安排，至今尚未落实。

第八，如何总结 120 年前甲午战争的经验教训，仍在考验中国和日本。

2012 年，当中日复交 40 周年的时候，日本用钓鱼岛"国有化"破坏了中日两国间的良好关系，复交 40 周年纪念的气氛被日本当局破坏殆尽。钓鱼岛主权是否有争议，成为中日之间矛盾的焦点。按照《开罗宣言》处分日本的原则，钓鱼岛应当连同台湾、澎湖列岛等一起交还中国。而日本当局不仅要保守甲午战争的胜利成果，还要翻二战后形成的国际格局的案，拒绝反省历史，参拜靖国神社，修改"和平宪法"，修改武器出口三原则等。所有这些完全违背了中日复交以来形成的四个政治性文件，破坏了中日复交的基础性认识。目前中日关系的紧张，责任完全在日本一方。

历史经验告诉我们，甲午战争以来的中日国交的历史，战争多于和平，紧张多于友好。要创造和平多于战争、友好多于紧张的局面，中日两国人民都要经常回顾历史，牢记历史教训。日本要下决心不走军国主义的老路。

还有一点历史教训要注意：自 16 世纪末以来，日本政治家常存灭中国之心。这是我们在回顾甲午战争的世纪影响的时候，不能忘记的。当然，今天的中国，既不是第二次中日战争时的中国，更不是甲午战争时的中国。但是，中国人民、中国军人不要陶醉于自己的成绩，只有居安思危，常存战备之思，才能立于不败之地。

从这个角度说，120 年前的甲午战争，今天还在影响着中日两国，甚至影响着国际关系！

统治阶层贪腐是甲午战争
失败的重要原因[*]

2014年是甲午战争爆发120周年，2015年是甲午战争失败、《马关条约》签订120周年。1895年4月17日在日本马关签订《马关条约》，5月8日在山东烟台交换批准书。条约除规定朝鲜独立（实际上为日本控制）外，还有割台湾、赔巨款、开口岸、任便日本人在华设厂制造等，造成了中国和远东地区永远的痛。甲午战争在中国形成半殖民地半封建社会中起了决定性的作用。

中国在甲午战争中失败，给予近代中国历史发展深刻的影响，创巨痛深，它的历史教训是值得反复思考的。2014年，我写了几篇文章，探讨甲午战争失败的教训。我曾经指出，中日两国社会制度、发展阶段不同，是评估战争胜败的基础性因素。日本通过明治维新成为一个资本主义国家，中国虽有洋务运动，因与日本不在一个发展阶段上，其成果不能与明治维新相比较；清政府缺乏对日本走向军国主义的清醒判断，在国家安全上未能做出有效准备；清王朝政治腐朽，体制内耗严重，领导力量薄弱，日本却形成举国一致的战争体制，形成"集中目标，讨伐中国"的态势。战端一开，清政府惊慌失措；清政府把国家安全寄托在列强调停上，没有做战争准备；清朝的军事体制落后，难以指挥调动、形成合力，在战略上清军消极防御，步步退让。日本在战役指挥上，总是先下手为强，每一步都是先手，不给对方留下后路。国际环境总起来讲对清政府不利。以上罗列的这些失败因素，大体上已经形成共识。这些历史教训，值得今人认真体味。

---

[*] 本文原载于《紫光阁》2015年第4期。

还有一个原因，以前未能深入探讨。这个原因，就是清朝统治集团的贪腐。为什么号称亚洲第一的北洋海军在 1888 年成军后就不再从事建设？为什么海军的一些舰船临阵脱逃？为什么陆战战场临敌的将领们见敌就逃，不能为保卫国家英勇作战？这些都与政治腐败有关。政治腐败中，除了制度因素外，就是官员的贪腐，首先是最高统治集团的贪腐。

实际上，当权的慈禧太后是统治集团贪腐的典型。1894 年 11 月是叶赫那拉氏的 60 寿诞，她要仿效乾隆皇帝，大做庆典，把祝寿当作国家头等大事，指定首席军机大臣、礼亲王世铎等一批大官僚专门筹备。为此在前一年就成立庆典处，专事筹办。户部奏报，耗费在庆典上的经费账面上是 541 万两，拨给前线的军费却只有 250 万两。世铎等阿谀逢迎，大事铺张，指派地方文武大员来京祝寿，命令各省派道、府、县令先期到京城布置景点。那拉氏准备在生日那一天（11 月 7 日）在颐和园接受百官祝贺，然后回宫。自西直门外关厢到西华门，沿路搭盖戏台、经坛，陈设景物，争奇斗巧。那拉氏特拨内帑银 1000 万两，另外户部请准 156 万两，作为举办庆典的经费。中央及地方文武官员捐献的约 120 万两和民间"报效"不在其内。那拉氏担心延误做寿，支持李鸿章的主张，但求从速对日妥协。翁同龢等乘机攻击李鸿章，反对妥协乞和。这样，帝党、后党、主战、主和就连到了一起。形式上是帝党主战、后党主和，两派对立。但是哪一派也没有拿出对付日本侵略的办法。

大典期间，正当大连湾、旅顺战事紧张，那拉氏却在颐和园听戏三天，诸大臣陪同听戏，视国家大事如儿戏，视前线战事如儿戏。

生日受贺在颐和园举行，修缮颐和园成为庆典成功的大事。修缮颐和园耗费甚巨。根据近年学者考证，颐和园工程经费总计约 814 万两，出自海军衙门经费约 735 万两，出自总理衙门经费 77 万两，其中属于挪用海军衙门的经费约 705 万两。

庆典经费加上颐和园工程，共耗费约 1300 万两（账面上）。这两项耗费基本上是不当使用，如果拿其中一半用在北洋舰队建设上，用在军事费用上，甲午战争的结局可能就不是那样惨了。事实上，北洋舰队自 1888 年成军以后，就没有再在海军建设上花钱了。海军军费捉襟见肘，弹药严重不足。在中国担任总税务司职务的英国人赫德，曾深深卷入中国政治事务，他在黄海大海战半个月前写信给中国海关驻伦敦的代表金登干，说："北洋水师的克虏伯火炮没有炮弹，阿姆斯脱郎的火炮又无火药。冯·汉纳根（北洋海军聘请的洋顾问）……需要有足够打一场几个钟头之久的大海战的炮弹，现在还没有到手。"据《泰晤士报》驻东京记者布林克莱（Brinkley）报道，日本在战前储存的弹药"比在一次对华战争中可能耗去的还要多"。可见中日两国军事准备大相径庭，不可比拟。单从这一点看，战争的失败也是不可避免的。

庆典既然是国家头等大事，就不只是那拉氏个人的事。根据长期在中国做间谍工作的日本人宗方小太郎日记9月2日记载："清政府为资军饷起见，扣发自王公以下文武大小官员年俸三成，八旗、绿、步各营兵丁月饷亦扣发三成。各省盐税加倍征收；各省之养廉银亦减少三成，各送交户部以助军饷云。"事实上，这是借军饷之名大肆盘剥全国军民。日记又记载："自前年以来，每省裁撤兵员十分之一，以充饷银充作修缮圆明园。又因明年为皇太后六十诞辰，拟效乾隆之盛时举行庆典。内外大小官吏以至兵卒，均献年俸之二成五，以营此贺典。"宗方小太郎批评说："政府之措施日益陷于因循支绌，对民心之向背甚不留意，恬然粉饰太平。""谄谀百出，丑状实不忍见。"朝廷对臣工的剥削最后都会转移到普通老百姓身上，民间的痛苦日益加剧。"恬然粉饰太平"，这个日本间谍的批评是很深刻的，可惜那班帝后、大臣们只知道歌舞升平，哪管前线战败、死人。

上有所好，下必效焉。卖官鬻爵，贪污横行，是那时官场的普遍现象。哪个当官的不是为了发财？据阿英编《中日甲午战争文学集》所载史料，有人揭露，当时的政治就是坏于贪污。不管当什么官，不管官位是怎么来的（或由考试，或由荐举，或由捐纳，等等），一旦得到了官位，就不问社会风俗，不问人民良莠，要问的是这个官位所得几何。官缺有优有劣，其收入就不能光靠年俸和养廉银了。多的数十万，以至数万数千，官位极低的如佐贰小缺，也有数百千。如果把22行省加起来，每年进入官员荷包的就不止千万。这些不是国库的羡余，就是民生的血肉。揭露何其深刻！

宗方小太郎在《中国大势之倾向》中记载："中国为四千年来之古国，文物制度灿然具备。但其岁入与土广人众相比较则又甚少，不过97749643两及米5234346石而已。据实际调查，自人民征集者为表面数额之四倍。且定额以外之收入，一钱不入国库，均为地方官吏所私有。该国历来贿赂之风盛行，地方官肆意刮削民众膏血，逞其私欲。"这个记载说，中国广土众民，一年财政收入只有9000多万两，的确是不多的，表明税收负担不重，但是正税以外的各种盘剥，超过表面数额的4倍，而且这些钱，一文也进不了国库，全部为地方官吏私吞。贿赂风行，全部来自民脂民膏，都是为了满足私欲。宗方的观察，与上述《中日甲午战争文学集》所揭露的情况如出一辙。

最近有人挖掘史料，发现甲午战争中黄海海战中临阵脱逃、被处死的济远舰管带（相当于舰长）方伯谦，战前经营房产，在刘公岛有房产28套；在烟台、青岛、福州等地还有房产。据记载，他还把他的小妾接到刘公岛居住。据英国国家档案馆保存的方伯谦兄弟在战后代替方伯谦出售的土地房产契约可知，共出售土地38亩、房屋113间，原价4.4万两，售出价4000两。

根据学者研究，方伯谦官俸为1296两，船俸为1944两，两项合计每年3240两白银。购房产银4.4万两相当于正式年俸的13.6倍。显然4.4万银两是来路不明的。根据经慈禧太后审阅同意公布的《北洋海军章程》，明确规定北洋海军提督（相当于北洋海军司令）可以在刘公岛上建办公处所和公馆（住家），其他总兵以下各官"皆终年住船，不建衙，不建公馆"。济远舰管带相当于总兵，只能住在舰上，不能建衙门和公馆。很显然，方伯谦在刘公岛建房是违反海军章程的。这样一个在刘公岛有大量房产的海军管带，能够在战场上流血牺牲吗？他的临阵脱逃，也就有根据了。

北洋海军提督丁汝昌在刘公岛上合法拥有衙门、公馆，还另在岛上盖房出租。还有材料说，丁汝昌自蓄家伶，在家里演戏，耗费30万两。海军纪律废弛，军官和士兵在岸上住宿者，一船有半数。

甲午战争期间，李鸿章本人是否贪污，我没有确切证据。有外国记者说，一些外国军火商为了推销军火，大肆行贿，他们与李鸿章的部属和翻译交朋友，贿赂李鸿章的幕客和门房，甚至拜访李鸿章的厨师和理发师。当然，也免不了拜访领事和外交官。给他们送钱送物。贿赂这些人干什么？《泰晤士报》报道："旅顺、威海既造炮台，其安置于台上之炮，竟有不堪一放者。其经售炮械之人，固俨然显官也，只知七折八扣，售者又因以为利。假如一炮也，报销千金，经手者侵蚀二三百金，售主则以但值五六百金应命。"显然,参与购买炮械的相关官员从中贪污的数额是巨大的。贪污受贿的结果,就是炮械不堪使用。这就与甲午战争的失败直接有关了。

李鸿章也未必是干净的。1896年为贺俄皇加冕典礼,李鸿章曾访问俄国圣彼得堡,并与俄国外交部签订了《中俄密约》。在这期间,俄国是否贿赂李鸿章,一直聚讼纷纭。俄国财政大臣维特在他的回忆录中否认有此事,但俄国外交部的一个副司长沃尔夫却持肯定态度。他说,李鸿章同维特在条约上签字以后,还在口袋里装了200万卢布回到北京。罗曼诺夫在1928年出版的《俄国在满洲》一书中,根据俄国财政部的档案指出,维特曾向李鸿章面允300万卢布的贿赂,但当时并未付款,直到1897年初才在上海交付了100万卢布。看来,拿了俄国人的贿赂,出卖国家利益,不是空穴来风。

1894年9月平壤溃败不久,给事中余联沅沥陈李鸿章六大罪状,说他以投靠洋人得功,终身不肯改变。此次战事一起,就胸存求和成见,并无战志。李鸿章在中日开战前,不是认真做战争准备,而是把希望寄托在列强调停上,他首先请求的恰是俄国驻华公使,请俄国帮助调停。调停时间长达一个半月,不做战争准备。平壤大败后,李鸿章眼看局势于己不利,又忙着请列强调停和局。日本在外交上应付调停,在军事上一步也不放松,处处掌握主动。历史事实证明,在战争的每一步中,李鸿章都把战争的前景寄望于列强调停。然而,调停没有把中国带进和局。

赫德在战争爆发时就说过:"战争骇人地向毫无准备的我们袭来,李鸿章所吹嘘的舰队、要塞、枪炮和人力,都已证明远非一般所期待得那样厉害。""外交把中国骗苦了,因为信赖调停,未派军队入朝鲜,使日本一起手就占了便宜。"

海军如此,陆军也好不到哪里。淮军将领叶志超从朝鲜牙山败退到平壤,通过李鸿章谎报大胜,还得到了朝廷2万两白银的奖赏。1万多清军守不住平壤,数万清军守不住鸭绿江防线,让日军长驱直入。辽东、山东半岛都让日军平静登陆,大连湾设防坚固,旅顺是铁打的,防守将军七八个,居然也抵挡不住。海城守卫战,数万清军被少数日军打败。将领们不是一个都没有抵抗,大多数将领见敌逃窜却是事实。这些将领们平时克扣军饷,战时不为国家卖力,只顾个人安危,贪腐在其中起了哪些作用，是可以想见的。

甲午战争给予中国的打击是世纪性的，失败的原因值得深入分析。政治腐败，贪污横行，的确是失败的重要原因。这方面，还值得学者们深入挖掘史料，展开进一步分析与研究。

2015 年 2 月 19 日乙未年正月初一

反思甲午战争绕不开钓鱼岛问题*

2014年是甲午战争120周年，甲午战争是一个必然的热议话题。在这个热议话题中，钓鱼岛问题是无论如何都绕不开的。

1972年中日复交谈判中，日方询问是否谈谈钓鱼岛问题，周恩来总理回答还是从中日关系的大处着眼，钓鱼岛这次就不谈了。1978年邓小平访问日本，就明确说到钓鱼岛问题"搁置争议，共同开发"。这是大政治家的眼光，总是能够抓住影响前进方向的大问题，而把次要问题搁置起来，用共同开发的形式谋求双赢。这是国际上处理领土争议问题最高明的办法。正是这个高明的办法，保证了中日之间和平共处、共同发展经济的40年。

2012年9月，日本政府不顾中方一再交涉，悍然宣布对钓鱼岛实施"国有化"。这一不理智的举措，打破了中日关系上的平衡和稳定，引起了中日关系的紧张与交涉。中日双方本来要在这一年共同庆祝中日建交40周年的计划，不得不告吹。

既然日本单方面挑起了钓鱼岛主权问题的争论，作为历史学者，有责任把这个问题追寻清楚。

1972年日本外务省发表了《关于尖阁列岛主权的基本见解》，极力否认《马关条约》与钓鱼岛有关，声称："该列岛向来构成我国领土西南诸岛的一部分，而根据明治二十八年五月生效的《马关条约》第二条，该列岛并不在清朝割让给我国的台湾、澎湖诸岛内。"这成为日本所谓拥有钓鱼岛主权的依据之一。这是说，钓鱼岛与甲午战争无关，日

---

* 本文原载于《参考消息》2014年8月4日，第11版。后收入张铁柱、刘声东主编《甲午镜鉴》，上海远东出版社，2014。

本是通过"和平的方式"取得钓鱼岛的。

事实果真如此吗？答案是否定的。

《马关条约》是甲午战争的产物，是日本战胜的结果，是日本以战胜国的地位逼使清政府签订的。日本一方面占据澎湖列岛，一方面威胁要进军北京，清政府谈判代表被迫在条约上签字。这种形式与城下之盟无异。该约共11款，并附有"另约"和"议订专条"。该约第二款第二项规定中国将台湾全岛及所有附属各岛屿让与日本。

《马关条约》第二款第一项、第三项对同时割让的辽东半岛、澎湖列岛的地理范围有明确的界定，为什么仅对"台湾全岛及所有附属各岛屿"进行模糊表述？从日方公开的有关《马关条约》交涉议事录的记载，我们可见日本政府在条约中模糊处理台湾附属岛屿的用心。

1895年6月2日中日签署《交接台湾文据》前，关于台湾附属各岛屿包括哪些岛屿，成为双方讨论的焦点。当时日本公使水野遵和清政府全权委员李经方之间讨论的纪要收录于日本公文书馆，并见于日本学者滨川今日子所著「尖閣諸島の之領有そめぐる論点」一文中。在与水野遵会谈中，李经方担心日本日后将散落于福州附近的岛屿也视为台湾附属岛屿而对中国提出岛屿主权要求，于是提出是否应该列出台湾所有附属岛屿的名录。这个提问，实际上是对《马关条约》正文模糊处理台湾附属岛屿的质疑。水野回复说，如果将岛名逐一列举，难免会出现疏漏或涉及无名岛屿问题，如此一来该岛将不属于日、中任何一方，从而带来麻烦。他还强调说，有关台湾附属岛屿已有公认的海图及地图，而且在台湾和福建之间有澎湖列岛为"屏障"，日本政府决不会将福建省附近的岛屿视为台湾附属岛屿。鉴于日方的表态，李经方同意对台湾附属各岛屿不逐一列名的处理。

对于这段对话，应特别指出两点。第一，日本政府承认台湾附属岛屿已有公认的海图及地图，因而不需要在接管台湾的公文中列出钓鱼岛列屿，这表明，日本政府实际上承认钓鱼岛列屿是台湾附属岛屿，因为钓鱼岛列屿在公认的海图及地图上早已标明属于中国台湾。如法国来华耶稣会士蒋友仁绘制了《坤舆全图》，该图初绘于乾隆二十五年（1760），再绘于乾隆三十二年（1767），其中《台湾附属岛屿东北诸岛与琉球诸岛》中有彭佳屿、花瓶屿、钓鱼屿、赤尾屿等。图中不仅使用福建话发音，将钓鱼屿写作好鱼须、黄尾屿写作懽未须、赤尾屿写作车未须，而且把上述各岛屿均置于台湾附属岛屿中。再如1809年法国人皮耶·拉比和亚历山大·拉比绘制了彩图《东中国海沿岸图》，图中将钓鱼屿、赤尾屿绘成与台湾岛相同的红色，将八重山、宫古群岛与冲绳本岛绘成绿色，清楚地标示出钓鱼岛列屿为台湾附属岛屿。根据日本著名历史学家井上清的研究，1845年6月英国军舰"萨马兰"号对钓鱼岛列屿第一次进行了实际测量，1855年出版了一张海图。图上对钓鱼岛、赤尾屿等名称用福建话做了标识。按照井上清教授的考证，明治维新后日本海军的《水路志》关于这一海域的记述，最初几乎都是以英国海军的水路志为依据的；1886年日本海军水路局编纂的《环瀛水路志》卷一第十篇有关钓鱼岛列屿的记述，显然是根据1884年出版的《英国海军水路志》编写的。事实上，日本人林子平1785年（天明五年）出版的《三国通览图说》所附《琉球三省及三十六岛之图》，图中绘有福建省福州到琉球那霸的两条航线，其中南航线由西向东绘有花瓶屿、澎佳山、钓鱼台、黄尾山、赤尾山，这些岛屿均涂上中国色，表明为中国所有。

第二，日本政府会谈代表水野有意隐瞒另一个事实，即在《马关条约》签署前三个月，日本政府已召开内阁会议秘密将钓鱼岛编入了冲绳县。

日本内阁在这时候通过一个未对外宣布的神秘决定，是很蹊跷的。事实上，1885年至1895年的10年间，冲绳地方政府一直图谋在钓鱼岛建立"国标"，从而将该岛纳入管辖范围，但日本政府鉴于钓鱼岛为"清国属地"，一旦建立"国标"，恐引起清政府警觉和争议，因此始终未予核准。当日本政府确认甲午战争获胜无疑之际，感到攫取钓鱼岛列屿时机已到，于是在1895年1月14日召开内阁会议，秘密决定："对于内务大臣建议的位于冲绳县八重山群岛之西北称为久场岛、鱼钓岛之无人岛，近年来有人试图从事渔业等，故应有序加以管理之，对此，应按照该县知事呈报批准该岛归入冲绳县辖，准其修建界桩，此事如建议顺利通过。指示：按照关于修建界桩事宜的建议办理。"

事实上，在钓鱼岛修建界桩，冲绳县并未立即执行。据井上清教授披露，直到1969年5月5日，冲绳县所属石垣市才在岛上建起一个长方形石制标桩。

日本内阁会议的这一决定是密件，过了57年才于1952年3月在

《日本外交文书》第 23 卷中对外公布,此前清政府以及国际社会完全不知情。在中日《马关条约》的谈判、签署过程中,日本谈判代表隐匿内阁会议的决定,有意采取模糊策略,笼统地将钓鱼岛置于中国所割让的台湾附属岛屿之内,偷换手法,达到变"窃占"为"公开"占领钓鱼岛的目的。钓鱼岛是中国台湾的附属岛屿,在明清两代已是人所共知,而清政府又根本无从知晓日本秘密"窃占"钓鱼岛的实情,因此在《马关条约》谈判和签署中,对于日方拟定的条约文本所列"台湾附属岛屿",未做特别关注。

到这里,我们就明白了,为什么水野遵不同意在台湾交接文据上逐一列出台湾所有附属岛屿了。如果列上,就要暴露日本内阁已经将钓鱼岛划归冲绳县管辖的秘密,从而可能带来国际间更多的干涉和清政府的抗议。不列上,用"台湾附属岛屿"模糊处理,则减少了节外生枝的麻烦。用有关台湾附属岛屿已有公认的海图及地图相搪塞,可以蒙哄过去。因为李鸿章父子可能不懂得公认的海图及地图如何标识台湾附属岛屿,即使懂得,从这句话里也不容易找出破绽。

可见,日本在甲午战胜中"窃取"钓鱼岛绝非什么"和平方式",而是近代殖民侵略的产物,是甲午战争中日本战略的一环。正是基于侵华战争胜券在握,日本内阁才抢先窃据钓鱼岛,接着才有了不平等的《马关条约》;正是通过《马关条约》,日本力图以所谓条约形式,实现其对钓鱼岛"窃占"行为的"合法化"。这一历史过程是清楚无误的,是史家的共识。

其实,日本声称将钓鱼岛划归冲绳县管辖,在法理上也是根据不足的。冲绳县的前身是琉球王国。琉球王国自明朝初年就与明代中国有宗藩关系,琉球新王继位,需要得到明清两代皇帝的认可(册封),并且建立朝贡往来。明万历三十七年(1609),日本萨摩藩主派兵攻占琉球,用非法的战争手段掳走琉球国王,强迫琉球国王向萨摩藩进贡,不许向中国进贡。琉球王国被迫向日本进贡,但不答应不向中国进贡。直到日本灭掉琉球以前,琉球始终坚持向中国进贡,而且始终奉中国正朔。1879 年日本吞并琉球,是非法的,是战争行为,引起了中国抗议,清政府与日本政府之间就琉球地位问题谈判数年,甲午战争后成为悬案。从这一点来说,即使 1895 年 1 月日本内阁决定把钓鱼岛划归冲绳县,也并不归日本所有,钓鱼岛照样与日本主权无关。

日本内阁秘密将钓鱼岛列屿划入冲绳县管辖，与甲午战争有关。在甲午战争的大背景下，出现了1895年日本政府把钓鱼岛列屿划归冲绳县的问题。这是与日本完成攫夺琉球并进而指向台湾联系在一起的。

1941年中国政府对日宣战，废除《马关条约》。随后《开罗宣言》《波茨坦公告》做出了战后处置日本的规定，日本天皇接受了这些规定。依照这些规定，不仅台湾及其附属诸岛、澎湖列岛要回归中国，钓鱼岛列屿也理应与台湾一起回归中国。历史上悬而未决的琉球问题应该可以提出再议。

钓鱼岛主权归属中国，有大量文献史料可资佐证，本文只举几个例子。其实，一些日本学者也是清楚的。

京都大学著名教授井上清，早在1971年"保钓运动"发生后，就到冲绳去查阅琉球时期的档案文献和地图资料，到英国海军部资料馆查阅英国海军绘制的中国南部、台湾、琉球等地方的海图和航海日志，在日本出版了《"尖阁"列岛——钓鱼群岛的历史解析》，论证了钓鱼列岛是中国领土。这是第一篇论证钓鱼岛是中国领土的论文。井上清当时就强烈感到，日本政府关于钓鱼岛是日本领土的主张里"存在日本帝国主义复活的危险性"。井上清指出："根据16世纪以来的中国文献，弄清了这里并非原本就是无主地，而是中国领土，并基本上可以确认，日本的占有是在日本打赢甲午战争时掠夺来的。"

日本的中日友好协会专务理事高桥庄五郎经过十年研究，撰写了《尖阁列岛笔记》，1979年在东京出版。高桥的基本观点是"尖阁列岛"（钓鱼岛）不是无主地。日本只是因为统治台湾而把该岛列入自己的版图，这不能说是对无主地的实效支配，也不是先占。而且，"尖阁列岛"（钓鱼岛）是台湾的附属岛屿，由于在甲午战争中的割让而成为日本领土。高桥的意见显然是，随着台湾的归还，钓鱼岛应随台湾一起归还中国。高桥认为钓鱼岛是中国领土，没有丝毫怀疑的余地。

2004年6月，日本横滨国立大学教授村田忠禧针对日本政府制定所谓"西南诸岛有事"对策，在日本侨报社出版了《如何看待尖阁列岛·钓鱼岛》的著作。村田忠禧通过大量史料论证钓鱼岛是中国领土，不是无主地。琉球国的历史资料记载的琉球领土不包括钓鱼诸岛。日本史料记载琉球领土也不包括钓鱼诸岛。1885年、1990年、1993年，冲绳县知事三次申请日本政府批准在钓鱼岛设置"国标"，都为日本政府搁置，原因是不想为此小岛引起中日纠纷。村田认为，日本乘甲午战争胜利趁火打劫侵占台湾和钓鱼诸岛。村田也认为，琉球问题是日本政府与清政府之间一直未解决的问题，只是因为日本占领了台湾，琉球问题也就随之搁置了。

以上日本学者的研究都是基于史料的，他们所得出的结论，是历史学的结论，日本的政治家们应该注意聆听！

论《马关条约》与钓鱼岛问题[*]

1972年日本外务省发表《关于尖阁列岛主权的基本见解》，声称："该列岛向来构成我国领土西南诸岛的一部分，而根据明治二十八年五月生效的《马关条约》第二条，该列岛并不在清朝割让给我国的台湾、澎湖诸岛内。"这成为日本所谓拥有钓鱼岛主权的依据之一。然而事实是如此吗？

一　关于《马关条约》及其第二款

《马关条约》第二款第一项、第三项对同时割让的辽东半岛、澎湖列岛的地理范围有明确的界定，为什么仅对"台湾全岛及所有附属各岛屿"进行了模糊表述？从日方公开的有关《马关条约》交涉议事录的记载，我们可见日本政府在条约中模糊处理台湾附属岛屿的用心。

1895年6月2日中日签署《交接台湾文据》前，关于台湾附属各岛屿包括哪些岛屿，成为双方讨论的焦点。当时日本公使水野遵和清政府全权委员李经方之间讨论的纪要收录于日本公文书馆，并见于日本学者滨川今日子所著「尖閣諸島の之領有そめぐる論点」一文中。在会谈中，李经方担心日本在日后将散落于福州附近的岛屿也视为台湾附属岛屿而对中国提出岛屿主权要求，于是提出是否应该列出台湾所有附属岛屿的名录。水野回复说，如果将岛名逐一列举，难免会出现疏漏或涉及无名岛屿问题，如此一来该岛将不属于日、中任何一方，从而带来麻

---

[*] 本文与李国强合作，原载于《人民日报》2013年5月8日，"要闻"版。

烦；有关台湾附属岛屿已有公认的海图及地图，而且在台湾和福建之间有澎湖列岛为"屏障"，日本政府决不会将福建省附近的岛屿视为台湾附属岛屿。鉴于日方的表态，李经方同意对台湾附属各岛屿不逐一列名的处理。

这段对话表明，一方面日本政府承认台湾附属岛屿已有公认的海图及地图，因而不需要在接管台湾的公文中列出钓鱼岛列屿，从这一点看，日本政府实际上承认钓鱼岛列屿是台湾附属岛屿，因为钓鱼岛列屿在公认的海图及地图上早已标明属于中国；另一方面，日本政府会谈代表水野有意隐瞒另一个事实，即在《马关条约》签署前三个月，日本政府已召开内阁会议秘密将钓鱼岛编入了冲绳县。

1885年至1895年的十年间，冲绳地方政府一直图谋建立"国标"，从而将钓鱼岛纳入其管辖范围，但日本政府鉴于钓鱼岛为"清国属地"，一旦建立"国标"，恐引起清政府警觉和争议，因此始终未予核准。当甲午战争中日本即将获胜之际，日本政府感到攫取钓鱼岛列屿时机已到，于是在1895年1月14日召开内阁会议，秘密决定：钓鱼岛等岛屿"应按照该县知事呈报批准该岛归入冲绳县辖，准其修建界桩"。

事实上，在钓鱼岛修建界桩，冲绳县并未立即执行。据井上清教授披露，直到1969年5月5日，冲绳县所属石垣市才在岛上建起一个长方形石制标桩。日本内阁会议的这一决定是密件，过了57年才于1952年3月在《日本外交文书》第23卷中对外公布，此前清政府以及国际社会完全不知情。

即使如此，在很长时间内，日本政府也并未公开宣称对钓鱼岛拥有主权。1896年3月日本发布名为《有关冲绳县郡编制》的第13号敕令，明治天皇并没有将钓鱼岛明确写入。而第13号敕令却被日方视为其领有钓鱼岛主权的依据之一，显然是欺骗世人。

日本"窃占"钓鱼岛绝非什么"和平方式"，而是近代殖民侵略的产物，是甲午战争中日本战略的一环。正是基于侵华战争胜券在握，日本内阁才抢先窃据钓鱼岛，接着才有了不平等的《马关条约》；正是通过《马关条约》，日本力图以所谓条约形式，实现其对钓鱼岛"窃占"行为的"合法化"。这一历史过程是清楚无误的，是史家的共识。

二 钓鱼岛早就是中国台湾的附属岛屿

根据中国历史文献记载,"钓鱼岛是台湾附属岛屿"这一事实,是明确无误的。明嘉靖四十四年(1565)成书的《日本一鉴》,由"奉使宣谕日本国"的郑舜功撰写。该书明确记录了从澎湖列屿经钓鱼岛到琉球再到日本的航路,其中特别记录钓鱼岛为中国台湾所属:"钓鱼屿,小东小屿也。"小东岛是当时对台湾的称谓。上述航路,不仅准确记录了钓鱼岛与台湾岛等屿之间的地理关系,而且明白无误地指出钓鱼岛是台湾所属小岛。《日本一鉴》是具有官方文书性质的史籍,它反映出明朝政府早已确认钓鱼岛列屿是属于台湾的小岛群。

在明清两代,台湾属于福建省辖地。光绪十一年(1885),鉴于日本和西方列强对台湾的觊觎和侵略,台湾防务形势严峻,台湾在行政上以一府的地位难以应对,清政府决定在台湾建省。建省以前,钓鱼岛列屿作为台湾府所辖之岛屿纳入福建海防范围。

明嘉靖四十一年(1562),闽浙总督胡宗宪幕僚郑若曾著《筹海图编》,其中《沿海山沙图》记录了台湾、钓鱼岛、黄尾屿、赤尾屿等岛屿属于福建海防范围。万历三十三年(1605)徐必达等人绘制的《乾坤一统海防全图》及天启元年(1621)茅元仪绘制的《武备志·海防二·福建沿海山沙图》,也将钓鱼岛等岛屿与台湾岛作为同一个防区划入中国海防范围之内。

清康熙六十一年(1722),黄叔璥任清政府第一任巡台御史,乾隆元年(1736)他"以御史巡视台湾"身份作《台海使槎录》(又名《赤嵌笔谈》),其卷二《武备》列举了台湾所属各港口,不仅将钓鱼岛视为中国海防前沿要塞,而且表明钓鱼岛在行政上早已属台湾府管辖。

《台海使槎录》是公文文书,其影响甚广,此后史家多为引用。如乾隆年间的《台湾府志》,基本引用了上述内容:"台湾港口"包括"钓鱼台岛"。类似记载在其他官员的公文文书中也屡见不鲜。如乾隆十二年(1747),时任巡视台湾兼学政监察御史范咸著《重修台湾府志》明确指出,钓鱼岛等岛屿已划入台湾海防的防卫区域内,属于台湾府辖区。同治十年(1871)刊行《重纂福建通志》,其中《台湾府·噶玛兰厅》载："北界三貂，东沿大海……又山后大洋北有钓鱼台，港深可泊大船千艘。"

类似记载还见于余文仪著《续修台湾府志》、李元春著《台湾志略》，以及陈淑均纂、李祺生续辑《噶玛兰厅志》等史籍中。

此外，法国人蒋友仁 1760 年绘制了《坤舆全图》，其中《台湾附属岛屿东北诸岛与琉球诸岛》中有彭佳屿、花瓶屿、钓鱼屿、赤尾屿等，把上述各岛屿均置于台湾附属岛屿中。日本人林子平 1785 年（天明五年）出版的《三国通览图说》所附《琉球三省及三十六岛之图》，图中绘有花瓶屿、澎佳山、钓鱼台、黄尾山、赤尾山，这些岛屿均涂上中国色，表明为中国所有。1809 年法国人皮耶·拉比和亚历山大·拉比绘制了彩图《东中国海沿岸图》，图中将钓鱼屿、赤尾屿绘成与台湾岛相同的红色，将八重山、宫古群岛与冲绳本岛绘成绿色，清楚地标示出钓鱼岛列屿为台湾附属岛屿。

综上所述，尽管日方力图割裂钓鱼岛与中国台湾的历史联系，并一再否认《马关条约》中的"台湾附属岛屿"包括钓鱼岛。大量历史文献表明，中国政府早已将钓鱼岛纳入台湾辖下，从海防和行政两个方面都对钓鱼岛实施了长期的有效管辖，钓鱼岛不是无主地，而是中国台湾的附属岛屿。钓鱼岛列屿不仅有中国渔民长期经营，而且至少从明代中叶开始就纳入中国政府的海防范围，由中国政府采取实际管辖措施。这一历史事实，早于日本所称 1895 年 1 月内阁决定窃据 300 多年。

三　钓鱼岛与甲午战争及"琉球处分"

日本内阁秘密将钓鱼岛列屿划入冲绳县管辖，与甲午战争有关，也与日本的"琉球处分"有关。冲绳本是琉球王国所在地。琉球王国是一个独立的国家，明初即接受明朝皇帝册封，是明清时期中国的藩属国。明洪武五年（1372），明朝派出册封使到琉球，此后历代册封使不绝于途。幕府末期，日本与琉球相邻的岛津藩主强迫琉球向自己进贡，但琉球王国照旧向清政府纳贡称臣。明治维新后废藩置县，明治政府开始显现军国主义倾向，矛头指向朝鲜、琉球和中国。此后，日本利用各种借口侵略琉球、朝鲜和中国的事件时有发生。1872 年日本利用琉球漂流民在台湾南部被所在地居民杀害一事，向清政府问罪。口实有二：琉球民是日本属民，台湾南部"番地"是无主地。日本派出的交涉使偷换概念，把清政府总理衙门大臣说的台湾番地是"政教不及之所"，变成"政权不及之地"。1874 年日本蛮悍地派兵侵入台南，引起中日之间严重交涉。那时候，日本国力尚不能与清朝抗衡，在取得清朝 50 万两白银赔款后退兵。征伐台湾与侵略琉球是同时进行的。1874 年 2 月日本政府通过的《台湾番地处分要略》提出，阻止琉球向清政府进贡"可列为征伐台湾以后之任务"。1875 年，日本天皇强令琉球断绝与清朝的册封关系。1877 年底，清政府驻日公使何如璋在东京考察了琉球问题后指出："阻贡不已，必灭琉球；琉球既灭，行及朝鲜"，"台澎之间，将求一日之安不可得"。1878 年 10 月，何如璋向日本外务省发出照会，谴责日本阻止琉球向清朝朝贡为"背邻交，欺弱国"，是"不信不义无情无理"。1879 年日本政府派武力前往不设军队的琉球，将琉球国王强行解到东京，吞并琉球王国，将它改名为冲绳县。这在日本历史上美其名曰"琉球处分"。

日本此举立即引起了清政府的抗议。中日之间由此展开了琉球交涉。日本提出了"分岛改约"方案，即把宫古、八重山群岛划归中国，琉球本岛以北诸岛归日本，试图诱使清政府承认日本吞并琉球，但必须以修改《中日修好条规》为前提。《中日修好条规》是 1871 年中日之间缔结的建交条约，是一项平等条约。所谓修改条约，即清政府允许在《中日修好条规》中加入日本人在华"一如西人"，享有与欧洲人在华通商"一体均沾"的权利。清政府提出了三分琉球的方案，即北部原岛津藩属地诸岛划归日本，琉球本岛为主的群岛还给琉球，并恢复琉球国王王位，南部宫古、八重山群岛划归中国，待琉球复国后送给琉球。1880 年，清政府在处理伊犁问题上与俄国发生纠纷，准备对日退让，便与日本议定了"分岛改约"方案。中方随后认识到"分岛改约"方案无助于琉球复国，改约徒使中国丧失权利，"分岛改约"方案未及签字。1882—1883 年，中日就此问题的谈判仍在进行。在讨论重新签订《中日修好条规》时，清政府再提琉球问题，日本外相表示把修改贸易条款与琉球问题分开，清政府谈判代表反对。问题一直拖下来。直到 1887 年，总理衙门大臣曾纪泽还向日本驻华公使盐田三郎提出，琉球问题尚未了结。但日本已经把琉球据为己有，对清政府的态度就不管不顾了。"琉球处分"问题在中日之间成为一个悬案。

就是在这种背景下，出现了1885—1895年日本政府（包括琉球政府）商讨在钓鱼岛设置"国标"以及把钓鱼岛列屿划归冲绳县的问题。在钓鱼岛设置"国标"以及把钓鱼岛列屿划归冲绳县是与日本完成攫夺琉球并进而指向台湾联系在一起的。

《马关条约》签订时，清政府没有能力重提琉球，台湾以及附属诸岛（包括钓鱼岛列屿）、澎湖列岛、琉球就为日本夺走了。但是，1941年中国政府对日宣战，废除《马关条约》。随后《开罗宣言》《波茨坦公告》做出了战后处置日本的规定，日本天皇接受了这些规定。依照这些规定，不仅台湾及其附属诸岛（包括钓鱼岛列屿）、澎湖列岛要回归中国，历史上悬而未决的琉球问题也到了可以再议的时候。

四

论辛亥革命等问题

近代中国丧失发展机遇的省思[*]

抓住机遇，含义有三：一是要发展，二是要有国际比较，三是机会来了要抓住不放。它缘于邓小平同志的思想，是对历史经验的深刻总结，是对国际社会发展现实的敏锐观察，是对中国经济发展战略的正确决断。所谓抓住，是指决策者自觉地认识和实践。观察近代中国社会的发展，可以发现，近代中国虽是半殖民地半封建社会，但是并不缺少发展自己的机遇。只是由于当时的决策者不能很好地认识迅速发展自己以赶上世界先进国家的必要性，以至于机遇来临时不能很好地抓住，最终造成近代中国因落后而挨打的悲惨境遇。这是近代中国留给我们的沉痛教训。

鸦片战争虽然给中国带来打击，但是统治者并不了解事态的严重性。先进的思想家虽然得出了"师夷长技以制夷"的正确认识，但朝廷对世界事务仍是懵懂无知，甚至对英国在何方向、道里远近都全然不晓。直到太平天国农民起义爆发，太平军所向无敌，其势力活动于大半个中国，其间，英法发动第二次鸦片战争，英法联军打到北京，连皇帝也"北狩"热河，清政府才切身感到了外国人的"船坚炮利"。但仍认为这些只是"肢体之患"，真正构成"肘腋之患"的还是农民起义。太平天国农民大起义被彻底镇压以后，国内出现了20多年相对比较平静的时期。统治阶层某些上层人物对中外发展的差距已有较多认识，且政权相对比较稳定，如果利用这个机会发展自己，事情未必不可为。日本正是在这个时候通过明治维新，奠定了发展资本主义的基础。中国统治层中一部分人如军机大臣奕䜣、封疆大吏曾国藩、李鸿章发起洋务新

---

[*] 本文原载于《北京日报》1995年10月19日，第7版"文史专刊"。

政，造船造炮，发展军事工业，随后又以官办或官督商办形式发展了一些民用工业。这些人试图只在器物层面上做一些变动，而不变动思想观念、社会制度来谋求民富国强。即使这种局部变动也没有取得整个统治阶级的共识，顽固派、反对派，朝野上下所在多有。最高统治者慈禧太后也只是居中驾驭，并无定见。这与明治维新以后的日本统治阶级正好相反。一次发展自己的机会就这样没能抓住，失去了。甲午一战，北洋海军全军覆没，洋务新政主持者们求富求强的梦破灭了。

晚清发展的第二次机会是在1898年戊戌维新时期。甲午战后的民族危亡给那些不曾入仕的知识分子以极大的刺激和启迪。他们讲学办报，集会结社，一方面集聚力量，另一方面给群众以新知识的宣传和灌输。他们希望通过由下而上，再由上而下的方式，变革朝政，变革思想，发展国家的资本主义。康有为、梁启超是这些人的代表。恰好年轻的光绪皇帝想巩固自己亲政的地位，摆脱慈禧太后和老旧重臣的控制，于是与康梁一拍即合，发动戊戌变法。但是变法不过百日，慈禧一伙发动宫廷政变，囚禁光绪，处死戊戌六君子，断送了变法的前程，使中国再次失去了发展的机遇。

20世纪初中国出现了第三次发展的机会。在由谁来掌握这个机会上却出现了复杂的情况。在朝的统治者和在野的革命派、立宪派都想掌握这次机会，而且各自在朝、在野分别演出了程度不等的悲喜剧。八国联军侵华给清统治者留下了极为深刻的教训。他们认识到完全按照旧的方式很难维持统治，决心实行新政。从1901年到1911年，清政府在实行新政方面确实有了相当大的动作。朝中大臣反对实行新政的声音很小，反对新政改革的派别几乎不存在。这是与前两次新政根本不同之点。清政府不仅派出五大臣赴东西洋各国考察政治（这是承认政治不如人的表现），而且在政治、军事、经济、教育、法制改革方面迈出了较大的步伐，颁布了大量的政策法令、规章条例。某些措施已经触动了清朝统治的根本，如在政治上宣布预备立宪，在中央设资政院，在各省设谘议局，扩大了民意表达，在官制方面也做了一些革新；在经济上鼓励资本家投资工商企业、鼓励资本家发展，商会的普遍发展在客观上鼓励了资本家组织起来；在教育上废除科举，建立新式学制，举办大中小学，形成了新的人才培养机制；在法制改革方面也冲击了传统的政法不分、立法司法不清的观念；等等。这些都是此前的两次新政不可比的。

如果把这次新政提前40年，中国的发展道路可能不同，发生中国式的明治维新并非不可能。但这次新政改革是在中国已经诞生了新的阶级力量的历史条件下进行的，新式知识分子群已较多认识到中外发展的差距而力求有更大的改革动作，而最高统治者对皇权的神圣又不许有丝毫触动，对体现皇权的有力统治机构军机处不许触动，对应允预备立宪的时间拖得太长。满族亲贵加紧控制政权，尤其加紧控制新练的军队，不仅得罪了热衷于君主立宪的立宪派，也加深了满汉矛盾。清政府完全站在革命派的对立面，改革以巩固皇权、防止革命为目的，使得这次改革在革命派和立宪派的联合攻击下失败，使得清政府失去了最后一次借改革以谋求发展的机遇。

在清廷试图借新政改革抓住发展机遇的同时，在野的革命派和立宪派也带着自己的设计和期望，投入国家改革的潮流中，力图抓住发展机遇。立宪派发动的抵制美货运动、收回路矿利权、国会请愿运动都曾经声势浩大，震动朝野；革命派组织政党，在国内外聚集力量，在各地发动武装起义，更使整个社会充满火药味。立宪派由于对朝廷预备立宪丧失信心，最后与革命派合作，完成了推倒清朝统治的革命。由于革命派在政权问题上的幼稚，民国政权很快转移到袁世凯手中。尽管南京临时政府发布了一些发展工商企业的法令，尽管孙中山、黄兴被袁世凯政府封为全国铁路督办、协办，孙中山为振兴实业制定了十年修十万英里铁路的计划，制定了像《建国大纲》那样发展国家经济的蓝图，但由于没有政权支持，这一次发展机遇也失去了。

民国初年掌握政权的袁世凯及其集团，正是清末在清政府中较为活跃的那部分人。袁世凯等人在练新军、发展新式教育和发展实业方面起过重要作用。民初，他们为了巩固政权，放弃了在发展方面的追求，闹起了称帝的复辟活动，导致军阀的混战和割据——对国家政权一种变相的追求。1912—1921年，由于民初对振兴实业的鼓励，更由于第一次世界大战期间列强放松了对中国的经济掠夺，中国工业的发展有了一个较为宽松的时期，这是中国发展自己的好机会。但是，由于没有一个统一的中央政府的有力推动，这个发展是有限的。由于其自发性，更由于帝国主义势力卷土重来，这个有限的发展被扼杀了。这是因无政府有力支持、国内政出多门、社会不稳定而失去发展机会的典型例子。

从历史经验说我国面临的
机遇与风险*

一

习近平总书记说过,自170年前的鸦片战争以来,中国从未如此接近复兴之梦。这是正确的,是符合鸦片战争以来的历史事实的。

国家贫弱、外敌频繁入侵,中国被纳入列强制造的不平等条约体系。国家和人民不断在奋斗,也曾出现改变中国面貌的若干机遇。

鸦片战争后,太平天国农民起义反对清朝统治,企图建立地上"小天堂",军事势力席卷18省,坚持14年,终因农民阶级自身落后,面对湘淮军和外国势力镇压而失败。太平天国曾经提出很多理想,甚至提出过中国最早的现代化计划。如果胜利,中国的面貌可能有新的变化。

19世纪60年代的自强运动,学术界称为洋务运动或者洋务活动。鉴于西洋的坚船利炮,清政府内一些大臣发起自强运动,引进西方生产技术,造枪造炮,开办官督商办企业,很有一番作为。但是最高统治者没有给予全力支持,反对的大臣很多,热心洋务的督抚就那么几个,而且他们从挽救清朝出发,不可能引进西方政治制度,不可能改变封建制度,这个自强运动在甲午一战中宣告失败。这个运动虽然在中国建立起最早的一批资本主义企业,但在小农经济的汪洋大海中只是点滴浪花而已,不能改变中国的落后面貌。这是鸦片战争后,清政府失去的第一次

---

* 本文原载于《济南大学学报》2016年第4期。

发展机遇。如果对比日本明治维新，一个成功，一个失败，非常明显。

1898年康梁发动的戊戌变法运动，又是一次挽救中国命运、发展自己的机会。但是这个运动为守旧势力所破坏，慈禧太后出面镇压了这个运动，六君子洒血菜市口，康、梁逃往国外。这个运动，较之洋务运动，带有更多的资产阶级性质。如果顺利成功，抓住了发展机遇，中国面貌可能发生变化。

1901年因八国联军侵略，被迫签订《辛丑条约》，清政府决心改革，发起新政。为了推进新政，1905年清政府派出五大臣出洋考察政治，颁布了一系列推动资本主义生产力发展的政策，成立类似农工商部这样的新机构，还在立宪派压力下实行预备立宪。这次改革的力度超过了戊戌变法和洋务运动。但是甲午战争失败以来清政府的种种作为已经激起了人民的愤慨，主张改良的立宪派不满意，革命派势力也已经成长起来，加上清政府的种种失策，辛亥革命终于爆发。清政府的新政改革难以进行下去，不得不终止。

1912年孙中山等革命派发动的辛亥革命，推翻了清朝封建君主统治，建立了中国乃至亚洲第一个共和国。南京临时政府颁布了若干有利于资本主义发展的政策。这是近代中国发生的一次资产阶级性质的革命。可惜由于19世纪末成长起来的民族资产阶级力量弱小，在帝国主义政治、经济压力下，他们未能积极支持孙中山领导的资产阶级革命，加上革命派没有发动占人口最大多数的农民起来支持革命，又加上列强不支持革命，临时政府成立三个月，政权就为前清大臣袁世凯攫取，随后中国沦为军阀专制统治。因革命激发起来的建设热情未能坚持下去，一次发展的机遇丧失了。如果革命成果能够巩固，趁着帝国主义忙着打第一次世界大战，中国发展民族资本主义企业，有可能改变中国面貌。

1924年国共合作反对北洋军阀、反对帝国主义的大革命（又称国民革命）进展顺利，但蒋介石叛变革命（蒋介石在1924—1926年有着革命面孔），把共产党人打入血泊之中，引起了长达十年的国共对立。如果国共合作不破裂，北伐战争取得完满胜利，中国继辛亥革命后建立起一个新的革命政权，着力发展生产，中国有可能转变命运。

1927—1937年，国民党政府形式上统一了中国，但国民党发动反共内战，又不断讨伐异己势力，加上自九一八事变开始的日本帝国主义侵略逐渐加剧，国内的一点现代化努力也难有成就。

1937—1945年,日本帝国主义全面侵华,中国人民奋起抵抗,中国发展失去了基本条件。这是民国时期外国侵略剥夺中国发展机遇的例证。

1945年抗战胜利,重庆和谈和新政协会议取得一些积极成果,中国有可能进入和平民主新阶段。照此下去,如果能够建立联合政府,决心抓好现代化建设,中国有可能走上一条新的道路。但是,以蒋介石为首的国民党政府担心共产党和人民力量壮大,要再次把人民力量打入血泊,发动内战,要消灭中共领导的军事力量。结果和平民主新阶段未能到来,内战三年,终于把蒋介石送到了台湾。如果1946年建立联合政府,利用全国人民盼望和平、建设国家的热情,中国可能早四五年进入现代化建设时期。

1949年新民主主义革命成功,中华人民共和国成立,在百废待兴的情况下开启了中国现代化建设的进程。美国利用联合国,建立各国联军发动侵朝战争,威胁中国安全,且驻军台湾,阻止了人民解放军解放台湾,中国不得不一面恢复国民经济,一面走上抗美援朝前线。这是新中国建立后外敌入侵延缓了中国发展进程的例证。

抗美援朝结束,中国开始执行经济发展五年计划,不到三个五年计划,中国就奠定了较为全面的工业基础。如果不是十年"文革",中国现代化步伐要快得多。所谓"亚洲四小龙"的韩国、新加坡,本来都比中国落后,台湾在20世纪60年代以前也很落后,香港还不如上海,就这十年间都发展起来了。

1978年以后的30多年,按照邓小平的嘱咐,中国紧紧抓住发展机遇。即使出现1989年政治风波,中国改革开放、发展经济的注意力也未改变,中国的面貌终于发生了翻天覆地的变化。到2010年,国内生产总值(GDP)就超过了日本,居世界第二位。这个成就是了不起的,它说明中华民族的复兴之梦距离实现已经不太远了。

以上是一百多年来中国失去发展机遇,落得落后挨打,及抓住发展机遇,极大改变国家面貌、走上复兴之路的例子。

二

在今天的现实条件下,我国当前还有没有发展机遇和潜力呢?答案应该是肯定的。

我国今天的现实条件，是已经建立起全面的现代化工业基础，具有了雄厚的综合国力和经济底盘。这一点是以往任何时期都不可比拟的，可以说是历史上最好的时期。经过30多年的发展，我国社会经济也面临一些挑战和危机。生态危机，雾霾扩大，经济发展不平衡，经济结构不合理，人民对未来美好生活的预期提高了。世界经济的危机和不景气也在大大影响着中国的发展。

从生态环境出发，发展绿色经济，发展高科技产业，为此大力调整经济结构，这个调整本身就是一个巨大的发展机遇。调整中可能出现发展下行的压力，但随着调整的逐渐完成，一些新的产业带会出现，会大大提高国家的经济实力。

我国的西部开发战略扩大起来，就是"一带一路"倡议。在这一倡议下，我国西部从现代化发展的边缘变成现代化发展的前线，这又是一个巨大的经济发展机遇，这其中刺激起来的经济活力将是极其巨大的。"一带一路"还将带动相关国家和地区的经济发展，反过来又会推动我国经济的发展。

巨大的国内市场和巨大的消费能力（包括发展旅游业）需要进一步开发。服务业将在这里大展宏图。随着国家经济能力增强，人民币走向国际，我国金融服务能力将会极大地影响国际金融市场。高铁技术的发展，也将会带动国际交通版图的进步。这又是一个巨大的发展机遇。

城镇化的发展趋势将带来发展的巨大机遇。如果我国城镇人口达到全部人口的70%，30%是农业人口，这30%的农业人口不是目前的老弱，而是高素质的懂得现代化集约农业、科学种田的新式农民。生产方式的改变，带动起来的生产力发展将是巨大的。这方面的发展潜力有待开发。

文化产业的发展带来的发展机遇也是巨大的，其潜力目前还难以估计。

全面实施"走出去"战略。目前国内资金甚丰，为提供全面实施"走出去"战略奠定了基础。加大非洲的开发力度，加大南美的开发力度，与周边国家进一步加强经济贸易关系，其中形成的发展潜力也很巨大。

海洋开发。我国约有300万平方公里的海域，开发海洋经济，潜力巨大。

我国科技发展所产生的生产力涌动。继续推动科技开发与生产实践紧密结合，将会产生巨大的生产力。

未来30年，在建国100年的时候，以上发展机遇和潜力都将逐渐化作现实的生产力。这些生产力在推动中国经济文化发展方面作用巨大。这就是说，实现中华民族复兴的物质基础和经济文化实力，在现有基础上都将逐渐开发出来。在建国100年的时候，我国经济总量超过美国应该没有悬念，我国人均GDP也将居于中等发达国家之列。到那时我国的经济发展实力和国际地位，将会是史无前例的。无论是汉唐、宋明还是康雍乾，都将被超过。那时候，说中华民族实现了全面复兴将是根据充分的。

三

从历史经验来看，我国面临的风险与挑战主要来自外部和内部。

鸦片战争以后，外敌从两个方向来，一个是陆上，一个是海上。陆上来的主要是俄国，海上来的主要是欧洲国家和美国、日本。实际上长期遭到的侵略都是来自海上。未来5—10年，这方面的风险几乎都不存在。中俄两国的战略伙伴关系已很巩固并且还在继续发展，中俄之间的边界问题已经解决，两国之间发生战争的可能性在可预计的未来将降为零。美国的亚洲平衡战略，目的是对准中国。中国用了两手化解。一手是提出处理中美新型大国关系，建立中美之间割不断的紧密经济联系，美国向中国发动战争的可能性大大降低。目前中美之间的紧张关系，因中美之间第八次战略和经济对话以及第七轮中美人文高层磋商的收获成果已经缓解。另一手是"一带一路"，稍微撤开海上可能的冲突，背靠大陆，无论是"丝绸之路经济带"还是"21世纪海上丝绸之路"，都撤开了东部海上。美国虽然想在东海、南海闹事，成功概率不大，中美直接冲突的可能性很小。日本、菲律宾等国虽然想在东海、南海寻事，成功的概率较小。

至今中国经济发展仍是世界经济发展的引擎。2008年美国华尔街金融危机引发的欧洲经济危机，基本上是资本主义的痼疾在起作用，至今尚未过去，发达国家的经济发展还未走出经济危机的低谷。发达国家、金砖国家和不发达国家都指望中国经济的高增长带动他们的发展。在这种情况下，未来5—10年发生大规模战争的可能性几乎不存在。

但是，世界经济发展乏力将会影响中国经济的正常发展，这将是未来5年中国经济面临的国际挑战。

未来5年台湾的状况仍将是对我们的挑战。民进党上台，可能是一任，也可能是两任。蔡英文"5·20"就职演讲未能接受"九二共识"。她把两岸关系放到区域整合和"新南向"政策下讲，明确表明海峡两岸关系不是一个中国关系，而是区域关系，是准国际关系。这对我们也是一个考验。国家统一问题，我们一定要有时间表，不能旷日持久地维持现状。习近平主席在博鳌论坛会见台湾代表萧万长时表示，不能让国家统一问题一代一代往下拖。根据学者研究，1991—2005年，李登辉、陈水扁主持的七次"修宪"，已经基本上满足了"独台"和"台独"的要求，"中华民国宪法"只是一个空壳，"中华民国宪法"所体现的"一个中国"精神已经被"宪法增修条文"完全掏空了，变成了"中华民国在台湾"，这个"中华民国在台湾"通过"修宪"获得了法理支持。未来民进党上台，不需要通过制定"新宪法"，也不需要把"中华民国在台湾"换成"台湾共和国"。2005年全国人大通过的《反分裂国家法》已经用法律形式拒绝了"台湾共和国"的产生。"台湾共和国"形式的"台独"路线已经被打掉了。但是"中华民国在台湾"形式的"台独"将会继续下去。

未来的风险和挑战，可能主要来自国家内部。

建国后的30年，阶级斗争继续存在，但把"阶级斗争"上升为"阶级斗争为纲"显然是犯了判断性错误，犯了政治性错误，延误了现代化目标的早日达成。改革开放后的最近30年，金钱成为判断一切的标准，社会道德沦丧，党自身、国家机器，甚至文化教育界，都充满了铜臭味。党政机关、文化事业单位中"老虎苍蝇"的大量存在说明了问题的严重性。在我看来，这些表面上看似乎不像"阶级斗争为纲"年代那样让人惊心动魄，实际上给国家、社会带来的损伤不比前30年少。

我们的国家是共产党领导的，国体是工人阶级领导的、以工农联盟为基础的人民民主专政，国有企业是中国的经济基础。继续削弱国有经济会带来极大风险。工人阶级的主体地位、工农联盟的作用,今天亟须加强。20世纪五六十年代,农民进城当了工人极其荣耀,有工人当家做主的气派。今天数以千万计的农民进城务工,被人瞧不起,没人把他们当工人阶级的一员看待。这其中酝酿的风险也是存在的。

对于国有经济和民营经济,我们有"两个毫不动摇"。但是社会上流行着攻击、否定国有经济的声音,有的时候,这种声音的分贝很高。据我观察,我们现在似乎有将国有经济按照民营经济的模式进行改造的倾向,这是令人担心的。基础不牢,天动地摇。其中酝酿的风险不可不加注意。

十八大以来通过的市场经济起决定作用,政府的一手也要加强。一些人担心,市场经济这一手是硬的,政府作用这一手是软的。对于加强社会主义市场经济的理论建设和实践总结,社会上注意不够。如果一手硬一手软的现象存在,国家发展方向上的风险可能也是存在的。加强供给侧改革,可能意味着政府一手的作为。建议市场的手、政府的手都要硬起来,才能有效地规避风险。社会主义市场经济,是中国化的马克思主义在社会主义经济形式上的重大理论创新,这个理论亟须在实践中加以完善,在理论上加强论证。

我国宪法规定:"在我国,剥削阶级作为阶级已经消灭,但是阶级斗争还将在一定范围内长期存在。中国人民对敌视和破坏我国社会主义制度的国内外的敌对势力和敌对分子,必须进行斗争。"今天我们的社会、共产党内,都存在敌视和破坏我国社会主义制度的个人和团体,但我们没有像宪法规定的那样做到"必须进行斗争"。这其中酝酿的风险是存在的。王伟光发表有关阶级斗争的文章,在网络上遭到巨大的反弹,是令人疑惑的。这说明,我们的社会已经不能谈阶级斗争了。网络领域绝对开放,其中有攻击、颠覆共产党的领导和攻击毛泽东等领导人的言论,严重违反四项基本原则,这其中存在意识形态领域的极大风险,是值得高度警惕的。

毛主席当年说:"领导我们事业的核心力量是中国共产党,指导我们思想的理论基础是马克思列宁主义。"海外的"法轮功"和"民运分子"每天都在制造反共的舆论,这些舆论通过无所不在的网络每天都在影响国内的人民,这个风险是很大的。1989年前后的苏联,类似的情况大量存在,最终导致了苏联的解体。历史的教训值得谨记。

国家发展了，社会富裕了，个人有钱了，但是贫富差距也拉大了。我国历史证明，贫富差距加大一定会引起社会动荡。如不得到遏制，未来一定会付出巨大代价。

30多年来，我们培养了大量的知识分子，许多人在国外留学，受西方资产阶级意识形态的影响是明显的。今天出国留学的年龄越来越小。大学毕业后出国留学，可能部分人有一定的识别能力；小学生、中学生到国外上学，可能培养出对社会主义祖国很陌生甚至敌视的人。如何防范受到西方思想意识形态影响的归国留学生对国内民众的反影响，如何防止这样的归国留学生走上政治舞台，成为政治领导人，是国家面临的一项课题。

篱笆扎得紧，野狗难近身。国家发展的重心是在内部。党的领导正确，绝大多数人从国家发展中获得幸福感，人民的向心力增强，就会形成国家稳固不摇之基。外部敌对势力是难以撼动这个基础的。

以上是我的观察和思考。以习近平同志为核心的党中央统筹国内国外一系列治国理政的举措，一系列纠正党风的反腐举措，在一定意义上正是在应对这些可能存在的风险。如果抓得不紧，抓得不牢，这些风险有扩大的可能。为了推进中华民族复兴梦想的实现，对我们可以预见的那些风险，一定要有强有力的应对措施。

20 世纪中国与世界关系的
三个标志性年代[*]

中国与世界的关系是历史研究中一个长盛不衰的课题。中国是一个历史悠久的国家，中国与周边国家、与西方国家发生关系，经历了长久的年代。回顾 20 世纪的历史，考察中国与世界的关系，有三个标志性年代需要记住。这就是：1900 年、1945 年、2000 年。

1900 年。当 20 世纪即将拉开帷幕，在中国的大地上便发生了一场规模巨大的义和团反帝运动，随之而来的是八国联军的入侵。世界上最具实力的八大强国的军队进攻中国，占领中国首都，中国的朝廷流亡西安。中国在从未有过的屈辱中跨进了 20 世纪。腐败无能的清政府被迫接受十一国强加的《辛丑条约》，中国遭受自鸦片战争以来最为惨重的损失，被置于极其屈辱的境地，已经残缺的国家主权进一步沦丧。在赔款等各项惩罚中国的条款之外，还规定外国军队可以在中国首都北京以及北京至渤海湾沿途的黄村、廊坊、杨村等十二处地方驻扎。《辛丑条约》明确规定了中国在世界的地位，中国虽然避免了被列强瓜分的命运，却在西方列强建立的国际关系体系中扮演了半殖民地的角色。中国进一步沦为半殖民地半封建社会。

1945 年。1900 年之后的数十年，痛定思痛的中国人民为摆脱不平等地位，为争取民族解放进行了长期艰苦卓绝的斗争。巴黎和会上的抗争和五四运动的爆发、轰轰烈烈的国民革命运动，尤其是抵抗日本帝国主义入侵的抗日战争的伟大胜利，不仅从根本上改变了中国的政治地

---

[*] 本文是中国社会科学院近代史研究所建所 50 周年第二届近代中国与世界国际学术讨论会开幕词的一部分，原载于《人民日报》2000 年 10 月 19 日，第 11 版。

位，而且这是近代中国反抗外国侵略以来取得唯一胜利的战争。这次胜利是近代中国复兴的枢纽。在这一年，中国参与筹建联合国，与美、苏、英、法一起成为世界五大国，中国的大国地位由此奠定。中国虽然还是一个弱国，但由于胜利，在国际关系体系中的地位开始发生本质变化。1949年新中国成立以后，中国人民站起来了，中国可以进一步对旧的世界秩序说"不"，开始坦然地面对世界，面向未来，并且信心百倍地努力为世界的和平与发展贡献自己的力量。与半个世纪以前相比，中国与世界的关系已经大大改观了。

2000年。中华人民共和国成立之后，经过短期的国民经济恢复时期，便开始大规模的现代化建设。由于经验不足，我们在现代化的道路上进行过艰难的探索，走过曲折的道路。中国共产党和中国人民遭遇挫折之后并没有丧失信心。中国人民不断总结经验，不断探索，终于找到了一条具有中国特色的社会主义现代化道路。中国在坚持马克思主义指导的原则下，勇敢地向世界开放，在与各国进行经济贸易以及政治文化的交往中，大胆地借鉴和汲取人类文明的一切优秀成果，包括资本主义制度创造的那些有益于人类社会进步的优秀成果。与此同时，中国坚持了社会主义制度，并且在引入市场机制的情况下不断完善这个制度。如果说，近代以来中国向世界的被动开放，使中国人感到前景的迷茫和压抑，那么，如今的主动开放，则是现代中国人对自己前途充满自信的一种体现。中国加入世界贸易组织，不仅表明中国的发展需要世界，而且表明世界的发展更需要中国。2000年，对中国的20世纪而言，实在具有极为重要的象征意义。这个意义在于，我们将不再是世界的一个被动因素，而是世界的一个积极因素，我们是国际社会中平等的一员，我们将为世界的发展和人类的进步做出新的贡献。中国的发展将提供给世界一些新鲜的经验，同时也将给国际关系体系注入中国特点。中国在反对霸权主义、反对单极世界、争取多极世界秩序的过程中，将使世界走向更加民主、更加平等，国家不分大小，在世界上都有平等的发言权、生存权和不受大国欺负的权利。这个国际关系体系的形成，将改变19世纪以来资本主义世界关系中以大欺小、以强凌弱、以富压贫那样一种不平等、不民主的帝国主义、霸权主义原则。

历史已经证明，这一百年来，中国与世界的关系的性质，从根本上改变了。

辛亥革命为中国的进步打开了闸门[*]

由 1911 年 10 月 10 日武昌首义开始的辛亥革命，到今年已经 100 周年了。辛亥革命是历史的首创，它提供了此前的中国历史进程未曾提供的新鲜经验，为中国的进步打开了闸门。这样一个重大历史事件，值得我们永远纪念、深入研究。

辛亥革命冲破了君主专制制度的堤防

中国历史悠久，自秦统一中国以来，已经过了 2200 多年。著名的二十四史记录了中国历史上改朝换代、宫廷政变、砍砍杀杀的许多故事。秦末农民起义，陈胜、吴广发出了"王侯将相，宁有种乎"的豪言壮语。这一起义固然是大胆的造反举动，但目的也只是争一个帝王的位置。楚汉相争，出身草莽的刘邦成为汉朝的开国皇帝。元末农民战争，当过和尚的朱元璋力战群雄，开创了明朝天下。但不管如何改朝换代，不管是统一还是分裂，天下始终是一人一姓的天下。在世界历史上，中国是君主专制制度最为成熟的国家，也是封建社会延续时间最长的国家。在资本主义生产方式出现以前，冲破君主专制制度几乎是不可能的。

进入近代以来，情况有了变化。资本主义、帝国主义国家侵略中国，使中国变成半殖民地半封建社会，对中国的独立主权损伤极大。西

---

[*] 本文是应《人民日报》理论部约稿而作，原载于《人民日报》2011 年 9 月 26 日，第 7 版，"理论"版。后收入《张海鹏自选集》，学习出版社，2012。

方资本主义国家把它们的生产方式带进中国，对中国社会生产的冲击很大；欧风美雨对中国传统文化的影响很大；西方资产阶级的社会政治学说逐渐传入中国，对国内封建统治阶级意识形态的冲击很大。太平天国运动发起了对清朝统治阶级的冲击，虽然提出了建立"新天新地新世界"的理想，要在地上建立"小天堂"，但这个"新世界""小天堂"仍然不能摆脱封建皇帝的那一套，不能给中国指出新的出路。被人给予很高评价的洋务运动，也只是封建统治阶级的自救运动，只能给百孔千疮的统治机器增加一点润滑剂而已，根本无法改变国家的面貌。戊戌维新运动主张君主立宪，试图把中国引上资本主义道路，是一次思想解放运动，但它力图保住光绪皇帝的位子，既不彻底也没成功。义和团农民反帝爱国运动是一次缺乏有力领导且被清朝当局利用的运动，打出的口号是"扶清灭洋"，最终被帝国主义和清朝统治者联合绞杀。

辛亥革命以前所有的历史运动，从某种意义上说都还是在争夺皇位上打圈子，未能跳出这个怪圈。

孙中山先生所领导的辛亥革命则不同，它是中国历史进入20世纪后发生的一次伟大革命，是20世纪中国第一个最具重大历史意义的事件，甚至可以说是自秦统一中国以来中国历史最伟大的一次历史性转折。

孙中山在甲午战争的失败中放弃了以和平方式改良朝政的幻想，从成立兴中会开始就把革命的矛头对准了君主专制制度，对准了皇帝。他曾说，不管是满族人做皇帝还是汉族人做皇帝，都要推翻它。推翻皇帝的武器就是民权主义，是资产阶级共和制度。

从历史发展规律来看，用资产阶级的共和制度代替封建地主阶级的君主专制制度，是历史的巨大进步。辛亥革命的最大意义在于，革命的发生动摇了中国人两千多年来对君主专制制度——皇权统治的崇拜，用武装起义的方式掀倒了皇帝的宝座。中国历史上掀倒皇帝宝座的例子很多，每次掀倒后又有新的皇帝重新登上那个宝座。辛亥革命则不同，它不是以拥立新皇帝为目的，而是推倒任何皇帝；不是以新王朝代替旧王朝，而是以新的社会制度代替旧的社会制度。武昌首义后，湖北军政府成立，随即发布文告，宣布"永久建立共和政体，与世界列强并峙于太平洋之上，而共享万国和平之福"。不久，就颁布了《中华民国鄂州约法》。《中华民国鄂州约法》以西方资产阶级三权分立原则构建了近代中国第一个民主共和制政权，是中国历史上第一部具有宪法性质的地区性资产阶级民主立法，为以后南京临时政府制定和颁布《中华民国临时约法》提供了范本。而《中华民国临时约法》贯彻了主权在民、三权分立等近代西方资产阶级共和宪法的基本原则，具有鲜明的资产阶级民主色彩，是中华民国第一部具有宪法性质的国家根本大法。与清末新政时期清政府颁布的《钦定宪法大纲》相比，《中华民国临时约法》具有鲜明的民权宪法性质，对人民的民主权利进行了较为充分的肯定；与湖北军政府颁布的《中华民国鄂州约法》相比，《中华民国临时约法》更具全国性意义，内容也更加系统完备。因此，《中华民国临时约法》在中国历史上具有划时代的意义。尽管袁世凯和北洋政府破坏了《中华民国临时约法》，但法制观念已为民众所接受。

皇帝掀倒了，皇帝宝座废除了，人民接受了与中国传统政治完全不同的共和立宪观念，成立了共和国即中华民国，共和国的执政者只能在宪法的范围内活动，这是辛亥革命留给后人的最大遗产。从此以后，中国人形成了一个新的观念：敢有帝制自为者，天下共击之。袁世凯称帝遭抵制，张勋复辟被讥讽，便是"天下共击之"的例子。政治鼎革带来了社会经济、文化发展的一系列变化，带来了对外关系的一系列变化，影响了中国与周边国家的关系，也影响了中国与世界的关系。

辛亥革命虽然未能彻底铲除君主专制制度，但推翻了皇帝宝座，就是在君主专制制度的根基上打上了一根很大的楔子，为此后的新民主主义革命奠定了很好的基础。

辛亥革命带来了 20 世纪中国的思想大解放

辛亥革命作为一次革命运动和重大政治事件，影响了整个 20 世纪中国的历史进程，也带来了 20 世纪中国的思想大解放。

用资产阶级的共和制度代替封建地主阶级的君主专制制度，是中国历史上了不起的转折和成就，也是鸦片战争以来中国历史上最大的一次思想解放运动。辛亥革命开创了这样一个局面：中国人从此抛弃了对皇帝的信仰，不管这个皇帝姓爱新觉罗还是姓袁，不管是满族皇帝还是汉族皇帝。由此带来的思想解放，是怎么形容也不过分的。

中华民国临时政府一成立，各种政党组织、群众团体公开成立，纷纷表达各个不同利益集团对时局的意见。这也是辛亥革命带来的一种思想解放。封建时代，中国政治一向反对结党，结党就是营私，就是对皇帝的不忠；"党人"往往是攻击政敌的有力话柄；不能结党是封建时代的特征。否定了封建皇帝，自然就要肯定结党的正当性。在时代的碰撞和打磨中，有两个政党逐渐成为社会大众关注的中心。这就是1921年召开第一次全国代表大会正式成立的中国共产党和1924年召开第一次全国代表大会并加以改组后的中国国民党。国共两党的联合与斗争，国共两党力量在中国政治发展进程中的此消彼长，成为此后几十年影响中国历史进程的基本内容。

辛亥革命提出"中华民族"概念，为团结各民族共同奋斗、形成中华民族凝聚力提供了基础概念。民族压迫、民族不平等，是封建统治者对少数民族所采用的政策。满族以少数民族身份入主中原，采用的也是民族压迫、民族不平等政策。满族是少数民族，但它是以整个民族作为统治民族。孙中山的民族主义追求民族平等，反对民族压迫和民族不平等。当时"反满"，是反对满族作为统治阶级的特权，不是反对满族。孙中山在1912年元旦就任临时大总统时立即宣布："国家之本，在于人民。合汉、满、蒙、回、藏诸地为一国，即合汉、满、蒙、回、藏诸族为一人。是曰民族之统一。"这就是"五族共和"的主张。五族共和就是五族平等。民族平等，是孙中山民族主义的核心观念。随着五族共和主张的提出，"中华民族"新概念出现了。中华民族的概念规定了中国境内各民族是一律平等的。整个民国时期虽然没有实现民族平等，但五族共和的主张、中华民族的观念，为中华人民共和国建立以后实现真正的民族平等、民族区域自治奠定了一定的思想基础。

辛亥革命提倡人民公仆的观念，对中国进入阶级社会以来的官场政治是一大革命。孙中山就任临时大总统，自称人民公仆，确认以人民为本位。把大总统等同于人民仆人，体现了人民至上的革命精神。孙中山曾以大总统名义发布通令，要求所有政府官员"皆系为民服务，官规具在，莫不负应尽之责任，而无特别之利益"。他还说："国中之百官，上而总统，下而巡差，皆人民之公仆。"孙中山自己更是以身作则、廉洁自持，始终保持人民公仆形象。他曾说："总统在职一天，就是国民的公仆，是为全国人民服务的。""总统离职以后，又回到人民的队伍里去，和老百姓一样。"这是一种伟大的公仆精神，也是孙中山先生、辛亥革命留给后人的珍贵政治和精神遗产。

辛亥革命扫除了封建时代落后腐朽的生活方式，推动了社会改良。清廷既倒，民国初建，孙中山以大总统名义颁布了一系列法令，推动人们思想的解放和社会的改良。除了大力发展实业，还发布了男子限期剪辫、劝禁妇女缠足和禁烟、禁赌等命令；初等小学可以男女同校；废除"大人""老爷"等反映封建时代身份与地位的等级观念称呼；废除跪拜、请安等礼节，代之以鞠躬和握手，显示共和时代人与人之间的平等；禁止买卖人口，解放"贱民"，给予"贱民"国家公民应有的人权；保护华侨、禁绝贩卖"猪仔"。这些政策和措施的实行，对于扫除封建时代落后腐朽的生活方式、逐渐改变社会风习、形成新的社会风尚起到了积极作用。

辛亥革命的失败开辟了新民主主义革命的道路

辛亥革命虽然取得了伟大历史功绩，但它没有完成反帝反封建的历史任务，没有改变中国半殖民地半封建的社会性质，没有实现国家的工业化和现代化，革命的成果也为袁世凯所攫取。临时政府转移至北京后，国家政治失序，文化复古，社会一片混乱。"二次革命"失败后，武昌起义的主要参加者蔡济民感叹"无量金钱无量血，可怜购得假共和"。孙中山经历几多周折，深感革命任务远未完成，曾在1919年10月10日感叹道："今日何日？正官僚得志，武人专横，政客捣乱，民不聊生之日也。"在临终时嘱咐："革命尚未成功，同志仍须努力。"辛亥革命的结局，让先进的中国人不停地思考：中国的出路在哪里？

皇帝虽然推倒了，封建根基却未动摇，人们的自由意志还是受到压抑，社会不能前进。这就是新文化运动发生的历史背景。《新青年》举起了新文化的旗帜，陈独秀、李大钊、胡适、鲁迅等新文化干将大声疾呼。新文化运动就是要反对旧文化，反对以儒家为代表的传统文化。它提倡民主，反对专制；提倡科学，反对迷信；提倡新文学，反对旧文学；提倡白话文，反对文言文；提倡新道德，反对旧道德；等等。在新文化运动的影响下，西方社会政治理论有了市场，社会主义、马克思主义得以进一步传播。这对于封建意识形态是一次大的冲击，对中国思想界是一次大的解放。

巴黎和会击破了中国人"公理战胜强权"的美梦。中国是第一次世界大战的战胜国，完全有理由收回被日本占领的德国租界地青岛和山东的权益。但主持巴黎和会的帝国主义者根本不理睬中国人的愿望，不理睬所谓的国际公法，强行将上述权益判归日本所有。这极大地激发了中国人的爱国热情，也使人们认识到在帝国主义时代就是强权战胜公理；中国要从半殖民地半封建社会中解放出来，只有靠自己起来发动和坚持反帝反封建斗争，不能指望神仙和皇帝。

新文化运动、五四运动、马克思主义传播，就是中国共产党成立的历史背景，也是中国国民党在1924年改组的历史背景。改组后的中国国民党按照第一次全国代表大会确定的路线，按照孙中山的主张，是有可能与中国共产党合作走上新民主主义革命道路的。但是，由于孙中山过早地逝世，由于中国国民党的领导者背叛第一次全国代表大会的路线、背叛孙中山的主张，实行彻底的反共政策，历史就把领导新民主主义革命的任务单独交给中国共产党人来完成了。

辛亥革命的成功和失败说明，中国旧式的民主主义革命已经走到头了，只有新式的民主主义革命才能推动历史的前进。中国共产党就是在这样的历史大背景下，义无反顾地肩负起这样的历史任务，走上现代中国的历史舞台。

中国共产党是辛亥革命的忠实继承者

一个发人深思的现象是：1912年孙中山解除临时大总统职位后，立即在各种场合大谈中国的社会主义发展前途问题。孙中山多次说过，他所主张的民生主义就是社会主义。1912年7月他在上海对中国社会党的长篇演说，通篇讲社会主义。更发人深思的是，在此后孙中山的经历中，差不多每遇到一次失败，就要谈一次社会主义。1924年在改组中国国民党的过程中，他曾反复强调社会主义、共产主义是中国历史发展的归宿。我们从《孙中山全集》中可以读到这方面的许多论述。

孙中山曾遍游欧美，看到发达资本主义国家的生产力发展，也看到那里劳资间的斗争状况和社会主义运动的兴起，希望中国避免资本家专制的流弊。他说："我希望看到人民大众的生活状况获得改善，而不愿帮助少数人去增殖他们的势力。"他在晚年提出耕者有其田、节制资本的主张，就是试图在中国探索走非资本主义道路的可能性。孙中山的社会主义虽然与科学社会主义有本质区别，但他崇拜马克思和马克思主义，他的思想和主张在一定程度上受到科学社会主义的影响，是肯定无疑的。他强调共产主义是人类的最高理想，共产主义是社会主义的上乘，民生主义就是社会主义，就是共产主义。他相信，中国社会将来也要发展到共产主义。俄国十月革命后，孙中山主张"以俄为师"，甚至希望在中国不再建立英、美那样的资产阶级共和国，而是建立像苏俄那样的人民共和国。

辛亥革命的失败，推动孙中山去探索中国社会发展的新道路。我们说社会主义是中国历史的选择，并不是单从中国共产党这个角度而言的，包括孙中山在内的一批与时俱进的革命者，都曾不同程度地考虑中国的社会主义发展前途问题。今日中国社会的发展，是近代以来尤其是辛亥革命以来千百万志士仁人奋斗的结果。

100年前，有关"振兴中华"的宏伟抱负，在孙中山的思想中有着充分的体现。孙中山具有非常丰富的社会改革和建设思想，他为中国社会的发展、为中国的现代化设计了蓝图。他在《建国方略》（《实业计划》是其中一部分）等著作中，提出了建筑北方大港、东方大港、南方大港的计划，提出了修筑10万英里铁路、铁路通到西藏以及100万英里碎石路的设想。他提出了在保证国家主权的前提下，借外资以发展国内实业的思想。他还提出了"发展之权，操之在我则存，操之在人则亡"的思想，提出"欲使外国之资本主义以造成中国之社会主义"。他的这些计划和设想是非常超前的，那时的人们都笑话他是"孙大炮"，不切实际。孙中山在1924年说过："此刻实行革命，当然是要中国驾乎欧美之上，改造成世界上最新、最进步的国家。"这种理想是很崇高的。

孙中山的社会政治理想，在辛亥革命以后，不仅北洋军阀未能实现，国民党政府也未能实现。1949年新中国成立后，中国彻底摆脱了半殖民地半封建社会，才有条件实现孙中山提出的耕者有其田和节制资本的主张，才有可能开展大规模的现代化建设。美国著名中国近代史学者韦慕廷在其所著《孙中山——壮志未酬的爱国者》一书末章写下的最后一句话是："孙中山为中国谋求解放的梦想，只是在半个世纪后才逐步实现的。"这确是正确的结论。毛泽东同志在 1964 年写道："中国大革命家，我们的先辈孙中山先生，在本世纪初期就说过，中国将要出现一个大跃进。他的这种预见，必将在几十年的时间内实现。"今天可以说，这个预见已经实现了！正如胡锦涛同志在"七一"重要讲话中指出的，90 年来中国共产党团结带领人民完成和推进了三件大事：完成了新民主主义革命，实现了民族独立、人民解放；完成了社会主义革命，确立了社会主义基本制度；进行了改革开放新的伟大革命，开创、坚持、发展了中国特色社会主义。这三件大事，"从根本上改变了中国人民和中华民族的前途命运，不可逆转地结束了近代以后中国内忧外患、积贫积弱的悲惨命运，不可逆转地开启了中华民族不断发展壮大、走向伟大复兴的历史进军，使具有 5000 多年文明历史的中国面貌焕然一新，中华民族伟大复兴展现出前所未有的光明前景"。

今天的中国，经济总量已经跃居世界第二，各项事业蒸蒸日上。中国特色社会主义事业所取得的发展成就，是孙中山和辛亥革命先辈们难以想象的，已经大大超越了他们的理想。可见，中国共产党不仅继承了孙中山和辛亥革命先辈们的理想和事业，而且大大发展了他们的理想和事业。正是从这个意义上说，中国共产党是辛亥革命的忠实继承者。

革命共和是推动辛亥革命发生的动力[*]

共和，共和！这是晚清以降志士仁人的口头禅。这是区别中国近代与古代的分水岭。这是许多英勇志士为之抛头颅、洒热血的崇高理念。这是推翻中国数千年皇帝专制政治的结果。

中国在封建皇帝专制政治下，自秦始皇以来，已经两千年。这是世界上发展最成熟的封建制度，这个制度曾经创造了中国中古社会发展的高度辉煌；17世纪以后，由于停滞不前，变成拖着中国社会发展后腿的痼疾。鸦片战争以后，这个制度的腐朽、没落，通过一系列事件，已经暴露无遗。

16世纪上半叶，明朝末年，在经过了三保太监郑和下西洋的辉煌时代以后，中国在世界生产力发展水平上开始落伍了。明末清初，政府实施了严格的"片帆不许入海"的规定，国人把眼光盯住国内，不知道海外发生着什么新奇故事。当18世纪末乾隆皇帝把前来寻求贸易机会的英国使团贡献的方物当作"奇技淫巧"的时候，他看不到这种"奇技淫巧"背后的生产力发展水平。不过过了40年，英国人再次前来叩关，蒸汽机驱动的轮船和鸦片飞剪船带来的已经不是一般的商品了。第一次鸦片战争后过了十几年，又来一次鸦片战争。在这个发展成熟到封建社会末期的社会制度下，它所培育的社会经济、所成长的治国人才、所形成的儒学传统，都已走入末路，对于来自西方的殖民主义侵略和资本主义生产方式，完全手足无措，没了应对之方。

---

[*] 原载于刘香成编《壹玖壹壹》，世界图书出版公司，2011。《南方周末》2011年10月1日摘要转载。

鸦片战争打起来的时候，绝大多数清朝官员包括处在广东前线的官员，都不知道自己的对手是什么人，来自哪一国。《南京条约》签订以后，道光皇帝还在追问，英国到底位于何方，是海上国家还是陆上国家，距离中国远近如何。连当时最具国际眼光的林则徐，也依故老传闻，把西洋士兵说成是直腿，不会打弯，登陆打仗肯定失败。在前线指挥打仗的高官，以为拿粪便、女人经血可以抵挡住洋枪洋炮。朝廷上下，照样嬉戏如故，文过饰非如故，子曰经云如故。他们完全不知道，中央之国以外，世界上有几大洲，欧洲在什么地方，在欧洲的西部、南部正在成长着新型的、完全区别于古老中国的资本主义制度，已经度过了工厂手工业时代，向着机器生产发展的资本主义经济制度已经形成，并且完成了初步的工业革命，正在向海外寻求广大的市场。正是在中国朝野上下懵懵然、昏昏然的时候，西方殖民主义国家带着新生的资本主义生产力的冲劲，带着殖民主义扩张世界市场的野心，带着欧洲人形成的国际法观念，把一个不平等的条约体系强加给了中国。

最为惨痛的打击，来自光绪二十年开始的甲午战争。对象是蕞尔小国日本。日本与中国一衣带水，向来是中国的学生。隋唐时期，日本派出许多学生、使者到中国求学，把中国物质文化和精神文化中有利于日本的东西都学过去了。留至今日最明显的是文字和衣物。哪里想象的到，经过1868年的明治维新，竟然如此事过境迁，昔日的学生翘起了尾巴，闹到兵临城下的地步。在"同治中兴"中辉煌一时的湘军和淮军，竟也抵挡不过日本的皇军。淮军的头领、时任直隶总督和北洋大臣的李鸿章，手里抓着一支当时亚洲最为现代化的海军，却守着威海卫和旅顺港，不许出海，把制海权拱手让给了日本海军。日本海陆齐下，占领山东半岛和辽东半岛，彻底摧毁北洋海军，在山海关外跃跃欲试，只待进军北京。同时又进军占领台湾省的澎湖列岛，眼睛盯着台湾。这时候，日本指名要李鸿章代表清政府前去日本马关谈判。谈判结果，1895年4月在日本马关签订了《马关条约》。这个条约，比较以前签订的各项不平等条约带给中国的打击和损害都要大。除了允许资本主义各国在中国自由设厂制造以外，还规定：第一，中国赔款两亿两白银（加上退还辽东半岛续还费3000万两白银和赔款交清以前威海卫日军驻军费150万两白银，共两亿三千一百五十万两），这是迄今为止所有对外赔款中最大的一笔；第二，割让台湾以及附属岛屿和澎湖列岛，割让辽东半岛

（因为俄、德、法三国干涉，日本退还辽东半岛，中国以3000万两白银赎回），这是近代以来最严重的领土割让。

《马关条约》的谈判、签约和批准，对中国国家和人民心理的打击极为巨大。谈判过程中，不少朝廷官员连上奏章，反对割让台湾。签约以后，更多的官员反对批准条约。康有为、梁启超等率进京赶考的举人先后约3000人公车上书，要求拒和，反对签约，主张变法。近代中国革命和改良的两大源头都在《马关条约》的签订。这里已经提到康有为主张变法的呼吁，革命派的首领孙中山也是在这个时候产生了推翻清朝统治的思想。1894年11月，孙中山在夏威夷成立兴中会，第一次在近代中国喊出"振兴中华"的口号，发出了"驱除鞑虏"的呼喊。

《马关条约》签订以后，西方帝国主义列强看到蕞尔小国日本都能打败中国，它们的侵华欲望进一步膨胀，此后在中国掀起了瓜分中国的狂潮。中国国势岌岌可危。康有为和他的学生以民间知识分子的身份，立学会、办报纸，广泛宣传西方资产阶级的理论学说，在人民中鼓吹变法主张。他的基本政治立场，是拥护光绪皇帝，在既有的政治体制内变法，实行君主立宪。他多次给皇帝上书，鼓吹君主立宪主张，也在一定程度上影响了朝中大臣。国势危亡，有如垒卵。光绪皇帝接受了康有为的变法主张，决心变法。他在一百多天的时间里，发布了许多变法上谕，裁汰了一批旧的衙门和官吏，却得罪了朝中守旧大臣。他们和"太上皇"慈禧太后相勾结，在1898年10月发动了戊戌政变，剥夺了光绪皇帝处理国家大政的权力，惩处了一批支持变法的官员，杀掉了主张变法的"戊戌六君子"（康有为、梁启超被迫亡命海外），宣布变法举措一律作废（仅保留了京师大学堂），同时加强了中央政府军事、政治控制能力。一场轰轰烈烈的变法运动失败了。

戊戌变法的失败，对社会人心又是一次沉重打击。改良派人士对改良失败很灰心，革命派人士坚定了走革命道路的决心。这些人开始更高地举起共和的旗帜。

接连着戊戌变法的失败，是义和团发动的爱国反帝运动和八国联军的侵华，其结果是《辛丑条约》的签订。《辛丑条约》带给中国的损失和污辱，是自《南京条约》以来最严重的一次。

1901年9月7日，清政府任命的首席议和大臣奕劻（庆亲王）、李鸿章（直隶总督兼北洋大臣）代表清政府与英、俄、德、法、美、日、意、西、荷、比、奥十一国公使，在最后和约议定书上签字，时为夏历辛丑年，因此所签条约又称《辛丑条约》（西文称为《北京议定书》）。

《辛丑条约》共有十二款，另加十九个附件，主要内容为：

（1）派醇亲王载沣为头等专使赴德国谢罪；派户部侍郎那桐为专使赴日本谢罪；在德使克林德被杀处立碑；对杉山彬"从优荣之典"；外国坟墓被挖掘及被破坏之处，建立"涤垢雪侮"碑。

（2）惩办"首祸诸臣"。一批王公大臣被杀头，其他各省凡发生教案和义和团的地区，文武官员百余人分别被斩首、充军或革职永不叙用。

（3）在外国人被杀的城镇，停止文武各等考试五年。颁行布告永远禁止成立或加入敌视诸国之会，违者皆斩。各省督抚文武官员于所属境内如复有伤害外国人等情事，必须立时弹压惩办；否则，该管之员，即行革职，永不叙用。

（4）向各国赔款白银4.5亿两，加年息四厘，分39年付清，本息合计9.8亿两，以海关、常关及盐政各进款为担保。此外，还有各省地方赔款白银2000多万两，总数超过了10亿两白银。

（5）将大沽炮台及自北京至海的所有炮台"一律削平"。天津周围二十里内，不准驻扎中国军队；准许各国派兵驻扎在京榆铁路沿线的黄村、廊坊、杨村、天津、军粮城、塘沽、芦台、唐山、滦州、昌黎、秦皇岛、山海关等十二处战略要地，以控制北京至海的交通。禁止军火和制造军火的各种器材运入中国，为期两年，并可延长禁运期。这是最早对中国的武器禁运和制裁。

（6）在北京东交民巷划定外国使馆区，许各国驻兵保护，不准中国人民居住。

（7）将总理各国事务衙门改为外务部，班列六部之前。变通诸国钦差大臣觐见礼节。

《辛丑条约》签订之后，李鸿章一病不起，于11月7日死去。李鸿章死后，在镇压义和团中有功的山东巡抚袁世凯被任命为直隶总督，从此，袁世凯平步青云，成为影响此后中国政治走向的重要人物。慈禧一伙等到联军撤走，才从西安启程"回銮"。获得外国赦免与保护的皇太后，又恢复了往日的穷奢极欲。她不顾深重的国难民灾，大肆铺张，发卒数万人，驱车3000辆，拉着各省进贡的金银财宝、绫罗绸缎，一路黄土垫道、悬灯结彩,于 1902 年 1 月 7 日回到了北京。

如果说 1842 年的《南京条约》是中国向半殖民地半封建社会转变的开始,那么,1901 年的《辛丑条约》则标志着这种社会形态的确立。《辛丑条约》是所有不平等条约中最严重的一个条约。这个条约保住了慈禧太后和封建王朝的统治地位,实际上是帝国主义直接瓜分中国的一个替代条约。它对中国国家和人民的影响是极其重大的。

首先影响到国家的政治地位。辛丑以前,列强虽然严重侵害了中国的主权,但尚未在中国领土合法驻军。《辛丑条约》规定,外国军队得驻扎于中国京畿的战略要地,并将北京至大沽的炮台一律削平,这等于对中国实行了永久军事占领。辛丑以前,中国已经有了列强享受种种特权的租界,《辛丑条约》则将这种制度发展到形成一个中国人不得进入的武装使馆区,这是真正意义的"国中之国",它就在紫禁城旁,用枪口监督着中国中央政府的一举一动。辛丑以前,中国人挨列强的打还可以还手抵抗,此后,不仅抵抗的权利被完全剥夺,一般民众加入反帝组织("永远禁止成立或加入敌视诸国之会")也是绝不允许的,而中国政府的官员则成了列强镇压人民的工具,否则就要被革职惩罚。清廷,成了"洋人的朝廷"!美国历史学家马士在当时评论道:中国此时"已经达到了一个国家地位非常低落的阶段,低到只是保护了独立主权国家的极少的属性的地步了"。可以说,从这时候起,清政府实际上成了帝国主义统治中国的儿皇帝了。

其次影响到国家的经济地位。如果说自 1840 年以来,西方商品和资本的输入,使中国在自由贸易的旗号下,开始了经济的被侵略历程,那么,战争赔款则是赤裸裸的劫掠。这种劫掠一次比一次厉害,直至整个国家财政尽入其囊。《辛丑条约》规定的赔款本息近十亿两白银,本来甲午战争的赔款已使中国背了一身的债,而清政府全年的财政收入还不足白银一亿两。每年要归还本息 2000 万两,要还清这巨额赔款,只有层层加派,最终分摊到每一个老百姓头上。以中国洋务自强几十年建造起来的近代工业约 2000 万两白银的总资本作比方,列强要把这个可怜的家底,连锅端走 50 余次!说中国已经成了被列强套着缰索的经济奴隶,一点也不为过。条约还规定,各国要同中国签订新的商约,实际上是要进一步扩大对中国的经济侵略。

再从精神方面的影响看,自鸦片战争以来,列强一直注重对中国的心理征服。《辛丑条约》规定赔款4.5亿两，是以4.5亿人为标准制定的，是对全体中国人的惩罚；规定凡是有义和团活动的地方，停止科举考试五年，是对华北地区所有知识分子的惩罚；规定《辛丑条约》以及所有19个附件，都要以皇帝的名义在全国各地张榜公布，是对全国官民的警告。这些给全国人民的心理压力是巨大的。以慈禧为代表的中国统治阶级，由传统意识维系的心理防线终于被彻底摧垮。谢罪，惩凶，立碑，停试，"天朝上国"的妄自尊大、盲目排外，一下子变成了乞命讨饶、奴颜婢膝。据记载，慈禧太后自西安回到皇宫，在接见外宾时，一把抓住美国公使夫人的手，好几分钟没有放开，呜咽抽泣着反悔自己的错误，"量中华之物力，结与国之欢心"的谄媚心态由此表现无遗。统治阶级的思想即是社会的主流思想。一股崇洋、媚洋的殖民地意识就这样在中国逐渐蔓延开来。

这样的朝廷，被当时的革命派看作"洋人的朝廷"。像这样的洋人朝廷，还能指望它恢复国家的主权吗？还能指望它注重人民的权利吗？还能相信它能够提高人民的福祉吗？从帝国主义的侵略中，从清王朝的腐败中，革命派看出了一个简单的逻辑：封建专制统治救不了中国，必须用革命的手段推翻清朝专制皇帝的统治，必须建立中国的共和制度！就是在这样的历史大背景下，20世纪初中国新的民族觉醒的标志——共和革命，便加速度来临了。

辛亥革命时期是近代中国在诸多矛盾中从封建专制走向民主共和的时期。革命派（孙中山、黄兴、章太炎、宋教仁等）、立宪派（康有为、梁启超、张謇、严复等）、地主阶级开明派（袁世凯、黎元洪等）和满汉统治阶级中的顽固派以及外国势力在近代中国走向共和的过程中扮演了不同角色。

辛亥革命与中国历史上发生过的社会鼎革、王朝易代，性质是不同的。它不是一个王朝取代另一个王朝，而是一种社会制度代替另一种社会制度。它不是以中国固有的儒家经典作为思想武器，而是以19世纪末以来的新型知识分子从欧美各国学到的社会革命理论作为理论支撑。孙中山、黄兴、章太炎、宋教仁等就是这批人中的杰出代表。西方列强侵略了中国，也给中国人带来了新的思想武器，支持这个思想武器的是以机器作为动力的生产方式。

以孙中山为首的革命者，为了"振兴中华"、推动中国社会的进步，决心用社会革命的方式推翻"洋人的朝廷"。孙中山、黄兴等组织了中国第一个资产阶级革命团体——中国同盟会，把分布在海内外的中国革命者和先进的知识分子团结在自己的周围，为反清革命做了大量的思想启蒙、舆论宣传工作，发动了多次武装起义，大大推动了中国反清革命的进程。迫于形势，清政府不得不进行一些有限的改革。但是，在半殖民地半封建社会条件下，在帝国主义列强的监视下，这种改革只可能从挽救封建朝廷的危亡出发，不可能从根本上冲击封建统治，不可能满足民族资产阶级参加政权的需要；同时巨大的对外赔款和开展"新政"所需大量经费，严重加大了广大人民群众的负担。这样，辛亥革命的爆发就是必然的了。1911年4月的广州黄花岗起义、8—9月的四川保路运动、10月武昌首义以及随后的各省响应，是标志辛亥革命必然发生的一系列政治事件。

辛亥革命推翻了清朝统治，结束了我国两千多年的封建帝制，成立了我国历史上第一个民主共和国。辛亥革命是我国近代历史发展的重要转折点，是反帝反封建的资产阶级民主革命的起点，是一个伟大的里程碑，它把中国历史向前推动了一大步。由于时代条件和资产阶级的软弱，辛亥革命又是一次不彻底的革命，它没有完成反帝国主义、反封建主义的任务，没有给中国带来独立、民主和富强。它的胜利和失败，给此后的反帝反封建革命提供了经验教训，开辟了前进的道路。

百年沧桑，百年回顾，今天的中国人应该特别重视辛亥革命给后人留下的精神遗产。海峡两岸的中国人，都是辛亥革命遗产的继承人。

2011 年 5 月 20 日

怎么看待辛亥革命的伟大历史意义[*]

辛亥革命作为中国人民为改变自己命运而奋起革命的一个新的伟大起点，作为在中国共产党领导的人民革命之前的一次最重要的革命，具有深刻而久远的影响。辛亥革命是中国历史进入 20 世纪后发生的一次伟大革命，是 20 世纪中国第一个最具有历史意义的大事件。

辛亥革命的历史意义

推翻皇帝制度，这是辛亥革命的最大意义。辛亥革命动摇了中国人对两千年来似乎千古不变的封建专制——皇权统治的崇拜，用武装起义的方式掀倒了皇帝的宝座，这是历史的巨大进步。中国历史上掀倒皇帝宝座的例子很多，但每次掀倒后，又有新的皇帝重新登上那个宝座。近代中国也是这样：太平天国农民起义，虽然号称建立"新天新地新世界"，也免不了要登上皇位；戊戌变法也是一场以拥护皇帝为目的的改良运动；义和团反帝爱国运动的旗帜上写的是"扶清灭洋"，就是说反对外国侵略，拥护皇帝。辛亥革命则不同，不是以拥立新皇帝为目的，而是推倒任何皇帝。皇帝掀倒了，皇帝宝座废除了，人民接受了与中国传统政治完全不同的共和立宪观念，成立了共和国，这就是中华民国，从而结束了中国人几千年习惯了的对皇帝、宰相、大臣的顶礼膜拜。从此以后，形成了一个新的观念：敢有帝制自为者，天下共击之。袁世凯称帝失败、张勋复辟失败，便是天下共击之的例子。政治鼎革，带来了

---

[*] 本文原载于《党建》2011 年第 10 期。

社会经济、文化发展的一系列变化，带来了对外关系的一系列变化，影响了中国与世界的关系，也影响了中国与周边国家的关系。

以共和制代替帝制，是一次巨大的思想解放运动。从制度变革和社会转型的角度说，辛亥革命是近代中国历史上最大的一次思想解放运动。以共和制代替帝制，是中国历史上了不起的转折和成就。中国人从此抛弃了对皇帝的信仰，这是一次巨大的思想解放！中华民国临时政府一成立，各种政党组织、群众团体公开成立，纷纷表达各个不同利益集团对时局的意见。在时代的碰撞、打磨中，有两个政党逐渐成为大众关注的重心。这就是1921年召开第一次代表大会后正式成立的中国共产党和1924年召开第一次全国代表大会并加以改组后的中国国民党。国共两党的联合与斗争，成为此后半个世纪影响中国历史进程的基本内容。

开启了近代中国的政治进步与觉醒。近代中国的政治进步与觉醒，是辛亥革命开启的。毫不夸张地说，辛亥革命为20世纪中国的历史性进步打开了闸门，拉开了序幕。辛亥革命是旧民主主义革命的高峰，又为新民主主义革命奠定了一定的基础。不否定皇帝专制，就难以取得辛亥革命后的大幅进步，就难以发生新文化运动和五四运动，就难以有中国国民党和中国共产党的出现，就不可能取得抵御日本帝国主义的侵略到最后胜利的结局，就不会有中华人民共和国的诞生，就不会有现代中国在世界上的地位。甚至辛亥革命失败的历史教训，辛亥革命反帝不彻底，辛亥革命未能成功地发动和解决农民的问题，都对后来的革命者提供了重要的历史启示。

辛亥革命的精神遗产

实现共和宪政。共和国的执政者只能在宪法的范围内活动，这是辛亥革命留给后人的最大遗产。武昌首义后，湖北军政府成立，随即发布文告，宣布"永久建立共和政体，与世界列强并峙于太平洋之上，而共享万国和平之福"。不久就颁布《中华民国鄂州约法》。《中华民国鄂州约法》是中国历史上第一部具有宪法性质的地区性资产阶级民主立法，为以后南京临时政府制定和颁布《中华民国临时约法》提供了范本。

《中华民国临时约法》贯彻了主权在民、三权分立等近代西方资产阶级共和宪法的基本原则，具有鲜明的资产阶级民主色彩，是中华民国第一部具有宪法性质的国家根本大法。《中华民国临时约法》具有鲜明的民权宪法性质，人民的民主权利在此得到较为充分的肯定。因此，《中华民国临时约法》在中国宪制史上具有特别重要的意义。尽管袁世凯和北洋政府破坏了《中华民国临时约法》，法制观念仍为民众所接受。用宪法代替封建专制，这是共和宪政最大的特点。

提出民族平等和"中华民族"新概念。辛亥革命是以民族革命为起点的革命，"五族共和"思想和"中华民族"概念为此后中国的民族平等提供了思想基础。从民族革命角度说，"反满"是要反对满族作为统治阶级的特权。这种统治特权反映在民族关系上，就是民族不平等。因此，孙中山说，民族主义，是要扫除民族的不平等。当然，这个民族不平等，也包括后来他所说的列强对中华民族的不平等。取消民族不平等，是辛亥革命对中国历史的贡献。孙中山在 1912 年元旦就任临时大总统时宣布："国家之本，在于人民。合汉、满、蒙、回、藏诸地为一国，即合汉、满、蒙、回、藏诸族为一人，是曰民族之统一。"这就是"五族共和"的主张。五族共和是以取消民族不平等为先决条件的，五族共和就是五族平等。随着五族共和主张的提出，"中华民族"新概念也就出现了。中华民族的概念规定了中国境内各民族是一律平等的。民族平等，是孙中山民族主义的核心观念，为统一的多民族国家的建立提供了丰厚的理论基础。自中华民国成立以来，"中华民族"这个称呼为全国各族人民所接受。

提倡以人民为本位的公仆精神。孙中山就任临时大总统，自称人民公仆，从而确认人民为本位。1911 年 12 月 29 日，孙中山为感谢各省代表选举他为临时大总统，在致各省都督电中称"今日代表选举，乃认文为公仆"。把大总统等同人民的仆人，体现了人民至上的革命精神。他曾以大总统名义发布通令，要求所有政府官员"皆系为民服务，官规具在，莫不负应尽之责任，而无特别之利益"。他还说："国中之百官，上而总统，下而巡差，皆人民之公仆。"孙中山自己更是以身作则，廉洁自持，始终保持国民公仆形象。孙中山曾对来访者言："总统在职一天，就是国民的公仆，是为全国人民服务的。""总统离职以后，又回到人民的队伍里去，和老百姓一样。"这是一种伟大的公仆精神，也是孙中山、辛亥革命留给后人珍贵的政治和精神遗产。

辛亥革命的当代启示

继续弘扬爱国主义精神。辛亥革命时期革命党人为革命胜利奋不顾身、视死如归的爱国主义精神，永远值得后人学习。鉴湖女侠秋瑾被捕，她面对死亡，毫无惧色，体现了她"成败利钝不计较，但恃铁血主义报祖国"的爱国情怀。黄花岗起义中牺牲的烈士林觉民、方声洞，在参加起义前夕写给妻子和父亲的信，更是体现了一个革命者既爱亲人、更爱祖国，为了挽救祖国可以抛妻别子的崇高境界。武汉革命党人詹大悲在他主持的《大江报》上刊出《大乱者救中国之妙药也》的时评，公开号召"爱国之志士""救国之健儿"起来革命。

开启海峡两岸、世界华侨共同的历史记忆。辛亥革命，也是今天海峡两岸，香港、澳门和所有海外华侨华人共同的历史记忆。海峡两岸的中国人都是辛亥革命历史遗产的继承人。正确阐释辛亥革命历史，是和平统一、"一国两制"的题中应有之义，是坚持反"台独"，坚持一个中国和"九二共识"的重要思想基础。华侨是革命之母，华侨给予孙中山领导的辛亥革命以人力、财力的巨大支持，香港和澳门是当年孙中山从事革命活动的出发地，港澳人民给了孙中山巨大支持。现在，香港、澳门已经回归祖国，但两岸尚未统一。海峡两岸同胞及全体中国人都要厉行孙中山"振兴中华"的中国应该统一的伟愿，珍惜来之不易的和平发展局面，站在民族整体利益的高度维护共同的政治基础，促进民族团结统一的历史进程。

实现中国的现代化。孙中山在辛亥革命时期提出关于中国实现现代化的追求，关于中国应该成为一个社会主义国家的理想，给后人留下了重要的思想资源。孙中山在失去中华民国临时政府大总统职位后，精心设计了中国现代化的蓝图，他提出中国应追上世界的发展，中国应该"驾乎欧美之上"，中国应该统一，这些都成为中国人的奋斗目标。除了两岸统一尚待完成，其他各项大体上已经达到或者超过了孙中山先生当年的预想。今天，我们正在中国特色社会主义理论体系指导下，在中国特色社会主义道路上，为完善中国特色社会主义制度，向着振兴中华和民族复兴的目标，坚定不移地前进。

辛亥革命留给后人的精神财富和启示是丰富和宝贵的。但是，辛亥革命终究未完成反帝反封建的任务，没有从根本上改变中国半殖民地半封建社会的性质。辛亥革命以后的历史发展证明：是近代中国历史的发展选择了马克思主义，选择了中国共产党，选择了社会主义。资本主义救不了中国，只有社会主义才能救中国。历史也已经证明，这一选择为当代中国的一切发展进步奠定了根本政治前提和制度基础。今天中国的繁荣昌盛、中华民族的复兴伟业以及中国的国际地位，都是这一选择的必然结果！

怎样读懂辛亥革命历史[*]

今年是辛亥革命一百周年,培训部要我来做一个发言,我想结合辛亥革命的历史与各位谈一点读史的心得。习近平同志在9月1日开学典礼上讲"领导干部要读点历史",特别是中国近现代史和中共党史,是语重心长的。负责国家、地区、部门或者某个领域的领导干部,缺乏这方面的历史知识,他的工作是很难做好的。读点历史,对于领导干部来说,主要是掌握历史发展的规律,不仅仅是为了了解一点历史典故,了解一点陈年旧事。掌握历史发展规律,就可以认识近代历史是怎么选择社会主义道路的,是怎么选择共产党的领导的。

一 辛亥革命的历史意义

辛亥革命是一场完全意义的民族民主革命,是一场资产阶级性质的革命。这场革命具有非常伟大的历史意义。尽管这次革命没有能够改变中国的社会性质和人民的悲惨境遇,但历史仍然给了它崇高的评价。我觉得我们可以从下面几点来观察辛亥革命。

其一,辛亥革命推倒了皇帝宝座,用资产阶级的民主共和制度来代替封建地主阶级的皇权专制制度,这对中国历史来说是一个巨大的进步。掀倒皇帝宝座,动摇了中国人对两千年来似乎千古不变的皇权

---

[*] 2011年9月,中共中央党校培训部举办中青一班、中青二班和西藏班学员论坛,作者应邀在这个论坛上做了讲演。这个讲演经整理后刊载于《理论视野》2012年第1期。

统治的崇拜。从此以后，共和民主的观念深入人心，敢有帝制自为者，天下共击之，成为人民大众新的根深蒂固的信念。这就是历史的巨大进步。

其二，辛亥革命带来中国政治体制、对外关系、社会经济、教育文化、风俗观念的一系列新变化。南京临时政府颁布了《中华民国临时约法》，体现了主权在民的共和民主色彩和鲜明的民权宪法性质，在中国宪制史上具有重要的意义；辛亥革命之后，帝国主义列强虽然还企图继续控制、欺凌中国，但中国民众的觉醒程度空前提高，民族独立和国家主权的要求汇成为巨大的潮流，迫使当政者不能轻易对外妥协，也迫使帝国主义列强不能不顾及中国的民意，中国的对外关系开始变化，开始了国家地位缓慢回升的过程。辛亥革命后，出现了历时近十年的现代工业发展浪潮，现代化经济有所进步，在国民经济中的比例有明显的提升，从而为其后的新民主主义革命建立了更宽广的经济基础和阶级基础；现代教育制度进一步发展，舆论的传播更趋普及和活跃，从而为更大层面的政治、经济、社会变革准备了人才和舆论的条件；人们的风俗习惯、行为做派、交往礼节在变化，男人的辫子剪掉了，女人的小脚不裹了，鞠躬握手取代了磕头作揖，服装新样式取代了旧样式，这些看似形式的变化，实际解除了人们思想的种种束缚，有利于中国社会的进步和发展。

其三，辛亥革命是伟大的思想解放运动。以共和民主取代皇权帝制，是中国历史上了不起的转折和成就，它所带来的思想解放是历史空前的。中国两千多年的帝制时期，皇帝换了无数个，专制的皇权却依旧，体制的层面并没有变化。辛亥革命开创了完全的新局面，中国人从此抛弃了对皇帝和皇权的仰望，不管是满族皇帝还是汉族皇帝。两千多年的皇权观一夕倾覆，当然是巨大的思想解放！

中国人以巨大的热情拥抱新思想和新观念，组党结社，发抒己见，思想空前活跃，民意空前旺盛。1911年以前不能组党结社，包括孙中山成立的中国同盟会，叫会，没有叫党，但是1912年1月1号以后中国冒出来很多党，中国国民党、中国共产党都是在这以后才产生的，正因为这样，才有后来的新文化运动和五四运动，才有马克思主义的传播。中国共产党在短短20多年的时间里，以磅礴的气势领导中国革命奔腾向前，完成了反帝反封建的历史性任务，建立了全新的中华人民共和国。

其四,辛亥革命为20世纪中国的历史性进步打开了闸门。20世纪中国发生了翻天覆地的变化,这样的变化之所以能够发生,毫不夸张地说,是由辛亥革命拉开的序幕,开启的闸门。辛亥革命后不久,虽然出现了军阀混战、国家分裂、民众困苦的混乱时期,这不过是历史长河中的一段插曲。有如任何涉及社会根本变革的革命那样,国家和民族的发展进步总要付出一定的代价,总有个过程。从1911年到1949年,短短38年就诞生了中华人民共和国,这个由乱到治的过渡时间并不是很长,与其他主要西方国家近代革命之后由乱到治的过程相比更是如此。所以,对于辛亥革命的历史性意义及其为中国带来的历史性转折,应该有充分的估计与积极的评价。

其五,辛亥革命为近代中国孕育了一批新型政治家,包括国共两党的早期领导人。像孙中山、黄兴、宋教仁是中国国民党的著名领导人,孙中山作为中国民主革命的先行者,至今仍为我们纪念。中国共产党的早期领导人也都是直接参加辛亥革命或者经历辛亥革命的锻炼。陈独秀在辛亥革命时就很活跃,是安徽一个革命组织岳王会的会长。还有朱德、董必武、吴玉章、毛泽东、林伯渠等,后来都成为中国共产党的领袖。

其六,辛亥革命具有世界性意义。辛亥革命的发生是国际环境下内外情势共同作用的结果,受到世界形势的重大影响。辛亥革命是世界尤其是亚洲殖民地半殖民地国家民族解放运动的重要组成部分,打击了帝国主义的殖民体系和侵略势力,鼓舞了世界殖民地半殖民地国家尤其是周边国家的民族独立和解放斗争,受到韩国、越南、日本、欧美有识之士的支持。

孙中山的三民主义、世界大同、天下为公等思想,对亚洲乃至世界各国也产生了重要影响。所以,列宁认为:辛亥革命不仅标志着"地球上四分之一的人口可以说已经从沉睡中醒来,走向光明,投身运动,奋起斗争了";也意味着"极大的世界风暴的新的发源地已经在亚洲出现","我们现在正处在这些风暴以及它们'反过来影响'欧洲的时代"。亚洲和东方出现反过来影响欧洲的时代,我们今天看得越来越清楚了。

二　辛亥革命的现实意义

（一）从成功方面看辛亥革命的现实意义

（1）辛亥革命的革命志士的高尚情怀激励着后人不断奋斗。以孙中山为代表的辛亥革命先辈志士，有着不怕牺牲、奋不顾身、视死如归、大义凛然的革命精神和爱国情怀，是中华民族先进分子的代表，激励着后人不断奋斗，为祖国的进步发展贡献自己的力量。辛亥革命时期涌现了一批像邹容、陈天华、秋瑾、林觉民、方声洞、詹大悲一样的仁人志士，邹容、陈天华、秋瑾等死的时候都还很年轻。

（2）孙中山提倡人民公仆的精神可以为后来者镜鉴。孙中山就任南京临时政府大总统，自称人民公仆，提倡以人民为本位。这对中国自有阶级社会以来的官场政治，对过去官僚高高在上、以"老爷"自居、视民众为"奴仆"的上下尊卑观念，是革命性的突破。孙中山以公仆的精神要求自己，同时发布命令，要求南京临时政府的官员都要做公仆，这样一种精神是非常可贵的。孙中山的公仆精神与廉洁自持，是孙中山也是辛亥革命留给后人的珍贵政治和精神遗产。

（3）孙中山构想的国家建设蓝图仍然具有现实意义。孙中山胸怀建设中国的伟大理想，制定了"振兴中华"、实现中国现代化的初步蓝图。我们现在说的"振兴中华"四个字，第一次就是由孙中山讲出来的。他在《建国方略》等著作中提出的一些建国构想，他提出的中国应该"驾乎欧美之上"的宏图，他设计的国家现代化建设蓝图，在今天仍然有着现实的意义，是值得后人共同珍惜的宝贵遗产。

（4）辛亥革命提出"中华民族"概念和民族团结主张，为我们处理现实的民族关系提供了参考与借鉴。辛亥革命是以民族革命作为起点的。毋庸讳言，革命派曾经提出"反满"的主张。在中国近代的特定环境下，以清朝皇帝亲贵为代表的封建统治阶级，对外屈膝，对内镇压，已经成为中国进步发展的障碍。不推翻以清朝皇帝亲贵为代表的封建统治，中国就不能实现民族独立、国家富强。从民族革命的角度说，孙中山提出的革命主张，就是推翻封建王朝，反对的是封建统治阶级本身，而非某个特定的民族。孙中山创建共和之后，随即提出汉、满、蒙、回、藏"五族共和"的主张，也就是实现中华民族大团结，建设统一的多民族国家。中华民族概念的提出和普及、民族团结和民族平等的观念，是辛亥革命留给现代中国人的宝贵遗产，在中国历史上具有非常积极的意义。

（5）纪念辛亥革命有助于拉近海峡两岸的距离。辛亥革命是海峡两岸中国人共同的历史记忆，海峡两岸的中国人也都是辛亥革命历史遗产的继承人。纪念辛亥革命和孙中山等辛亥革命先辈的功绩，正确阐释辛亥革命的历史，是和平统一、"一国两制"的题中应有之义，可以增进两岸同属一个中国的共识，拉近两岸民间的距离，增强台湾岛内反独促统的思想意识和力量凝聚，在实现祖国统一大业的进程中，发挥积极的正面的作用。

（6）纪念辛亥革命有助于动员广大华侨华人共同支持祖国的建设事业。海外华侨华人曾经以极大的热情和行动支持了辛亥革命，一些华侨不怕牺牲，直接参加了武装起义。香港、澳门地区的民众也积极支持了孙中山领导的辛亥革命。纪念辛亥革命，对于今天我们团结广大海外华侨华人，团结香港和澳门同胞，共同奋斗，建设祖国，完成振兴中华的伟业，也有着积极的现实意义。

（二）从失败方面看辛亥革命的现实意义

（1）西方式的政治制度不适合中国的国情，注定不能成功。辛亥革命是资产阶级性质的革命，其目的是在中国建立资产阶级的共和民主制度，推进资本主义的制度建设，从而建设如同欧美那样的资本主义国家。为此，辛亥革命的领导者提出了源自西方资本主义国家的一套制度设计。在一个短时期内，这套制度表面上似乎也取得了一定成效，议会政治和政党政治一度颇为活跃。但是，历史事实证明，此路是走不通的。

北洋军阀首领袁世凯掌握政权以后，他以手中的武力作为依靠，藐视制度，独断专行。"三权分立"、议会政治、政党政治等西式民主的制度设计，在袁世凯这样的武人眼中，无非是招之即来、挥之即去的摆设而已。在中国同盟会基础上组建的国民党，虽然在议会选举中获得多数议席，但其领袖宋教仁很快被暗杀，国会被解散，国民党被宣布为非法。孙中山不得不重新走上革命道路。

此后，在中国也还有一些人不断提出并鼓吹西式民主的制度设想，但都无法付诸实际。事实证明，在中国引进西方的政治制度、走西式民主的路是走不通的，结果只能是混乱和分裂，不利于中国人民根本的、长远的利益。只有立足实际、切合中国发展的中国化的马克思主义才是指引中国革命的正确理论，只有社会主义才能救中国，才能发展中国。这是基于辛亥革命以来的中国历史发展得出的科学结论。

（2）中国的革命、建设和发展都需要强有力的政党领导。辛亥革命的方向是正确的，革命的对象选择是正确的，革命党人也富有革命的理想、不惧牺牲的精神。但是，辛亥革命最终还是没有完成历史任务，从这个角度说，辛亥革命又是一场失败的革命。缺乏强有力的政党领导，是辛亥革命失败最重要的因素之一。严格说来，中国同盟会还不是现代意义上的政党，缺乏严密的组织体系和有力的领导群体，组织松散，核心成员政见不同，矛盾多多。孙中山虽然是公认的革命领袖，但是，因为同盟会的组织结构和历史渊源，孙中山的领袖作用难以得到有效的发挥，他提出的政治纲领和革命目标也不能得到党内所有人的认同。后来国民党在组织上和政治上都更趋涣散，难以担当继续领导革命、完成中国近代革命历史性任务的责任。事实证明，在中国这样地域广大、人口众多、民族多样、发展不平衡、矛盾复杂、对外关系纠葛重重的大国，必须有组织严密、纲领明确、有坚强的领导群体、有眼光远大的领袖人物、能够深入民众、体现民众利益、带领广大民众前进的政党，才能真正领导中国的发展和进步，实现中国近代以来所要完成的历史性任务。坚持中国共产党的领导，走社会主义的路，是中国人民的选择，也是我们从辛亥革命的经验教训中得出的正确结论。

（3）坚定地依靠人民群众，是完成中国近代历史任务的出发点。辛亥革命是由中国民族资产阶级及其政治代表领导的革命运动。因为内外种种因素的共同作用，中国民族资产阶级又有其不可避免的弱点，即他们在历次重要政治关头表现出的软弱性和妥协性。辛亥革命时期，他们不敢提出彻底的反帝反封建口号，不能提出切实的反帝反封建主张，从而也不能动员和依靠广大人民群众，使革命建立在坚实的社会基础之上，而只能是对帝国主义列强妥协，对国内的军阀实力派妥协，最终使辛亥革命的果实落到了袁世凯这样的军阀武人手中。事实证明，中国的民族资产阶级，难以担当完成中国反帝反封建的历史任务，不能解决中国面临的种种问题。

以上是我对辛亥革命的历史意义和现实意义的几点看法。无论是辛亥革命的成功经验，还是失败教训，也无论是辛亥革命的历史性意义，还是缺陷和不足，都是今天纪念辛亥革命时所应铭记在心的，都为后来者提供了重要的历史启示。百年历史证明：辛亥革命未能完成的振兴中华、实现中华民族伟大复兴的历史使命，是由孙中山的朋友和合作者、孙中山事业的继承者中国共产党人在其后领导的新民主主义革命和社会主义建设中完成的。

三　对辛亥革命几个不同观点的看法

前些年有一种"告别革命论"。"告别革命论"认为辛亥革命搞错了，认为康梁的改良主义是对的，辛亥革命是不必要的，推翻帝制也算不上功劳等；还有人说，清末的改革是有成效的，当时社会呈现一片朝气，辛亥革命的发生是突然的。总之，否定辛亥革命的历史作用，否定辛亥革命的必要性。很明显，这些观点根本不顾基本的历史事实，想当然地发表有关辛亥革命历史的感想，表现出历史虚无主义的倾向。

有人说康梁的立宪好，但切莫忘记，康梁当年主张的是君主立宪，不是主张民主立宪。所谓君主立宪，只不过是在皇权统治下，分一杯参政的羹罢了。这也是在当年革命潮流下，君主立宪不能实现的基本事实。前些年有一部长篇电视连续剧《走向共和》，该剧的编剧认为，走向共和到今天还在走，似乎到今天我们还没有达到辛亥革命时期的共和立宪。这也是一种糊涂见解。辛亥革命失败以后，人们反思："无量金钱无量血，可怜购得假共和。"正是这种反思，正是对中国出路的新的探索，才有新文化运动，才有五四运动，才有无数仁人志士为新民主主义革命，为社会主义在中国的实现，去继续奋斗。

有人说清末新政期间中国社会欣欣向荣，这完全是片面的观察。庚子赔款 4.5 亿两白银，分 39 年还清，本息共计 9.8 亿两白银，每年需要付出本息 1800 万两，最终都分摊在老百姓身上。实行新政、练新式海陆军、办新学堂，处处需要花钱，处处捉襟见肘，处处都要摊派，这就使民怨沸腾，各地民变蜂起。清末社会动荡，人民生活举步维艰。

有人统计，从 1901 年到 1911 年十年间，各种反清起义、抗捐抗税等反抗行为有 1300 多起。这是真实的历史。国家危亡，社会找不到出路，统治者腐败无能，革命成为挽救国家于危亡、挽救社会于沉沦的唯一手段。说君主立宪的改良主义道路好，不过是为已经崩溃的封建朝廷唱挽歌罢了。

有人认为孙中山终生都是革命家，其他方面乏善可陈。这是一种片面的、不公正的评价。孙中山是革命家，是不成问题的，从旧三民主义到新三民主义，他在推动历史进步方面的作用，是毋庸置疑的。孙中山一生都在为中国的社会进步思考。他在辛亥革命后设计的中国现代化的蓝图，在今天也值得重视。

19 世纪末，孙中山在欧洲深刻了解了欧洲的社会主义运动。三民主义中的民生主义，在他看来，就是社会主义，就是英文的 Socialism。他强烈批评了资本主义，批评资本家，甚至主张中国走非资本主义道路。他非常关注民生，关注贫苦人民的生活，表示要为贫苦人民谋幸福。他在辛亥革命后多次演讲，都是鼓吹社会主义，鼓吹把中国建设成为社会主义国家。他还说过，要借外国的资本主义建设中国的社会主义。他在辛亥革命后的每一次失败，几乎都要鼓吹一次社会主义。他的社会主义思想，是近代以来的中国人选择社会主义道路的思想来源之一。轻视孙中山是没有理由的。

五四运动的伟大历史意义[*]

80年前爆发的五四运动，是一场彻底的反对帝国主义和封建主义的群众爱国运动，是20世纪初中国历史发展上一件具有划时代意义的重大事件。五四运动为20世纪中国的政治、文化、思想，乃至社会生活都指示了发展方向，产生了深远的影响，具有伟大的历史意义。

五四运动是近代以来中国人民反帝反封建斗争的继续和发展，它将近代中国人民反帝反封建的斗争推向了新的阶段。

五四运动表现出来的反帝彻底性，是以前历次爱国反帝运动所不具备的。在此以前，中国人民为挽救民族危亡，进行过一次次反侵略战争，掀起过太平天国运动、维新运动、义和团运动、辛亥革命等大规模的反帝反封建斗争。但在发展过程中，这些革命斗争都存在某种幼稚病，要么将主要目标集中于反对封建势力，对帝国主义抱有一定程度的幻想，缺乏明确的反帝目标和坚决的反帝斗争决心，如维新运动和辛亥革命；要么缺乏必要的反帝斗争策略，对帝国主义本质认识不清，出现盲目排外倾向，如义和团运动。五四运动则不然。五四时期的人们，民族意识高涨，巴黎和会上中国收回山东权益的合理要求被否定，使中国先进分子看到了帝国主义的侵略本质。当巴黎和会中国外交失败的消息传到国内后，有人在《每周评论》上指出："巴黎的和会，各国都重本国的权利，什么公理，什么永久和平，什么威尔逊总统十四条宣言，都成了一文不值的空话。"此前人们以为"公理战胜"，现在则看到，还是帝国主义的权力战胜了，一度对帝国主义抱有的幻想破灭了。五四运

---

[*] 本文与左玉河合作撰写，原载1999年4月26日《光明日报》第1版，署名为中国社会科学院邓小平理论研究中心。

动旗帜鲜明地提出了"内惩国贼、外争国权"口号,把斗争的矛头直接指向了近代中国的两大敌人——帝国主义和封建主义;并以彻底的、不妥协的精神和斗志,达到了罢免卖国贼、拒签和约的目的。这个胜利,进一步启发了中国人民要求废除不平等条约、进行反帝斗争的觉悟。

五四运动表现出来的彻底反封建性,首先体现在它将斗争目标指向封建势力的总代表——北洋军阀政府,指向那些出卖国家和民族利益的卖国贼。广大青年学生和工人阶级、小资产阶级及部分资产阶级,联合行动,不畏强权,不怕反动政府的威胁和镇压,不受反动政府的利诱,表现了一种不达目标决不罢休的决心。这种可歌可泣的革命精神,是近代以来反抗腐败、专制的封建统治者斗争传统的继续和发展。值得注意的是,在反对密切勾结帝国主义的北洋军阀政府时,觉悟的人们提出了根本改造中国社会的主张,"另起炉灶,组织新政府",为中国先进分子进一步接受"根本改造中国"的马克思主义主张奠定了社会基础。

五四运动表现出来的彻底反封建性,还表现在对封建主义文化的猛烈抨击和对民主、科学精神的追求上。以往的反封建斗争,多以当权的封建统治者为直接对象,虽也对封建主义进行批判,但其深度和规模,都无法与五四运动同日而语。五四运动既是一场反帝反封建的政治运动,也是一场反帝反封建的思想启蒙运动、思想解放运动。在新文化运动中,以陈独秀为代表的先进知识分子已经开始从思想文化领域向封建主义展开猛烈的、不妥协的斗争。所谓反封建主义的彻底性,是针对它的坚决性而言的,即彻底与封建文化决裂,猛烈向中国封建主义进攻,用陈独秀的话说就是"拖四十二生的大炮",向之猛烈轰击,有敌无我,不塞不流,不止不行。他公开声明:"要拥护那德先生,便不得不反对孔教、礼法、贞节、旧伦理、旧政治;要拥护那赛先生,便不得不反对旧艺术、旧宗教;……若因为拥护这两位先生,一切政府的迫压,社会的攻击笑骂,就是断头流血,都不推辞。"这是何等的勇猛与无畏!五四运动的参加者许德珩回忆说:"同样是爱国的革命运动,然而五四运动却高于辛亥革命。高在那里呢?高就高在它从辛亥革命失败的教训中,进一步明确认识到帝国主义和封建势力是我们国家民族的死敌,为了救国救民必须与之作殊死的战斗。"在封建主义根深蒂固的国度里,能够以无畏的革命气概大声呼喊"民主、自由、平等"的口号,真是破天荒的壮举。

五四运动所倡导的民主与科学，是一面不朽的光辉旗帜；以民主与科学为核心的五四精神，是一种爱国主义的精神，更是一种革命的精神，它激励着一代又一代中国青年追求进步和光明。

爱国主义是中国历史上一面最具凝聚力的旗帜，也是五四运动最丰厚的精神底蕴之一。作为一场彻底的反帝爱国运动，五四运动集中体现了近代中国人民的爱国主义精神，并且注入了新的内涵。江泽民同志曾指出："在五四运动中，一大批先进知识分子站在前头，同帝国主义和封建势力进行了彻底的不妥协的斗争，发挥了先锋和桥梁作用。他们所表现出来的爱国主义精神，与历史上的爱国主义相比较，具有本质的进步和鲜明的时代特征。"江泽民所说的这种"本质的进步和鲜明的时代特征"，就表现在它不仅仅表现为人们对民族前途的忧虑和对国家命运的思考，不仅仅体现为广大人民群众直接投入了反帝运动，以"直接行动"的方式参与了革命斗争，将爱国主义情感转化为直接的爱国运动；更重要的是，爱国主义与民主和科学精神相联系，爱国运动与思想启蒙运动有机地结合在一起，爱国主义深化为对民主、科学精神的追求。要爱国，就要救亡；要救亡，就要"内惩国贼，外争国权"。就是说，在国内要反对卖国的、腐败的封建统治者；在国外，要反对侵略中国的帝国主义者。救亡，就要学习民主和科学的精神。救亡推动了启蒙，启蒙促进了救亡。救亡与启蒙的双重奏，相互激荡，形成了那个时代的时代特色，给予后来的人们以深刻的启示。

五四时期所倡导的民主，并非仅仅指作为政治制度的民主政治，而是泛指与之相联系的一套广泛的民主观念和民主精神，是一种与封建伦理道德制度和专制政治制度相对立的解放精神。"法律上之平等人权，伦理上之独立人格，学术上之破除迷信，思想自由"，就是对五四时期民主含义的概括。作为五四新文化旗帜的科学，并不是单指提倡自然科学的具体研究，而是提倡科学精神或科学思想。民主是专制主义的对立物，科学是蒙昧主义的对立物。主张自由平等和个性解放的民主精神与反对愚昧落后和迷信盲从的科学精神，在反对封建专制主义和蒙昧主义的目标下巧妙地结合起来，成为五四时期反对封建主义的一面光辉旗帜。以民主和科学为核心的五四精神，是一种革命的精神，说的是那时以民主和科学精神武装起来的爱国青年，纷纷走上了反帝反封建的革命道路。把五四精神仅仅概括为自由主义精神，显然是不得要领的。

五四新文化运动最重要的贡献，就是以彻底的批判精神从思想上动摇了封建主义的统治，促进了人们思想的空前解放。在"德先生""赛先生"旗帜引导下的彻底的反封建斗争，与戊戌和辛亥时期的反封建相比，更加旗帜鲜明，更加丰富多彩，更加理直气壮。大批青年冲破了封建罗网，思想得到了空前的解放。没有五四新文化运动的思想启蒙和思想解放，就没有五四如此宏大的群众爱国运动，更不会出现五四运动后的马克思主义传播高潮。毛泽东赞誉说："五四运动所进行的文化革命则是彻底地反对封建文化的运动，自有中国历史以来，还没有过这样伟大而彻底的文化革命。当时以反对旧道德提倡新道德、反对旧文学提倡新文学为文化革命的两大旗帜，立下了伟大的功劳。"

五四新文化运动发生在资本主义衰败、社会主义兴盛的世界发展大趋势中，发生在辛亥革命失败、十月革命胜利和中国无产阶级发展壮大之时，就必然为社会主义新思想在中国的广泛传播扫清道路。五四运动后，社会主义思潮勃兴，马克思主义引起人们的广泛注意。五四时期的思想大解放，为中国社会主义运动的兴起，为马克思主义的传播，提供了必要的思想条件。中国共产党领导的新民主主义革命就是在这种历史背景下产生的，这是五四运动发展演化的内在逻辑，是历史发展的内在逻辑。

五四运动将先进青年追求和探索救国救民真理的历程，推向了一个新的历史阶段，直接促发了马克思主义的广泛传播和先进人们对社会主义道路的选择，为中国共产党的成立做了思想上和干部上的准备。

中国近代史，是帝国主义与封建主义结合，把中国变为半殖民地半封建社会的过程，也是中国人民反抗帝国主义及其走狗的过程；同时也是中国先进分子学习西方、追求进步、不断探寻救国救民真理的过程。从林则徐、魏源到康有为、梁启超，从洪秀全到孙中山，一代代仁人志士为探寻救国救民的真理而思索、奔波、奋斗；但无论是太平天国运动，还是名为"求富""自强"的洋务运动，无论是康、梁的变法维新运动，还是辛亥革命，都没能救中华民族于水火之中。毛泽东曾生动地描述当时情况："中国人没有什么思想武器可以抗御帝国主义。旧的顽固的封建主义的思想武器打了败仗了，抵不住，宣告破产了。不得已，中国人被迫从帝国主义的老家即西方资产阶级革命时代的武库中学来了进化论、天赋人权论和资产阶级共和国等项思想武器和思想方案,组织过政党,举行过革命,以为可以外御列强,内建民国。但是这些东西也和封建主义的思想武器一样,软弱的很,又是抵不住,败下阵来,宣告破产了。"

奋斗,失败,救国理想的破灭,教育了不断奋进的中国青年。国家的情况一天天变坏,环境迫使人们活不下去。怀疑产生了,增长了。随着辛亥革命果实落入以袁世凯为代表的北洋军阀的手中,中华民族的危机不仅没有解除,反而加深了。面对辛亥以后北洋军阀反动统治的现状,中国的先进分子继续在黑暗中摸索,在困境中寻求。辛亥革命以后交织着胜利与失败、前进与倒退、民主与专制、复辟与反复辟、新文化与旧文化、侵略与反侵略等一系列极端复杂的社会运动,五四运动正是在这一社会背景下必然要发生的革命运动。它是当时的先进分子为摆脱严重的社会危机、获得新的革命真理而进行的一次改造社会的演习。它以辛亥革命未曾有的姿态,力图从政治上、思想上对封建制度进行一次清理,用新的民主革命的风雨抗击专制主义的毒焰,呼唤古老中国的新生:"以青春之我,创建青春之家庭,青春之国家,青春之民族。"他们这种弃旧图新的努力,预示着中国人民反帝反封建斗争的新的转机。五四运动宣告了资产阶级领导的旧民主主义革命的结束和无产阶级领导的新民主主义革命的开始。五四以后形成了一股强大的"改造中国与世界"的呼声。正是在这种呼声中,近代西方资产阶级的政治理想逐步被抛弃,社会主义受到普遍的关注,形成了一个介绍和讨论社会主义的热潮。先进分子经过介绍、研究、比较、争论、实验,最后选择了马克思主义和社会主义道路。

进步青年接受马克思主义和社会主义,经过了长期的摸索和艰难的选择。十月革命前,中国人面前只有两种思想武器可供选择,封建主义和资本主义,十月革命为中国人提供了第三种选择:社会主义。青年毛泽东兴奋地宣布:"因俄式系诸路皆走不通了新发明的一条路,只此方法较之别的方法所含可能的性质为多。"陈独秀在五四运动过后不久也说:五四运动特有的精神之一就是人民的"直接行动",这种直接行动是辛亥革命中所不曾有过的,五四运动的发生和发展,证明了十月革命所提供的革命方法在中国的有效性。这样,十月革命和五四运动就成为中国先进分子倾向于马克思主义的重要推动力量。老同盟会会员董必武说：我们从俄国革命中，见到了群众运动，又见五四运动是群众运动，所以五四运动后，我们就开始想俄国与中国问题，开始谈马克思主义。另一老同盟会会员吴玉章也回忆说：从辛亥革命以来的实践中，逐步认识到从前的一套革命老办法非改变不可，但不知道这新办法应是怎样；"通过十月革命和五四运动的教育，必须依靠下层人民，必须走俄国人的路"，这种思想也就"日益强烈、日益明确"起来。

五四运动以后，中国一批先进分子开始把目光从西方转向东方，从欧美转向俄国，从资产阶级的民主主义转向无产阶级的社会主义。还在五四前夜，李大钊就率先在中国大地举起了马克思主义的旗帜。五四以后，被誉为这一运动"总司令"的陈独秀也宣布自己站到马克思主义的旗帜之下。毛泽东也是在五四运动以后信仰马克思主义的。新文化运动的主要阵地《新青年》在1919年第6卷第5期出了"马克思主义研究专号"，从1920年9月起更成为上海共产主义小组的机关刊物。新文化运动的另一主要阵地、五四爱国运动的发祥地北京大学在1920年成立了马克思学说研究会，一批爱国斗争的积极参加者成了中国北方早期共产主义运动的主要骨干。五四时期许多进步社团中的激进分子也先后走上了马克思主义道路。孙中山从五四运动中看到了中国的希望，他的思想转变也是从十月革命和五四运动时期开始的。

五四运动中，年轻的中国工人阶级第一次以独立的姿态登上历史舞台，发挥了决定性作用。正是它的参加，使五四运动跳出了单纯的学生运动的范围，促进了运动的扩大和深入，迫使北洋政府很快释放被捕学生，罢免曹、陆、章三个卖国贼，使运动取得了第一回合胜利；正是它的参加，作为运动先锋队的青年知识分子才有了可靠而强大的后盾，才迫使北洋政府代表不敢在和约上签字，才使五四运动取得了直接的胜利。更为重要的是，青年知识分子通过五四运动认识到了工人阶级的力量。他们发起到民间去、到工人中去、到法国去、到俄国去等各种活动，使在五四运动中涌现出的一批具有进步思想的知识分子转变为马克思主义者，并开始自觉地到工人群众中宣传马克思主义，组织和领导工人运动。这样，马克思主义通过中国先进知识分子的中间桥梁作用，与工人运动相结合。正是这种结合，为中国共产党的成立做了干部上和思想上的准备。从此，马克思主义在中国不仅有了可靠的物质载体，而且由革命的理论宣传转变为革命实践，开辟了20世纪中国历史的新纪元。

总之，五四运动是一场伟大的反帝反封建的爱国运动，它标志着中国民主革命进入了一个崭新的阶段，揭开了近代中国争取民族解放和民族振兴伟大斗争的序幕。五四运动昭示人们，反帝反封建是民族救亡的必由之路；民主和科学是民族复兴的精神支柱；马克思主义的传播、社会主义道路的选择，标志着国家发展的方向。这就是五四运动的伟大历史意义。

继承五四反帝反封建传统，发扬五四爱国主义和科学、民主精神，是我们对五四运动的最好纪念。按照邓小平理论和十五大精神，建设中国特色的社会主义，完善社会主义市场经济体制，加强社会主义民主和法制建设，实施科教兴国战略，保持国家的稳定发展，在下个世纪中叶赶上中等发达国家水平，任重道远，困难很多，但前景光明。我们需要认识到，中国是一个经历了两千多年封建专制的国家，封建主义思想根深蒂固，封建主义的影响并未随着新民主主义革命的胜利而肃清，旧的封建主义观念仍然顽固地存在，并且渗透到人们的生活之中。改革开放过程中出现的种种腐败现象、封建迷信、追求官本位以及不尊重民主和科学精神等，就与封建主义残余思想的影响有关。这种封建主义残余思想，与国外流行的资产阶级享乐思想、旧中国殖民主义思想残余结合起来，可能形成对社会生活的严重破坏。改革开放的总设计师邓小平早在1980年就指出："现在应该明确提出继续肃清思想政治方面的封建主义残余影响的任务，并在制度上做一系列的改革，否则国家和人民还要遭受损失。"这是一个非常及时、深刻的忠告。在新的时代条件下，当代青年要高举邓小平理论的旗帜，继承和发扬五四精神，继承和发扬中华文明的优良传统，在积极参与创建有中国特色的社会主义的同时，揭露和抨击社会上种种腐败现象及各种封建迷信，维护社会正义，提倡创新精神，培养自己成为社会主义的"四有"新人，实现五四精神在新时代的转换，创造新的时代精神。

五四运动已经载入了中华民族的光辉史册，那一代青年早已完成了历史赋予他们的使命。新一代的青年朋友们，让我们在爱国、民主、科学的五四精神感召下继续为中华民族的复兴努力吧！

九一八事变是日本蓄意制造的
侵华战争开端*

1931年9月,日本发动九一八事变,挑起局部侵华战争,并于4个多月的时间里占领中国东北广大地区。九一八事变是日本蓄谋已久的,建立在阴谋策划和军事准备基础之上,史实清晰、证据确凿。然而日本右翼分子不时发出噪音杂音,或是把九一八事变歪曲成是日本关东军受中国"排日反日"行动"刺激"发动的;或者宣称事变爆发纯属偶然。这样颠倒黑白、信口雌黄的言论,必须加以驳斥,以正视听,告慰那些为抗战付出鲜血与生命的前辈先烈。

九一八事变的历史真相

日本自发动甲午战争后,从中国东北获得了巨大的政治、经济和军事利益,已把中国东北视为生命线。东三省保安司令张学良在东北易帜、宣布服从南京国民政府后,积极发展东北经济,并得到英美等列强支持。这引起了日本尤其是军部的恐慌和反对,他们叫嚣:中国开港筑路侵犯了日本"在满蒙的特殊利益",到了下决心"解决满蒙问题"的时候了。为入侵中国东北,日军进行了一系列的策划和准备,其中包括:侦察地形,拟定作战计划;调兵遣将,加紧军事部署;频繁挑衅,制造各种借口;利用万宝山事件和中村事件,狂热煽动侵华战争。

1931年9月18日夜,日本关东军独立守备第二大队第三中队河本

---

* 本文原载于《人民日报》2015年8月24日,第9版。

末守中尉带领六名士兵，到沈阳北郊东北边防军驻地北大营西南柳条湖，在南满铁路的路轨上埋设炸药，炸毁柳条湖段1.5米路轨。花谷正少尉在事前即向关东军参谋长和陆军相发出电报，诬称中国军队破坏南满铁路，与日军守备队发生冲突。埋伏在附近的日军第三中队长川岛正大尉在爆炸后，即率部向东北军独立第七旅驻地北大营发起进攻。关东军司令长官本庄繁批准了高级参谋板垣征四郎拟定的命令：第二十九联队进攻沈阳，第二师团增援。

张学良忠实贯彻蒋介石的不抵抗政策，一方面解除了东北军的思想武装，另一方面对日本发动军事进攻的战略意图严重误判，事变发生后又缺乏有力的指挥，导致东北军大多不战自溃。1931年9月19日晨，关东军攻占北大营，占领沈阳城，然后向沈阳以北和东南两个方向进攻。至9月25日，关东军侵占辽宁、吉林两省大部，占领了长春、吉林等30余座城市和12条铁路。10月3日，关东军以辽、吉两省为基地，开始向黑龙江省省会齐齐哈尔方向进攻。黑龙江省代主席兼代军事总指挥马占山率当地驻军顽强抵抗，展开江桥抗战。激战至11月18日伤亡惨重，被迫撤退。日军随即占领齐齐哈尔，并攻占黑龙江省大部。12月下旬，日军主力两个师团、六个混成旅团兵分三路进犯锦州。1932年1月初，日军夺取锦州。蒋介石下令东北军一部撤至关内。2月初，哈尔滨失陷。吉林省和黑龙江省政府也不复存在。至此，东北三省的大好河山全部沦陷，3000万同胞沦入敌手。这就是震惊中外的九一八事变。

日本此举是第一次世界大战后首次以武力重新瓜分世界的重大行动，它开始打破凡尔赛—华盛顿体系所确立的世界秩序，标志着东方战争策源地正式形成。

侵占中国东北是日本长期谋划的战略目标

历史事实早已证明，说"中国军队破坏了南满铁路的路轨"，是日本政府欺骗国际舆论的彻头彻尾的谎言。一些关东军当事人早已指出，九一八事变是关东军作战主任石原莞尔和高级参谋板垣征四郎等人长期策划的。关东军奉天特务机关少校参谋花谷正已经交代了参与策划九一八事变的详细经过，正是日本关东军若干校级军官阴谋策划了这次事变。

事变发生后，日本当局把九一八事变当作一个"突发"事件，似乎日本军部与政府的看法不同，这些都是骗人的。制造九一八事变的具体计划，固然是由关东军校级军官策划的，但计划一旦执行，立即得到关东军司令本庄繁的支持。制造柳条湖南满铁路路轨爆炸是一个不大的事件，调动师团兵力进攻沈阳以及东北各省却不是一件小事。如果日本认为制造柳条湖路轨爆炸是错误的，就应该立即惩处肇事人员，而不会发生进攻沈阳和东三省的侵略行动。

国民党政府把遏制日本侵略的希望寄托于英美等列强的出面干涉，幻想依赖国际联盟压迫日本撤兵，与日本达成某种妥协。中国外交部向日本提出三次抗议，并向国联提出申诉。日本发表《关于满洲事变的第一次声明》，诬指"中国军队破坏了南满铁路的路轨"，强称日军"有必要先发制人"。国联理事会通过九项决议，要求中日双方防止事态进一步扩大。日本代表虽在决议案上签字，但日本内阁并没有约束军方。关东军继续炮轰通辽，轰炸锦州。国联并未谴责侵略者。1931年10月初，中国驻国联代表施肇基照会国联秘书长，要求立即召开理事会，采取措施恢复事变前状态，赔偿中国损失。国联理事会未能通过要求日本在限期内撤军完毕的中日问题决议案。日本政府随即发表《关于满洲事变的第二次声明》，再次为其侵略行径辩护。

显然，九一八事变已经造成中日之间严重的外交交涉，造成国际间安全的严重危机。国联开了会议，要求不扩大事态，日本拒不理睬，照样扩大侵略行为。日本政府声明一再诬陷中国士兵。事实上，事变的设计者事先已经估计到国际反应。正如1928年关东军在皇姑屯炸死张作霖并未引起国际反应一样，他们认为制造柳条湖爆炸也不会引起强烈的国际反应。事变后，日本政府一再在国际上为自己的行为辩护。这不是充分证明，日本政府是九一八事变造成的扩大侵华全部结果的幕后指挥吗？

日本军部和政府一再容允、追认、支持日本军人在中国的侵略行为说明，制造九一八事变完全符合日本政府的战略需要。可以说，占领中国东北是日本政府长期谋划的战略目标。以"开拓万里波涛，布国威于四方"为宗旨的明治天皇，早就把朝鲜、中国作为他"开拓"的对象。

1895年甲午战争的胜利使日本开始接近这一目标,1905年日俄战争的胜利,使日本在中国东北的南部有了一块基地。大陆扩张主义者田中义一在1913年考察东北以后,在《滞满所感》一书中宣称:"我们认为大陆扩展乃日本民族生存的首要条件","利用中国资源是日本富强的唯一方法","日本政府必须确定经营满蒙的大方针"。1927年,田中义一主持日本东方会议,正式形成了"大陆政策",明确将"满蒙"与"中国本土"相分离的方针,制定对中国事务实行武力干涉的政策。这就从国策上把占领中国东北确立为日本的战略目标。战略目标确定后,至于如何实施、何时实施、何人实施,就纯粹是一个战术问题了。九一八事变的策划者们认为,1931年9月实施战略目标是一个恰当的时机。尽管军部和政府似乎在推卸责任,似乎柳条湖爆炸行为不是政府计划下的产物,却没有任何人谴责这种行为,就是因为这种行为符合日本政府既定战略目标,日本借此一举获得了占领中国东北的机会,为分割满洲与中国,进而为在中国东北建立一个"独立国家"铺平了道路。这不就是日本政府"大陆政策"的部分内容吗?

驳所谓中国民族主义"刺激"九一八事变谬说

已故日本庆应大学法学教授中村菊男分析九一八事变的原因,把责任推到"中国民族运动的抬头"。"在满洲和中国大陆,排日、抗日运动风起云涌,俄日战争以来,日本所获得的权益,因之逐渐受到'侵害'",他认为,在1924年,中国新抬头的民族运动,与共产主义运动组成共同战线,"日本在满洲的特殊权益遂受到很大威胁"。他还认为,张学良在东北易帜,"在满洲挂起国民政府的青天白日旗以后,满洲在政治上便与中国本土连在一起了",这与日本政府关于分离满洲与中国的国策是不相容的。他的结论是,九一八事变是"寻求壮大的日本民族之生命力在满洲遭遇到抵抗,中日两国的利益在满洲的冲突"。中村菊男的这种评价,根本站不住脚。其实质就是寻找侵略中国的理论根据,或者说就是一种发动战争的理论。

把一个独立国家的领土(如中国东北)当作日本发展的生命线,在当今国际法意义上说，是耸人听闻的。即使按照19世纪至20世纪初为西方各国首肯的国际法，也是不合法的。按照对中国极不平等的《朴茨茅斯条约》(1905)和中日《会议东三省事宜正约》、《附约》(1906)规定，日本在中东铁路南部获得了某种特殊权益，东三省主权还是属于中国。日本要把东北与中国本身分割开来，有什么国际法根据？日本要把东北当作日本发展的生命线有什么国际法根据？日本的侵略激发起中国人民的民族主义、爱国主义不是十分正当的吗？奉系军阀张作霖之子张学良强烈感受到日本侵略东北的压力，决定改旗易帜，服从国家统一的大局，不是很正常的吗？

中国的民族主义是爱国的民族主义，是反侵略的民族主义，是被日本和欧美帝国主义侵略逼出来的民族主义，是谋求民族自立和国家独立的民族主义。中国的民族主义没有妨害他国的民族利益。日本把自身发展的民族主义利益寄托在对中国侵略和占领的基础上，完全是一己私利，完全漠视独立国家的主权，完全漠视中国人的生存权利和基本人权，是军国主义的，是帝国主义的，是残忍的，是道德低下的。

所谓"寻求壮大的日本民族之生命力在满洲遭遇到抵抗，中日两国的利益在满洲的冲突"，似是而非。这句话应该解释为寻求扩大对华侵略的日本民族之生命力在中国遭到抵抗，引起了中国人民的排日、抗日表现。难道中国人民面临深刻的民族危机，在自己的国土上对日本侵略表达不满就不应该吗？就应该俯首帖耳听任日本侵略者宰割吗？就成为日本扩大侵略的根据吗？"壮大的日本民族之生命力"要用占领中国领土来实现，要用武力干涉来实现，这就是露骨的军国主义理论，是"侵略有理"论。

这种军国主义的战争理论正是策划九一八事变的关东军参谋石原莞尔的理论。他在策划九一八事变时就在关东军内部提出了所谓"世界最后战争论"的构想，认为"世界大战之爆发，决非很久将来之事，从现在起，我们应有充分的准备和觉悟"，他还提出了"以中国问题的解决为世界最后战争的一环"的设想。

第一次世界大战刚过去十年，日本军国主义者就在策划发动第二次世界大战了。由此可见，说日本是第二次世界大战东方战争策源地，在这里找到了多么充分的证据。

九一八事变开始了日本 14 年侵华战争的历程

九一八事变后，日本即在东北建立伪满洲国，实现其将东北与中国内地相分割的计划。随后借故发动一·二八事变，大举进攻上海。日军通过对上海的进攻，实现了扭转国际舆论关注东北问题及策划成立伪满洲国的战略目的，通过对国民政府的军事压力强化了在东北问题上的强硬立场。淞沪抗战中，处于劣势的中国军队，在全国民众的热情支持下顽强抵抗了一个多月，虽蒙受惨重损失，却重创日军，振奋了全国民众的抗战士气。日本占领东北，成立伪满洲国，大举进攻上海，完全是非法的，是灭绝人性的，是没有任何国际法根据的。

如果说日本在天津驻军还符合《辛丑条约》的话，1932 年后日本华北驻屯军发动山海关事变，配合日本关东军逐渐蚕食长城内外，把军队移驻到北平西南丰台，就是完全违反国际法的。这是造成卢沟桥事变的根源。日本学者争论宛平城的第一枪是谁开的，这在纯战争史或者军事学角度看可能有某种意义，但在日本侵略中国这个大主题上没有任何意义。因为日军到北平附近的丰台，本身是完全非法的，除了肆意侵略，难有更准确的解释。即使第一枪不是日军开的，也改变不了日军侵略的本质。

九一八事变是日本 14 年侵华战争燃起的第一把战火，是中国人民抗日战争的起点，揭开了世界反法西斯战争的序幕。人类公理正义必将战胜邪恶与贪婪。日本的失败结局是必然的。值此中国人民抗日战争暨世界反法西斯战争胜利 70 周年之际，这段历史应该被世人永远铭记。虽然我们已经远离了当年的血与火，但要深知和平来之不易，要为捍卫人类和平尽心竭力。

理解抗战必须正视抗日战争中的
两个领导中心[*]

第一，抗日战争是民族解放战争。

两年前，我们迎来了抗日战争胜利70周年。今年7月7日，又是中国全面抗战爆发80周年。正是因为抗日战争以及抗战的胜利，中国人民赢得了近代以来第一次对外战争的胜利，也为甲午战争的失败雪耻，台湾得以光复。抗战胜利是中华民族复兴的枢纽和起点，值得后人重视。

七八十年来，中国的历史发生了翻天覆地的变化。抗日战争的爆发与胜利，作为一个历史问题，是中国近代史学者特别是抗战史学者专心研究的问题，但对于一般公众来说，抗日战争或许就是茶余饭后的谈资，已经完全成为一个历史问题了。对于亲身经历抗战前线的老兵来说，回忆抗战情景，看到今天的中国现实，我想也会不禁唏嘘不已的。总之，我们今天谈抗战，已经没有当年那样的紧迫感了。我们可以在这里坐下来，冷静思考，从容论道了。

对于抗战，后人如何理解是一个问题。抗战如何爆发，如何进行，如何牺牲，如何胜利，海峡两岸的中国人理解起来，难免有各种意见与分歧。我们可以坐下来各叙己见，从容探讨。

我认为，今天理解抗日战争，首先要认识抗日战争是中华民族一场伟大的民族解放战争，是在抗日民族统一战线的共同认识下实现对日作战的。西安事变以前，是否把抗日放在第一位，即是否停止内战、一致

---

[*] 本文是在2017年7月8日纪念抗战全面爆发80周年国际学术讨论会上的发言。未刊。

抗日，没有形成统一认识，国家仍然实行"攘外必先安内"政策，不能集中国内力量一致抗日，导致日本侵略者步步深入国土。

中共主张停止内战，一致抗日。九一八事变后，中共多次发表抗日主张，长征途中发表北上抗日宣言；日寇深入国土日深，民众抗战呼声高涨，国内政治分歧加深。这就是1936年12月西安事变的由来。中共本着民族利益高于一切的认识，说服了张学良，采取了和平解决西安事变的方针，逼迫蒋介石接受了停止内战、一致抗日的主张。1937年卢沟桥事变后，国共两党在民族存亡的大是大非面前，改变了从前互相敌视的态度，代表共产党的周恩来与代表国民党的蒋介石多次见面商谈，终于形成建立抗日民族统一战线的共识。9月，蒋介石发表公开谈话，事实上承认中共的合法地位。红军改编为八路军、新四军，实现了抗日的国防力量的基本统一。全国人民万众一心走上抗战前线的局面才逐步形成。

第二，两个战场支撑了抗战大局。

要理解抗战，就要理解抗日战争是靠两个战场支持的。两个战场就是正面战场和敌后战场。两个战场做战略配合，共同抵抗日本侵略。有人说，正面战场是主，敌后战场是辅，也不合于历史史实。无论主辅，两个战场离开了任何一个，抗战胜利都是没有希望的。两个战场是第二次世界大战中中国特有的现象，别国不存在两个战场。

国民党掌握了政府，它有几百万军队，可以调动全国资源和人力。正面抵抗日军的进攻，当然非它莫属。那时候中共领导的红军刚刚结束长征，损失巨大，只有几万军队，要它走上正面战场是不可能的。1938年10月武汉失守以前，正面战场的形势还是好的，虽然首都丢了，北平、天津、上海、武汉、广州也都丢了。武汉失守以后，正面战场的形势就不那么好了，国民党政府还有求和的表示，日本也有诱降的策略。国民政府的重要负责人汪精卫终于投敌。1938年后，中共领导的军队开赴敌后，在敌人后方建立根据地，极大地牵制了敌人的军力，使他不能放手在正面战场举行进攻作战。在敌人的眼皮底下建立抗日根据地，与日军相周旋，与西南大后方相比，其艰苦程度是不难想见的。如果没有敌后战场的存在，中国抗战是支持不下去的。

共产党没有掌握国家政权，不掌握国家军队，不能调动国家资源和人力。它领导的陕甘宁边区等抗日根据地都是很穷的地区，出产也不丰富，人口甚少。共产党领导的军队抗战开始不过几万人，到抗战胜利也不过百万人。但是，共产党所领导的军队和根据地，却拖住了侵华日军的一半以上。设想，没有敌后战场，没有共产党领导的根据地，侵华日军全部压在正面战场上，国民党政府能够坚持两年以上吗？正是因为八路军、新四军和共产党领导的根据地拖住了侵华日军半数以上，才分散了正面战场的压力，使正面战场可以从容组织抵抗。

正面战场虽然败仗居多，牺牲惨重，但毕竟阻滞了日军迅速灭亡中国的图谋。因此，对正面战场作战的军人，我们要肯定他们的功绩，高度评价他们的牺牲精神。但是如果离开了敌后战场对日军的牵制，离开了敌后根据地对日本占领者的骚扰和打击，正面战场坚持的时间是极为有限的，正面战场军人的牺牲将是更大的。

反过来也一样。只有敌后战场，没有正面战场，中国的抗战局面会更艰苦，付出的牺牲会更大，抗战坚持到胜利的把握也是不大的；没有正面战场，敌后战场恐怕难以形成。正是两个战场的战略配合，才把日本军队的大部分拖住在中国，使它既不能迅速灭亡中国，也不能把更多兵力投放到太平洋战场，投放到亚洲其他地区。这是中国战场对世界反法西斯战争做出的巨大贡献。

过去有人讥笑敌后战场没有打大仗，是不合适的；同样，嘲笑正面战场尽打败仗，也是不符合实际的。

两个战场的战略配合，这是中国民族战争的特点。这个特点，在世界反法西斯战争的东方战场和西方战场，都是唯一的，在亚洲和欧洲，没有哪一个国家有这种情形。我们看欧洲的法国，号称欧洲最大强国。据欧洲学者研究，德国发动侵略波兰和法国的战争时，波兰和法国共有130个师，德国只有98个师，其中38个师尚未经过训练。德国在西部边界经过训练的师只有11个，而法国在那里部署了85个师。如果法军敢于攻打德军的西线，一定可以将其攻破。但是，法军抵抗德军只坚持了六个星期，法国就投降了。如果法国战略指挥得当，法国国内又有敌后战场存在，法国就不至于败得那样惨了。

第三，抗日战争是谁领导的。

我们要追问：抗日战争究竟是谁领导的呢？是国民党吗？是共产党吗？都不准确，都不完全符合历史事实。学术界见解各异，有人说是国民党领导的，有人说是共产党领导的，有人说是国共共同领导的。这个问题还值得研究和思考。

问题在于：国民党政府可以领导正面战场，可以领导敌人未占领的大后方地区，却领导不了敌后抗日根据地，领导不了敌后战场；反过来，共产党坚持抗日民族统一战线、全面抗战、持久战理论等政治、军事主张，在领导全国抗战中发挥了作用，但共产党指挥不了正面战场，抗战的客观形势离不了国共两党的配合。深入思考之后，我认为，抗日战争的领导是通过国民党、共产党两个领导中心来分别实施的。

在抗日民族统一战线旗帜下，中国抗战实际上存在两个领导中心，国民党是一个领导中心，共产党也是一个领导中心。少了其中一个，抗日战争的胜利都是不可能的。在抗战历史认识上，只承认国民政府的作用，似乎只有国民政府领导了抗战，蒋介石才是真正的民族英雄；或者只承认共产党的作用，认为只有共产党领导了抗战，都是不客观的，都是不能反映抗战历史真相的。

说国民党是领导中心，是因为它掌握了政府。这个政府指挥着国家军队，担负着正面战场的作战任务。没有蒋介石、国民党的参加，单凭共产党的力量，在当时的历史条件下是难以独立支撑全国抗战大局的。抗战后期，蒋介石与国民党政权的国际联系作用也不可忽视，他们代表中国与苏联、美国、英国等，谈判废除《辛丑条约》和治外法权，蒋介石作为中国首脑出席开罗会议，做出了从日本手中收回台湾等地的决定以及参与建立联合国。我们要尊重这些基本的历史事实。

说共产党发挥了领导作用，是抗日战争中的中流砥柱，是因为它宣传、推动并始终坚持了抗日民族统一战线，使民族战争所必需的国内团结能够维持下来，而且在国民党军队发动皖南事变那样严重的局面下，与国民党之间只是争吵，没有翻脸；另外，共产党还指挥八路军、新四军，动员敌后地区的广大人民群众，担负着敌后战场的作战任务。共产党团结各民主党派，利用各种宣传的形式，对全国人民进行了抗日战争的政治动员，形成了全国高涨的抗战热情，这种抗战热情又转化成抗日战争中有形的物质力量和无形的精神力量。从这一点来说，共产党是中国抗日战争的领导中心，也是符合历史事实的。

共产党推动国民党抗日，监督国民党抗日，批评国民党在抗日大局上的动摇，都是从民族战争的共同利益出发的。国民党在抗日中不忘记反共，甚至掀起反共高潮，这与日本的反共谋略是相呼应的。幸好，国民党在共产党和全国人民的监督下没有放弃抗战的旗帜，把抗战坚持了下来，否则抗战前途不堪设想。共产党的这种监督作用，是在抗日民族统一战线的旗帜下进行的，这也是一种领导作用。没有这种领导作用，抗战往前进行是极为困难的。

客观地说，在抗日战争的整体大局中，国民党、共产党都起着领导作用。这个作用，都是全局性的。不承认其中任何一个中心所发挥的领导作用，都不是实事求是的态度，都不是历史主义的态度。承认国民党的领导中心，没有削弱，更没有否定共产党的领导中心的全局性作用；承认共产党的领导中心，也没有否认国民党政府领导中心的地位。双方这种都是全局性的领导作用，是通过各自的领导能力来实现的，是在既统一又矛盾的斗争中实现的，是不能相互替代的。这种情形，是由近代中国历史进程所决定的，是20世纪20年代中国近代历史开始走上上升趋势所决定的。否定任何一方都不符合历史事实。

国民党的传统观点是不承认共产党在抗战中的领导作用，认为共产党"游而不击"，有所谓"一二七"分的说法，这是不值一驳的。说国民党正面战场总是一败涂地，说国民党总是消极抗战也是不合适的。

也要指出：国民党和共产党两个领导中心的历史地位发生着此消彼长的变化。在抗日民族统一战线内部既统一又斗争的过程中，二者力量的消长发生着变化，总的历史趋势是国民党政权的力量由盛转衰、中国共产党领导的人民力量由弱转强，并且历史性地改变了国内政治力量的对比。抗战初期，国民党这个领导中心的作用稍微大些；抗战中后期，共产党这个领导中心的作用就越来越大了。

如果没有这个领导中心和领导力量的转移，我们就难以解释为什么抗战胜利后只有几年时间，国民党在大陆的失败就那么惨了。其实这两个中心的作用转移，日本人早就看出来了。

让我们看看日本侵略者当时是怎样评论国共关系的。

曾做过日本首相、身为大将的阿部信行在1940年写道：立足于四川盆地的重庆政府，对于日本来说已不足为虑，但是共产党的力量却极为深刻地影响到中国的命运，无论何时都主张对日抗战，因而成了所谓"东亚新秩序"的头号大敌。昭和天皇的弟弟三笠宫亲王化名若杉参谋，广泛考察中国战场以后，对日本的中国派遣军总司令部干部发表讲话说："在我看来，这样的日本军队，是无法与中共对阵的。"从日本政府和军方的态度，难道我们还看不出共产党在抗日战争中的领导作用吗？

卢沟桥事变后，日本军部支持编辑的《支那事变画报》是为激励日本士兵在华作战的，画报中也常常流露出对国共组成抗日民族统一战线以及中共敌后战场的担心情绪。

如1937年9月第4辑，发表日军随军记者报道。该记者针对9月23日蒋介石为发表《中共中央为公布国共合作宣言》而在庐山发表的谈话，指出南京当局"容纳赤化势力，自掘坟墓，此等错误足以让人哀其愚蠢"。显然，日军对中共宣言和蒋介石谈话宣告抗日民族统一战线成功，国共两党第二次合作正式形成表现了恐惧。

1939年编出的第55辑特别指出："共产党极大程度上巧妙地把握了民心。如今抗战中国的民众几乎是绝望地被拉到民族统一战线中。"这一辑的报道还说："正如一般所传言的，在国共关系的实力对比中，共产党并不具备强大的实力，事实上依旧是蒋介石的国民党具有压倒性的实力。然而国共关系的相对关系，随着事变的进展而逐渐发生量变与质变，不可忽视的是共产党的实力正在逐渐上升。"

1941年编出的第99辑指出："盘踞华北地区的中国共产军……他们有一套独创的游击作战技巧，加上巧妙地红色思想宣传，在华北地区如同癌细胞一样扩散着。"

以上只是举几个例证，这样的例证很多，还值得学者深入发掘和研究。可见两个领导中心实力的转移，是客观存在的，时刻关注中国战场的日本侵略者已经看出来了。这是值得我们研究抗战历史的时候进一步思考的。

第四，从两个领导中心说到全面抗战的开端。

有关两个领导中心说，我认为这是抗战研究中的一个重要概念。提到这个概念，就要与抗日战争起点问题联系起来，这就是所谓八年抗战和十四年抗战的学术讨论。

有关八年抗战和十四年抗战的学术讨论，从20世纪80年代就开始了。著名历史学家刘大年在他主编的《中国复兴的枢纽——抗日战争的八年》一书的引言中说："把抗日战争从'九一八'算起，叫做十四年战争，或者叙述八年抗战，先从'九一八'讲起，都有道理。"他说，他的书"不从'九一八'写起，直接从'七七'写起，希望让读者开门见山,进入这个火热的时代之中"。这本书正式出版于1997年,已经过去了20年。关于十四年抗战和八年抗战的说法,可以算作他在那个年代做出的小结。

今天我们重新认识十四年抗战和八年抗战,必须注意这是两个不同的概念。六年局部抗战加上八年全面抗战之和,等于十四年抗战,这是一个简单的数学知识,道理并不复杂。从这个角度说十四年抗战,是完全没有问题的。日本侵略中国十四年,中国人民反抗日本侵略十四年,也是完全没有问题的。但是,如果把六年局部抗战和八年全面抗战简单地相加,得出结论:只许说十四年抗战,不许说八年抗战;或者把十四年抗战打包成一个概念,用十四年抗战这个概念取代八年抗战这个概念,突出并确保十四年抗战这个概念,则是不妥的,在学术上是不能成立的。从这个意义上可以说,把六年局部抗战和八年全面抗战简单地相加是不可以的。

原因很简单,六年局部抗战与八年全面抗战的性质是不相同的,是有本质差异的,是不能等同的。六年局部抗战是人民的行为,是爱国官兵(包括共产党领导的东北抗联在内)的行为,但是那时候,人民(包括爱国官兵)不能当国家的家,不是当权者。八年抗战是国家行为,是国共合作,组成抗日民族统一战线,是举国一致的行为。六年局部抗战期间,代表国家的是国民党政府,面对日本帝国主义发动九一八事变,占领整个东北,过山海关,侵占到长城沿线,控制华北和内蒙古东部的严重局面,国民党政府不是举兵抗日,而是不抗日,基本国策是"攘外必先安内",是消灭中共和红军,镇压其他反蒋派。共产党和广大爱国人士不断呼吁团结抗战,共产党还派出干部到东北组织抗日联军,马占山、冯玉祥、吉鸿昌等还发起江桥抗战和察哈尔抗战,都得不到国民党政府支持,就是一·二八淞沪抗战最终也未得到国民党政府的支持,以至于日寇侵略步伐逐步加快,华北驻屯军开到了北平西南的卢沟桥附近。

改变国策的环节在于西安事变的发生。张学良、杨虎城功不可没。蒋介石承认了"停止内战,一致抗日",国共之间才借此有了接触。

简单地说,八年全面抗战的基本标志是:全民族抗日统一战线的建立,国共合作抗日的实现,红军改编为国防军(八路军和新四军),正面战场和敌后战场的出现,国共两党联席会议的建立,以毛泽东为首的七名（后来加上周恩来为八人）中共党员参加国民参政会，以及国民党、共产党两个领导中心的存在等。中国共产党成为全国抗战的领导中心之一这一点，是具有全国意义和历史意义的。我们说，中国共产党是抗日战争的中流砥柱，也是体现在这一点上。这些就是中国战胜日寇的国内因素。这些是六年局部抗战期间不可能存在的。

这就是说，把六年局部抗战和八年全面抗战简单相加，只许称十四年抗战，不许称八年抗战，是不符合历史史实的，是不能成立的。有人认为："全国抗战，是相对于局部抗战而言的，是从地理范畴上进行区分的，指抗战的地域不同。"这样的概括，过于表面、过于肤浅了。难道全国抗战与局部抗战的区别，仅仅在于抗战地域不同吗？有人批评"个别资深专业研究工作者，否定中国抗战14年的概念，而坚持中国抗战只有8年的说法"，这是影射我今年1月29日在网络上发表的那篇质疑文章。这位作者把我那篇文章的基本逻辑都没有搞清楚。我是那么简单地反对六年局部抗战加上八年全面抗战等于十四年抗战吗？否！我是反对以十四年抗战概念取代八年抗战概念，我是反对只准说十四年抗战，不准说八年抗战。还有人把我的文章说成"个别质疑教育部关于'十四年抗战'概念进教材的杂音"，也是歪曲我的文章的本意的。抗日战争起点问题的讨论，无论从哪个角度说，都是一个历史研究上的学术问题，而不是现实的政治问题，是需要容许学者讨论的。把不同的意见说成"杂音"，则是把学术问题与政治现实问题混淆了。

我们看看习近平总书记是怎么说的。2015年8月1日《人民日报》头版发表了习近平在中共中央政治局关于深入开展抗日战争历史研究时的讲话，他指出："要从总体上把握局部抗战和全国性抗战、正面战场和敌后战场、中国人民抗日战争和世界反法西斯战争等重大关系。我们不仅要研究七七事变后全面抗战8年的历史，而且要注重研究九一八事变后14年抗战的历史，14年要贯通下来统一研究。要以事实批驳歪曲历史、否认和美化侵略战争的错误言论。"这个意见是值得研究抗战史的学者关注的。这里提出了区分全面抗战八年的历史和九一八事变后十四年抗战的历史这样的意见，提出十四年要贯通下来统一研究。这个意见对于我国抗战史研究学者是有指导意义的。但是，透过他的讲话全文，我们不难看出，他没有说十四年抗战是一个概念，也没有说八年抗战都要改成十四年抗战。这样简明的逻辑，我们还不能理解吗？

是否可以得出一个认识：从中国人民抗战的角度说十四年抗战，这是不难理解的；从国家的角度说八年抗战，也是不难理解的。从人民的角度说十四年抗战，可以很好地说明中共以及爱国官兵和所有爱国者从九一八事变开始的抗日态度，而官方秉持的是"攘外必先安内"政策。这就是我们过去常说的局部抗战的意思。从国家的角度说八年抗战，则是当权的国民党政府放弃了"攘外必先安内"政策，接受了"停止内战，一致抗日"的主张，也就是接受了组成抗日民族统一战线的主张，接受了中共和所有爱国官兵的主张，以国家之力发动对日本侵略的抵抗。这也就是我们常说的八年全面抗战，由此开始形成了我国近代历史上的八年抗战时期。

一般来说，说中国的抗战有十四年，我并不反对，因为六年局部抗战加上八年全民族抗战，是十四年，这是一个简单的算术题。但是如果强调中国抗战十四年，说八年抗战只是习惯说法，是"思想认识和宣传报道不尽统一"，"又有口语习惯和文字表达不够严谨"的问题，则需要商榷。毛泽东亲自主持，经过中央批准的《毛泽东选集》四卷，就是按照第一次国内革命战争时期、第二次国内革命战争时期、抗日战争时期、第三次国内革命战争时期分卷编辑的，这里的抗日战争时期就是指的八年抗战的抗日战争时期；1945年4月中共中央通过的《关于若干历史问题的决议》，1981年6月《中国共产党中央委员会关于建国以来党的若干历史问题的决议》，都是按照八年抗战来划分历史时期的。这是严谨的中央决议，怎么可以说仅是习惯说法呢？

以上见解，如果不妥，敬请学术界朋友们批评指正！

2017年7月1日作于北京东黄城根

走向民族复兴的重要标志[*]

——论中国人民抗日战争胜利的历史意义

60年前，中国人民经过艰苦卓绝的斗争，取得了抗日战争的伟大胜利。这是近代以来中华民族在反对外来侵略的斗争中取得的第一次全面胜利，也是中华民族从沉沦走向复兴的重要标志。一方面，中国抗战的胜利，彻底粉碎了日本帝国主义灭亡中国的企图，废除了国际帝国主义强加给中国的各种不平等条约，中国自此成为一个主权完全独立的国家；另一方面，中国抗战的胜利，也为中国人民废除独裁专制政府、建立民主联合政府、选择中国自己的发展道路、避免资本主义前途创造了重要前提。60年过去了，我们今天回望这一段历史，对于抗战胜利的意义就看得更加清楚明晰。

抗战胜利完成了近代中国从"沉沦"到"上升"的转变

考察抗日战争的历史意义，不能仅就抗日战争谈抗日战争，需要从鸦片战争以来近代中国的历史演变来考察。先后发生的两次鸦片战争，清政府两次败北，中国被迫接受西方殖民主义强加的不平等条约。这时的中国有两个不利条件：一个是中国进入了封建社会的末期，在度过了郑和下西洋的辉煌时代以后，中国在世界生产力发展水平上开始落伍了；另一个不利条件是中国正处在清朝统治的晚期，政治日趋腐败，社

---

[*] 本文原载于《光明日报》2005年8月16日，"史学"版。

会矛盾不断激化，而统治者又不了解外部世界，对于上升时期的资本主义列强完全丧失了应对的本领。自两次鸦片战争以后，中国在不平等条约体系的约束中日益"沉沦"于半殖民地半封建社会的"深渊"之中。到清政府被迫接受《辛丑条约》时，中国就完全沦为了半殖民地半封建社会。这时候，外国军队驻扎于中国京畿的12处战略要地，并将北京至海的炮台一律削平。中国人抵抗侵略的权利被完全剥夺，连民众加入反帝组织也要被砍头，而中国政府的官员则成了列强镇压人民的工具。正如一位美国历史学家评论道：中国此时"已经达到了一个国家地位非常低落的阶段，低到只是保护了独立主权国家的极少的属性的地步了"。

国家地位如此，社会状况如此，这是帝国主义侵略的结果，是统治集团腐败无能的结果。具有五千年悠久历史文化的中国人民不会在这种状况面前停止思考。尽管《辛丑条约》规定中国人民不得结成反帝组织从事反帝活动，但是面对列强侵略的加深，反帝活动还是日盛一日，拒俄运动、反美运动、收回利权运动、拒英运动、拒法运动以及反对日本提出"二十一条"、反对签订"中日密约"的运动等，一个接着一个。特别是1919年5—6月爆发的全国规模的五四运动，迫使中国出席巴黎和会的代表拒绝在巴黎和约上签字。这是鸦片战争以来，中国政府代表在顺从民意的基础上，第一次对国际条约说"不"。从此以后，中国社会出现了新的生产力、新的阶级、新的思想和主义，终于让人们看到了半殖民地半封建社会的中国出现了从"沉沦"转向"上升"的趋势。

五四运动以来呈现的从"沉沦"转向"上升"的趋势，在抗日战争中得到了全面提升。正是中国人民伟大的抗日战争，从全面意义上完成了近代中国从"沉沦"到"上升"的转变。1937年7月开始的日本帝国主义发动的全面侵华战争，是历次帝国主义侵华过程中最为严重的一次，时间最长，占领中国的领土最广大，给中国国家和人民造成的损失最巨大。但是，中华民族没有被打垮，中国取得了抗日战争的最后胜利。这个胜利，是近代以来中国所取得的第一次反对外来侵略战争的胜利。在抗日战争中，中国对世界反法西斯战争做出了独特的、其他国家难以替代的贡献。中国作为东方战场的主战场，拖住了日本的主要兵力，使它不能实现在中东与德国军队的会合，全力支持了美国、英国的太平洋战场，也全力支持了苏联、美国、英国在欧洲的战场，从而赢得了反法西斯各国的尊重。战时（1943年），列强加在中国头上的锁链——《辛丑条约》被废除了；战后，台湾回归了祖国，中国成为联合国的发起国和安理会常任理事国。

从民族复兴的高度看艰苦卓绝的抗日战争，可以得出如下几点结论：第一，面对外国帝国主义的侵略，中国应当抵抗，而且必须抵抗，只有抵抗，才有出路；第二，入侵之敌虽然比我强大，但举我全民族之力，经过长期的艰苦作战，是可以最后战胜强敌的；第三，在外敌面前，中华民族面临生死存亡的时候，民族利益第一，阶级利益必须服从民族利益，必须组成民族统一战线，共同对敌；第四，在民族战争中，必须广泛争取有利于我的国际援助；第五，在中国这样一个广土众民、历史文化悠久的大国，要坚信入侵之敌是可以被战胜的，中华民族的复兴是可期的。

争取抗日战争胜利的基本条件

中国的抗战不仅是保卫中国主权的战争，也是反对世界法西斯、保卫世界和平的战争。它是中国的，也是世界的。正义之战决定了中国进行战争的基本性质，也决定了战争前途的基本指向。但是，中国历史和世界历史都证明，正义战争的一方不一定总能获得胜利。中国抗战要取得胜利，还需要国内和国际条件的支持与配合。

抗日战争时期，是日寇侵入大片国土、妄图灭亡中国的时期。日寇妄图灭亡中国、中华民族到了存亡绝续的关头，这个基本事实决定了中华民族与日本侵略者的矛盾是基本矛盾，是决定和影响中国国内其他矛盾首先是阶级矛盾的主要因素。因此，对待日本侵略者的态度，基本上可以决定一个人、一个团体、一个政党的态度。如果一个人、一个团体、一个政党在对待日本侵略者侵略中国的态度上正确了，我们就可以肯定他是一个爱国者、一个爱国团体、一个爱国政党，这就叫作大节不亏。就是说，在民族危亡的时刻，中华民族的利益是第一位的，阶级的利益、政党的利益，都要服从于民族利益。国民党也好，共产党也好，其他中间党派也好，如果都强调本党的利益，而不顾民族的利益，就要被人民唾弃，被历史淘汰。在日寇大举入侵的情况下，中国共产党呼吁联合起来抗日，把"反蒋抗日"转变为"逼蒋抗日""拥蒋抗日"，终于促成了抗日民族统一战线的建立并使之不断得到巩固，因而得到了广大人民的热烈拥护；而国民党罔顾人民的呼声，坚持"攘外必先安内"，迫使张学良、杨虎城将军"剿共"，即便是在加入抗日民族战线阵营后，它也没有放弃反共。由此可见，在民族矛盾面前，谁抓住了民族矛盾这个"牛鼻子"，谁提出并且推动了抗日民族统一战线，谁就能赢得民心；反之，就会失去民心。

九一八事变后，中共中央就提出停止内战，一致抗日，用民族革命战争把日本帝国主义驱逐出中国的主张。随着华北事变后民族危机的加深，中共中央又发表了著名的《八一宣言》，要求建立抗日民族统一战线，提出集中一切国力为抗日奋斗的主张。中共中央和红军到达陕北后，努力推动抗日民族统一战线的实现。西安事变的和平解决，是这种努力的具体表现。经过国共两党的多次谈判，1937年9月22日，国民党中央通讯社发表了《中共中央为公布国共合作宣言》的文件，次日蒋介石发表谈话，指出了团结御侮的必要性，事实上承认了中国共产党在全国的合法地位。它表明，国共两党捐弃前嫌，实现了两党的第二次合作；它还表明，国民党实际上接受了中共提出的抗日民族统一战线的主张。

中国抗日战争是在中国共产党倡导的抗日民族统一战线的旗帜下，以国共合作为基础，各阶级、各民族人民团结起来进行的中华民族解放战争。当时国家权力掌握在以蒋介石为代表的国民党政府手中。抗日战争只有发动蒋介石、国民党参加，才可能利用国家政权的力量推动全国抗战的开展，才可能有全民族的抗战。没有蒋介石、国民党的参加，单凭共产党的力量，尽管它的抗日主张是正确的，是符合中华民族根本利益的，但在当时的历史条件下，也是难以独立支撑全国抗战大局的。抗战期间，蒋介石虽然没有放弃反共，但也没有放弃抗战。尽管蒋介石、国民党政府采取消极、片面的抗战路线，对日妥协退让，有时候也搞点"和平"谈判，但总算把抗日的旗帜扛下来了。因此，从民族战争的角度看，蒋介石、国民党在抗战中的重要地位和作用，应当得到客观的、全面的理解。但与此同时更应看到，中国共产党领导的人民力量的存在和发展，是这场民族解放战争取得胜利的更为基本的条件。如果没有这个基本条件，全民族抗战能否实现，或者一时实现了，能否坚持下去而不中途夭折，以及中国能否取得抗战的最后胜利，都要打一个大问号。从这个角度说，中国共产党及其领导的人民力量，是保证抗战胜利的中流砥柱。这一点，也更应该得到客观的、全面的理解。

从军事方面看，中国抗日战争的特异之处是蒋介石政权控制的正面战场与共产党领导的敌后解放区战场并存。这种两个战场并存的局面，是第二次世界大战中中国战场所特有的。国民党政府掌握着国家军队，有国家提供的后勤支持，与敌人正面相抗衡。1938年10月武汉失守以前，正面战场与日寇作战是积极的。抗战进入相持阶段以后，正面战场作战就消极了。而中国共产党领导的八路军、新四军则不断深入敌后，先后建立起19个敌后抗日根据地，发动广大人民，开展大规模的游击战争。在敌占区，除了城镇和铁路沿线，都是人民发动游击战争的战场。国民党攻击共产党"游而不击"，这是出于制造反共舆论的需要。在敌人鼻子底下，"游而不击"，怎能生存下去呢？实际上，敌后战场吸引了在华日军的大部分兵力。1944年3月日军发动豫湘桂战役以前，敌后战场抗击日军56万人中的64.5%，正面战场抗击35.5%。日伪军加在一起，敌后战场抗击敌人总数134万人中的110万人，即82%。客观地说，敌后战场、正面战场，共同构成了中国抗日战场的全局。它们在战略上是互相依托、互相配合的，这种战略配合关系并没有高下之分，在抗战战略的意义上是同等重要的。正是因为敌后战场吸引了大部分日伪兵力，正面战场的压力才得以减轻。两个战场互存互补，互相支持，缺一不可。缺了一个，抗日战争的胜利都是难以想象的。正是因为有正面战场的坚持，又有敌后战场的强大存在，才使日寇招架不住，穷于应付，才有抗战胜利的结局。

抗日战争中两种力量的相互消长

已故著名历史学家刘大年在研究抗战历史的时候，有一个重要的结论：抗日战争既是民族战争，又是人民战争。其实，这样的认识，当时身与其事的人就感觉到了。亚洲问题专家、曾任蒋介石政治顾问的美国人拉铁摩尔在皖南事变后说过："对中国人民来说，这四年的历史既是争取民族解放的历史,又是国内革命的历史。"抗日战争是"争取民族独立和国内民主革命相结合的战争"。从这个观点出发,在抗日战争中,客观上存在两种力量相互消长的过程。从民族战争这一面说,是日本侵略力量由盛转衰、中国抗战力量由弱转强的过程;从人民战争这一面说,是国民党政权的力量由盛转衰、中国共产党领导的人民力量由弱转强的过程。这两个过程是在抗战进程中逐步展现出来的。

日本帝国主义把中国和朝鲜看成是"不幸的近邻"和"恶友",以为一个月或三个月就可以完成侵略中国的战争,就可以建设"大东亚共荣圈"的"王道乐土"。这是日本帝国主义者大错特错的认识。而日本帝国主义最大的错误是与全体中国人民为敌,与中华民族为敌,以为像甲午战争那样,像八国联军那样,可以轻易地摧毁中国人民的意志。到20世纪30年代,时势已经完全不同了。中国建立了举国一致的抗日民族统一战线,以正面战场和敌后战场相结合的战略配置,采用毛泽东所规划的持久战作战方针,中国共产党在敌后广泛发动了人民群众,使日本侵略者深陷人民战争的汪洋大海之中,不能自拔。

在中、日双方力量消长的过程中,还有一个国、共两党力量消长的过程。抗战期间,国民党控制国家政权,可以调动全国军队,中共领导的武装力量与之不成比例。但是国民党主张片面抗战,不发动人民群众参加,武汉失守以后,正面战场作战由于指挥不力,打得很不好。在这种情况下,国民党、蒋介石还不放弃反共,一再制造反共高潮,意欲在抗日战争中消灭共产党。共产党本着政治从严、军事从宽的原则,与国民党进行了有理有利有节的斗争,既给了国民党以打击,又保住了国共合作的大局,还推动了民心与国民党渐行渐远、与共产党日益靠近的转变。特别是1944年日军发动"一号作战",造成正面战场豫湘桂大溃败,引起了整个大后方民心的极大震荡。人民对国民党政府的不信任日渐增加,开始更多地把新中国的希望、把中华民族复兴的希望寄托在延安,寄托在中国共产党身上。正是在这样的民意背景下,1944年9月,国民参政会参政员林伯渠代表中共在国民参政会上,提出了废除国民党一党专政、建立联合政府的主张。这个主张,得到了中间势力的支持,得到了社会舆论的强烈响应。中国民主同盟公开发表声明,主张结束一党专政,建立各党派联合政权,实行民主政治。这是一个重要的政治动向。成立联合政府,一时成为国内政治舆论的最强音。毛泽东后来说,联合政府口号一提出,"重庆的同志如获至宝,人民如此广泛拥护,我是没有料到的"。它表明,国内政治的天平明显地转向了共产党。美国人谢伟思当时就看出了这一点,他写道:"随着国民党失败越来越明显地暴露,中国国内的不满在迅速发展。党的威信空前低落,蒋越来越失去作为领袖曾一度享有的尊敬。"国共两党力量在中国政治上的消长成为这一时期转变中国命运的关键。著名历史学家金冲及说过:"抗日战争时期大后方的人心变动发生在 1944 年豫湘桂大溃退后。它造成的强大冲击波,不仅影响抗战最后阶段的国内政治局势,而且延伸到战后,在相当程度上埋下了国民党政府失败的重要种子。"这就是为什么抗战胜利后不久,在决定中国命运的时刻,只用了不过三四年时间,不论在前方还是后方,共产党都得到了人民的全面支持,迅速取得了全国政权。

为什么说共产党是抗日战争的中流砥柱[*]

中国人民抗日战争和世界反法西斯战争胜利 70 周年正在到来。俄罗斯已经隆重纪念了卫国战争胜利 70 周年。各国人民正在或者准备纪念这个人类历史上的重大节日。俄罗斯举行卫国战争胜利纪念活动的时候，我正在莫斯科和科洛姆纳市参加两场纪念二战胜利的国际学术讨论会，目睹了俄罗斯人民对胜利纪念日的热情，对卫国战争英雄的崇拜，对维护二战胜利成果的决心。

9 月 3 日是中国人民抗日战争胜利纪念日，亚洲被日本侵略的国家和美国都将纪念这个日子。党和国家将在这个纪念日到来的时候举办盛大阅兵和一系列纪念活动。在胜利日即将到来的时候，回顾一下中国人民抗日战争的胜利是如何取得的，是有意义的。

近年来，有些所谓网络"国粉"片面夸大蒋介石、国民党政府的作用，似乎只有国民党政府领导了抗战。有的博文甚至认为"蒋介石在抗战中的地位无人可以替代"，"蒋介石才是真正的民族英雄"。有人甚至攻击共产党是中流砥柱的论断，认为只有国民党是抗日的。这种认识是不客观的，是不能反映抗战历史真相的，是对历史不负责任的。

以下从五个方面来阐述中国共产党是抗日战争的中流砥柱。

---

[*] 本文原载于《北京日报》2015 年 6 月 8 日，第 19 版"理论周刊·文史"。

推动建立并坚持抗日民族统一战线是共产党中流砥柱作用的有力证明

抗日战争是一场伟大的民族解放战争，是近代中国唯一一场胜利了的对外战争，是近代中国从"低谷"走向"上升"的标志，是中华民族走向复兴的枢纽。抗日战争的胜利是在民族统一战线的共同认识下实现对日作战的。离开了抗日民族统一战线，抗日战争的胜利是难以想象的。抗日民族统一战线是中国共产党全力推动的。由于民族大义当前，这个主张得到了全国民众和各政治团体的支持，也得到了执政的中国国民党的支持。在抗日民族统一战线旗帜下，实际上存在两个领导中心，国民党是一个领导中心，共产党也是一个领导中心。少了其中一个，抗日战争获得胜利都是不可能的。

抗日战争发生的时候，中国是一个什么状况呢？中国还是一个半殖民地半封建国家，名义上是统一的，实际上四分五裂。人民生活贫困，现代化的工业刚刚起步。自中国国民党于1927年在南京建政，国内战争一直没有停息。蒋介石坚持"攘外必先安内"的主张，直到1936年12月双十二事变（西安事变）前，"剿共"战争没有停歇，国民党政府征讨国内其他政治反对派的斗争也未停歇。

1931年日本发动九一八事变，一个月占领我国东北全境。全国人民抗日热情高涨，政府仍然采取不抵抗政策，加紧"围剿"江西苏区。日军继续挑战长城内外，侵略军进驻北平西南郊的丰台，中华民族面临空前的民族危机。1935年8月1日，红军还在长征途中，中共发表《八一宣言》，主张组成抗日民族统一战线，抵御日本帝国主义的侵略。从此，抗日民族统一战线成为共产党的基本主张，推动民族的团结和国事的进步。蒋介石置全国人民抗日热情于不顾，命令张学良东北军和杨虎城的第十七路军继续"围剿"刚到西北不久的共产党和红军，并且到西安督战。这不仅激起了西北人民的抗议，也激起了东北军和第十七路军将士的民族大义，发动事变，扣押蒋介石，要求蒋介石停止内战，一致抗日。共产党出于民族大义，和平处理了西安事变。张学良用个人终身囚禁，换来了国内和平。1937年七七事变后十天，蒋介石在庐山发表谈话："如果战端一开，那就是地无分南北，年无分老幼，无论何人，皆有守土抗战之责任。"表示了抵抗日本侵略的决心。经过国共两党谈判，国民党在9月22日正式发表了《中共中央为公布国共合作宣言》的文件，蒋介石随之发表《对中国共产党宣言的谈话》，事实上承认了中国共产党的合法地位，确立了国共合作组成抗日民族统一战线的方针。实现抗日民族统一战线，是确保抗战胜利的根本方针。推动建立抗日民族统一战线，始终坚持抗日民族统一战线，共产党是主动积极的，国民党是被动接受的。从这个角度说，共产党是抗日战争中的中流砥柱，难道没有道理吗？

敌后战场的存在是共产党中流砥柱作用的又一证明

八年抗战，是靠两个战场来支持的，是靠两个战场的配合取得胜利的。这就是正面战场和敌后战场。两个战场做战略配合，共同抵抗日本侵略。无论少了哪一个战场，民族战争取得最后胜利都是不可想象的。国民党掌握了政府，有几百万军队，可以调动全国资源和人力。正面抵抗日军的进攻，当然非它莫属。1938年10月武汉失守以前，正面战场的形势还是好的，虽然首都丢了，上海、武汉、广州也都丢了。面对强敌，这个代价是不得不付出的。

武汉失守以后，正面战场的形势就不那么好了，国民党政府还有求和的表示，日本也有诱降的策略。国民党副总裁汪精卫害怕日本的强大，主张退让，大敌当前，却一向从事"和平运动"（对日投降活动），终于在1938年12月公开响应日本近卫首相对国民党政府的诱降声明，走上了背叛国家、投降日本帝国主义的道路，在南京成立伪政府。上百万国民党军队投降日本，成为在中国土地上帮助日本打仗的伪军。如果没有敌后战场的存在，中国抗战是支持不下去的。对于这一点，只需要看到，侵华日军的一半或者一半以上都用来对付八路军、新四军和共产党领导的敌后根据地就可以了解问题的所在。

所谓敌后战场，是共产党领导的八路军、新四军开进日本军队占领的地方，在敌人的后方建立战场。共产党没有掌握国家政权，不掌握国家军队，不能调动国家资源和人力。其领导的陕甘宁边区等抗日根据地都是很穷的地区，出产也不丰富，人口甚少。共产党领导的军队抗战开始时不过几万人，到抗战胜利也不到百万人。开头一年多，国民党政府还给八路军、新四军拨付军费，此后就由共产党自己筹措军费了。共产党所领导的军队和根据地，创造性地把游击战上升为抗战战略，拖住了侵华日军的一半以上。在敌人后方，不可能有阵地战，不可能有大部队展开，用游击战方式打击敌人，极为艰苦。在敌人的眼皮底下建立抗日根据地，与暴日周旋，与西南大后方相比，其艰苦程度是可以想见的。设想，没有敌后战场，没有共产党领导的根据地，侵华日军全部压在国民党政府军队上，国民党政府能够坚持两年以上吗？国民党政府不会去投降日本吗？正是因为八路军、新四军和共产党领导的敌后根据地拖住了侵华日军半数以上，才分散了正面战场的压力，使正面战场可以从容组织抵抗。说共产党是抗日战争中的中流砥柱，难道不是历史事实吗？

正面战场虽然败仗居多、牺牲惨重，但在阻滞日军迅速灭亡中国的图谋中还是起了重要作用。这方面也应该如实评价。因此，对正面战场作战的军人，我们要肯定他们的功绩，高度评价他们的牺牲精神。但是如果离开了敌后战场对日军的牵制，离开了敌后根据地对日本占领者的骚扰和打击，正面战场坚持的时间是极为有限的。

反过来也一样，只有敌后战场，没有正面战场，抗战坚持到胜利也是完全不可能的。正是两个战场的战略配合，才把日本军队的大部分拖住在中国，使其既不能迅速灭亡中国，也不能把更多兵力投放到太平洋战场，投放到亚洲其他地区。这是中国战场对世界反法西斯战争做出的巨大贡献。

两个战场的战略配合，这就是中国民族解放战争的特点。这个特点，在世界反法西斯战争的东方战场和西方战场都是唯一的，在亚洲和欧洲，没有哪一个国家有这种情形。法国号称欧洲强国，国家正规军队有100多个师，编制师的数目甚至比德国多，但德国攻入法国，不到两个月，法国就投降了。法国未能形成两个战场对德作战，是一个原因。后来戴高乐在英国组织流亡政府，法共在国内阻止了抵抗，但毕竟颓势难挽。

抗日战争中的两个领导中心

我们要追问：抗日战争究竟是谁领导的呢？一些网上活跃的"国粉"马上会答复：是国民党。这个回答不完全符合历史事实。国民党政府可以领导正面战场，可以领导敌人未占领的大后方地区，却领导不了敌后抗日根据地，也领导不了敌后战场。反过来，共产党领导不了正面战场，领导不了大后方地区。抗日战争的全面领导是通过国民党、共产党两个领导中心来分别实施的。

说国民党是领导中心，是因为它掌握政府。这个政府是民族战争所必需的、国际国内承认的统一政权，它指挥着国家军队，担负着正面战场的作战任务。必须要有蒋介石、国民党参加，才可能利用国家政权的力量推动全国抗战的开展，才可能有全民族的抗战。没有蒋介石、国民党的参加，单凭共产党的力量，在当时的历史条件下也是难以独立支撑全国抗战大局的。抗战后期，蒋介石与国民党政权的国际联系作用也不可忽视，他们代表中国与苏联、美国、英国等，谈判废除《辛丑条约》和治外法权，蒋介石作为中国首脑出席开罗会议，做出了从日本手中收回台湾等地以及参与建立联合国的决定，这些成绩离开了国民党政权也是不行的。我们要尊重这些基本的历史事实。

说共产党发挥了领导作用，是抗日战争中的中流砥柱，是因为它倡导、推动并始终坚持了抗日民族统一战线，使民族战争所必需的国内团结能够维持下来；而且，共产党指挥八路军、新四军，动员敌后地区的广大人民群众，担负着敌后战场的作战任务。共产党还团结各民主党派，利用各种宣传形式，对全国人民进行了抗日战争的政治动员，形成了全国高涨的抗战热情，这种抗战热情又转化成抗日战争中有形的物质力量和无形的精神力量。这些是国民党政府无法做到的。从这些来说，共产党是中国抗日战争的领导中心，是符合历史事实的。

共产党推动国民党抗日，监督国民党抗日，批评国民党在抗日大局上的动摇，都是从民族战争的共同利益出发的。国民党在抗日中不忘记反共，甚至掀起反共高潮，这与日本的反共谋略是相呼应的。幸好，国民党在共产党和全国人民的监督下没有放弃抗战的旗帜，把抗战坚持了下来，否则抗战前途不堪设想。共产党的这种监督作用，是在抗日民族统一战线的旗帜下进行的，这也是一种领导作用。没有这种领导作用，抗战往前进行是极为困难的。

客观地说，在抗日战争的整体大局中，国民党、共产党都起着领导作用。这个作用，都是全局性的。不承认其中任何一个中心所发挥的领导作用，都不是实事求是的态度，都不是历史主义的态度。承认国民党的领导中心，没有削弱，更没有否定共产党领导中心的全局性作用；承认共产党的领导中心，也没有否认国民党政府领导中心的地位。双方这种都是全局性的领导作用，是通过各自的领导能力来实现的，是在既统一又矛盾的斗争中实现的，是不能相互取代的。这种情形，是由近代中国历史进程所决定的，是 20 世纪 20 年代中国近代历史开始走上上升趋势所决定的。否定任何一方都不符合历史事实。

国共两个领导中心历史地位发生着此消彼长的变化

必须指出：在抗日民族统一战线内部既统一又斗争的过程中，国共力量的消长发生着变化，总的历史趋势是国民党政权的力量由盛转衰、中国共产党领导的人民力量由弱转强，并且历史性地改变了国内政治力量的对比。国民党这个领导中心的作用由大变小，共产党这个领导中心的作用由小变大。抗战初期，国民党这个领导中心的作用稍微大些；抗战中后期，共产党这个领导中心的作用就越来越大了。

最明显的标志至少有两个：一个是 1941 年皖南事变的发生，国民党反共达到高潮，共产党进行了有理有利有节的斗争，高举抗日民族统一战线的大旗，赢得了民心，赢得了民主党派的支持，两个领导中心的政治天平开始倾向共产党一边；再一个是 1944 年豫湘桂作战的失败，大后方批评重庆国民党政府的声浪高涨，重庆、贵阳、昆明的大学教授以及工商界知名人士对国民党政府明显失望，两个领导中心的政治天平再一次大幅度偏向中共。共产党领导能力和声望明显上升，国民党政府领导能力和声望明显下降。这是对抗日战争中国民党、共产党的领导地位和作用的切实说明，也是抗战胜利后不久，国民党垮得那么快，中华人民共和国能够迅速成立,近代中国历史开辟新纪元的原因。

国民党的传统观点是不承认共产党在抗战中的领导作用,认为共产党"游而不击",这是不值一驳的。现在一些"国粉"与国民党的传统观点相呼应,全面美化国民党抗战,否认共产党抗战,是历史虚无主义的表现。只要回归历史事实,抗战时期的领导作用是不难搞清楚的。

战时日本人是怎样评价国民党和共产党的

抗战时期,中国人民的死敌是怎样评价国民党和共产党的呢?这里举几个战时日本人的例子。

对于中国共产党实行持久战战略方针,日本侵略者极为敌视。曾做过日本首相、身为大将的阿部信行在1940年写道:立足于四川盆地的重庆政府,对于日本来说已不足为虑,但是共产党的力量却延伸到中国四百余州,一举手一投足都极为深刻地影响到中国的命运,无论何时都主张对日抗战,阻挡了日本将中国殖民地化的"进路",因而成了所谓"东亚新秩序"的头号大敌。阿部信行的看法很简单:重庆国民党政府已不足为虑,主张对日抗战的共产党是日本的头号大敌。

1944年,中华民族的持久抗战历经艰难曲折,已看到胜利的曙光,中共中央及时地发出了积极为战略大反攻做好准备的号召。日本华北方面军参谋部加紧研讨所谓中国形势和"剿共方针",在研究报告中论及中国抗战历程时,突出提到了"中共以毛泽东名义"提出的持久战"三阶段论",不得不承认:"彼我抗争的经纬与国际战争、政治局面的推移,大体上就是沿着上述阶段过来的";并且,"中共必然实施大反攻的概率很大"。这也不只是在华北的日军高层的看法。日本情报机构"大东亚省总务局总务课",在同年编撰的《中共概说》中称:"对于第二次国共合作以后中共迅猛发展的步骤,大有注意的必要。"因此,该机构在这年专门编印了《毛泽东抗战言论选集》,将《论持久战》等五篇毛泽东著作全文译出,向日本当局"提供反映国共统一战线、抗日中国动向的宝贵资料"。

《抗日战争研究》1995年第2期发表了原载日本《This is 读卖》杂志三笠宫的文章。三笠宫是昭和天皇的弟弟。1943—1944年,三笠宫亲王化名若杉参谋，广泛考察中国战场以后，对中国派遣军总司令部干部发表了题为《作为日本人对中国事变的内心反省》的讲话。他在这个讲话中列举了日本自甲午战争以后侵略中国的事实，揭露了日本军人的残暴行为，说日本对中国是"无所不取，掠夺殆尽"，特别指出共产党的军队"对民众的军纪也特别严明，决非日本军队所能企及"，在这种情况下，中共若不"猖獗"，那将成为世界七大奇迹中的第一大奇迹。他还说："在我看来，这样的日本军队，是无法与中共对阵的。"这份讲话，当时作为"危险文书"被没收，近年被日本学者从档案中查找出来，经三笠宫肯定后予以发表。

以上三则例证，都是反映1940年后的历史事实，表明日本侵略者高层是怎样评价共产党，怎样评价国民党的，这也从反面证明了共产党是抗战时期的一个领导中心，共产党是抗战时期的中流砥柱。

2015年6月25日

台湾光复是对日本殖民统治的否定[*]

——驳李登辉台湾没有抗日的媚日言行

70年前，中国抗日战争取得伟大胜利，日本宣布无条件投降，台湾从此回到祖国怀抱。今年不仅是抗日战争胜利70周年，也是台湾光复70周年。台湾光复是中国人民包括台湾人民在内在艰苦卓绝的抗日战争中，用巨大的牺牲换来的胜利成果，雪洗了120年前《马关条约》割让台湾的耻辱。

1945年10月25日，当祖国政府派来接收台湾的台湾行政长官陈仪公开宣布台湾光复时，全台湾人民一片欢腾，敲锣打鼓，热烈庆祝。台湾人民从此摆脱了50年的日本殖民统治，可以做一个堂堂正正的中国人。

70年前的历史场景，早已记录在史册上，无人可以撼动。

在这个极为重要的历史纪念日里，下台多时的台湾地区前领导人李登辉近来却大放厥词，不仅在台湾，而且在日本，公然声称：他和他的哥哥曾在战时加入日本军队，为他们的"祖国"而战。他还说战时台湾和日本是一个国家，台湾没有抗日，"台湾很感谢被日本统治"。这个自称岩里政男的"大正男"，还始终不忘记为他的"祖国"争夺钓鱼岛，多次声称"钓鱼岛就是日本领土"。

李登辉的媚日言行已经遭到台湾舆论和台湾有识之士的严厉抨击，这是当然的。其实李登辉的媚日言行在日本有识之士眼里，未必受到欢迎。

---

[*] 原载于新华网，http://news.xinhuanet.com/tw/2015-08/22/c_1116339995.htm，2015年8月22日；《北京日报》2015年8月23日，第4版。

中国近代历史明确记载，清朝政府在抵抗日本侵略的甲午战争中失败，被迫在《马关条约》中把台湾割让给日本。占领台湾不是日本军国主义者在甲午战争中临时想起的。早在丰臣秀吉时，日本就有占领台湾的企图。明治维新期间的一些日本政治家，不断把占领台湾提上议事日程。其实也绝不止此，占领台湾和占领东北都是日本"大陆政策"的组成部分，最终目的是要占领全中国，成就其所谓"大东亚共荣圈"的野心。

说台湾没有抗日，是天大的谎话。说岩里政男没有抗日或者不愿意抗日，"愿意接受日本统治时代教育"应该是李登辉的内心独白。从1895年6月日军侵入台湾开始，台湾人民就没有停止过抗日斗争。"誓不臣倭"是台湾人民永远的信念。

以台南总兵刘永福为首的黑旗军等部清军，与徐骧、姜绍祖、吴彭年、吴汤兴、胡嘉猷、江国辉、苏力、黄娘盛等各支义民军配合作战，坚持武装抵抗。从1895年6月到10月，不畏强暴的台湾军民前仆后继，奋勇杀敌，在极为艰难的条件下谱写了可歌可泣的抗日保台篇章。日本侵略者前后出动7万大军和常备舰队的大部分舰只，付出了包括北白川宫能久亲王和第二旅团长山根信成少将在内的4800名官兵死亡和2.7万人负伤的惨重代价。其伤亡人数比甲午战争中的伤亡人数多出将近一倍。

台湾的第一个殖民统治者桦山资纪宣布台湾全岛"平定"后，台湾人民反抗日本殖民统治的斗争没有停息过。从1896年元旦起，他们再次揭竿而起，连续进行了7年的武装抗日游击战，形成以北部简大狮、中部柯铁和南部林少猫为主的多支抗日义军。抗日义军在日军武力"讨伐"和"招抚"政策下，被各个击破。

在日本殖民当局严密的警察制度统治下，台湾人民抗日起义仍时时发动，较著名的有1907年的北埔起义、1912年的林杞埔起义、1913年的苗栗起义、1914年的六甲起义、1915年的噍吧哖起义（又称西来庵事件）等。就在"大正男"岩里政男的儿童时代，台湾还发生了著名的1930年雾社起义。雾社起义也遭到了日本殖民者的残酷镇压。在长期武装抗日斗争中，共有65万台湾同胞献出了宝贵的生命，在中华民族抵抗外来侵略的历史上留下了不可磨灭的历史篇章。

以上这些，都是台湾人民武装抗日的例证，史迹班班可考。怎么说台湾没有抗日呢？

在日本殖民当局严厉的镇压政策下，台湾人民虽然改变了抗日的手段，却始终没有改变"誓不臣倭"的态度。20世纪20年代后，台湾人民非武装形式的抗日斗争层出不穷。要求撤废"六三法"的斗争、"台湾议会请愿运动"，都反映了台湾人民对日本殖民者的反抗。台湾文化协会的活动、台湾工农运动、台湾共产党的活动，都反映了台湾人民要求从日本殖民统治下解放出来的努力。

以连横、赖和、张我军、杨逵等为代表的一批台湾知识分子，抱定以文保国、以史保种的决心，在日本帝国主义的高压下，发愤作文著书，向世人表明台湾是中国的一个省，台湾文化是中国文化的一部分，台湾人是中国大家庭中的一份子。他们是文化战线上反抗日本殖民统治的英勇斗士。

1937年日本全面侵华开始后，殖民者在台湾开展所谓"皇民化运动"，台湾进入所谓"战时体制"。林献堂"不读日文、不说日语，不着和服"的表现和决心，反映了台湾士绅不屈服"皇民化"高压，坚持中华民族精神的可贵立场。就在李登辉的兄弟参加日本军队为他们的日本"祖国"而战的时候，许多不愿意做亡国奴的台湾人仍坚持了反抗日本侵略的正义斗争。除了李友邦等台湾人到大陆参加抗日战争外，许多台湾人也隐秘地坚持了抗日立场。

根据日本防卫研究所藏档案，由台湾军方高级长官向日本陆军最高长官提供的情报资料《"中国事变与本岛人的动向"上报之件》，是根据当时台湾宪兵队长、总督府警务局长、各州知事及厅长的通报编纂的。资料显示，台湾民众充满祖国情结与民族大义的反抗事件及反日言论层出不穷。在短短一个多月的时间里，台湾岛内就有70多件反抗事件发生。

台湾总督府在《事变发生后一年间本岛人动向的回顾》中提到："自事件爆发以来，一部分的台湾人因其民族的偏见，依然视中国为其祖国，过于相信中国的实力，被其宣传所迷惑，反对总督府、反对日本军方的言行在各地流布，他们深信日本战败的虚报，这大大动摇了民心，他们将银行、信用组合及邮局的储金拿出来藏死，各种恶质的流言也不断出现，企图对统治进行反抗。"这时候，日本在台湾实行殖民统治已经40多年，台湾人民的祖国情结还是那么浓厚，台湾人民的抗日情绪还是那么强烈。

　　李登辉说台湾没有抗日，日本政府机构保存的档案资料充分证明李登辉在说谎。

　　至于说到钓鱼岛，大量历史资料无可争辩地证明其属于中国。1895年1月日本乘着战胜清朝已稳操胜券，由内阁秘密做出决定将钓鱼岛划归冲绳县。但是这一决定没有公之于世，是违反国际法的。事实上，钓鱼岛在清朝归台湾管。日本占领台湾后，也是划归台湾。1945年10月应该随着台湾一起回归祖国。一个声称"爱台湾"的人，在钓鱼岛问题上如此露骨地背叛台湾同胞的利益，是多么令人齿冷。

　　在日本投降70周年，中国抗战和台湾光复70周年的时候，李登辉忍不住跳出来为日本殖民统治大唱赞歌，为自己曾是日本军人而自豪，污蔑台湾没有抗日，叫嚷钓鱼岛是日本领土，究竟是为什么？他是在为支持日本安倍当局新安保法案卖力，为日本历史上的殖民政策评功摆好，支持台湾的"台独"势力上台，煽动岛内分裂势力"抗中亲日"情绪，继续坚持他的"两国论"幻想；也是对马英九上台以来两岸关系发展制造障碍。其实这些都是徒劳的。事实俱在，人心不可欺。李登辉螳臂当车，能有多大效果，是不难想见的。

　　殖民时代已经成为历史，今天还在为殖民时代唱赞歌的人，头脑还活在19世纪，多么令人可悲！70年前台湾光复，已然否定了日本的殖民统治，否定了甲午战争中日本侵占台湾的非法。李登辉为日本殖民统治唱赞歌，怎么抵挡得了中华民族走向伟大复兴的步伐和祖国的统一进程？

　　继续坚持岩里政男历史观的李登辉已矣！除了落得被中国人民包括台湾人民唾骂为"卖国贼"以外，他还能从日本主子或者"台独"势力那里分得一点点香饽饽吗？我看未必。李登辉的言行表明，他已经无能为力、穷途末路了。

抗日保台　心向祖国[*]

——评日据时期台湾人民的抗日斗争

2005年是《马关条约》签订110周年，又是中国人民抗日战争暨世界反法西斯战争胜利60周年，也是台湾光复60周年。在这样具有纪念意义的日子里，回顾台湾人民在日据时期的抗日斗争，是十分有意义的。

甲午战败、马关割台的消息，令举国震惊，朝野上下群情激愤，人民群众在悲愤的气氛中逐渐觉醒起来。以孙中山为首的革命派立即成立兴中会，探索以革命方式推翻腐朽的清朝统治的道路；以康有为为首的改良派在北京掀起"公车上书"，发动戊戌维新运动，希图走上从体制内改造清政府的道路。马关割台是中国历史发展的一个重要关节点。

丧权辱国的《马关条约》，使祖国宝岛台湾沦为日本帝国主义的殖民地，与祖国分离达50年之久。从台湾被割让的那一天起，英勇不屈、"誓不臣倭"的台湾人民就开始了轰轰烈烈的抗日武装斗争。与此同时，台湾人民始终没有放弃争取民族独立和回归祖国怀抱的信念。台湾人民的这种信念和精神，值得我们永远铭记。

在清政府决意弃台，台湾巡抚已经内渡，日本新任命的台湾总督桦山资纪率领大军占领台北的时候，台湾军民表示"誓不服倭"，决心救亡图存，大规模地展开了武装抗日保台的斗争。以台南总兵刘永福为首的黑旗军等部清军，与徐骧、姜绍祖、吴彭年、吴汤兴、胡嘉猷、江国辉、苏力、黄娘盛等各支义民军配合作战，坚持武装抵抗。从6月到9月，清军和义军在新竹、大甲溪、大肚溪、彰化、彰南、云林等地与日

---

[*] 本文与杜继东合作，原载于《光明日报》2005年10月24日，"要闻"版。

军展开殊死搏杀,黑旗军和义军还一度进行反攻,收复云林、苗栗一带。

台湾军民的抵抗使日军陷入泥潭,日本政府不得不派兵增援。9月16日,日军成立"南进司令部",调集4万大军,海陆并进,倾巢南犯。北白川宫能久亲王率领近卫师团直扑嘉义。清军王德标率部与徐骧、林义成、简精华等义军联合抗敌。王德标与徐骧派人在城外暗埋地雷,待敌来犯时佯装败退,诱敌深入,炸死日军700多人。日军仓皇撤退,中途又遭伏击,北白川宫能久亲王受重伤(不久因伤死于台南,是日军侵略中国过程中被击毙的级别最高的官员)。在曾文溪,徐骧、王德标、简精华等义军奋勇杀敌,战斗异常惨烈。徐骧身负重伤,仍跃起高呼:"大丈夫为国死,可无憾!"壮烈牺牲。

10月21日,日军攻陷台南。至此,台湾人民抗击日本占领的有组织的武装斗争告一段落。从1895年6月到10月,不畏强暴的台湾军民前仆后继,奋勇杀敌,在极为艰难的条件下谱写了可歌可泣的抗日保台篇章。日本侵略者前后出动7万大军和常备舰队的大部分舰只,付出了包括北白川宫能久亲王和第二旅团长山根信成少将在内的4800名官兵死亡和2.7万人负伤的惨重代价。其伤亡人数比此前甲午战争中的伤亡人数多出将近一倍。桦山资纪惊叹说:"本地的士兵与辽东的中国兵显著不同,有不畏死之气概,不能轻视之。"

桦山资纪宣布台湾全岛完全"平定"。然而,台湾人民反抗日本殖民统治的斗争没有停息。从1896年元旦起,他们再次揭竿而起,连续进行了7年的武装抗日游击战,形成以北部简大狮、中部柯铁和南部林少猫为主的多支抗日义军。日军采用武力"讨伐"和"招抚"政策,诱降、骗杀反日武装民众,终将义军各个击破。

日本殖民当局为了维持对台湾人民的高压统治,在全岛建立了严密的警察制度,对台湾人民的反抗活动进行残酷镇压,但是,台湾人民抗日起义仍时有发生。其中较著名的有1907年的北埔起义、1912年的林杞埔起义、1913年的苗栗起义、1914年的六甲起义、1915年的噍吧哖起义(又称西来庵事件)、1930年的雾社起义等。在长期武装抗日斗争中,共有65万台湾同胞献出了宝贵的生命,在中华民族抵抗外来侵略的历史上留下了惊天地泣鬼神的动人篇章。

在日本强大的军事和警察统治下,台湾人民大规模武装斗争难以展开，但台湾人民的抗日斗争并未停止，一种新的斗争形式即非暴力的抗争活动开展起来，并汇聚成为轰轰烈烈的民族运动。日据时期的台湾民族运动，实际上是在日本高压下争取台湾人民作为中华民族的一份子，争取维护中华民族的民族利益的运动。

民族运动始于留日台湾学生。1918—1920 年，他们在东京先后成立了启发会、应声会和新民会等组织，以"增进台胞的幸福，谋求政治改革"为宗旨，主张撤废赋予台湾总督大权的"六三法"，提倡"台湾议会设置请愿运动"。1920 年底，"六三法"撤废活动演变为"台湾议会设置请愿运动"，林献堂等决定通过请愿方式要求日本当局在台湾设置议会，削弱总督权力，改变总督专横、独裁统治的现状。他们顶着来自日本殖民当局的巨大压力，每年派出代表到日本东京进行请愿活动，请愿书被一次次拒绝，但是一年一次的请愿活动还是坚持了 15 年。

部分台湾知识精英如林献堂、蒋渭水等于 1921 年 10 月 27 日在台北成立台湾文化协会，其宗旨为"助长台湾文化之发展"，对台湾民众进行文化启蒙宣传。文化协会发行会报，组织读报会，举办讲习会、演讲会，在全岛各地广泛进行启蒙工作，在台湾同胞中造成了很大的反响。台湾青年赴祖国大陆求学的人数剧增，而且台湾各校内进步学生组织纷纷建立，不满日本人欺压的学潮迭起。

针对日本殖民当局妄图扼杀台湾的中国文化、泯灭台湾同胞民族意识的殖民文化政策，以连横、赖和、张我军、杨逵等为代表的一批台湾知识分子，抱定以文保国、以史保种的决心，在日本帝国主义的高压下，发愤作文著书，向世人表明台湾是中国的一个省，台湾文化是中国文化的一部分，台湾人是中国大家庭中的一份子。他们是文化战线上反抗日本殖民统治的英勇斗士。

随着启蒙运动的发展，台湾的工农运动也开展起来。1925 年彰化县二林的蔗农在文化协会理事李应章（李伟光）的领导下，建立二林蔗农组合，反对制糖公司的剥削，从而与日本警察发生冲突。此后各地农民纷纷建立农民组合，并于 1926 年成立台湾农民组合，由农民领袖简吉任中央委员长。1927—1928 年，由台湾农民组合直接组织或指导的农民抗争事件就有 420 起之多，其中尤以两次"中坜事件"最为激烈。此外，台湾工人也纷纷成立木工、土水、码头、店员、印刷、机器、船炭等工会，1928 年还成立了"台湾机械工会联合会"和"台湾工友总联盟"，开展反对日本资本家剥削的斗争。

1928年4月，林木顺、谢雪红、林日高等人在上海成立台湾共产党，提出要推翻日本帝国主义的殖民统治，实行土地革命，消灭封建势力。台共并派人返回台湾发展组织，积极进行工农运动。台湾共产党虽在三年后被日本殖民当局取缔，但对台湾人民的抗日斗争产生了重大影响。

1937年卢沟桥事变发生后，为了把台湾变成日本南进战略的基础，日本殖民当局根据1937年9月近卫内阁的"国民精神总动员计划"，发动了企图使台湾的人民和土地"都成为皇国的真正一环"的"皇民化运动"。其主要内容有禁止台民使用汉语，强迫台民学习和使用日语；废止中文报刊；强迫台民使用日本姓名；禁止使用"台湾人"名称，一律改称"皇民"；封闭中式寺庙，改奉日本天照大神；禁止中国纪年，改用日本正朔；禁穿中式服装，改着日本和服与"国民服"；等等。总之，要在台湾消灭中国文化，而代之以日本文化。

"皇民化运动"引起了台湾人民的抵制和反抗。当局虽禁止使用汉语，规定在公共场所和机关、学校必须讲日语，一旦发现有人讲汉语，将给予严厉惩罚。但这个规定没有多少台胞遵行。台胞在银行、公司、医院、车站等公共场所常用汉语交谈，更有不少人坚持不讲日语，如林献堂"终生不读日文、不说日语，不着和服"。民众还暗中坚持学习汉语，部分汉学书房突破重重阻力生存下来，一直到1943年才被总督府强行关闭。

更换日本式姓名的政策也受到台胞的抵制。该政策从1940年2月正式实施到当年8月，600多万台湾民众中只有168人改换了日本姓名。后来在日本殖民当局强制下，少数人迫于生计，不得不改换日本姓名，但仍想办法保留原来姓氏之根，如陈姓改为颖川，林姓改为长林，吕姓改为宫下，刘姓改为中山，魏姓改为大梁，黄姓改为江夏等。在"皇民化"的高压下，台胞仍然保持着原有的生活方式和风俗习惯，祖国流行的服饰仍然可以影响到台湾。中国的传统节日、婚丧嫁娶，仍沿旧风；墓碑、神主依旧镌刻着堂号或者祖籍，表明了台胞强烈的认祖归宗观念。对日本人强迫奉祀的天照大神，台湾民众只是应付差事，内心崇拜的仍是中华民族历来奉祀的神祇。台湾人民的祖国意识是日本殖民者不可能轻易改变的。在台湾人民的抵制下，日本殖民当局"皇民化运动"

收效极微。

在社会、文化、思想等领域抵制"皇民化"的同时，还有些台湾同胞组织了抗日暴动。如1938年高雄、六甲等地相继发生袭击日警的反战暴动；1939年3月，高雄农民1000多人因反对日本警察强拉"军夫"而发起暴动；1944年台北帝国大学学生秘密搜集武器，准备在美军登陆时起义策应；等等。

全面抗战爆发后，大批台湾爱国志士认为这是实现台湾光复的良机，纷纷辗转返回大陆，投身祖国的抗日大业中。如谢南光领导的"台湾民族革命总同盟"、陈友钦领导的"台湾青年革命党"、张邦杰领导的"台湾革命党"、黄光军为团长的"台湾光复团"、柯台山负责的"台湾国民革命党"等，上海有"台湾人民解放联盟"，厦门有"台湾同胞抗日复土总同盟""台湾革命青年大同盟"等。这些组织无不以抗击日本侵略、推翻日本在台统治为宗旨。黄埔军校出身的李友邦于1939年2月在浙江金华组织的台湾义勇队，则是唯一一支由大陆台胞组成的抗日武装团体，他们长期活跃于东南沿海地区，从事抗日斗争，为抗日战争的胜利做出了独特的贡献。

日据时期50年的历史反复证明，尽管日本殖民统治是残酷的，"皇民化"的用心是狠毒的，但台湾人民的抗日精神未曾泯灭，台湾人民的中国心未曾改变，台湾的中华文化的根依然牢固。当此台湾光复60周年之际，缅怀先烈，展望未来，我们相信，日本殖民时期的"去中国化"不能成功，"台独"分子在台湾推动"去中国化"的努力也肯定是要失败的。

纪念抗战不能忘记历史的基本线索[*]

今年 9 月 3 日是中国人民抗日战争胜利 70 周年纪念日，5 月 9 日是世界反法西斯战争胜利 70 周年纪念日。这两个纪念日实际上反映了同一史实：同盟国赢得了人类历史上最为残酷的第二次世界大战的胜利。这两个纪念日对世界反法西斯国家、对一切爱好和平的国家来说，都是极为重要的纪念日。第二次世界大战有两个战争策源地、两个战争爆发点、两个主要战场、两个结束时间和两个胜利纪念日，这反映了第二次世界大战成因的复杂性和战争的长期性、残酷性。客观地说，第二次世界大战起于 1937 年七七事变，中间经过德国向苏联进攻、日本向美国进攻，1945 年 5 月 8 日德国在无条件投降书上签字，终结于 1945 年 9 月 2 日日本在无条件投降书上签字。

中国抗日战争是第二次世界大战中反法西斯和反日本军国主义侵略的主要组成部分之一。1939 年德军横扫欧洲，号称"欧洲最大陆军强国"的法国只撑持了短短 6 个星期就投降了。英军敦刻尔克大撤退，退回英伦三岛，长期遭受德国飞机轰炸。但这个时候，中国军民独自抵抗日本军国主义侵略已经两年多了。第二次世界大战的东方主战场，在欧洲主战场形成之前很久就已经形成。中国在很少得到外援的情况下，坚持了艰苦卓绝的抗战，中国没有亡。虽然有少数人向日本投降，但中国这个国家没有投降，而且坚持抗战到日本投降。

中国抗战能坚持到最后的胜利，是因为中国的正面战场和敌后战场在战略上配合起来对日本侵略军进行作战。这个特点是中国战场独有的，出现这个特点是因为中国共产党提出了建立抗日民族统一战线的主

---

[*] 本文原载于《人民日报》2015 年 8 月 31 日，第 7 版。

张，并且经过艰苦努力说服当权的国民党接受了这个主张。在这个大局下，国民党虽然反共，但还是把抗日旗帜举到了最后。中国共产党宣传、发动全国人民投入抗战，推动、督促国民党政府抗战，八路军、新四军开辟敌后战场始终坚持抗战，充分发挥了中流砥柱作用。

日本全面侵华，是要谋求迅速灭亡中国。所谓"大东亚共荣圈""共荣共存"的口号，只不过是谋求建立"大日本帝国"的外衣和欺骗人的口号。这一点，只要看日本在朝鲜半岛、中国台湾和东北实施的"皇民化运动"就可以明白。日本是后起的资本主义国家，19 世纪末发展为帝国主义国家，但它国土面积狭小、资源贫乏。它侵略中国的总战略是求快，是速胜，尽量避免拖延。中国虽处于半殖民地半封建社会，是一个落后的农业国，却是一个地广民众的国家。日本的侵略激起了中华民族同仇敌忾，促使国共两党组成抗日民族统一战线。中国对付日本侵略的总战略，就是毛泽东同志论证的"持久战"，用"拖"字诀应对日本的"速胜论"，用敌后战场和正面战场拖住侵华日军的手脚，使其难以实现速胜的战略总目标。中国战场的"拖"字诀，把大部分日本军队拖在中国战场上，从而帮助了苏联，使苏联避免了东西两线作战的困境；同时也帮助了美国，减轻了太平洋战场的压力。但在这一过程中，中国付出了巨大牺牲。日本侵华制造了南京大屠杀等无数惨案，抢掠了中国无数的物质财富，给中国带来了极其惨重的人员和物质损失，极大地延缓了中国社会的进步。中国抗日战争对世界反法西斯战争胜利的贡献是巨大的，应该得到国际舆论的客观评价。

1943 年的开罗会议、德黑兰会议和 1945 年的波茨坦会议，是同盟国在战时召开的具有重要意义的国际会议，三次会议决定了集中力量对日本和德国作战，以及战后对日本和德国的处分与敦促日本投降。战胜日本和德国，并且给予日本和德国严重的处分（包括领土），包括战后成立联合国，都是二战最重要的胜利成果，这些成果形成了与战前完全不同的国际格局。这些就是历史，就是第二次世界大战的历史。

70 年过去了，今天对第二次世界大战胜利成果的维护，存在两种不同的态度。德国与法西斯彻底决裂，建立起一个新的德国。新德国对纳粹德国的战争罪行进行了深刻反省，正确处理了与其他国家的关系。日本是二战爆发的另一个战争策源地，战后虽受到了惩处，但并不彻底。很多日本政治家对战争的反省不深刻，还拒绝对日本的战争罪行认罪、道歉，甚至对南京大屠杀、"慰安妇"那样对被害国人民的严重伤害也不正视、不道歉；战争罪犯年年都受到日本政治家的礼拜，战后对日本形成的一些约束机制正在被解除。这真是咄咄怪事。

日本政局的右倾化，最重要的原因是对历史缺乏正确的认知。日本发动战争的罪行是客观的历史，否认不等于不存在。不能正确认知历史，只会对现实政治及与他国关系产生副作用。一个很奇怪的现象是：日本因广岛、长崎遭到原子弹轰炸而产生的受害国情绪甚为浓厚，却对中国和亚洲其他遭受日本侵略国家的情绪不予理睬。被原子弹轰炸的人民值得同情，但广岛和平纪念馆内说明牌上载明这是"国策失误"所致，这个认识基本上是正确的。现在的日本当政者认识到这个"国策失误"了吗？日本对于8月15日所谓"终战日"年年纪念，而对于9月2日在无条件投降文书上签字却不纪念。这些可以看出日本政治的倾向和心态。日本一些在野的政治家、学者和普通人，对日本今天的政治走向是极为担忧的。他们认为：不承认对邻国的侵略，不认真反省历史，不对亚洲各国人民道歉，日本与邻国的未来关系是不明朗的。日本毕竟是一个亚洲国家。

学史可以明智。历史是最好的老师。中国人民抗日战争胜利70周年到来之际，我们应该怎样纪念？我以为很重要的一点就是要记住第二次世界大战发生、发展及其结局这个基本的历史线索。中国的年轻一代，日本的年轻一代，全世界各国的年轻一代，都要学习并记住那段历史的主要情节，各国的政治家尤其要记住那段历史。只有记住那段历史，才能防止新的战争策源地产生，才能在未来的历史途程中避免犯低级错误，才能创造各国和平发展的未来。

下大力气推进抗日战争史研究[*]

习近平同志在纪念中国人民抗日战争暨世界反法西斯战争胜利70周年大会上的讲话中指出："中国人民抗日战争和世界反法西斯战争，是正义和邪恶、光明和黑暗、进步和反动的大决战。"这一论断极其深刻，是对法西斯主义的鞭挞、对日本军国主义的鞭挞、对所有黑暗势力和反动势力的鞭挞，代表了正义的声音、历史的声音，代表了对非正义战争的唾弃、对和平的期待和坚持。

在那场正义和邪恶、光明和黑暗、进步和反动的大决战中，中华民族付出了惨重的代价，也经受了脱胎换骨的锤炼。在日本军国主义的疯狂侵略面前，中华民族的主体没有被敌人的残虐、狂暴、屠杀所吓倒，没有屈膝投降，而是在极其艰难困苦的条件下坚持抵抗、坚持正义战争，坚持以弱胜强、积小胜为大胜，用持久战理论指导战争的开展，以中国共产党及其领导的武装力量为中流砥柱，终于取得抗日战争的完全胜利。中国人民的抗日战争是何等艰苦卓绝、何等浴血奋战，这些都需要鸿篇巨制的史书详加记述。习近平同志在回顾中国抗战"铸就了战争史上的奇观、中华民族的壮举"，指出中国抗战在世界反法西斯战争中作为东方主战场的历史性贡献的同时，强调"和平与发展已经成为时代主题，但世界仍很不太平，战争的达摩克利斯之剑依然悬在人类头上。我们要以史为鉴，坚定维护和平的决心"。这就告诉世人，战争的危险今天仍然存在，反对战争、维护和平仍然是当今时代的任务。新形势下，中国历史学界应下大力气推进抗日战争史研究，反映中华民族在抗日战争中凤凰涅槃、浴火重生的历史，阐明中国人民在抗日战争中是如

---

[*] 本文原载于《人民日报》2015年9月17日，"理论"版。

何反对战争、争取并维护和平的。

中国抗日战争史研究的基本状况

抗日战争史基本上属于中国近代史学科。新中国成立以前，中国近代史研究没有得到社会和学术界的重视。新中国成立后，党和国家高度重视中国近代史研究，中国近代史迅速发展成为一门新兴学科。20世纪50年代到70年代，中国近代史研究的重点在晚清历史，1919年以后的历史还没有真正进入研究者的视野。改革开放以后，学术界视野大开，1919年后的历史包括中共党史、国民党史、民国史和抗战史研究逐渐提上学术界的研究日程。无论从中共党史角度，还是从民国史、国民党史角度，都不能回避抗日战争历史。从1982年起，中国社会科学院和军事科学院开始讨论与部署抗日战争研究课题，提出了撰写《中国抗日战争史》和《第二次世界大战史》的任务。

1991年，在胡乔木的关心和推动下，我国成立了以刘大年为会长的中国抗日战争史学会，创办了学会刊物《抗日战争研究》，召开了九一八事变60周年国际学术讨论会。此后，一系列有关抗日战争史的学术会议得以举办，大量研究抗日战争史的论文涌现出来，许多抗日战争史料包括正面战场和敌后战场的史料公开出版。在此前后，一批抗日战争史和第二次世界大战史学术著作先后问世，代表性的著作有军事科学院的《中国抗日战争史》三卷、刘大年主编的《中国复兴枢纽——抗日战争的八年》、何理撰著的《抗日战争史》以及军事科学院的《第二次世界大战史》、朱贵生等的《第二次世界大战史》等。这些著作正确处理了中国抗战与世界反法西斯战争的关系、日本军国主义侵略中国与中华民族反侵略的基本格局、抗日民族统一战线与国共两党在抗战中的角色、正面战场与敌后战场的关系等问题。与此同时，在中国人民抗日战争的一些重大问题上，学术界也进行了很多讨论。比如，关于正面战场与敌后战场究竟哪一个是主战场，讨论中有不同意见。有学者认为，从抗日战争全过程看，抗战初期正面战场是主战场，从抗战中期到抗战后期，主战场发生了转化，敌后战场逐渐成为主战场。关于抗日战争领导权问题，有人认为是共产党领导的，有人认为是国民党领导的，有人认为是国共两党共同领导的，也有人认为是国共两党分别领导的，学术上的探讨很热烈。

著名马克思主义历史学家刘大年在他主编的《中国复兴枢纽——抗日战争的八年》一书及其他学术论文中，对抗日战争史做了理论性概括：要认识抗日战争时期历史的特别复杂性。抗日战争首先是民族战争，同时也是人民战争；其间交叉着错综复杂的矛盾，既有民族矛盾，也有阶级矛盾；抗日战争既是一场民族解放战争，也是一场与国内民主革命相结合、相伴随的战争；既有正面战场，也有敌后战场；既有国民党对正面战场的领导，也有共产党对敌后战场的领导。只有依据历史事实，看到抗日战争历史的复杂性，具体问题具体分析，才有可能把抗日战争史研究中认识不够深刻的地方进一步弄清楚。刘大年对抗日战争史提出了自己的系统认识，这些认识概括起来主要有四个要点：中国抗日战争是在中国共产党倡导的抗日民族统一战线的旗帜下，以国共合作为基础，各阶级、各民族人民团结起来进行的中华民族解放战争；正面战场和敌后战场两个战场的存在是决定抗日战争面貌和结局的关键；在抗日战争中，国民党、共产党两个领导中心并存；抗日战争是中国近代历史发展的一个根本转变，是近代以来中国第一次取得对外战争的全局胜利。这些认识是很有价值的。

近10年来，抗日战争史研究又取得了新进展。马克思主义理论研究和建设工程重点项目《中国抗日战争史》、步平等的《中华民族抗日战争全史》等著作出版，研究性的学术论文也很多。其中，《中国抗日战争史》着眼于14年抗战，叙述6年局部抗战和8年全面抗战的历史进程，展示了中国共产党坚持抗战的中流砥柱作用，反映了中国各党派、各民族、各阶层、各团体同仇敌忾、共赴国难的壮丽史诗，对抗日战争史研究中一些重点难点问题做了新的探讨。这本书的贡献是提出了14年抗战的概念，强调了中国抗日战场是世界反法西斯战争的东方主战场。强调14年抗战是有重要意义的，有利于把日本对华侵略联系起来考察，说明随着九一八事变日本开始侵略中国，中国的抗战就开始了，局部抗战也是抗战。当然也应认识到，1937年七七事变前后中国抗战的形势是完全不一样的，或者说是有本质区别的。区别在哪里？就在于1937年七七事变后的全面抗战，是国共两党取得建立抗日民族统一战线的共识后在国家层面形成的抗战，是中华民族动员起来的全民族的抗战,是正面战场和敌后战场做战略配合的抗战。这种抗战形态在七七事变前是没有的。

欧美学者对中国抗日战争史的研究

欧美学者在中国抗日战争史研究方面也发表了许多论文,出版了不少专著。许多学者研究中共抗日根据地,对中共在抗日战争中的壮大颇感兴趣。也有学者研究国民党政府,研究正面战场,研究日本侵华以及日本在华暴行等。苏联和俄罗斯学者较多研究苏联、共产国际与中国的关系,强调苏联对华援助。总体而言,欧美学者对中国抗日战争在世界反法西斯战争中的地位和作用评价不高,或者基本不涉及。有的学者甚至认为中国战场在太平洋战争中的地位是边缘的,中国战场不过是边缘战场。有短视的欧美学者甚至完全看不到中国战场的作用,在叙述第二次世界大战历史时居然对中国战场只字不提。

欧美学者对中国战场的忽视,最典型的表现是在对第二次世界大战起点或爆发点的认定上。欧美学者、日本学者一般认为1939年9月德国进攻波兰是第二次世界大战的起点,有的学者则把1941年12月7日日本轰炸珍珠港作为第二次世界大战的爆发点。总之,中国抗日战场不在这些学者的视野之内,是边缘的甚至可有可无的。这些认识完全不符合历史实际,是极不公正的,是对历史不负责任的表现。出现这种现象的原因很复杂,主要是三个方面:一是欧洲中心主义在欧洲历史学者中占据主导地位,因此不重视中国抗日战场的作用;二是二战后出现的冷战使欧美把中国视为敌对的一方,改变了战时对中国战场重要作用的认识;三是二战时和二战后很长一段时间,中国是一个弱国,经济不发达,学术领域的国际话语权不大,我们的研究成果得不到国际学者的重视。其实,在世界反法西斯战争进行过程中,美国总统罗斯福、英国首相丘吉尔、苏联领导人斯大林都对中国抗日战场有过很高评价。

近年来,由于中国国力逐渐增强、国际地位日益提高,世界的眼光开始转向中国,一些欧美历史学家开始重新审视中国抗战对世界反法西斯战争胜利的作用。2013年出版的牛津大学中国研究中心主任拉纳·米特的著作《中国,被遗忘的盟友:西方人眼中的抗日战争全史》一书指出："在过去的几十年里，我们对'二战'中有所贡献的盟军的认识，有着巨大的偏差……中国依然是被遗忘的盟友，它的贡献随着亲历者的离世而渐渐被人遗忘。""1937—1945 年，中国国民党和中国共产党是东亚地区唯一坚持反抗日本帝国主义的两大政党"，"如果没有中国人民的英勇抵抗，中国早在 1938 年就沦为日本的殖民地。那将给日本控制整个亚洲大陆提供有利条件，加速日本对东南亚地区的扩张。一个屈服的中国，也更有利于日本入侵英属印度"。作者还说："中国在 20 世纪三四十年代参与那场艰苦卓绝的战争，不仅仅是为了国家尊严和生存，还为了所有同盟国的胜利。"这个评价是较为公允的，大体上体现了中国抗日战场作为世界反法西斯战争东方主战场的地位和作用。今年 4 月，法国伽利玛出版社出版了巴黎第一大学著名抵抗运动史专家阿利亚·阿格兰和著名国际关系史专家罗伯特·弗兰克主编的专著《1937—1947 战争——世界》。该书聚集了法、德、意、加、奥等国 50 多位历史学家、哲学家和政治学家研究第二次世界大战历史，关注到亚洲，把 1937 年中国大规模抗击日本入侵作为第二次世界大战的起点，用较大篇幅描述了日本侵略中国以及南京大屠杀等战争罪行。该书从全球视野解读二战，表达了对欧洲中心主义的批判，其观点在此前的欧美学者中是不易见到的。今年 5 月，在俄罗斯科学院举办的国际学术会议"苏联、中国在二战战胜法西斯主义和日本军国主义中的作用"上，俄罗斯科学院远东研究所代所长卢佳宁在他的学术报告《还原事实真相：1931—1945 年间的苏联和中国》中认为，中、苏两国是击败日本法西斯的中坚力量。5 月 17 日，俄罗斯政论家尤里·塔夫罗夫斯基在《独立报》发表文章《不应遗忘"二战的另一半"：中国抗战》。文章首先提出二战的爆发时间问题，主张应该以 1937 年七七事变为二战的起点，强调中国在二战中的主体作用。

第二次世界大战中，在日本军国主义、德国法西斯主义的疯狂侵略面前，欧洲和亚洲许多国家投降了，法国这样的欧洲强国只抵抗 6 周就宣布投降了。中国作为当时世界上饱受欺凌、尚未工业化的落后大国把抵抗侵略的斗争坚持到了最后，给予世界反法西斯国家重大支援。中国战场作为世界反法西斯战争东方主战场的贡献是不可替代的，过低评价中国战场这个东方主战场的作用是违反历史公平原则的，是不科学的。在国际视野下观察中国抗日战争可以看到，第二次世界大战前世界上出现了两个战争策源地、两个战争爆发点。只有确立了这个认识,才能看到中国战场在第二次世界大战中的战略地位和中国人民对战胜法西斯主义、军国主义所做出的重大牺牲与为世界和平所做出的重大贡献。只有从对第二次世界大战世界性、全局性、复杂性的认识和分析中,才能清晰地看出中国抗日战争的地位和作用。

推进抗日战争史研究的建议

习近平同志指出:"同中国人民抗日战争的历史地位和历史意义相比,同这场战争对中华民族和世界的影响相比,我们的抗战研究还远远不够,要继续进行深入系统的研究。"他强调,深入开展中国人民抗日战争研究,必须坚持正确历史观、加强规划和力量整合、加强史料收集和整理、加强舆论宣传工作,让历史说话,用史实发言,着力研究和深入阐释中国人民抗日战争的伟大意义、中国人民抗日战争在世界反法西斯战争中的重要地位、中国共产党的中流砥柱作用是中国人民抗日战争胜利的关键等重大问题。习近平同志的讲话对中国学术界特别是历史学界提出了明确要求,是大力推进中国抗日战争史研究的指针和动力。我国历史学界特别是近代史学界要认真领会讲话精神,切实加强、大力推进中国抗日战争史研究。

一是加强领导,协调全国科研系统、高校、党史部门和民间力量,协调海峡两岸的力量,制定抗日战争研究科研规划,提出工作目标,给予经费支持,分工合作、扎扎实实进行严谨的学术研究工作,撰写出版一系列体现科学历史观的学术著作。

二是广泛、深入、全面搜集抗日战争史料,包括从相关国家公私档案馆、图书馆搜集涉及中国抗战以及中国国际关系的档案、日记、书信、公私文书、照片以及影视作品和各种专门著作,分门别类编辑相关专题的文献史料,切实打好研究基础,尊重历史,用历史事实说话,使研究著作建立在可靠可信的史料基础上,成为科学的历史学著作。

三是切实贯彻《中华人民共和国档案法》,国家和地方各级各类档案馆努力为抗日战争研究者搜集史料提供最大方便。在条件允许的情况下建立抗战史料文献中心,建立互联网数据库,方便学者研究。

四是在涉及抗日战争史的一些关键问题上开展深入研究，如日本侵华史、日本战争策源地研究；抗战时期抗日民族统一战线形成史研究；中国共产党在抗日战争中的中流砥柱作用研究；正面战场、敌后战场的战略配合作用研究；抗日战争中中华民族的空前大觉醒研究；抗日战争时期中国的人心向背研究；抗日战争时期中国文化战线及文化思想的转变研究；抗日战争时期中国国际关系特别是与同盟国的关系研究；等等。所有这些研究项目都应建立在大量利用、分析史料的基础上，产生的史学著作应经得起质疑，具有长久生命力。

五是积极建立抗日战争史研究的国际网络，广泛开展国际学术交流，加强中国抗日战争史的国际学术研讨，努力扩大中国学者研究抗日战争的国际话语权，争取产生国际学者共同参与的大部头中国抗日战争史、世界反法西斯战争史著作。

五
论建设好的学风

坚持百家争鸣　繁荣历史科学[*]

7月16日，江泽民同志在中国社会科学院讲话中向哲学社会科学工作者提出了五点要求。这五点要求，实际上指出了我党领导哲学社会科学工作的基本方针，是十分重要的。其中第三点强调："要坚持'二为'方向和'双百'方针。哲学社会科学研究应坚持为人民服务、为社会主义服务的方向，坚持'百花齐放，百家争鸣'的方针，提倡理论创新和知识创新，鼓励大胆探索，在实践中不断认识真理、服从真理、发展真理，努力建设具有中国特色、中国风格、中国气派的哲学社会科学。"坚持"二为"方向和"双百"方针，对于发展和繁荣历史科学，是十分重要的方针。我们在执行这一方针的过程中，有着丰富的经验和教训，很值得总结。

中国共产党作为执政党，历来是重视哲学社会科学和自然科学在国家建设中的作用的。值得引以为豪的是，"百家争鸣"方针的提出，首先与历史科学有关。1953年秋，中共中央设立历史问题研究委员会，讨论决定在中国科学院增设历史研究所以及创办《历史研究》杂志，以推动学术研究。有关负责人征询毛泽东同志办《历史研究》杂志的意见，毛泽东说了四个字："百家争鸣。"1956年，毛泽东同志在最高国务会议上做关于十大关系的报告，正式提出在文化艺术和学术研究领域实行"百花齐放，百家争鸣"的方针。毛泽东解释，春秋战国时代，诸子百家，大家自由争论，我们现在也需要这个。这时候，社会主义制度已经确立，国内政治稳定，学术文化上出现了"百家争鸣"那样一

---

[*] 本文是应《光明日报》理论部邀请写作的，原载于《光明日报》2002年8月27日，第3版，"理论周刊·历史"。收入张海鹏《东厂论史录——中国近代史研究的评论与思考》，广东人民出版社，2005。

种开放的、积极的局面。

历史学界开展百家争鸣是很有成就的，的确促进了学术研究的繁荣。最有名的例子，是郭老和范老有关历史分期问题的争论。郭老和范老都坚持用马克思主义研究历史，但他们在中国奴隶制和封建制的分期上有不同主张。范老主张"西周封建说"，郭老主张"春秋战国之交封建说"，他们都拥有广大的赞成者。郭老以中国科学院院长主持历史研究所，组织学者编撰《中国史稿》，贯彻他的分期主张；范老主持近代史研究所，在《中国通史简编》修订本中坚持他的分期主张。这对于促进学者深入思考，推动历史学研究起到了积极的作用。

民族学研究领域的争鸣，也有令人注目的例子。20世纪50年代初，斯大林发表《马克思主义与语言学问题》等著名文章，提出了资产阶级民族的四个特征，认为："随着资本主义的出现、封建分割的消灭、民族市场的形成，于是部族就变成民族。"这就是说，只有在资本主义社会才形成民族。范老以他对中国历史的深刻理解，认为所谓资产阶级民族的四个特征，汉民族在秦汉时期就已形成了。汉民族的形成是中国自秦汉起成为统一国家的主要原因。自秦汉确立郡县制，封建分割基本上消灭了，大小市场也实在形成了，但是资本主义根本不存在。斯大林的论述符合欧洲的情况，不符合中国的情况。范老以《试论中国自秦汉时成为统一国家的原因》为题，在1954年《历史研究》第3期发表论文，论述自己的主张。范老的意见，今天已经成为我国民族学研究领域的常识。但是，当时面对斯大林那样的大政治权威和理论权威，范老敢于以自己的学术观点来争鸣，这是真正的学者的勇敢。有学者严厉指责范文澜背离了斯大林学说，范老却始终不悔。范老的文章，引起了历史学领域关于汉民族形成问题的大讨论，推动了历史学的发展。

中国近代史领域最引人注意的讨论，是关于中国近代史分期问题的讨论。1954年在《历史研究》创刊号上，胡绳发表了《中国近代历史的分期问题》一文，它引起了近代史学者的强烈关注和热烈争鸣。中国近代史如何划分时期，看起来是编写近代史教科书的一个具体问题，但是依据什么标准分期，却涉及历史观问题，涉及研究中国近代史的理论与方法问题，涉及叙述和研究中国近代史的主要任务是什么，以什么来做中国近代史的基本线索问题。胡绳依据马克思主义唯物史观，依据毛泽东有关中国近代史的说明，提出了"基本上用阶级斗争的表现来做划分时期的标准"的重要意见。他还特别指出，马克思主义对中国近代史研究的要求不是在于给各个事变、各个人物一一简单地标上这个阶级或那个阶级、进步或革命的符号。如果一本近代史著作不过是复述资产阶级观点的书中的材料，只是多了一些符号，那并不就是完成了马克思主义研究的任务。"要使历史研究真正渗透着马克思主义的思想力量，就要善于通过经济政治和文化现象而表明在中国近代历史舞台上的各种社会力量的面貌和实质，它们的来历，它们的相互关系和相互斗争，它们的发展趋势。"依据这种观点，胡绳还提出了"中国近代史中的三次革命运动的高涨"的概念，并对1840—1919年的中国近代史分期提出了自己的见解。范文澜根据近代中国只有一种主要的矛盾起着领导的、决定的作用以及两个主要矛盾相互转换的矛盾论原理，把中国近代史划分为四个大的阶段。许多人同意或基本同意胡绳有关分期标准的见解，同时也提出了若干不同的见解。因为对分期标准的认识不同，或者认识虽然相同但理解不一定相同，因而形成了对中国近代史分期的种种不同主张。

与此同时，史学界还开展了中国古代史分期问题讨论、中国奴隶制与封建制分期问题讨论、中国土地制度问题讨论、汉民族形成问题讨论、中国资本主义萌芽问题讨论、农民战争历史作用问题的讨论、关于"王朝体系"的讨论以及亚细亚生产方式的讨论等。所有这些讨论，是发生在五六十年代的一次马克思主义大学习，是一次不可多得的百家争鸣。它推动了史学界形成学习理论特别是学习唯物史观的浓厚风气，使一大批来自旧中国的学者，以及刚刚成长起来进入史学战线的青年受到了马克思主义的教育，学习了如何运用马克思主义的基本观点、运用唯物史观观察和研究中国历史，特别是中国近代史，推动了中国历史学学科的建设，促进了中国古代史、中国近代史乃至世界史领域若干重大理论问题和历史实际问题的研究。

但也必须看到，随着"左"的思想成为国家政治生活的指导思想，我们在"百家争鸣"方针的把握上，是有严重的教训的；我们在处理学术与政治的关系上是存在偏差的。当我们提出"百家争鸣"实际上是两家，即无产阶级一家、资产阶级一家的时候，我们对"百家争鸣"方针的把握就出现了偏差，在政治上造成了不良后果。随着政治生活的失序，不仅百家争鸣维持不下去，甚至两家争鸣的局面也不能维持。海瑞罢官问题、李秀成问题成为引发"文化大革命"的学术先兆。以后，所谓"儒法斗争"从古代延续到近现代，更完全脱离了学术，成为政治斗争的手段。到这时候，我们已完全听不到学术争鸣的声音，历史学界变得万马齐喑、噤若寒蝉了。没有百家争鸣，甚至学术队伍被解散，当然也无所谓学术事业了。

十一届三中全会以后，历史学界拨乱反正，解放思想，党对学术研究的指导方针又恢复了"百家争鸣"。历史学界的学术争鸣又开始活跃起来。以中国近代史研究为例，关于中国近代史基本线索的争论，关于洋务运动性质的争论，关于近代中国的独立解放与近代化关系的争论，关于中国近代史分期问题的新讨论，等等，都持续了很长时间，有的甚至持续到现在。这些重要问题的长期讨论，对于学者进一步认识、思考近代中国历史的复杂、曲折进程，对于推进学术事业的进步，起到了非常积极的作用。

总结史学界执行"百家争鸣"方针的历史经验，可以看到以下几点。

第一，百家争鸣是我们党领导学术研究事业、发展和繁荣新中国历史科学的保证。什么时候正确贯彻了"百家争鸣"方针，我国历史学研究就会繁荣、前进；什么时候执行这条方针受到干扰或者偏离这条方针，我国历史学研究事业就会停步不前甚至窒息。因此，在新的世纪，为了推动我国学术文化事业包括历史学研究事业，我们需要长期坚持不懈地贯彻执行"百家争鸣"方针不动摇。

第二，为了"百家争鸣"方针健康有序地进行，必须坚持"二为"方向，即坚持为人民服务、为社会主义服务的方向。我国历史学研究事业要承担记录历史、总结经验、传承文化、资政育人的作用，历史学知识的普及要使人民受到爱国主义教育，丰富我国人民的历史人文素养，为建设有中国特色的社会主义物质文明、政治文明、精神文明服务。在历史研究中，可以纯粹发思古之幽情，玩摩历史上发生过的细故末节，孤芳自赏，只要不影响读者和他人，那是个人的爱好。但无论是复古主义，还是虚无主义，都与为人民服务、为社会主义服务的宏旨无关。历史学研究者应该清醒地认识到，马克思主义的唯物史观，不仅是我们党的指导思想和理论基础，更是我国历史学研究的指导思想和方法论根据，这是必须坚持的，任何时候都不能动摇。当然，对于我们在学习和运用唯物史观的过程中出现的偏差，应该进行实事求是的研究，并予以纠正。

第三，我们要鼓励不同意见的历史学者、学派勇于发表自己的见解，参与争鸣。但这种争鸣不应该是轻率的，而必须建立在深入钻研的基础上。著名历史学家范文澜在1956年发表关于"百家争鸣"与史学的意见。他说，学有专长而争鸣是好的，长于教条而争鸣那就很不好，因为教条主义者的特征之一就是不肯多看多想，却急于一鸣惊人。他还说："谁能对大的或较小的问题长期不倦地下苦功夫，谁就有可能经过数年而一鸣，或毕一生而一鸣，或师徒相传而一鸣，或集体合力而一鸣。这就是说，想在学术上一鸣，并不是什么容易事。"① 不肯下苦功夫，随意发表意见，或者抱着教条主义态度企图一鸣惊人式的争鸣，像范老批评的那样，只能叫作"潦岁蛙鸣"，那种雨后池塘里的青蛙鸣叫，噪音贯耳，与百家争鸣完全是两回事。因此，在开展百家争鸣的过程中，要有与人为善的心态，要有实事求是的精神。学术争鸣要以深入研究做基础，发表学术批评也要以深入研究做基础。只有这样，历史学界才会有健康的争鸣，才会有健康的学风。也只有这样，我国历史学研究的进一步发展和繁荣才可以预期，"史学危机"的悲观论调才站不住脚。

2002年8月8日夜于北戴河鸽子窝

---

① 范文澜：《"百家争鸣"和史学》，《学习》1956年7月。

普及历史知识首先应尊重历史真实[*]

对于普及历史知识这项工作，不同的人可能有不同的理解。在不同层次的社会大众中普及历史知识，引导社会大众提高对历史文化的理解，增强社会大众对社会主义核心价值体系的认同，进而不断提高社会大众素质，应该是我们在普及历史知识时的共识。而这一共识的核心是：普及历史知识首先应尊重历史真实。

时下，各种历史讲坛吸引了不少人，历史题材的影视作品收视率往往很高。在此基础上制作的书籍、光盘，发行量也很大。这充分说明了社会大众对获取历史知识的重视程度。中国是一个有着数千年历史文化传承的国家，历史文献浩如烟海，近现代的历史记载更是不可胜数。利用这些历史记载撰写通俗的历史读物或者制作历史题材的影视作品，对社会大众做历史知识的普及工作，实现历史知识的社会化，是很有意义的。这项工作只能抓紧，不能轻忽。但在这一过程中，首先必须把握的一点是尊重历史真实。

人人都需要历史知识

谈古论今，知古鉴今，中国人自古就有这种传统。或许有人会说历史无用，自己不了解历史也照样生活和工作。这显然是一种浅薄之见。其实，人人都需要历史知识，人人也都应有一定的历史知识。无论是工人还是农民，无论是从政还是经商，每个人都有自己的成长史，每个人

---

[*] 本文原载于《人民日报》2011 年 8 月 18 日。

都可能运用个人的成长史观察自己所在的团体与社会，确定自己的前进道路。这就是历史知识、历史意识在起作用。所以，每一个对社会负有某种责任的人都需要一定的历史知识，没有相关历史知识作支撑是绝对承担不好自己所负责的工作的。无论在日常生活中还是在处理国家公务中，一个人有没有历史知识大不一样，高下判然。不仅个人如此，一个团体、一个政党、一个国家、一个民族也都是离不开历史知识的。

当前，我国已经总体上实现小康，生活逐渐富裕起来的人们不再为每日三餐发愁，往往更注重追求精神上的充实与享受。了解一些历史知识，可以提高一个人的文化素质，是一个人有知识、有阅历的表现；茶余饭后讲点历史故事，也可以获得精神上的愉悦和生活上的充实。当然，许多人了解历史的目的远不止于此，他们还希望通过了解历史，使自己在前进时少走弯路，做到知古鉴今。可是，毕竟每个人都成为历史学家是不可能的。即使是一个历史学家，也不可能精通所有历史时段、所有历史领域。从这个角度说，人人都需要接受某些历史知识的熏陶，成为历史知识普及的对象。

在人人都需要历史知识的情况下，历史知识的普及需要面对不同层次的人群，开展不同的工作。首先一个层次是大中小学的学生。无论大学、中学还是小学的学生，都应该学习历史知识中最基础的知识，或者说是历史方面的常识，这是素质教育的必然要求。其次一个层次是社会大众。社会大众的组成极其复杂，接受历史知识的能力、爱好与习惯都不相同。这可能与他们不同的文化背景有关，也可能与他们的工作性质有关，还可能与他们的生活境遇有关。粗分起来，除了专业的历史研究和教学人员，其他人群都可归入社会大众之列。但细分起来，专业的历史研究和教学人员只是在他所专长的那部分历史时段或领域是专家，在其他的时段或领域可能并不算专家。迄今为止，还没有一个学者敢说他对中国几千年的历史都很精通。因此，从这个意义上说，历史研究和教学人员也可以归入社会大众之列。

普及历史知识时错误倾向危害极大

普及历史知识，形式多种多样：可以是历史教科书、专业的史学论著，可以是普及历史知识的小丛书、历史题材的报告文学甚至是历史小说，可以是各种形式的历史讲座或者论坛，也可以是影视剧或者政论片。但在多种多样的形式中有一点应是共同的，即在处理历史题材、普及历史知识的时候需要尊重历史真实，需要对历史发展的大势抱有畏惧之心，而不能随心所欲地凭自己的喜好去"创造"。历史唯物主义讲究尊重历史真实、尊重历史发展规律。这就要求我们在研究历史、学习历史和普及历史知识时，既要注意历史的多姿多彩，更要尊重历史真实、重视历史的本质。

然而，近年来普及历史知识的尝试中出现了一些不尊重历史真实的倾向，需要引起我们的注意。今年是辛亥革命100周年，有关辛亥革命的历史再次引起社会的广泛兴趣。为此，有必要再次指出前些年一部以"共和"为名描述辛亥革命的"历史正剧"的错误倾向。这部电视剧在广大观众尤其是青年学生中留下了深刻印象，可以算是普及历史知识的有效形式。但这种印象是颠覆历史教科书的，是对正确历史知识的歪曲。例如，这部"历史正剧"虚构了李鸿章与孙中山对谈的情节，虚构了袁世凯与宋教仁在洹上村饮酒对酌、共议"反正革命"的故事，试图通过这些虚构的情节告诉观众，不论在朝的还是在野的都在谋求中国的出路，都在走向"共和"。这些虚构的情节事实上并不存在，是不符合历史真实的，也是不符合历史本质的，在历史观上是错误的。说它在历史观上错误，绝非夸大其词。我们可以这样认识：在半殖民地半封建的中国，帝国主义的侵略和封建制度所造成的腐败与落后是中国社会难以进步的基本原因。从旧民主主义革命到新民主主义革命，人民群众在先进阶级领导下反对帝国主义侵略、反对封建腐败统治的斗争历程是走向共和的历史，而封建统治者进行的是维护半殖民地半封建秩序、反对共和的历史。这是两种不同性质的历史。近代中国不同的阶级和集团是在寻找不同的出路，而不是一个共同的出路。如果认为不论在朝的还是在野的都在为中国找出路，并且认为所有的人都在寻找一个"共和"的出路，那是违反历史真实、违反历史本质的。这部"历史正剧"错误地引导了观众，引起观众历史知识的错乱，起到了不好的作用。这样来普及历史知识是很可惜的，也是要不得的。

还有一部力求普及世界近代史知识的电视片，用意甚好。但是这部电视片的策划人在报纸上发表文章，以英国1688年"光荣革命"为例，大讲英国资产阶级革命是和平的、是妥协的。那篇文章说，中国人只知道斗争，不知道妥协。如果国人看了这部电视片，懂得了什么叫妥协，那就谢天谢地了。用这样的历史观指导电视片的制作，很容易把电视片引向歪路，给观众普及的是错误的历史知识。事实上，英国人不是只讲和平、妥协，英国资产阶级革命过程中首先出现的是阶级斗争，是国王被杀头。和平是斗争的结果。中国人只讲斗争、不讲妥协吗？完全不符合历史真实。仅以平津战役为例，解放天津是斗争方式，解放北平就是和平方式。和平也是斗争的结果。可见，说英国只有妥协，说中国只有斗争，都不符合历史真实。

把尊重历史真实作为普及历史知识的生命

之所以列举两个电视片来反思当前历史知识普及工作中的不良倾向，是因为电视的传播力较强。尤其是一些历史正剧当下正成为社会大众认识历史的重要手段，其倾向是否正确事关重大。

所谓历史正剧，应是以严肃的重大历史题材为内容的剧本。作为剧本，它可以在某些故事情节上进行创作，讲究剧情安排。但是，由于事涉严肃的重大历史题材，其情节的创作应以历史事实为依据，不能违背历史的真实与本质，更不能撇开已有的历史事实另行创作。历史正剧既要以生动的情节来演绎历史，使观众享受精神上的愉悦；也要表达严肃的历史观点，使观众得到正确的历史知识。而且，精神上的愉悦本身就应该包括接受正确历史知识的熏陶，从而树立正确的人生观、历史观，而不是单纯的感官刺激、娱乐消遣。扩而言之，任何以历史为题材的创作包括"戏说"作品在内，既然历史人物是真实的、时代是真实的，就应该尊重大的历史背景，引导受众正确地认识历史，对广大受众担负一定的教化作用。否则，就会与普及历史知识的目的背道而驰，对社会产生副作用。

普及历史知识，推进历史知识社会化，是很重要、很严肃的工作。不仅历史正剧首先要想到表现历史题材时不能改变历史真实，其他一切形式的历史知识普及工作也要首先考虑如何尊重历史真实。出于普及的目的,我们可以合理改编,但不可以随意改编。只有做到这一点,历史知识普及工作才对今人有教育作用、启示作用、借鉴作用和鼓舞作用。历史真实既是历史研究的生命,也是普及历史知识、推进历史知识社会化的生命,万不可玩忽大意。

关于治学与学风问题的几点感想[*]

学术界、新闻媒体都在大讲治学与学风问题。从当前暴露出来的情况看，治学与学风方面的确存在不少问题，值得引起学界重视。

当年在延安，为了赢得抗日战争的胜利，中国共产党的领导人毛泽东提出了整顿党的作风问题。他认为学风就是作风，他把整顿党的学风提高到一个相当高的位置。他指出："所谓学风，不但是学校的学风，而且是全党的学风。学风问题是领导机关、全体干部、全体党员的思想方法问题，是我们对待马克思列宁主义的态度问题，是全党同志的工作态度问题。既然是这样，学风问题就是一个非常重要的问题，就是第一个重要的问题。"这是整整70年前说过的话，其实放在今天也是适用的。

哲学社会科学研究工作要以马克思主义为指导，这是大家都认可的。如何对待马克思主义，以什么态度对待马克思主义，怎样在学习实践中运用马克思主义，这是最重要的学风问题。我建议各位抽出时间去读一下1942年毛泽东著作的《整顿党的作风》。这方面，我今天就不多讲了。

---

[*] 本文是一篇演讲稿，2012年10月25日在中国社会科学院研究生院对全体新入学的研究生、博士生讲；2013年9月2日应邀在国家行政学院对研究生、博士生讲；同年9月24日，在人民大会堂参加了由中国科学技术协会、教育部、中国科学院、中国工程院、中国社会科学院、北京市人民政府联合主办的"科学道德与学风建设宣讲大会"，对北京地区新入学的研究生、博士生大约4000人做了演讲。先后刊载于《中国社会科学院研究生院学报》2013年第1期、《社科党建》2012年第5期；《红旗文稿》2013年第10期以《最严重的问题是一切向钱看——关于学风问题的几点感想》为题再次发表。

当年在延安，主观主义是学风中的最大问题。今天，我们不能说主观主义已经完全克服了。我以为整个社会目前最严重的是一切向钱看的问题。因为一切向钱看，所以义利之辨就不讲了，不讲义利之辨，诚信缺失的问题就出现了。诚信缺失，各种造假就出现了。社会处在急躁、焦虑之中。这都是一切向钱看在作怪。反映在教育中，反映在学术界，就是急于发表文章，急于拿到学位，急于出版著作，急于评上职称，急于拿到奖项，甚至假实验报告、抄袭出来的假学位论文、假毕业证书也纷纷出笼……这些现象都是大家习以为常的。习以为常而不以为怪，恰恰证明了问题的严重。

我今天单纯从读书人学风与治学的角度，讲讲学风问题。所谓学风，我想，它指的是学者对治学的态度与方法，所以学风与治学，实际上是一个问题。

我是中国社会科学院一名研究员，虽然在这里摸爬滚打近五十年，但是以我的治学经历，我还是没有资格在这里大言不惭地讲学风与治学。我自己的实践虽也小有心得，究竟不值得在这里拿出来讲。我在这里要借重几位前辈学者在这个问题上的说法，或者掺杂一点我个人的见闻。对于学风问题，许多学术大师都有精辟的见解。我想介绍的是我自己接触过的几位学术大师。

在今天众多的研究机构中，近代史研究所是新中国成立后，党和国家创办的第一个研究机构，1950 年 5 月 1 日挂牌，隶属于中国科学院。最初一段时间，中国科学院只有这一个研究所。我想在这里介绍本所创所所长范文澜先生和本所一级研究员罗尔纲先生以及刘大年先生在学风和治学方面说过的一些话，或者他们所做出的表率。间或也会涉及胡绳先生。我在下面将列出几个标题，做一点简单的介绍。

一　做学问要脚踏实地，不务虚名，不慕官位，努力在学术研究上做出贡献

科学是求真求实的学问，要在科学研究上取得哪怕一点点成绩，都要下很大的功夫。自然科学是如此，社会科学尤其是如此。由于学科特点不同，社会科学领域学者成才的年龄一般要晚些。我们进了中国社会

科学院，或者今后在其他单位从事哲学社会科学研究工作，就要立下远大的抱负，要立志在学术上攀登高峰，取得大的成绩，成为某一门学科的大师。为了这个目的，要脚踏实地工作，要一步一个脚印，切实奋斗，不要为窗外的荣华富贵所迷惑。

在这方面，范文澜先生和罗尔纲先生都是我们的榜样。我听说，中国科学院刚成立时，领导机关决定郭沫若任院长，请范文澜出任副院长，这当然是一种很好的搭配。但范文澜坚辞副院长之任，只任近代史研究所所长。担任所长以后，又请刘大年副所长主持实际所务，自己专心于学术研究，埋头写书。虽然因为五六十年代政治运动太多，又加上"文革"，范文澜所长未能在生前完成中国通史的写作任务，但他那种心无旁骛、专注于学术研究的精神是一贯的。

20世纪50年代，范文澜先生在所里讲话，告诫新进所的年轻人，要埋头学问，不要想当官，要想当官就不要到近代史所来。他说，近代史所不过一百来人，所长只相当于部队的连长。连长是一个很小的官，要当官何必来当连长呢。这当然是一个玩笑话，其寓意却是很深刻的。1961年，辛亥革命50周年学术讨论会在武汉召开，吴老玉章、范老文澜、吕老振羽，以及吴晗先生去武汉出席会议，并且做学术报告。范老告诫年轻朋友，要想做好学问，就要有"等富贵如浮云"的精神。这种话，在解放前是有人讲的。请注意，范老讲这种话的时候是1961年。这说明，做学问就不能追逐富贵，不管什么时代都是一样的。或者像从前一样，人人都卷进政治运动中去，或者像现在一样，人人都卷进市场中去，做学问偶一为之，蜻蜓点水，那是成不了大学问家的。

罗尔纲先生也是这样。50年代初，罗先生在南京一手创办了南京太平天国博物馆，当1954年南京市政府正式任命罗尔纲为馆长时，罗先生坚辞不就，宁愿接受范文澜所长之聘，到近代史所来做一名普通的研究员。后来，他担任过两届全国人大代表、两届全国政协委员，虽不能辞，遇到活动却很不能适应，以至于不再参加政协的活动。但对于学术研究，却始终追求，终身不悔。正是有这种精神，才成了一代大学问家。

二 在学术殿堂上,要有坐冷板凳、吃冷猪头肉的精神,才能深入堂奥,摘取学术研究的桂冠

时下流行一句话,叫作"板凳要坐十年冷,文章不写一句空",说这是范文澜的话。许多人写文章都引用这句话,其实这不是范文澜的原话,而是有人借范文澜话的意思编写的警句。这样的警句,没有反映范老原话的精神。范文澜在近代史所提倡的是,做学问要有坐冷板凳、吃冷猪头肉的精神,这叫作"二冷精神"。这样的话,他在北大也给同学和老师讲过,这是有文字为凭的。坐冷板凳、吃冷猪头肉,是一种借喻,借喻古时庙堂上的祭祀活动。好比孔庙,大成殿正中供奉着孔子,两边是孔子的弟子和孟子等,再下边是两庑,历代儒家名人如董仲舒、韩愈、王阳明、朱熹等人在这里配享。你的成就高了,将来入了先贤庙,可以接受后人的供奉,也只能吃冷猪头肉。这里指的是身前不图名,图的是身后名。这是说,仅仅为了追求出人头地,为了追求捧场效应,怕是做不了很高的学问的。我们今天不一定简单地理解身后名,不一定简单地理解藏之名山,而是要提倡为国家、为社会做贡献,我们要借用坐冷板凳的意思,安下心来读书做学问。在这个前提下,我们撰写的学术著作,就可能在图书馆里珍藏,供后人参考,而不被图书馆作为垃圾书剔除掉。这也是一种藏之名山吧。

各位是学术研究的后备军,在你们进入相关的研究机构之前,要有坐冷板凳的心理准备,要有守住清贫的心理准备。我们要在坐冷板凳中追求历史的真知,要以此为乐,以此为荣,要在坐冷板凳中贡献自己的青春年华。

三 做学问"要大处着眼,小处下手",必须从打基础下功夫,由博入专,不可急功近效

这些话是罗尔纲先生的意思。罗尔纲先生是近代史所一级研究员,

1997年辞世时已经97岁高龄。他是我国研究太平天国史的大家，终生乐此不疲。他做学问，宏博淹通，基础极为雄厚。他不仅专攻太平天国史，著作等身，而且对晚清史、晚清兵制史做了认真研究，这方面也是著作等身；他还长于金石之学、书法之学，甚至发表了研究小说《水浒传》的专著。在他逝世一周年的时候，本所刊物《近代史研究》特发表了他的一组书信，以为纪念。我在这里介绍他在书信中培植、鼓励青年从事学术研究时说过的一些话，供各位参考。

罗先生在回复一位研究中国文化史的青年的信中，强调"做学问'要大处着眼，小处下手'。能大处着眼，为学方不致流于烦琐，而有裨益于世。能小处下手，方不致流于空谈。所以千万不要求速效，要花三四十年读书，积累史料和增进知识的功夫，然后以三四十年做研究的功夫，断断乎必会有大成就的"。他举英国人李约瑟为例，李约瑟本是一个外交官，抓住中国科技史这个题目，下了几十年的研究功夫，终于成就了《中国科学技术史》这部名著。

他告诉一个研究太平天国史的青年，"必须从打基础下功夫，刻苦学习，刻苦钻研。学问的高峰是可以攀登的，但断不是急功近利所能达到的"。他还在一封信中表示要"提倡一点我国治学朴质的作风，反对主观臆断、夸夸其谈的风气"。罗先生做学问，从来是言必有据，没有材料或者根据不足，就不说话，或不说满话。在研究历史问题、广泛收罗史料的过程中，他始终坚持一种打破沙锅璺（问）到底的精神，不弄清问题，决不罢手。他注释《李秀成自述》，从青春注到白首，注了40年，一本书多次修订再版。他的最后一本巨著《太平天国史》四册共150万字，1991年出版时，距离第一次出版已经20多年，其间他不断补充修改，直到最后完成。一旦发现新的材料，必定重新审视自己以往的研究，知错则改，决不留情。

以上所引罗先生的这些话，今天读来，还是非常切中时弊，非常具有启发意义的。我们今天有些青年朋友，耐不住寂寞，小有成就，便沾沾自喜，夸夸其谈，有的不自量力，居然大当其主编，追名逐利，不惜急功近效，不知道这正是阻碍了自己的进步，阻挡了自己通向更高成就的通道。我劝各位青年朋友谨之慎之，在为学之道上，切不可急功近效，追求眼前利益、短期效应。罗先生说要花40年读书，40年写作，这一点，罗尔纲先生自己做到了。今天的时代在飞速运转，读40年书以后再来写作，一般是难以做到的。但罗先生要求认真读书、认真写作的精神是我们需要坚持的。

四　在百家争鸣中提倡互相切磋、承认错误的好风气

罗尔纲先生在学术研究中非常谦虚谨慎，不但坚持自己认为正确的地方，而且发现自己的错误时立即改正。一次一个青年朋友写文章指出罗先生文章中的错误，罗先生认真审视自己的文章，发现的确是自己弄错了，马上写文章更正。他把文章寄给《安徽史学》编辑部，并附上一封信，建议"为百家争鸣提倡一种好风气——互相切磋、承认错误的好风气"。他在信中说："鄙见以为，提意见的同志应本学术为公、与人为善的态度，以和风煦日的文笔提出商榷的意见，而被提意见的同志则应以闻过则喜和有则改之、无则加勉的态度去接受批评。自古文人相轻，同行成仇。特别是那些自封为专家、权威之流，如有人提出正确意见，或考出真伪时，竟强辩不休，甚至结伙反对，使论问题则是非不明，考史料则真伪不辨。此种情况，于昔为烈，于今不绝。"罗先生建议编辑部在他的文章前加一段按语，指出他的错误，以便批评有的放矢。他强调说："承认错误是对人民负责的应有态度，而提意见的同志则应有与人为善的态度，为百家争鸣提倡一种好风气。"

罗先生在学术研究中，一辈子都是坚持这种虚怀若谷的态度，这是一种真正的大家风范。只要有人指出他文章中的错误，他立即写信感谢，并且写文章公开改正。这种闻过则喜、有则改之、无则加勉的态度，在今天值得大大加以提倡。在今天的学术界，那种强辩不休，甚至结伙反对的例子还是可以看到的。实践证明，百家争鸣是学术研究中的一种好办法，运用得益，大有好处。但如果意气用事，就可能走偏。为了避免走偏，就要提倡学术大公，为学术大公而改错，是正确的态度，如果意气用事，就太小家子气了。

五 关于百家争鸣，还要说一句，学问上的争鸣，是学问之争，不是感想之争，不是意气之争，不是感情之争

历史学界开展百家争鸣是很有成就的，的确曾经促进了学术研究的繁荣。最有名的例子，是郭老和范老有关历史分期问题的争论。郭老和范老都坚持用马克思主义研究历史，但他们在中国奴隶制和封建制的分期上有不同主张。范老主张"西周封建说"，郭老主张"春秋战国之交封建说"，他们都拥有广大的赞同者。郭老以中国科学院院长主持历史研究所，组织学者编撰《中国史稿》，贯彻他的分期主张；范老主持近代史研究所，在《中国通史简编》修订本中坚持他的分期主张。这对于促进学者深入思考，推动历史学研究起到了积极的作用。

民族学研究领域的争鸣，也有令人注目的例子。1950 年，斯大林发表《马克思主义与语言学问题》等著名文章，提出了资产阶级民族的四个特征，认为："随着资本主义的出现、封建分割的消灭、民族市场的形成，于是部族就变成民族。"这就是说，只有在资本主义社会才形成民族。范老以他对中国历史的深刻理解，认为所谓资产阶级民族的四个特征，汉民族在秦汉时期就已形成了。汉民族的形成是中国自秦汉起成为统一国家的主要原因。自秦汉确立郡县制，封建分割基本上消灭了，大小市场也实在形成了，但是资本主义根本不存在。斯大林的论述符合欧洲的情况，不符合中国的情况。范老以《试论中国自秦汉时成为统一国家的原因》为题，在 1954 年《历史研究》第 3 期发表论文，论述自己的主张。范老的意见，今天已经成为我国民族学研究领域的常识。但是，当时面对斯大林那样的大政治权威和理论权威，范老敢于以自己的学术观点来争鸣，这是真正的学者的勇敢。当时，有学者严厉指责范文澜背离了斯大林学说，范老却始终不悔。范老的文章，引起了历史学领域关于汉民族形成问题的大讨论，推动了历史学的发展。

学术争鸣，要鼓励不同意见的学者、学派勇于发表自己的见解，参与争鸣。但这种争鸣不应该是轻率的，不应该是意气用事的，而必须建立在深入钻研的基础上。范文澜在 1956 年发表关于"百家争鸣"与史

学的意见,他说,学有专长而争鸣是好的,长于教条而争鸣那就很不好,因为教条主义者的特征之一就是不肯多看多想,却急于一鸣惊人。他还说:"谁能对大的或较小的问题长期不倦地下苦功夫,谁就有可能经过数年而一鸣,或毕一生而一鸣,或师徒相传而一鸣,或集体合力而一鸣。这就是说,想在学术上一鸣,并不是什么容易事。"① 不肯下苦功夫,随意发表意见,或者抱着教条主义态度企图一鸣惊人式的争鸣,像范老批评的那样,只能叫作"潦岁蛙鸣",那种雨后池塘里的青蛙鸣叫,噪音贯耳,与百家争鸣完全是两回事。因此,在开展百家争鸣的过程中,要有与人为善的心态,要有实事求是的精神。学术争鸣要以深入研究做基础,发表学术批评也要以深入研究做基础。

这里我讲一点个人的经验。胡绳先生是中国近代史研究的大家,也是中国社会科学院的院长。1997年,他的《从鸦片战争到五四运动》在人民出版社出了修订版。书出了以后,他要我写一篇书评。我在书评中充分肯定了修订版的贡献,充分肯定了胡绳宏观上把握中国近代史的非凡能力,但也指出了修订版中存在的一些问题,不仅指出原书中的错字未能改正,也根据我的研究指出了一些重要史实的错误。胡绳先生这时候已经80岁了,身体不大好,未能改正书中的错误是可以谅解的。但是我作为书评者,不指出书中的错误也是不对的。这篇书评,我送给胡绳先生过目,他只改了一两个字,就同意发表了。他还给我写信,要我提供有关史实的资料,供他参考。这篇书评在《光明日报》发表时,编辑要把批评的话全部删去,我不满意,又将书评送给中共中央党史研究室主办的刊物《中共党史研究》。这个刊物同意发表,编辑给我打电话,也提出了是否把批评的话删去一些,我告诉他们,如果删去,就不必发表。我还告诉他们胡绳对这些批评很欢迎,刊物才全文发表。

再举一例,刘大年先生对于批评的态度。刘大年先生长期担任近代史研究所领导人,也是中国近代史研究领域的大家。20世纪80年代初,刘大年发表了关于历史前进动力的论文,引起了不同的反应,有的青年学者对他进行了严厉的批评。有一位青年学者引用自然科学中的系统论、控制论、信息论等所谓"三论"作支撑来批评刘大年。刘大年先生在答辩中,用非常专业的语言引用了20世纪以来自然科学的创造

---

① 范文澜:《"百家争鸣"和史学》,《学习》1956年7月。

性发展成就来证明自己的观点。由于他的引用非常专业,批评他的人难以措辞。

刘大年先生是学经学出身的人,没有学过自然科学,但他非常关心自然科学的发展。他在1947年于华北解放区负责组建北方大学工学院(北京理工大学的前身),网罗了许多自然科学家。新中国建立以后,他担任中国科学院党组成员、学术秘书处秘书、编译局副局长,与中国科学院的自然科学家建立了广泛的联系和良好的关系。他为了在文章中写出自然科学发展的话,给科学院的好几位科学家打了电话,征询意见。所以他的回答,是不外行的。

六 科学研究是创造性的劳动,科学家必须是最诚实的人,容不得半点造假的行为

学术是天下的公器,学术成果的发布就是向全世界公布,是要接受全世界的检验的,就要准备接受学术界的各种批评。学术成果要对学术界负责,要对历史和人民负责。因此学术研究是一项神圣的事业,我们要对学术成果的发布抱着敬畏的心情,抱着敬慎敬惧的态度,要有如临深渊、如履薄冰的心态。因此,对于学术研究来说,学风建设是第一位的。学术研究本身是一种创造,来不得半点虚假。要言人所未言,发人所未发。粗制滥造固然是对学术的大不敬,抄袭、剽窃,更是学者莫大的耻辱。我们看看中国和世界,哪一个抄袭和剽窃的人能够侥幸不被揭露呢?不是声名俱裂呢?!

今天各位写论文,可以从网络上搜集资料,这是信息社会发展的一个大进步。我要提醒各位,网络上的资料不一定都是可靠的,必须要花时间、花功夫去查证原始资料,求得研究资料的准确性。只有资料准确,你的研究结论才可能建立在可靠的基础上。另外,从网络上剪贴,很可能出现抄袭。如果不是故意抄袭,也可能产生抄袭的结果。各位千万要注意,学术研究不是建立在抄袭别人成果的基础上。学术研究要靠自己下苦功夫读,要靠自己坐冷板凳,要靠自己冥思苦索,当然也要靠求师问道,与朋友探讨。抄袭、剽窃,是懒汉,是懦夫,是无能。总之,既想在学术上求得进步,就要远离抄袭,杜绝

剽窃。

  各位同学，你们在中国社会科学院研究生院学习，攻读学位，是很幸福的。各位风华正茂，正是在进取的时期，我劝各位从一开始就注重个人的学风建设，持之以恒，未来中国哲学社会科学各领域的学术大师将从你们当中产生。我在这里预祝你们成功！

学问来不得半点虚假[*]

当前，社会上有股急躁、焦虑情绪。反映在教育中，反映在学术界，就是急于发文章、急于拿学位、急于出著作、急于评职称、急于拿奖项，甚至假实验报告、假学位论文、假毕业证书也纷纷出笼……这些现象都是大家习以为常的。习以为常而不以为怪，恰恰说明了学风问题的严重。

做学问，要脚踏实地，不务虚名，不慕官位。科学是求真求实的学问，要在科学研究上取得哪怕一点点成绩，都要下很大功夫。从事科学研究工作，就应立志在学术研究上取得成绩，脚踏实地工作，不为窗外的荣华富贵所诱惑。在这方面，范文澜先生和罗尔纲先生可称得上是我们的榜样。20世纪50年代，范文澜先生告诫新来的年轻人，要埋头学问，不要想当官，要想当官就不要到社科院近代史所。近代史所不过一百来人，所长只相当于部队的连长，要当官何必来当连长呢。这是玩笑话，寓意却很深刻。罗尔纲先生也是这样。他在南京一手创办了南京太平天国博物馆。当南京市正式任命他为馆长时，他坚辞不就，宁愿到近代史所做一名普通的研究员。后来，他担任过两届全国人大代表、两届全国政协委员，虽不能辞，遇到活动却很不适应。而对于学术研究，他却始终追求，终身不悔。正是有了这种精神，才成了一代大学问家。

做学问，要有坐冷板凳、吃冷猪头肉的精神。时下流行一句话，叫"板凳要坐十年冷，文章不写一句空"，说这是范文澜先生的话。其实这不是他的原话。范文澜先生在近代史所提倡的是，做学问要有坐冷板凳、吃冷猪头肉的精神。坐冷板凳、吃冷猪头肉是一种借喻，借喻古时

---

[*] 本文原载于《人民日报》2015年2月3日。

庙堂上的祭祀活动。古人学问成就高了，可以入先贤庙，接受后人的供奉，也只能吃冷猪头肉。这里指的是身前不图名，图的是身后名。学术研究，就要有坐冷板凳的心理准备，有守住清贫的心理准备，在坐冷板凳中追求真知，并以此为乐、以此为荣。

做学问，"要大处着眼，小处下手"，由博入专，不可急功近利。罗尔纲先生在回复一位研究中国文化史的青年的信中，强调"做学问'要大处着眼，小处下手'。能大处着眼，为学方不致流于烦琐，而有裨益于世。能小处下手，方不致流于空谈。所以千万不要求速效，要花三四十年读书，积累史料和增进知识的功夫，然后以三四十年做研究的功夫，断断乎必会有大成就的"。这些话，今天看来还是非常切中时弊的。在为学之道上，切不可急功近利，追求眼前利益、短期效应。时间飞逝、时代变化，读40年书以后再来写作，在今天已经难以做到。但罗先生认真读书、认真写作的精神是我们需要坚持的。

科学研究是创造性的劳动，科学家必须是诚实的人，容不得半点造假的行为。抄袭、剽窃，是懒汉，是懦夫。想在学术上求得进步，就要远离抄袭、杜绝剽窃。我们要对学术成果的发布抱着敬畏的心情，抱着谨慎的态度，抱着如临深渊、如履薄冰的心态。

六
书评和影评

警世甲午　醒世亦甲午[*]

——评电视历史纪实片《警世甲午》

由中央电视台、威海电视台录制，李虹、李鹏俊编导的电视历史纪实片《警世甲午》已经在中央电视台《地方台 30 分钟》栏目内播放。我看过以后很有感触。

刚刚过去的 4 月 17 日，是丧权辱国的《马关条约》签订 100 周年的日子。这个日子，使我们特别回忆起百年前国家所遭受的耻辱，特别深切地感受到面对强邻日本的侵略，清廷颟顸腐败和落后就要挨打的痛楚。

电视历史纪实片《警世甲午》正是着眼于百年前近代中国的这一重大历史事件，为了总结历史的经验教训，为了对国人进行爱国主义教育而录制的。该片除了发挥电视片的长处外，还具有如下特点。

首先，编导者不仅使用了大量珍贵的历史图片，还实地访问了日本侵略军旅顺大屠杀的现场，通过拍摄旅顺博物馆和凭吊埋葬遗骨的万忠墓，揭露日本侵略军的残酷和惨无人道。日军不仅在 1937 年 12 月有南京大屠杀的暴行，而且在此前 40 多年就实施了旅顺大屠杀的暴行，2 万旅顺人惨死在日军屠刀下。镜头对准了威海卫战场故地，拍摄了设在昔日北洋海军公所的中国甲午战争博物馆，还拍摄了清华大学学生为纪念甲午战争百年举办的图片展览，使观众看到了甲午战争在川流不息的参观者和今日大学生心中的地位。所谓警世，所谓爱国主义教育，我们正是通过今天的青年一代对甲午战争的理解，看到它的意义的。

其次，编导者访问了许多学者、专家，由这些教授们用通俗的语

---

[*] 本文原载于《人民日报》1995 年 5 月 20 日，第 7 版副刊。

言，讲解甲午战争的历史过程，比较中日两国最高统治者对甲午战争的态度，分析中国在甲午战争中失败的原因，用生动的事实告诉人们，清朝统治者腐败、落后及战争指导上的消极避战方针，是中国失败的内在根据。学者们的精辟议论充贯其间，为这两集电视历史纪实片平添了许多生气，也使它具有了权威性。

此外，编导者并不是只把眼睛盯着甲午战争，而是通过甲午战争及中国的失败，揭露帝国主义列强扩大对华侵略的事实，由此推动了中国人的民族意识和民族觉醒。可以说，中国社会的不同阶层，都因受到甲午战争失败的刺激，而有不同程度的觉醒。电视片介绍了以孙中山为代表的资产阶级革命派在 1894 年 11 月因受甲午战争刺激，宣布成立兴中会，第一次喊出"振兴中华"的口号，以后发展到以武装斗争推翻清朝统治；以康有为、梁启超为首的资产阶级改良派，在获悉马关签约、割地赔款后，立即在北京发动"公车上书"，并由此展开戊戌维新运动，呼吁清廷改革政治制度；北方农民则懔于帝国主义侵略，发动了原始形式的以反帝爱国为主旨的义和团运动。中国各阶层的民族觉醒汇成了一股力量，促使了辛亥革命的胜利，导致了清廷的垮台。这些分析，都是符合历史事实的。看了这部电视纪实片，观众能够认识到"警世甲午，醒世亦甲午"的道理。

甲午战争已经过去了 100 年，也是台湾割让 100 年。今年又是抗日战争胜利 50 周年，也是台湾回归祖国怀抱 50 周年。这些都是影响中国历史进程的重大事件。回顾历史，利用这些历史事件教育人民，是极有意义的。

一个沉重、震撼人心的话题*

——评电视连续剧《台湾·1895》

台湾,是所有中国人都心向往之、魂牵梦绕的地方。台湾的故事千千万万,1895年的台湾故事,最值得让人记忆,也最使人感到沉重。

中央电视台第一频道在黄金时间热播的36集电视连续剧《台湾·1895》,就是这样一部反映台湾历史上最值得让人记忆的故事。这部电视剧,让人受到爱国主义教育的洗礼,话题沉重,令人印象深刻。

第一,《台湾·1895》从长时段的历史视角切入,反映了1874年日本借琅峤发生琉球漂流民被杀事件策划侵略台湾的过程,反映了1884—1885年以刘永福为首的黑旗军在越南抗击法国侵略的过程,以及法军进攻福建马江和福建所属台湾基隆、淡水的经过,反映了1894—1895年甲午战争中丰岛海战、平壤大战、大东沟海战,以及马关和谈和割让台湾岛、澎湖列岛的经过,还反映了慈禧、光绪皇帝以及李鸿章、翁同龢、恭亲王、醇亲王等清廷帝后、大臣面对外国侵略时张皇失措、勾心斗角,在民族国家利益面前相互推诿、虚骄无能、一味妥协求和,造成一再缔结丧权辱国的卖国条约的屈辱局面,尤其可贵的是塑造了在外国侵略者面前大义凛然地为保家卫国英勇牺牲的英雄群体。所有这些,艺术地再现了历史的场景,用艺术形象恢复了历史的真实。在我看来,这些表演,把握住了近代中国的历史脉络,是符合近代中国的历史真实的。

第二,这部电视连续剧在探索历史的真实与艺术的真实上下了功夫。历史的真实是事实的美,艺术的真实是艺术的美。如果只追求历史

---

* 本文原载于《人民日报·海外版》2008年12月2日,第3版。

的真实，可能只有《三国志》，而没有《三国演义》。《三国演义》的好处是大体符合历史真实的大趋势，或者说在大的历史趋势上是真实的，在故事情节上是虚构的，具有艺术再创造的美。《三国志》尽管是在历史记载基础上编撰的，是历史书，但是由于缺乏故事情节，难以吸引读者。《三国演义》故事引人入胜，抓住了读者，在一定意义上，在广大读者中普及了历史知识。《台湾·1895》如上所述，它的大的历史趋势是符合历史的真实的，它的故事情节、人物的言谈举止，是在历史真实的前提下，用艺术形式创造出来的。如宫廷斗争、大臣争议、侵略者的策划、群众场面等，我们未必能够在历史记载上一一找到对应的记录，但是这些经过艺术再创造形成的场景大体上是符合历史氛围的。历史的真实场景是不可能复原的，但是符合历史氛围的人物场景、故事情节是可以艺术地再现的。当然这种艺术地再现不是毫无边际的，它必须符合一定的历史氛围。这就要掌握历史真实和艺术真实之间的"度"。我觉得这部电视剧，大体上达到了这种要求。在艺术情节难以准确表达的地方，电视剧采用旁白或者画外音的形式，比较准确地弥补了故事情节以及情节的发展难以表现的历史的真实。全剧有80多处这样的旁白或画外音，指出了历史上真实发生的情景或结果。这种旁白或画外音，提示了观众如何去理解或者掌握艺术真实和历史真实的"度"。据说，影视作品往往忌讳这样的旁白或画外音。但如果历史题材的影视剧也这样拒绝，可能会造成剧情的缺失，给观众留下遗憾。剧中安排了刘永福和冯子材结成儿女亲家，两家子女一直战斗在抗击外国侵略的战场上；刘铭传的侄子与台湾少数民族女孩的恋爱等，虽然不一定能找到历史文献做支持，但是在剧中有戏、好看，本质上没有违背历史真实，在艺术上是成立的。

第三，剧中出场的人物130多个，大体上反映了他们在那个历史时代的地位，重现了历史场景中的矛盾、冲突，反映了清政府的腐朽、落后和面对外国侵略时的张皇失措，揭示了朝野爱国者的奋斗、牺牲和无奈。有些人物形象的塑造是不错的，如对李鸿章、刘铭传、刘永福、冯子材、唐景崧、丘逢甲等人物的刻画，而对高山族中"老祖母"的刻画，也都活灵活现。李雪健主演的李鸿章，在人物性格的刻画上很讲究，在重大历史场景中李鸿章的举手投足、情感表现，都经过了仔细设计，表演很到位，也很有分寸。英雄人物在反侵略、反对台湾割让上的表演，还是很能震动人，对今天的观众会有震撼性。片子以艺术的形式提供了很充沛的历史知识，我认为应该给予肯定。

第四，该剧也注意一些特殊历史细节的真实性。黑旗军第一次在影视剧中得到表现，观众所看到的黑旗军，其旗帜、服饰，都与历史的记载相符，这就增加了剧情的真实感。黑旗军及其首领刘永福在越南长期抗法，埋下了后来在台湾主持抗击日本侵略的伏线，很有说服力，也符合历史真实。

该剧利用高科技手段，还原了陆战、海战，以及发生在大陆、台湾，以及越南、朝鲜的战争场面，气势磅礴。服饰、美术、道具都很讲究。

当然，这部片子还是有一些小的瑕疵，如有的人物称谓不恰当，个别台词有误等。如果后期制作再精细一点，尽量减少屏幕上的错字就好了。另外，表现1895年台湾人民反抗斗争的场面和情节，还显得有些突兀，似乎还可以展开一些。

台湾在甲午战争后被割让给日本，是近代中国历史上的大耻辱，是中国人的大悲情。今天在影视剧上重现那些历史场面，我们完全可以体会到当时的爱国者那样义愤填膺、那样举国悲痛的缘由。看到人民群众为了反对割让演出那样气壮山河的战斗场面，难免荡气回肠，有一种震撼人心的冲击力。听说该剧还要送到台湾播映，这对于海峡两岸人民共同回顾那一段历史，一定是有意义的，我在此预祝在台湾播映成功。

一本有中国气派的通史简写本[*]

——读《中华史纲》

中国社会科学院荣誉学部委员蔡美彪研究员新著《中华史纲》，是一部很好读的中国通史简写本，值得推荐给大家阅读。

党和国家领导人，从毛泽东同志到邓小平、江泽民、胡锦涛同志，多次提醒全党干部，要注重学习中国历史，尤其是中国近代史和中共党史，因为这是领导干部治国理政必要的知识储备。而在此以前，我们的学者和出版者尚未推出可供党员干部阅读的篇幅适宜的中国历史书。

《中华史纲》有着鲜明的写作特点。

（1）通史家风，体例严整。《中华史纲》从原始社会写起，特别是从公元前841年有明确历史纪年以后至清朝覆亡间近3000年的历史，无论秦汉唐宋元明清，还是魏晋南北朝、五代十国，历朝历代，都有交代。该书虽只有30万字，却容纳中华五千年历史。我们今天的行政体制大体上是中央政府下有省、自治区、直辖市。中国何时实行行省制，历史上新疆、台湾在什么历史条件下建省，该书都有明确的记述。历史纷繁复杂，该书却条分缕析。它让我们看到，中国的历史是怎样一步一步发展到今天的。

（2）主题突出，主线清晰。中华历史五千年，"二十五史"满箱满匣，不知从何处读起。该书针对这一点，摒弃细枝末叶，突出主题，详略得当。中国如何从奴隶制走向封建制，何时开始皇帝统治，尤其有关历代治乱兴衰之所形成，治国理政中的经验教训，以及何谓外戚篡权，

---

[*] 本文原载于《人民日报》2012年9月19日。

何谓宦官误国，何谓"挟天子以令诸侯"，什么时候出现九品中正制、门阀制度，什么时候出现科举制，等等，本书都着意交代。中国历史上出现过辉煌的时代，有唐朝贞观之治，有宋朝的科技发明，有明朝永乐年间的七下西洋，有清朝康乾盛世等。王朝末期，朝政混乱，社会发展停滞，农民起义蜂起。晚清时期，面对西方资本主义国家的侵略，国家没有应对之策，沦为半殖民地半封建社会，中国人民在近代的革命和奋斗就是在这样的历史条件下发生的。

（3）注重多民族统一国家的形成过程。中国是一个以汉族为主体的多民族统一国家，这个多民族统一国家是如何形成的？该书有清楚的交代。以魏晋时期北方各个民族国家的形成为例，作者总结道："北方诸侯各自立国，共同的特征是：统治集团多已汉化或部分汉化，境内被统治的居民也主要是汉族居民，因而都采用汉族古代的国号作为自己的国号，以示承袭中原的历史文化传统。各国的发展过程中，逐渐实现了各民族的融合。"这是对这一段历史一个非常精辟的总结，是对以汉族为主的多民族统一国家形成过程切合实际的概括。读过该书，我们对中国这个多民族统一国家的形成，乃至对于新中国成立以后的民族区域自治政策会有清晰的认识。

（4）引导读者理解我们今天历史发展的由来和极其深厚的历史积淀，接受爱国主义教育。该书对历代的地理环境，对历代生产力的发展，对伟大人物的产生和奋斗，对思想、文化、学术以及文学艺术方面代表性的人物，对与境外各国的交往，都有恰当的概略的叙述。读了这些，读者会油然而生对历史的敬畏，对推动历史进步的先人的敬仰。今天全社会都在思考如何在科学发展观指导下建设和谐稳定的小康社会，都在关注中国发展道路或者模式，都在关注和思考社会主义核心价值体系建设，这是现实发展的需要。我们在思考这些的时候，也应该回顾我国的历史发展道路，从中汲取有益的营养，以丰富我们的现实创造。

蔡美彪研究员曾长期协助历史学家范文澜撰写中国通史，正是在这样扎实研究的基础上，完成了30万字的《中华史纲》。这时，他已经85岁了。以个人之力，耄耋之年，完成一部30万字篇幅的中国通史简写本，殊为不易，没有对中国历史全面、宏观的掌握，难以成其功。该书是一本小书，也是一本大书，它是作者一生学问的集中体现。

《中华史纲》全书提纲挈领，要言不烦，文笔简约，叙事为主，评论寓于叙事之中。语言生动明快，质朴平实，清晰简要，是一本具有中国气派、中国文风的好读的中国通史。

为中华民族复兴唱响强国梦*

——读《核铸强国梦——见证中国"两弹一艇"的研制》

拿到《核铸强国梦——见证中国"两弹一艇"的研制》这本新书，我被吸引着很快看完，并留下了难以磨灭的印象。从书里得知，中国最早的原子能研究所就设在北京东黄城根甲42号，而我所在的研究所也在东黄城根边上。这是一种联系，也让我有了一种联想。

1964年10月16日，中国第一颗原子弹爆炸，那时我正在开往河西走廊的火车上，去参加甘肃张掖地区的"四清"。当时从列车广播里听到这个消息，大家都非常兴奋。那一刻，我切实感觉到祖国开始变得强大了！正如原子弹研制的指挥者张爱萍同志所说"再穷也要有根打狗棒"，我深刻地理解了第一颗原子弹爆炸在我们国家生活中的意义是难以形容的。

我几乎用一生的时间研究中国近代史。中国几千年的历史，有过辉煌的过去，但是我们在近代落后了。在一百多年的时间里我们受到东、西方帝国主义国家的侵略，他们的军队、大炮、飞机、军舰可以肆无忌惮地在中国领土上横冲直撞。落后就要挨打，这话真是一语中的。当新中国刚刚建立，当国家百废待兴，当我们还要抗美援朝的时候，党中央就做出了要发展核工业、研制原子弹的英明决策。1964年，在极其艰苦的条件下，在刚刚度过了三年困难时期的时候，中国科学家经过艰苦的研制，终于实现了第一颗原子弹爆炸，随后两年又完成了氢弹爆炸，1970年发射了第一颗人造地球卫星，1971年第一艘核潜艇下水。"两弹一星""两弹一艇"，这是一个典型的历史切面，反映了新中国工业体

---

* 本文原载于《人民日报》2013年12月17日。

系的初步建立，以及工业体系中的人才培养和成长，这是我们国家在走向民族复兴过程中迈出的重要一步。

1997年，我乘中国社会科学院在西宁召开海峡两岸学术研讨会之机，陪着台湾学者朋友到青海金银滩的原子弹研究基地参观。青海基地1995年已不再保密，但当年的铁轨、厂房和干打垒宿舍都还留在草原上，只是研究人员离开了。斑斑遗迹，令人感慨万千。在那里，矗立着一座纪念第一颗原子弹爆炸的纪念碑，看到这座纪念碑，在场的台湾朋友们最为兴奋。当时我与他们在纪念碑前合影，看到他们的兴奋劲儿，觉得中国人可以在世界上抬起头来了。

我的学术研究也涉及历史地理，很长一段时间我在青海地区的地图上没有发现"金银滩"三个字。20世纪70年代我在研究中国地图的时候，把从明清到民国时期每一张青海地区的地图都找来看，都可以找到"金银滩"三个字，50年代中国地图出版社出版的青海地图上还有"金银滩"，但60年代以后的新版地图就找不到这个地方了。我当时曾心生疑惑，这个地名怎么没有了？我知道，王洛宾的《在那遥远的地方》就是在金银滩创作的。实际上，我很早就猜想金银滩可能会蕴藏着某个秘密，当然在原子弹研制基地解密以后才知道真相。在金银滩，我们科学界前辈开辟了中国核工业与原子弹研究的新纪元，重温这里，我非常感动，对隐姓埋名、以身许国的前辈们的艰苦奋斗不由心生景仰之情。

该书是用纪实文学的笔法写的，同时我也把它看作一本历史书，是一部中国核工业发展历程的史书，是中国原子弹事业发展的史书。它以生动的笔触、丰富的史料，记录下中国核事业从无到有、从弱到强的艰难历程；记录下那些决策者、研制者、发射者和工人、解放军的感人事迹，他们是我们中华民族的脊梁，是中国的脊梁。他们的事迹理应永久地载入史册，为我们后人代代传颂。今天的青年一代许多人崇拜歌星、影星，这些明星有他们一定的社会作用，但若是青年人只知道他们，恐怕不是一个很好的现象；中国今天取得了巨大的发展与成就，但我们的社会中弥漫着一种拜金主义，这也不是一个很好的现象。我们应该让青年一代，让我们的后人牢记中国核工业、"两弹一星"、"两弹一艇"研制者们的事迹，牢记他们为国家强大付出的艰辛、做出的贡献，要崇拜他们，敬仰他们。只有一代一代青年铭记历史，成为热爱祖国、立志报国、以身许国的人，我们的中国梦、强国梦才能实现。

七
纪念前辈历史学家

发扬马克思主义在史学领域的
开拓精神[*]
——纪念范文澜诞辰 110 周年

范文澜先生诞辰 110 周年，我们今天集会来怀念他，缅怀他在学术研究事业上的功绩，是很有意义的。

范文澜的学术贡献是多方面的。他早年的学术成就主要是在经学和文学方面。1929 年出版的《文心雕龙注》以后多次再版，直到 1958 年还由人民文学出版社出版了校定本。这本书至今仍被文学史家看作《文心雕龙》的权威注释本。1933 年出版的《群经概论》，是经过新文化运动洗礼后对传统经学所做的重要的学术研究。蔡美彪同志评论说"范文澜不仅是新文化运动以前北大学习传统国学的最后一班学生，而且是当年北大国学的集其大成的继承人"，[①] 就是针对《群经概论》而言。1940 年夏，范文澜在延安新哲学年会做了三次经学史演讲，毛泽东听了两次。毛泽东在看了他的第三次演讲大纲后，特别给他写信，称赞他的经学史演讲"用马克思主义清算经学这是头一次"，指出当时反对大地主大资产阶级的复古反动是思想斗争领域的"第一任务"。这是刚到延安不久的范文澜，作为传统国学的集大成的继承人，对传统经学所做的马克思主义的批判，是对思想文化战线上的无产阶级斗争的重大贡献。

---

[*] 本文是在中国社会科学院于 2003 年 12 月 29 日举办的纪念范文澜诞辰 110 周年学术研讨会上的发言，原载于《中国社会科学院院报》2004 年 1 月 3 日。中国社会科学院网、学术批评网转载。

[①] 蔡美彪：《范文澜》，《中国社会科学院学术大师治学录》，中国社会科学出版社，1999，第 146 页。

范文澜是著名的马克思主义历史学家,是史学领域著名的"五老"之一。郭沫若、范文澜、吕振羽、翦伯赞、侯外庐这"五老",在中国近代学术史上各自为发展马克思主义史学做出了贡献。范老不是用马克思主义研究中国历史的第一人,却是用马克思主义观点指导撰写中国通史的开拓者。1941—1942年延安出版的《中国通史简编》,是代表在延安的中国共产党人第一次说出对中华五千年文明历史的系统看法,是对此前各种有关中国历史的观点的系统批判,是用马克思主义唯物史观建立中国通史撰写框架的初步尝试。毛泽东对这部著作给予了很高评价,据荣孟源同志回忆,毛泽东曾说:"我们党在延安又作了一件大事。我们共产党人对于自己国家几千年的历史有了发言权,也拿出了科学的著作了。"① 尽管此后的历史研究者对中国历史的研究可能有了新的发现和前进,对中国通史的撰写框架可能又有了更好的表达,但范文澜对马克思主义史学的总体擘画之功是载诸史册、不可磨灭的。建立中国通史撰写的科学框架,我认为这是范文澜对中国马克思主义历史学的第一个贡献。

范文澜对中国马克思主义历史学的第二个贡献,是用马克思主义指导中国近代史研究。1947年在华北用本名以及随后在重庆、上海用笔名出版的《中国近代史》上编第一分册(50年代经过多次修订再版,再版时改名为《中国近代史》上册),40—60年代所发表的若干有关中国近代史研究的学术论文,开辟了中国近代史研究的马克思主义的学术体系。这个体系简单地说就是把1840—1949年的近代中国历史作为半殖民地半封建的历史,把这段历史划分为旧民主主义革命时期和新民主主义革命时期。这是建立在中国近代政治史基础上的划分,这个划分对于新中国的中国近代史学术体系起到了指导作用。尽管他自己对这个体系并不是很满意,尽管后来的研究者对他所建立的学术体系以及他的一些具体研究结论有不同见解,但是这个体系对确立中国近代史研究学科在中国历史学领域的学术地位,起到了指标的作用。

对于推动新中国的中国近代史学科的建立,范文澜起到了重要的作用。可以举两个例子来说明这一点。一是近代史研究所的建立。近代史

---

① 荣孟源:《范文澜同志在延安》,温济泽等编《延安中央研究院回忆录》,中国社会科学出版社,1984,第181页。

研究所的前身是华北大学历史研究室。范文澜作为华北大学副校长和历史研究室主任，在1949年4月带领历史研究室人员从河北正定迁到刚和平解放不久的北平，安顿在东厂胡同一号。1949年11月，政务院决定成立中国科学院，范文澜自己的古代史研究正在进行，他没有首先考虑在科学院建立历史研究所，而是率先将华北大学历史研究室归入科学院，改名为近代史研究所。这个举措对于新中国的学科布局，对于中国近代史学科的影响是深远的。很显然，在旧中国，近代史研究是很不受重视的。解放初，各大学纷纷开设中国近代史课程，纷纷设置中国近代史教研室，不少大学派出青年教师到近代史研究所进修，今天还活跃在近代史研究工作中的老一辈研究者，有一些就是在近代史所进修过的。这个研究力量的培养和配置，对于形成后来近代史研究领域的庞大队伍是功不可没的。刘大年在10年前纪念范老诞辰100周年的时候说："新中国研究近代历史的队伍，在很大程度上是在他的培养和影响下成长起来的。"① 二是中国近代史资料的系统编辑。早在建国前夕，范老负责中国新史学研究会（中国史学会的前身）的成立，就开始筹备编辑《中国近代史资料丛刊》。这个丛刊的编辑委员会赫然列上了徐特立、范文澜、翦伯赞、陈垣、郑振铎、向达、胡绳、吕振羽、华岗、邵循正、白寿彝等人的名字。范老是实际的负责人和推动者。以无产阶级革命家徐特立为首，以马克思主义史学家为主并由当时最著名的历史学者组成的这个编辑委员会，是迄今为止规格最高的历史资料编辑指导机构，反映了党和国家对中国近代史研究的重视。这套资料到1961年基本出齐，如果加上1979年出版的《第二次鸦片战争》，总共出版了11种66册。这是新中国出版的最大的一部历史资料书，对推动中国近代史研究的开展起到了巨大的作用。此外，新中国史学领域的几项大工程，如《资治通鉴》和二十四史的标点、中国历史地图的编绘、中国历史地震资料的编辑，都是和他的名字分不开的。

范老对中国马克思主义历史学的第三个贡献，是在学术研究领域提倡、坚持、贯彻了"百家争鸣"的精神。最有名的例子当然是在历史分期问题上与郭老的争论。范老是"西周封建说"最著名的代表人。历史分期问题的争鸣带动了50年代学习和运用马克思主义理论指导历

---

① 刘大年：《光大范文澜的科学业绩》，《近代史研究》1994年第1期。

史研究的热潮。再一个是汉民族形成问题的争论,他的争论对象是当时国际共产主义运动最重要的领导人斯大林。斯大林在《马克思主义与语言学问题》中提出,部族变成民族,是资本主义出现以后的事情。那么中国没有资本主义,汉民族是何时形成的呢?这是一个需要回答的问题。范老通过他对中国历史的深刻理解,认为秦汉时期的汉族已经符合斯大林所说民族形成的四个特征,已经形成为民族,并且是秦汉以来中国成为统一国家的主要原因。斯大林的观点不符合中国的历史实际。他提出并坚持这个论点,挑战当时最大的理论权威,是有压力和风险的,事实上也受到了一些学者的严厉指责。这个问题在理论界引起热烈的讨论,推动了历史学和民族学理论的发展。范老敢于在学术上坚持自己的观点,不仅是因为学者的勇敢,主要是因为对历史有深入的研究。他说过:"学有专长而争鸣是好的,长于教条而争鸣那就很不好。"[1]

这就提出了学风问题。所以,我认为范老对中国马克思主义历史学的第四个贡献,是提倡并且力行实事求是的学风。范老认为,不肯下苦功夫,随意发表意见,或者抱着教条主义态度企图一鸣惊人式的争鸣,那叫作"潦岁蛙鸣",好像雨后池塘里的青蛙鸣叫,噪音贯耳,与百家争鸣完全是两回事。只有真正进行了研究,做了深入思考,才能数年而一鸣,或毕生而一鸣,真正做到鸣,并不是件容易的事。范老主张学习马克思主义,要在具体的历史研究中学会运用马克思主义的理论和方法,要"神似",不要"形似",不要教条主义。范老的书和文章很少照抄马克思主义的词句,但是我们可以从他的论述中体会到马克思主义的精神力量。范老经常强调要发扬"二冷"精神,即提倡坐冷板凳,吃冷猪头肉。这就是说,做学问,要埋头苦干,不要慕虚荣。做学问要有"等富贵如浮云"的精神。范老所提倡的这些学风,实在是留给我们的精神财富,我们要细加体会,认真实践。

范老已经去世34年了。现在历史学界的情况已经发生了非常深刻的变化。国家的全面开放、与国际学术界的广泛交流,带来了史学研究的深入发展,也带来了学术思想的多元化趋向。由于非马克思主义倾向的增长,史学研究中也提出了新的需要运用马克思主义理论和方法加以

---

[1] 《"百家争鸣"和史学》,《范文澜全集》第10卷,河北教育出版社,2002,第359页。

分析和解释的问题。用马克思主义理论指导历史学研究，显然不是老一辈人做完了就万事大吉。在史学研究中，还需要运用马克思主义进行广泛的开拓。老一辈学者已经完成了他们的任务，下一代或者下几代还要在他们奋斗的基础上继续前进。用马克思主义指导社会现实的变革需要与时俱进，用马克思主义指导历史研究同样需要与时俱进。纪念范文澜诞辰110周年，我们要学习范文澜先生运用马克思主义研究历史的方法，从"神似"中找出路，去发展我们的史学研究，去提高我们的史学研究，去繁荣我们的史学研究，为我们的社会主义服务，为人民的文化需要服务。这是我的一点感想，与各位共勉。

2003 年 12 月 12 日

发扬吕振羽用唯物史观探索
中国历史进程的精神[*]

吕振羽先生是老一辈革命家，也是中国最早用马克思主义理论指导学术研究的学者之一。今天，我们纪念他的百年诞辰是很有意义的。

吕振羽出生在晚清末年的湖南，成长在民国初期，那时正是中国共产党诞生以后，中国共产党与中国国民党合作推进国民革命，反对封建军阀的时候。这是近代中国的历史正从屈辱、沉沦向觉醒、上升转变的时候。帝国主义侵略与中华民族的矛盾、国内复杂的阶级矛盾，交互产生，人民革命情绪高涨，正是急需马克思主义理论指导的时候。吕振羽一离开大学，就赶上了北伐战争。革命实践的需要、探求中国革命真理的渴望，使吕振羽急切地阅读马克思主义著作，认真地把马克思主义的基本原理与中国革命的实践相对照，严肃地思考中国的前途。他最开始发表的著作，涉及政治经济学、国际关系、中国经济史。青年时代就与著名的革命家李达等并称为北平的"红色教授"。

30年代初，在关于中国社会性质的激烈思想论辩中，为了回答中国发展前途和论证马克思主义的基本原理适合于中国社会，他把自己的思考基点放到被学者们弄得迷离混沌的古代历史中去，连续发表了《史前期中国社会研究》《殷商时代的中国社会》《中国政治思想史》等重要著作。有学者综合考察了吕振羽一生的理论成就，指出了吕振羽在历史学研究中的始创性贡献：马克思主义的中国原始社会史研究的开拓者、用马克思主义研究中国古代神话传说的第一人、殷代奴隶社会说的

---

* 本文是在中国社会科学院历史研究所举办的吕振羽百年诞辰学术座谈会上的发言，原载于《中国社会科学院院报》2000年6月22日及《中国史研究》2000年第3期。后收入王忍之、刘海藩主编《吕振羽研究文丛》，中共中央党校出版社，2002。

首创者、"西周封建说"的最早提出者、中国封建社会分期理论的奠定者、中国资本主义萌芽问题的最早考察者、最早系统探索整个中国社会历史的马克思主义的中国通史学家、用马克思主义理论第一次系统揭示中国思想史发展脉络的学者、我国马克思主义民族史研究的开拓者等。一个研究马克思主义史学的学者，在以上列举的研究课题中提出一个或者两个问题，加以思考和论证，就是重要的成就。在这么多领域里提出问题，加以论证，在中国马克思主义史学家中、在中国马克思主义社会科学家中是不多见的。

在中国近代学术发展史中，上面所列举的吕振羽的这些贡献，是值得记载下来的。当然涉及这些领域的许多具体问题，学术界的认识恐怕并不完全相同，就是在马克思主义的历史学家中，认识也不尽一致。许多问题都需要继续探讨，百家争鸣，学术才能前进。但是吕振羽在诸多学术领域中的开拓性，是研究者们一致肯定的。

值得我们思考的是，在马克思主义传入中国后，在中国共产党成立后，在复杂尖锐的阶级斗争中，为什么有那样一些中国共产党的党员和党的同情者，埋首于中国古代历史的创造性研究中去。在政治领域，中国共产党正在运用马克思列宁主义理论提出中国革命的战略与策略，指导中国革命，并且在实际斗争中取得了一步一步的进展。但是，在社会科学领域、在文化思想领域，封建主义、资产阶级的学者还控制着基本的阵地。中国革命如果不能深入文化思想领域，革命的成功是难以巩固的。当初曾国藩镇压太平天国运动，除了强大的武装以外，就是用儒学的思想阵地打败了农民造反者。五四运动以后，一些封建保守主义者和资产阶级自由主义者提倡保存"国粹""整理国故"，号召"多研究些问题，少谈些主义"，就是要固守他们在思想文化领域的优势，引诱青年脱离现实，埋头书斋，以马克思主义不适合中国为借口，拒绝马克思主义，拒绝中国社会正在发生的革命性变动。郭沫若、吕振羽等人把注意力集中在中国古代社会，运用马克思主义理论、运用唯物史观，剥去笼罩着神话传说的中国古代社会的光环，指出中国古代存在原始共产主义社会，存在奴隶社会。继而指出，奴隶社会之后，中国还存在长期的封建社会。按照吕振羽的说法，中国贯穿着封建制的全时期——初期的封建制和专制的封建制，直至近百年的半殖民地半封建社会这一过渡时期。这些研究结论立即引起思想界和学术界的注意。这就从文化思想领域,从无比深奥的学术领域,证明了马克思主义是适合中国的,马克思主义关于人类社会发展规律的理论是适合中国的。这就给那时的青年,给那时的知识分子一个提示,中国共产党所领导的反帝反封建革命,所进行的新民主主义革命,其理论基础是符合马克思主义的。这样一个提示,对于驳斥马克思主义不适合中国是有说服力的。从这个角度说,吕振羽运用马克思主义理论研究中国社会历史及其得出的宏观认识,是对近代中国政治思想史的一个重要贡献,他不仅对近代学术史有意义,而且对近代政治思想史有意义。

吕振羽先生自己说过:"回顾50年来,我从选题到著述,每每是感于历史使命。"这完全是由衷之言。我们可以看出,吕振羽的理论研究过程是与中国革命的过程同步的。他的理论研究及其创造性结论,是中国新民主主义革命的一部分,是中国新民主主义革命在文化思想领域的一个重要组成部分。他不是坐在书斋里的纯学者,他是在为革命做学问,是在为推进中国革命的胜利做学问。在《中国政治思想史》初版序言里,他指出:"关于中国社会思想史这一部门的研究,前此已有些断代或全部的著作,但由于马克思主义者对这方面的研究的历史还很短;有些马克思主义者的作品,由于其方法论的错误,没能做出正确结论;资产阶级学者的著作,由于其立场和方法论的关系,都未能得出正确的结论,像梁启超、胡适等人的作品,在当时曾有相当进步的意义,到今日却已成了落后的东西;那些由假马克思主义观点出发的托派汉奸作品,不独由其方法论的错误,而且由于其别有用心的卑鄙阴谋,其作品便完全是反科学的有害的东西,不当作为学术研究来看的东西。所以到现在还没有一部比较令人满意而符合时代需要的产品。对于中国社会文化思想作一较正确的总估计,在民族现实的实践斗争上,在民族文化传统之批判的继承的要求上,又是一件不容缓的事情。这部拙著还不是以中国民族文化思想的全面考察为范围,而只是其中的一个部门,其是否能获得较多的同情,比较能符合时代的要求,那只好期待事实的反响。"他在这里十分自觉地承担起社会责任,要运用马克思主义对中国民族文化思想做一较正确的总估计,批驳形形色色的错误思想。这里附带说一句,《中国政治思想史》这部著作,本来是包括对于近百年社会思想各流派的评论的,只是格于当时的形势,被出版者删掉了。后来这部分稿子,在日本帝国主义侵占北平、天津时被焚毁了。不然,我们将会看到吕振羽对近百年社会思想流派的评论，我们将会从中受到很多启发，更强烈地体会到吕振羽思想中的战斗火花。

在纪念吕振羽以及老一辈马克思主义历史学家的时候，我们是否可以说，老一辈学者在中国革命的长时段中，完成了他们所承担的任务。如何结合今天的社会实践，运用马克思主义、运用唯物史观研究中国全部历史，就是今天我们这一代历史学者的任务。照我个人的想法，我们应该继承老一辈马克思主义史学家的传统，在坚持运用唯物史观研究中国历史的道路上继续前进，不要回头。至少，我们不应该否定老一辈马克思主义史学家在研究中国历史时做出的贡献，不能采取历史虚无主义。我们在中国各个时期社会性质的认识方面，如何更科学一些，而不是否定我们在这方面已经取得的成就。有人否定中国存在奴隶社会，有人否定中国存在封建社会，有人否定经过革命实践和历史实践检验过的近代中国的半殖民地半封建社会性质，否定中国历史上存在阶级和阶级斗争。这就把我们前辈经过千辛万苦探索得到的历史认识，轻而易举地丢掉了。这恐怕不是历史主义的态度。

我们今天纪念吕振羽先生，回顾他在中国历史研究中所取得的马克思主义的科学的认识，应该提出两个任务：一是巩固我们前辈已经取得的认识；二是发展这种认识，在新的时代条件下，加深我们的研究。

2000 年 5 月 21 日

追思胡绳同志在建树中国近代史学科中的功绩[*]

胡绳同志于11月5日去世，是中国史学界的重大损失，我本人和近代史研究所的全体研究人员感到十分悲痛。他的逝世，不仅使我们失去了一位好的领导，一位良师益友，对于近代史研究所和中国近代史学界来说，我们失去了一位学术上的优秀领路人。

胡绳同志与中国近代史学界、与近代史研究所，有着密切的关系。中国近代史研究作为一个学科，在中国历史学中是一个很年轻的学科，最多不过100年。马克思主义指导下的中国近代史研究，则不过60来年。胡绳同志、范文澜同志是用马克思主义的观点、方法指导中国近代史研究的先行者，是马克思主义的中国近代史学科的开拓者。范文澜1943年在延安发表《汉奸刽子手曾国藩的一生》，1945年发表《太平天国革命运动》，1946年在冀中根据地出版《中国近代史》上册，这是代表在革命根据地延安的马克思主义者对近代中国历史的探索。范文澜是老一辈学者，由于革命事业的需要，他从一个经学家转变为用马克思主义的观点和方法研究中国古代的历史，又进一步转变为近代中国历史的探索者。胡绳同志1937年发表《"五四"运动论》，1939年发表《论鸦片战争》，1948年在香港出版《帝国主义与中国政治》，代表了在革命根据地以外从事革命活动的马克思主义者对近代中国历史的探求。胡绳发表《"五四"运动论》时只有19岁，还是一个风华正茂的少年；出版《帝国主义与中国政治》时，也不过30岁，他的这本著作在解放

---

[*] 本文是在中国社会科学院举办的胡绳同志追思会上的发言，载于《中国社会科学院院报》2000年11月23日。

后长期被作为学习和研究中国近代史的青年的经典读物。范文澜的《中国近代史》上册在北方的根据地出版，胡绳的《帝国主义与中国政治》在南方的香港出版，标志着中国的马克思主义者研究和探索中国近代史的成功，为新中国成立以后中国近代史学科的建立和兴旺发展，奠定了扎实的基础。

新中国建立以后，胡绳同志要做很多重要的工作，但是他始终没有停止在中国近代史领域的探索。1954 年，他在《历史研究》创刊号发表《中国近代历史的分期问题》这一重要文章，引起了中国近代史学者的强烈关注和热烈讨论。在讨论快要结束的时候，新华通讯社发表了专题报道。1957 年，《历史研究》编辑部汇集了三年来学者的讨论文章予以出版。这是中国近代史学界学习唯物史观、寻求在中国近代史研究领域建立马克思主义史学体系的宝贵记录。中国近代史如何分期，看起来是编写近代史教科书的一个具体问题，但是依据什么标准分期，却涉及历史观问题，涉及研究中国近代史的理论与方法问题，涉及叙述和研究中国近代史的主要任务是什么，以及以什么来做中国近代史的基本线索问题。胡绳依据马克思主义唯物史观，依据毛泽东有关中国近代史的说明，提出了"基本上用阶级斗争的表现来做划分时期的标准"的重要意见。他还特别指出，马克思主义对中国近代史研究的要求不是在于给各个事变、各个人物一一简单地标上这个阶级或那个阶级、进步或革命的符号。如果在一本近代史著作中不过是复述资产阶级观点的书中的材料，只是多了一些符号，那并不就是完成了马克思主义研究的任务。"要使历史研究真正渗透着马克思主义的思想力量，就要善于通过经济政治和文化现象而表明在中国近代历史舞台上的各种社会力量的面貌和实质，它们的来历，它们的相互关系和相互斗争，它们的发展趋势。"[1]应该说，这是第一次向学术界提出用马克思主义研究中国近代史的任务，从学术上提出要使历史研究真正渗透马克思主义的思想力量的重要观点。依据这种观点，胡绳还提出了"中国近代史中的三次革命运动的高涨"（此后史学界一般称"三次革命高潮"）的概念，并对 1840—1919 年的中国近代史分期提出了自己的见解。这篇文章所引起的讨论，使一大批从旧中国走过来的近代史学者，以及一大批刚刚开始学习和研

---

[1] 《中国社会科学院院报》2000 年 11 月 23 日。

究近代中国历史的青年,受到了马克思主义和唯物史观的训练,这对中国近代史的学科建设和人才培养,都是极为重要的事情。尽管对中国近代史上一些理论和具体历史问题的看法,学者之间并不完全相同,但学术界基本上接受了胡绳关于研究近代中国历史的若干指导性意见。过了差不多半个世纪,中国近代史的研究有了很大的进展,有一些问题的研究结论,与半个世纪前,甚至与胡绳同志的研究,不尽相同,但是胡绳同志当年提出的要使历史研究渗透着马克思主义的思想力量的观点,仍在教育着今天年青一代的近代史学者。

此后,胡绳同志还在中国近代史领域发表了一系列学术论文,涉及太平天国运动、辛亥革命、孙中山研究、国民党历史以及抗日战争史,尤其是1981年出版的《从鸦片战争到五四运动》,不仅对近代史学科的建设,而且对广大人民群众的爱国主义教育起到了重要作用。

可以说,胡绳同志的中国近代史研究,在加强和巩固马克思主义的指导地位方面,在引导学术界沿着正确的轨道发展方面,都起着先行者、开拓者、建设者的作用。我认为,在胡绳同志去世的时候,我们指出他在中国近代史领域的这些贡献,是非常客观的,是实事求是的。

胡绳与近代史研究所[*]

胡绳同志是我们党的理论家。他的理论兴趣广泛，著述涉及哲学、中共党史、中国近代史以及时政评论。他不仅是一个学者，还是一个政治活动家，为新民主主义革命的胜利、为社会主义建设的成功，贡献了心力。作为学者，他的中国近代史研究，是他重要的学术贡献之一。据我所知，他与近代史研究所关系很深，对近代史研究所的发展十分关注。在胡绳同志逝世一周年的时候，我在这里回忆他与近代史研究所的关系，以作为对他的怀念。其中有些是我亲身经历的，有些是听说的，可以说是亲历、亲闻、亲见。我是晚辈，对他与范文澜、刘大年以及近代史所其他老一辈学者的关系知之不多、知之不详，我这里回忆的，只是胡绳与近代史研究所的点滴而已。

近代史研究所的创始人是著名的马克思主义史学家范文澜。胡绳同志自己说，他与范文澜初次见面是1949年，那时候他们刚进入北京。此后便来往不断。从近代史研究所印制的《刘大年存当代学人手札》中，可以约略看出范文澜、刘大年、胡绳信件往返讨论学术问题的情形。近代史研究所是1950年5月在华北大学历史研究室的基础上建立的。1953年，经毛主席批准，党中央决定成立一个中国历史问题研究委员会。它是党内讨论中国历史问题的机构，不发号施令，由陈伯达任主任。委员会开过一次会，决定加强历史研究，在中国科学院成立三个历史研究所。以郭沫若为所长的中国科学院历史研究所第一所和以陈垣

---

[*] 本文根据2001年10月30日在湖北襄阳市举办的"胡绳同志逝世一周年座谈会"和11月5日在中国社会科学院举办的"纪念胡绳逝世一周年"会议上的发言修改而成，原载于《近代史研究》2002年第1期。后收入郑惠、姚鸿编《思慕集——怀念胡绳文集》，社会科学文献出版社，2003。

为所长的中国科学院历史研究所第二所就是根据这个决定成立的。以此为序,近代史所改称第三所。刘大年和胡绳是这个历史研究委员会最年轻的成员。从1954年近代史所也就是历史研究所第三所成立第一届学术委员会起,田家英、胡绳、黎澍就一直是近代史所学术委员会的委员。胡绳担任近代史所学术委员一直到20世纪80年代。1985年胡绳同志担任中国社会科学院院长前,才辞去了近代史所学术委员的头衔。他与近代史所名誉所长、早他一年去世的刘大年关系密切,常相往来,这是众所周知的。《刘大年存当代学人手札》收有胡绳写给刘大年的信,讨论诗韵,真情坦率,可见一斑。刘大年几次告诉我,近代史研究所的学术委员会一定要聘请几位所外的知名学者,并常举田家英和胡绳为例。

我第一次见到胡绳同志大约是1975年。当时传闻胡绳将到中国科学院哲学社会科学部担任领导工作。有一天胡绳同志到学部召开座谈会,我参加了这次会议。会中说起学部的刊物《新建设》,胡绳同志便提起民国初年的《建设》杂志以及后来的《中国建设》杂志,同时如数家珍地谈起民国时期的历史,给我留下很深的印象。1979年,近代史所创办了《近代史研究》杂志,杂志的创刊号发表了胡绳的《义和团的兴起和失败》,这是他即将出版的《从鸦片战争到五四运动》一书中的一章,希望借刊物来征求学术界的意见。1981年,《从鸦片战争到五四运动》出版。他希望近代史所学者给他提意见,特别给近代史所丁名楠研究员写信,恳请批评。近代史所近代政治史研究室全体研究人员开了两天会,提出读后感,虽然对书中若干史实和技术性问题提出了不少意见,但对该书作者在中国近代史研究中追求的那种马克思主义的思想力量深为佩服。当时,政治史研究室主任何重仁几次告诉我,他为胡绳著作中体现出来的理论深度和高度的概括力所深深折服,反复研读,反复琢磨。据说,胡绳曾对刘大年说,他的书不是中国近代史的正史,正史要由近代史研究所去写,所以他不用"中国近代史"一类的书名。可惜,直到今天,近代史研究所也没有写出一本完整的中国近代史的"正史"来,这是需要近代史所的学者们反躬自省的。

1982年,胡绳应邀率团去美国芝加哥参加学术讨论会。在会上,以胡绳为首的中国大陆学者与以秦孝仪为首的台湾学者有过学术上的正面交锋。此行对于促进两岸中国近代史学者的相互了解,对于推动两岸中国近代史学者的学术交流,良有裨益。

1985年初,近代史所副研究员王来棣在《近代史研究》第1期就辛亥革命的评价问题发表了与胡绳同志商榷的文章。不久,胡绳就任中国社会科学院院长。王来棣很紧张,有人说,"得罪权威,早晚要倒霉",好像发表了与胡绳不同意见的文章,就是捅了马蜂窝。王来棣赶忙写信给胡绳同志,申述这种担心。胡绳于5月10日给王来棣复信,说明她的"顾虑是完全不必要的",并且心平气和地就王来棣提出的问题进行学术讨论。胡绳在信的末尾说:"我作为您所评论的书的作者,虽不尽同意您提出的基本论点,但是还是认为您的文章发表是很好的事。您的文章不但能引起读者思索有关的问题,而且对于书的作者也是有益的,这将促使作者进一步考虑您所提出的问题。"这封信,经胡绳和王来棣同意,发表在同年的《近代史研究》第6期。中国社会科学院院长和他领导下的一个研究所的研究人员,就学术问题进行完全平等的讨论,这对于促进学术界的百家争鸣和形成良好的学术氛围,起到了积极的作用。此后,胡绳对近代史所王庆成研究员有关洪秀全早期思想的研究文章,对余绳武研究员有关中外关系史的研究文章,都有过明确的赞扬意见。

1986年,北方某学术刊物发表了一篇贬低鸦片战争中林则徐抗英作用的文章。胡绳作为中国社会科学院院长曾指示近代史所要有所作为。近代史所所长余绳武在所内召开了一次学术讨论会,与会学者对这篇文章提出了批评。会后,我结合这次会议的讨论,写了一篇反驳文章并在当时的《红旗》杂志发表。这篇文章采用说理的办法,依据马克思主义的原理,依据鸦片战争的历史事实,进行了有理有据的反驳,后来为多种书刊选用。

1987年,近代史所研究员陈铁健在《历史研究》发表了一篇讨论红军西路军的论文,引起了党内高层的反应。刊物和作者本人都感到十分紧张。当时的所长余绳武同志后来告诉我,胡绳同志在院里召开了一个小会,参加人除了院里负责史学工作的副院长和近代史研究所所长外,还有作者、《历史研究》和《近代史研究》主编、刊物的责任编辑等。胡绳宣读了杨尚昆、李先念和邓小平等同志此前关于西路军问题的批示,然后说,研究无禁区,作者在研究中没有犯什么错误,但是已经有了发表党史研究文章的刊物《中共党史研究》,《历史研究》以后就别再发表党史文章了。胡绳作为院长并没有对作者提出批评,他只是说,这类问题中央已经有了意见,我没有向你们传达,责任不在你们,对学者采取了保护的态度。

1990年,是近代史所建所40周年。所里决定以学术形式纪念自己的节日。近代史所办了两件事,一是铸了一个范文澜铜像,以示景仰与怀念;二是召开了一次国际学术讨论会,以扩大近代史所的影响。范文澜铜像揭幕仪式,胡绳同志前来出席,并在仪式上发表了即席演讲。这篇演讲高度赞扬了范文澜用马克思主义开拓中国近代史研究的功绩,对范文澜以及中国社会科学院的一批老学者表示了深深的怀念。这篇演讲后来收在《胡绳全书》第3卷。我们在那年9月举行"近代中国与世界"国际学术讨论会,胡绳同志应邀出席开幕式,并在开幕式上发表了《关于近代中国与世界的几个问题》的演讲。这篇演讲是事先准备好的,演讲后,胡绳稍做了一点修改,交给我,嘱我送《人民日报》发表,后来也收在《胡绳全书》第3卷。2000年5月是近代史所建所50周年纪念,我们开了一个会来庆祝。这时候,胡绳同志身体不好,我们不敢也不忍心再邀请他亲临指导了。

胡绳同志对近代史所的工作非常支持,作为中国社会科学院院长,近代史所从他那里得到的支持是最多的。近代史所召开的国际学术讨论会,只要我们邀请,他都积极参加,并且发表演讲,演讲稿从不需要别人代拟。前述近代史所成立40周年的国际学术讨论会如此,1991年9月我们在沈阳召开"九一八事变"60周年国际学术讨论会也是如此,1993年1月我们在北京召开"近百年中日关系"国际学术讨论会还是如此。他说过,你们开国际讨论会,我去替你们接待外宾。所以,那几年近代史所召开的国际讨论会,都要单独宴请海外学者,请胡绳、刘大年同志做东。这样做对扩大近代史所在国外的影响很有好处。1996年中,考虑到近代史所在香港史研究上有一定成绩,我们打算在香港回归前后在香港召开一次有关香港历史的国际学术讨论会,需要筹集资金。我给胡绳同志写信,汇报这一想法,并希望借重胡绳同志的名望向香港的商业巨头寻求资助。没想到,胡绳同志极为痛快,允诺替我们设法。他要我给他写封信,正式提出这一要求,并且建议直接向一位担任全国政协副主席、香港基本法起草委员会副主任的香港富商提出。对我这封信的写法,他几次亲笔修改,然后退给我重新打印。胡绳同志在我这封信上写上批语，希望这位副主席有所措手。大约在这年 8 月，在北京举行的一次会议上，胡绳亲手把这封信交给了这位副主席。不知道出于何种原因，这位副主席没有理睬我们的要求。这年 11 月中旬，在广东翠亨村举办的孙中山国际学术讨论会上，我向胡绳同志报告香港这位富商没有任何表示。这时候我明显地感觉到胡绳同志面露失望。有关香港史的国际学术讨论会于 1997 年 12 月在香港大学召开，虽然我们指望的资助没有拿到，但胡绳同志对这次会议的关注和热情，令我们十分感动。

胡绳同志对近代史所的学科结构、人才状况十分了解。1991 年中，他曾到近代史所发表演讲，谈他对中国近代史研究的一些想法。在谈到近代史所的工作时，对近代史所中外关系史研究很称赞。十年来，由于老成凋谢，新的研究人才接续不上，虽然我们力求吸引新的人才，中外关系史研究仍然没有恢复到兴旺的时期。我作为所长，深感愧疚！

1990—1991 年，胡绳同志提出在近代史所组建当代中国史研究机构。那时候近代史所所长是王庆成同志。王庆成同志与我商量后，我们起草了报告，论证了开展当代中国历史研究的必要性，建议先在近代史所组建当代中国史研究室，然后发展到当代中国史研究中心、当代中国研究所和国史馆。这个报告送到院里以后，便没有了下文。我没有就此事再问过胡绳同志。我后来想，也许是邓力群同志组建的当代中国研究所已经有了眉目，我们这里的设想就不便再提起了。

1996 年初，我曾随金冲及和广东社会科学院院长张磊同志到胡绳同志家里，商量以孙中山研究会名义，借孙中山诞辰 130 周年的机会，在广东翠亨村召开一次国际学术讨论会。那时候，胡绳同志身体很好，头脑清楚，对讨论会召开的主旨，指示得很清楚。这年 11 月中旬，讨论会在翠亨村如期召开，胡绳同志出席。但是，我看到他脸上浮肿，步履缓慢，身体大不如前了。后来听说，半个月后他住进医院做了肺癌切除手术。

1997 年，我曾三次给胡绳同志写信。一次是 4 月，因为近代史所的所刊《近代史研究》将在 8 月满 100 期，考虑到创刊号及创刊后都发表过胡绳的文章，我和编辑部期望胡绳同志能在第 100 期上发表文章或者题词，这对刊物和读者将是很大的鼓励。我在信中说："《近代史研究》同国家的改革开放一起起步，十几年以来，在推动中国近代史的学术研究方面，苦心经营，做出了一定的努力。您的大作，自创刊伊始，多次在该刊发表,深受读者欢迎。兹逢百期之会,您似不能无文。您无论是给他们写几句话,或赐一墨宝,编辑部都将无比高兴。编辑部在 6 月 15 日以前收到,便能赶上制版印刷。"结果我们准时收到了胡绳同志写的题词。我后来从胡绳秘书那里知道,他写这个题词时,正抱病出席江苏盐城举行的胡乔木铜像揭幕仪式,因化疗用药过重,白细胞降到很低,昏睡了一整天。稍好一点,才勉强写出了这个题词。在这个题词中,胡绳同志对《近代史研究》创刊 100 期表示祝贺,同时写道:

  谨重提一个建议:把 1919 年以前的八十年和这以后的三十年,视为一个整体,总称之为"中国近代史",是比较合适的。这样,中国近代史就成为一部完整的半殖民地半封建中国的历史,有头有尾。1949 年中华人民共和国成立以后的历史可以称为"中国现代史",不需要在说到 1840—1949 年的历史时称之为"中国近现代历史"。

  这个题词发表后,对统一中国近代史学界的认识很有好处。我根据胡绳同志的意思,撰写了题为《中国近代史的分期及"沉沦"、"上升"诸问题》的文章,1998 年初在《光明日报》发表了摘要,同年在《近代史研究》第 2 期发表全文,也引起了学术界注意。

  第二次是 9 月 11 日,我给胡绳同志写信,信中说:"大著《从鸦片战争到五四运动》再版,对近代史学界是大事。我不揣浅陋,写了一篇书评,未必说到点子上,只是表达我的读后感而已。不妥之处,尚祈不吝指正。我把自己的论文编了一个集子,名为《追求集》,已商妥社科文献出版社出版。特敬请您为拙著书名题赐墨宝,以增光宠。附上《追求集》目录,请过目。"10 月初,胡绳同志的墨宝就送来了。《追求集》1998 年由社会科学文献出版社出版,胡绳同志题写的"追求集"三个苍劲有力的墨笔字印在书的封面上,给这本论文集增添了莫大的光荣。与墨宝同时送到的还有胡绳同志的一封亲笔信,他对我写的书评表示感谢,同时说明关于武昌首义后,湖北军政府中是否设立了"谋略处",他没有看到我写的文章,要我把这篇文章送给他一阅。原来,我写的书评中,高度肯定了《从鸦片战争到五四运动》修订再版的意义,指出:

无论是《帝国主义与中国政治》还是《从鸦片战争到五四运动》，都充满了一个深深参与、密切关注现实政治生活而又研究中国近代史的大学者、大专家的聪慧和眼力。他处理复杂的近代史料，往往居高临下，给人以驾轻就熟、游刃有余的印象。他的著作，不是专门为研究中国近代史的学者写的，没有单纯学术著作所常有的古板、书卷气和学院气，因而能为有中等文化水平以上的广大干部和各行业读者所喜读。学者们，尤其是研究中国近代史的学者们，总是把它置于案头，常加参考。

……

《从鸦片战争到五四运动》从1981年初版到1997年再版，作者始终坚持了他在探讨中国近代史发展基本规律时所使用的马克思主义的基本原则和方法，坚持了他在表述中国近代史发展基本规律时所提出的一系列重要意见。有些具体的结论学术界或许还将会有种种讨论，但是他在研究中提出的一些重要指导原则，我以为是值得学者们认真加以参考的。

在这篇书评中，我还从中国近代史学者的眼光，指出了修订再版中一些技术性的错误，特别对修订再版保留了湖北军政府下存在"谋略处"一节提出了批评。我在书评中说，至少有两篇文章对"谋略处"是否确实存在提出了严重的质疑，其结论是："谋略处"是不存在的。其中有一篇是我在1987年发表在《历史研究》上的文章《湖北军政府"谋略处"考异》。我在书评中说："《从鸦片战争到五四运动》作者是很注意近代史研究的进展的，不可能没有注意这两篇文章。作者修订再版时没有采纳这两篇文章的论点，可能对相关的结论仍然存疑。不过，上述新的结论，十年来没有人起来推翻它，应该可以说经得起学术界的检验了。过分谨慎未必是对待学术进展的积极态度。"胡绳同志的信，很谦虚地表示他确实没有看到质疑"谋略处"的文章。顺便说一下，我写的这篇书评在胡绳同志80周岁时在《光明日报》上发表了。但只是摘要，而摘要把我对再版的批评全部删去了。我很感谢《中共党史研究》全文发表了我的书评，保留了我对再版书的批评。我认为，胡绳同志是愿意看到这样的批评的。

第三封信是10月6日写的，我感谢胡绳同志对《追求集》的题签，同时把我写的有关中国近代史分期的文章、质疑"谋略处"的文章以及几首诗送给他。"谋略处"的文章是他要过的，其他的东西，可能会干扰他的清听，妨碍他的休息，我很惭愧。

胡绳同志对近代史所有关心，也有批评。1998年10月12日，胡绳同志在北京对"从五四运动到人民共和国成立"课题组谈话时，谈到中国近代史上的现代化以及是否用现代化作为主题写中国近代史问题。他说：

> 用现代化作为一个线索串起来写中国近代史，我倒是赞成，是可以这样写，但讲近代史，讲现代化问题，也离不开阶级、阶级斗争。另外，这几年我发表好几篇文章，说现代化和开放都有一个殖民地和独立国家的问题。作为一个殖民地半殖民地来实现现代化、对外开放，这和一个独立国家的开放性质是完全不同的。我这个意见说过好多次，可是我们近代史研究所的同志好像也不大热情，我很希望他们写点东西。后来我就想，如果我现在来写以现代化贯穿的近代史，到底怎么写法？照我看还是要有阶级斗争的。写近代史，阶级、阶级斗争逃不了。①

我对胡绳同志在这里讲到的基本观点完全赞成。据我所知，近代史所名誉所长刘大年同志在去世前，就中国近代史上两个基本问题，即民族独立和现代化（刘大年用的是"近代化"）问题几度写过文章，发表过意见。我本人也多次讨论过这个话题，如1984年在《历史研究》第4期发表的《中国近代史的"两个过程"及有关问题》、1987年在《红旗》杂志第6期发表的《也谈近代中国的"开关"问题》、1996年在《当代中国史研究》第6期发表的《"告别革命"说错在哪里》等文章都涉及这个问题。当然，这些还说不上系统讨论，我想胡绳同志所期待的正是系统的讨论。所以，胡绳同志的这个批评很值得我们重视。

最近几年，胡绳同志养病，我一直不敢去看他，深怕打扰他休息，

---

① "从五四运动到人民共和国成立"课题组：《胡绳论"从五四运动到人民共和国成立"》，社会科学文献出版社，2001，第40页。

期望他有一个安静的环境，尽快康复。1995年中，胡绳同志在301医院做大腿的外科手术，我曾随中共中央党史研究室副主任郑惠同志去看他。这是唯一的一次。2000年3月，我听说胡绳同志自外地回京休息，就给他写信，代表近代史研究所和我个人表示问候，同时报告近代史所的同志们正在准备按照他提出的中国近代史的时限框架，撰写一部完整的《中国近代通史》。但是这时候，他的身体已大不如前了，我没有收到他的回信。

胡绳同志是马克思主义史学大师，是用马克思主义开拓中国近代史研究的先锋，他对中国近代史研究的贡献是需要认真加以总结的。2000年11月5日胡绳同志逝世后，中国社会科学院曾经召开追思会，我在那次会议上有一个简短发言，初步评述了胡绳同志在创建马克思主义的中国近代史学科中的功绩。我在那个发言中说：

> 胡绳同志、范文澜同志是用马克思主义的观点、方法指导中国近代史研究的先行者，是马克思主义的中国近代史学科的开拓者。范文澜1943年在延安发表《汉奸刽子手曾国藩的一生》，1945年发表《太平天国革命运动》，1946年在冀中根据地出版《中国近代史》上册，这是代表在革命根据地延安的马克思主义者对近代中国历史的探索。范文澜是老一辈学者，由于革命事业的需要，他从一个经学家转变为用马克思主义的观点和方法研究中国古代的历史，又进一步转变为近代中国历史的探索者。胡绳同志1937年发表《"五四"运动论》，1939年发表《论鸦片战争》，1948年在香港出版《帝国主义与中国政治》，代表了在革命根据地以外从事革命活动的马克思主义者对近代中国历史的探求。胡绳发表《"五四"运动论》时只有19岁，还是一个风华正茂的少年；出版《帝国主义与中国政治》时，也不过30岁，他的这本著作在解放后长期被作为学习和研究中国近代史的青年的经典读物。范文澜的《中国近代史》上册在北方的根据地出版，胡绳的《帝国主义与中国政治》在南方的香港出版，标志着中国的马克思主义研究者研究和探索中国近代史的成功，为新中国成立以后中国近代史学科的建立和兴旺发展，奠定了扎实的基础。

现在看到刚刚出版的《童稚集》（胡绳著，人民出版社，2001），发现胡绳同志在1936年18岁的时候就发表了《〈中国近代史〉评介》一文，表明他已经开始尝试用马克思主义观点解释中国近代史了。这时候，范文澜的研究方向还没有转移到中国近代史研究上来。因此胡绳一生对中国近代史的贡献，需要特别引起重视，需要总结。我现在提出这个题目，希望以后有机会来做这个题目。这是我的愿望。

一个战士、学者对中国历史学的贡献*

——追怀马克思主义历史学家刘大年

在即将告别旧世纪、旧千年,迎接新世纪、新千年的时候,对新中国历史学做出重要贡献、享有盛誉的马克思主义历史学家刘大年同志,不幸于1999年12月28日去世。按照他的遗嘱,后事从简,不举行追悼会和正式告别仪式,没有通知亲友。12月31日,在中国社会科学院近代史研究所与中国史学会合办的"1949年的中国"国际学术讨论会开幕式上,出席会议的全体中外学者闻讯后起立默哀,表明了与会学者对这位著名学者的尊重。

在马克思主义历史学家刘大年逝世一周年之际,回忆他对中国历史学的贡献,以表示我们的深切怀念。

从小学至湖南国学专修学校肄业,刘大年大半受的是旧式传统教育。他把所谓"国学"看作根本学问,一意追求,很少接触社会政治现实。到陕北以后,他读到的第一本马克思主义原著是《共产党宣言》。虽然似懂非懂,却在头脑里打开了一个前所未有的新天地。从此,只要是新书,不管是政治经济学的、哲学的,还是中外历史的,他都如饥似渴地去读。读过那些有限的新书以后,盲目崇拜孔学的观念在不知不觉中烟消云散了。他从此确立起马克思主义的思想基础和献身革命的人生道路。那条道路,最现实的就是到烽火连天的抗日战争前线去,从事民族解放的斗争,经受锻炼和考验。这是那时许多有觉悟的青年知识分子共同走过的道路。1942—1943年,他在抗日根据地读到范文澜著

---

* 本文是为追怀中国社会科学院近代史研究所名誉所长、著名马克思主义历史学家刘大年而撰写的,2000年5月9日《人民日报》"纪念与回忆"版以及同年12月19日《中国社会科学院院报》先后摘要发表。

《中国通史简编》和《汉奸刽子手曾国藩的一生》以后，产生了研究中国近代史的念头。

刘大年写的第一本书是《美国侵华史》。1947年，他生病离职休养，开始收集中美关系史资料。在解放区研究这个题目，苦于缺乏原始资料。北方大学校长、历史学家范文澜向他提到可以注意两部书，一部是《李鸿章全集》，一部是王芸生的《六十年来中国与日本》。他在艰苦的环境下坚持写作。1949年8月，《美国侵华简史》由华北大学出版，同时在《人民日报》上连载。后经过修改、补充，于1951年、1954年，以《美国侵华史》为书名，由人民出版社一版、再版。苏联、朝鲜、捷克斯洛伐克和民主德国相继出版译本。《美国侵华史》的出版适应当时的需要，在社会上产生了相当的影响。这是从革命根据地走出来的学者在观察、研究中美关系时写的第一本书，也是新中国成立初期出版的第一本有关中美关系的学术著作。半个世纪过去了，今天有关中美关系历史的研究已经大大前进了，但是人们仍然没有忘记刘大年这本给新中国献礼的书。对于刘大年来说，这是他研究中国近代史的开始，也奠定了他在中国近代史学界的地位。

新中国建立以后，刘大年长期担任中国科学院（中国社会科学院）近代史研究所的领导工作。中国科学院成立初期，他作为科学院学术秘书，协助郭沫若院长处理事务，尤其是涉及社会科学以及历史学领域的事务。他参与组织中国科学院各学部的组成。作为中国科学院哲学社会科学规划办公室主任，他推动了新中国第一个哲学社会科学规划的产生；作为党中央批准成立的历史问题研究委员会的年轻委员，他参与组织了中国科学院三个历史研究所，参与组织了新中国最早的学术刊物之一的《历史研究》，担任副主编（尹达任主编）。他不仅与自然科学家竺可桢、杨钟健、梁思成、贝时璋、华罗庚、钱三强、叶渚沛、钱伟长、柳大纲、张文佑、叶笃正等有着很好的工作关系，而且与中国历史学界的"五老"，即五位马克思主义史学大师——郭沫若、范文澜、吕振羽、翦伯赞、侯外庐等有着密切的工作关系和学术交往。他同他们一起，推动了中国历史学的发展和繁荣，推动了中国近代史学科的发展与繁荣。

刘大年不仅参与了新中国历史学学术机构的建立、学术研究规划的制定等一系列学术组织工作，而且亲自参与了中国近代史的研究实践，他是一位学养丰厚、著作等身的成功实践者。他在繁忙的行政工作、学术组织活动和政治活动（他长期担任全国人大常委会委员、人大教科文卫委员会委员）之外，挤出时间，潜心从事历史学研究工作。半个世纪以来，他出版了三本专著——《美国侵华史》、《台湾历史概述》（合著）、《赤门谈史录》；三本论文集——《中国近代史问题》《刘大年史学论文选集》《抗日战争时代》；主撰、主编了六部著作——《中国史稿》第 4 册、《中国近代史稿》（3 册）、《中国复兴枢纽——抗日战争的八年》、《范文澜历史论文选集》、《孙中山书信手迹选》、《中日学者对谈录——卢沟桥事变 50 周年中日学术讨论会论文集》；发表学术论文和学术文章超过 100 篇。《美国侵华史》《刘大年史学论文选集》被译成俄文在苏联和俄罗斯出版，还有一些文章有英文、俄文、日文译本。应该说，在 1949 年以前，他的学术研究基础并不是很好的，他的研究工作是在 1950 年以后做的，1950 年他 35 岁，可以说他是一个半路出家的历史学家。对一个半路出家的历史学家来说，以高度的责任感，怀着对发展新中国历史学的执着追求，做出如此丰厚的学术贡献，在我国历史学界实在是不多的。

重要的不在数量。重要的在于他对建立中国近代史的学科体系、框架的实践，在于他坚持用马克思主义的科学精神指导学术研究和解说中国历史的努力，在于他阐释马克思主义的唯物史观和中国历史学理论的不懈探索，以及在若干具体历史问题研究上取得的开拓性进展。

1949 年中华人民共和国的成立，是中国近代史上最重要的政治事件，也是中国历史上最重要的事件之一。中国共产党成了执政党，人民民主专政的国家政权创造了中国历史上新的国家形式。对于中国历史的这一巨大变化，占人口大多数的工人阶级、农民阶级、小资产阶级、民族资产阶级，欢欣鼓舞，他们以空前的热情投入建设新中国的历史潮流中去。中国学术界要讴歌这一巨大历史进步，要探索这一历史进步之所由来。中国近代史学科在新中国的学术园地里，空前地发展、成长起来。但是，新中国的中国近代史学科应该建立怎样的学科体系，还是一个有待解决的问题。

在那时，我国治近代史者，在中国近代史教科书中往往按照"道光时代""咸丰时代""同治时代"，或者按照"积弱时期""变政时期""共和时期"来叙述历史，这种叙述方法不能反映社会历史发展中本质的东西是显而易见的；另一些教科书，甚至包括一些企图用马克思主义阶级分析的方法来说明历史的书在内，则放弃了历史分期的办法，按照重大事件来叙述历史，叙事时大致上采用了"纪事本末体"的方法，这种方法，按照胡绳同志1954年文章的说法，往往"拆散了许多本来是互相关联的历史现象，并使历史发展中的基本线索模糊不清"。[①] 胡绳的文章表面上说的是中国近代史的分期问题，实际上它涉及研究中国近代史的理论与方法问题，涉及中国近代史应该建立什么样的学科体系问题。胡绳的文章以及随后的热烈讨论是中国近代史学界学习唯物史观、寻求在中国近代史研究领域建立马克思主义史学体系的宝贵记录。

拥有众多读者的范文澜著《中国近代史》，第一次用马克思主义观点记述近代中国的历史，是有它不可磨灭的历史贡献的，但是如同胡绳所说，它带有纪事本末的特点，而且内容偏重于政治史。这在当时虽然是有道理的，对于建立中国近代史的科学体系来说，却需要改进。刘大年在主持《中国史稿》第4册的写作中努力做出了改变。依照刘大年的看法，1840—1919年近代中国80年的历史，明显地表现为鸦片战争至太平天国运动失败、1864年至戊戌变法与义和团运动失败，以及1901年至五四运动爆发的三个不同时期。在那几个时期里，帝国主义、中国社会各阶级的相互关系及其矛盾斗争各有特点。其中，社会经济状况、阶级斗争、意识形态是结合在一起的、统一的。因此，新的著作要求根据历史演变的时间顺序讲述事件；不只讲政治事件，也要讲经济基础、意识形态，不只讲汉族地区的历史，也要讲国内各民族在斗争中与全国的联系和相互关系。《中国史稿》第4册的这种写法，就是总结了新中国成立以来中国近代史学科的理论建树和研究成果，并加以概括和升华，给中国近代史搭起了一个新架子，有些地方做出了可喜的概括。当时它是指定的高等学校教材，印数很多。此后，我国高等学校历史系编写或者使用的中国近代史教材，大体上参照了这个框架。从今天的认识来看，这个体系还有不够完善的地方，需要继续改进，但在60年代做出这个探索，与旧的近代史体系相比，已经有了本质上的进步。

在阐释马克思主义的唯物史观和中国历史学理论方面，刘大年没有停止探索和思考。在这方面，他发表的文章不少。他认为，历史学是否

[①] 胡绳：《中国近代历史的分期问题》，《历史研究》1954年创刊号。

以及怎样成为一门科学，至今仍是一个争论问题。马克思主义的历史唯物主义为历史学奠定了科学基础，但是它不能代替历史学理论。探讨历史研究如何成为科学，就是历史学理论最后要解决的问题。他的观点，概括起来，有如下几点。

第一，关于哲学指导思想问题。刘大年指出：科学，无论是自然科学还是社会科学研究，都离不开一定的指导思想。就像恩格斯说的那样，不管自然科学家采取什么样的态度，他们还是得受哲学的支配。问题只在于他们是愿意受某种坏的时髦哲学的支配，还是愿意受一种建立在通晓思维的历史和成就基础上的理论思维的支配。有的历史研究者在对待指导思想问题上，喜欢标榜"无偏无党，浩然中立"，其实那不过是表示他拒绝某种思想，而选择另外的思想。马克思主义的历史唯物主义是科学思想中的最大成果。历史研究要成为科学，只有依靠马克思主义的哲学指导。

第二，关于历史研究的对象问题。刘大年认为：历史研究的对象为何物，一向众说纷纭。或者认为历史研究不存在一定的客观对象，或者认为凡过去的一切都是研究对象，或者认为历史上某些事物、某个领域的状况是研究的对象。判别历史研究的对象，首先要找出它的客观根据。其根据应当是时间上连续的事物，全面、集中体现人创造历史的和客观实在的事物。依照这个根据，从社会关系及其运动考察历史研究的对象，我们就知道，原始社会、私有制时代和未来的共产主义社会都是建立在一定的社会关系之上，而又各有自己的特点。私有制社会历史研究对象的本质，就是社会阶级、阶级矛盾斗争，它们相互关系的消长变迁和以此为纽带的全部社会关系的客观体系及其运动。

第三，关于历史前进的动力问题。对于什么是人类历史前进的动力，同样存在各种各样的答案，有过无数的争论和辩难。在私有制社会，生产力与阶级斗争，其中只有一个是推动历史前进的动力，还是两个都是？如果只能有一个，它是生产力还是阶级斗争？如果两个都是，它们的关系到底怎样？对此我们需要有统一、完整的理解。刘大年认为：生产力是最终起作用的，阶级斗争是直接起作用的。它们的关系不是一个排斥一个，一个代替一个，而是紧密相连，又各立门户。生产力与生产关系的矛盾运动、生产方式的变化和发展，决定整个社会的变化和发展。在私有制历史上，这种变化和发展，是通过阶级矛盾与对抗，通过阶级间的斗争来实现的。因此，说阶级矛盾、斗争推动历史前进，是对问题的直接回答。这种观点不同于"历史是由个人创造的"那种空洞的观点，而是指出了个人活动是由一定社会关系、环境决定的，它使人认识到，社会历史过程，最终也是自然历史过程。

第四，历史发展规律问题。历史之所以成为一门科学，就在于它是有规律可循的。以前人们有时拿历史唯物主义的一般规律、社会经济规律来说明历史运动，但这样或者失于宽泛，或者失于狭窄。一旦我们认定了社会阶级及其相互关系的消长变迁是历史研究的对象，我们就知道了它们运动演变的规律也就是历史前进的规律。规律要从事物的重复性中表现出来。物质生产过程，产品交换分配，同一经济形态下的生产力与生产关系矛盾，不同范围、不同形式的社会阶级、阶级矛盾斗争，一种社会制度代替另一种社会制度，等等，现象背后的本质无不处在重复之中。例如中国近代史中的帝国主义、封建阶级、人民大众的状况，每一次重大事变、社会变动的过程，就是它们间的斗争、相互关系重复表演与发展的过程。社会历史中的重复性就是常规性、规律性。与自然界中的事物不同，历史运动规律要通过有思想意志的人的活动、斗争来实现。历史运动方向并不随着权力人物的意志愿望改变，这说明人的意志只有与重复性所表现出的客观规律性相适合才能起作用。写得比较好的近代史的书，就是写出了这种运动规律的书。

这就是刘大年对马克思主义唯物史观的阐述，是他对马克思主义历史学理论的思考。在刘大年看来，"马克思主义是建立在近代社会生产力基础之上的，是资本主义生产力与生产关系存在、资本主义生产关系存在的产物。资本主义这个人类历史上的特殊阶段没有走完它的行程，马克思主义这个伟大的认识科学，就依然是人们认识社会、认识社会历史走向的科学思想体系"。[1] 我们说，宇宙间一切事物都是变的，只有变是不变的。马克思主义是人类社会发展到资本主义阶段的产物。这个阶段正在蜕变中。研究对象的暂时性，决定了科学本身的暂时性。马克思主义论述资本主义社会矛盾的部分有一天是要过时的，但那是在世界资本主义生产关系消灭以后。

刘大年的历史学研究，非常注意历史研究与现实的关系。他对中国

---

[1] 刘大年：《历史学的变迁》，《北京大学学报》（哲学社会科学版）1998年第4期。

近代史的总的思考，就是要阐明近代中国的历史是如何发展到今天的。毛泽东说过，从孔夫子到孙中山，我们都要总结。历史研究的具体任务，就是要说清楚中国历史如何从孔夫子发展到孙中山，又如何从孙中山发展到今天的社会主义的。他认为，讲过去的事，回答现在的问题，瞻望未来，是历史科学的基本特点，也是它与文学、经济学研究中结合现实需要所不同的地方。他说：中国马克思主义历史学一诞生，就明白宣告了自己负担的迥然有异于封建阶级、资产阶级历史学的崭新使命。它把过去与现在、未来的联系，完全不是看作外部的偶然的联系，而是看作内在历史运动客观规律的联系。他认为，从今天来说，从社会主义事业出发，古今中外的历史都需要研究。今天的现实生活要求历史解答的问题，不是减少，而是增加了；研究任务不是减轻，而是加重了。从宏观角度看，现实的研究任务是：第一，深入研究中国历史发展的全部客观过程，揭示中国社会主义、共产主义的长远前途，仍然是中国历史科学首要和根本的任务。第二，中国今天处于社会主义建设时期，社会主义建设需要各方面的知识。认识中国全部文明史，就是认识我们的先民是怎样对待、改造他们所处的环境、改造世界的，从中吸取和改造一切有价值的东西，来服务于今天的社会主义建设事业。第三，必须通过对一个国家的具体历史的研究，找出与其他国家的共同点与不同点。我们今天需要从全世界历史的广度，从发达国家现代化的高度，进一步观察人类社会发展的前景，把我们对社会主义前途的科学认识，提高到一个新的水平上来。第四，中华人民共和国的历史，应当认真开展研究。中华人民共和国成立已有差不多半个世纪，其间有顺利发展，也有重大曲折。顺利发展所取得的辉煌成就，证明社会主义制度是唯一合乎国情的最富有生命力的制度；而所遇到的重大曲折，并没有证明这个制度不具有强大生命力，只是证明它需要改革。历史的长河看不到尽头，社会生活中的改变、革新也就不会有尽头。总之，刘大年认为，一门中国近现代史、一个历史学理论，是历史学里面与现实关系密切的领域。他研究工作的注意力主要放在这两个门类上。为什么研究历史，由此可以见出他的志趣所在。

改革开放以来，中国近代史学界有人提出要用近代化的观点重新改写中国近代史。刘大年认为，这不失为一种应当思考的主张。1990 年，刘大年在中国社会科学院近代史研究所为建所 40 周年举办的国际学术讨论会上，就中国近代化的道路与世界的关系提出论文，指出："适应世界潮流，走向近代化，是中国社会发展的必然趋势。"同时指出，"近代中国没有实现西方那样的近代化，但它凭自己的力量打开了走进近代化世界的大门"。[①] 此后，他又进一步指出：在110年的中国近代史期间，"明显地多了一个帝国主义的侵略压迫，少了一个民族独立；多了一个帝国主义支持下的封建统治，少了一个社会工业化、近代化。因此，中国近代史上的基本问题是两个，第一，民族独立问题，第二，社会工业化、近代化问题"。至于这两个基本问题之间是什么关系，刘大年认为："没有民族独立，不能实现近代化；没有近代化，政治、经济、文化永远落后，不能实现真正的民族独立。中国人民百折不回追求民族独立，最终目的仍在追求国家的近代化。"[②] 民族独立和近代化问题，两者的内容虽不相同，不能互相代替，但又息息相关，不能分离。

中国的现代化要走什么道路来实现？刘大年把论述中国近代史的观点贯穿下来，反复讲，中国走社会主义道路来实现现代化，是历史的选择。对于社会主义，在讨论邓小平社会主义初级阶段理论中，刘大年认为，现在中国是在社会主义的黎明。他说："社会主义初级阶段实际有两重意思，一是起点不高，二是前程远大。这好比从黑夜到白昼，必须经过黎明那一段。黎明也有两重意思，一是还处在晨光之熹微中，二是跨过这一段，前面就是天光大亮。照我看，社会主义初级阶段可以归结到一点：中国社会主义是在黎明，世界社会主义是在黎明。"[③] "黎明"是一种文学形象的说法，它讲了眼前，也讲了未来，可以认为是有科学性的形象说法。这里也指出了中国要实现现代化有很长的路要走。

像在抗日根据地作战和斗争那样，在历史学领域，刘大年始终在战斗，直到停止呼吸。他是从太行山走下来的战士，是从太行山走下来的学者。他一生的研究经历说明，他是一个战士型的学者、学者型的战士。

1961年，刘大年在《历史研究》发表《论康熙》一文，在国内引

---

① 刘大年：《中国近代化与世界的关系》，中国社会科学院近代史研究所科研组织处编《走向近代世界的中国》，成都出版社，1992，第2、13页。
② 刘大年：《抗日战争与中国近代史的基本问题》，《抗日战争时代》，中央文献出版社，1996，第125、130页。
③ 刘大年：《邓小平理论与社会主义黎明》，《人民日报》1997年10月10日。

起反应。那时候史学界存在"左"的偏向,高喊"史学革命",主张打倒帝王将相,以为刘大年讲帝王将相,是想"反潮流"。接着,他的观点又在国外引起了苏联方面的持久批判。一个学术问题的争论变成了政治性的争论,它从一个局部、一个侧面反映出了历史的曲折。刘大年对自己的观点从不后悔。实际上,《论康熙》这篇文章,使用马克思主义唯物史观,对照中国历史和世界历史的大关节,观察和分析康熙皇帝和清朝初期的历史,对康熙皇帝和清朝初期在中国历史上的地位做出了客观的评价,至今仍被史学界看作历史研究的一篇范文。

1979年刘大年在日本东京大学讲学,讨论辛亥革命的性质。他列举经济基础、领导革命的社会力量、同盟会纲领、革命的主力军四项根据,详细论证辛亥革命是资产阶级民主革命。其时,苏联的代表性观点、日本部分学者的看法,都反对这种意见。刘大年在讨论中对国外同类著作上的代表性观点逐一加以评述,指斥其非。因为在国外讲学,他的评述没有明确针对台湾学者的看法。果然,过了几年,海峡两岸学者关于辛亥革命的性质问题爆发了一场大的争论。所围绕的还是刘大年在东京讲过的那些内容。

刘大年早年曾经把"国学"当作根本学问,临终前定稿、发表的最后一篇长达8万字的论文《评近代经学》,可以说是对他自己头脑中的"国学"的一次清理和总结,也是对近些年来宣扬孔学、新儒学种种社会现象的一次清理和总结。刘大年认为,经学是中国封建阶级的意识形态,近代经学虽然朦胧地出现了"民权""平等"等西方资产阶级的口号和字眼,但是并没有改变它封建主义的意识形态的性质。他在该文的结论中问道:"为什么五四运动以后,西方各种牌号的新思想、新学说蜂拥进入中国,又都昙花一现,转眼过去,唯有马克思主义终于落地生根,开花结果了?"回答是:"马克思主义与中国传统文化相结合,是中国文化的自我更新,是中国文化现阶段的重要发展。孔子学说统治成为过去,近代经学结束,是历史朝前演进的必然,是合理的和不可避免的。"[①] 这是因为,马克思主义与中国国情相符合。对此,刘大年做出了自己的论证。

刘大年与我国老一辈社会科学家、历史学家有密切联系。当1987

[①] 刘大年:《评近代经学》,《明清论丛》第1辑,紫禁城出版社,1999。

年史学界"五老"中的最后一位侯外庐去世时,他曾经满怀感情地回忆并评价"五老"对创建我国马克思主义历史学的功绩。他说,他们那一代人为推动时代前进,付出了辛勤劳动,他们做完了时代交给的答卷。但那些答卷也只代表过去的时代。他认为,马克思主义历史学必须跟上时代步伐,不断发展前进。以往已经证明,马克思主义历史学与中国革命实践相结合表现了巨大生命力,"那么,现在和今后,按照新的条件,坚持这种结合的马克思主义历史学就是常青的"。[①] 这个评价,完全适合刘大年自己。刘大年为把马克思主义历史学与中国实际相结合,奋斗了一生。我们现在唯有相信,我国年轻一代的历史学家能够接过这面光荣的旗帜!

[①] 刘大年:《侯外庐与马克思主义历史学》,《历史研究》1998年第1期。

为中国近代史学科立个框架[*]

——刘大年先生对史学理论建设的贡献

在刘大年先生诞辰 100 周年的时候，我们编辑了《刘大年全集》。阅读这部全集，我深以为，刘大年先生是一个真正的马克思主义者，他一辈子坚持马克思主义，坚持历史唯物主义，坚持在历史唯物主义指导下创新中国的历史学理论，他所取得的成就值得学术界重视。刘大年先生一生承担的工作任务甚多，我这里主要结合他对史学理论的贡献谈一点体会。

在史学研究中自觉地贯彻历史唯物主义精神

新中国成立后，中国近代史学科首先建立起来，一改旧社会中国近代史学科不受重视的情况，很快成为显学。中国共产党成为执政党，中国摆脱半殖民地半封建社会而迅速走上社会主义道路。中国社会的这个变化是几千年所未见的。这个变化促使中国学术界思考发生变化的原因，许多西方国家也在思考这个变化的原因，美国学术界尤其把中国近代史研究列为首选。所谓思考这个变化的原因，实际上就是寻找近代中国选择中国共产党、选择社会主义道路的历史根据。

刘大年先生的中国近代史研究和史学理论研究，首先是为了推进中国历史学的学科发展，建设中国近代史研究的学科体系，建立历史唯物

---

[*] 本文原载于《北京日报》2015 年 8 月 17 日，"理论周刊·学界万象"。

主义指导下的历史学理论。在这些方面的工作做好了，就等于回答了近代中国历史发展规律问题，回答了上述思考。

大年先生研究中国近代史上人民群众问题，研究中国历史上领袖与群众关系问题，研究康熙、孙中山、李秀成的历史作用，都是为了说明是什么力量推动了历史的前进，以及领袖人物在推动历史前进中的作用。他既重视人民群众的作用，也不忽视少数领袖人物在推动历史前进中的作用。这样的研究，既符合辩证唯物主义，也符合历史唯物主义。

专门著文研究私有制时代历史前进的动力

大年先生在"文革"后针对当时反思阶级斗争问题，专门著文研究私有制时代历史前进的动力。大年先生认为：生产力和阶级斗争两者之间是矛盾的统一，既有统一的一面，又有对立的一面。他结合中外历史上的大量事例，研究阶级社会里生产力与阶级斗争之间的关系。他指出，私有制社会里，生产力的发展要通过阶级斗争来变革历史。他说，在中国，"新民主主义经过30年，才取得了胜利。110年的斗争加在一起，就解决了一个反帝反封建问题。在这个时间里，中国出现了民族工业，社会生产力多少有些增长。但显然只有推翻了帝国主义、封建主义统治，才从根本上解决了社会生产力发展的问题"。

他还指出："生产力与阶级斗争，其中只有一个是推动历史前进的动力呢，还是两个都是？如果只能有一个，它是生产力还是阶级斗争？如果两个都是，它们的关系到底怎么样？对此我们需要有统一、完整的理解。生产力是最终起作用的，阶级斗争是直接起作用的。它们的关系不是一个排斥一个，一个代替一个。它们紧密联结，又各立门户。生产力与生产关系的矛盾运动，生产方式的变化和发展，决定整个社会的变化和发展。在私有制历史上，这种变化发展，是通过阶级矛盾与对抗，通过阶级间的斗争来实现的。"

我认为，大年先生关于历史前进动力问题的研究结论，是对社会发展动力问题的一个科学回答，是在马克思主义理论基础上创造性的发挥。在我阅读的经历中，很少见有人这样透彻地研究历史前进动力问题，这样辩证地研究生产力与阶级斗争关系问题。

为中国近代史学科树立了一个合理的框架

大年先生在学术上的思考，是把握历史发展的大方向，把一切人和物以及中国与外国的关系，都放在历史发展大方向的前提下来思考、来研究。这样的研究，既是在论证 1949 年后中国历史发展道路的历史前提，也是在为中国近代史学科树立一个合理的框架。

大年先生非常关注史学理论这个学科的建设。20 世纪 80 年代，史学理论研究会差不多每年举办一次学术研讨会。大年先生应邀出席了 1986 年 5 月在安徽歙县举办的历史学理论讨论会，在会上做了发言。他认为，不能把历史唯物主义当作历史学的专门理论，历史唯物主义绝非单讲历史学或历史研究的理论。凡以人类社会生活、社会活动为对象的学术研究、学理探讨，历史唯物主义对它们一概适用。历史唯物主义是一切人文社会科学的指导理论。因此，他主张历史学应该有自己的专门理论。他说："历史学理论研究，其目的，在于使马克思主义的历史唯物主义普遍原理具体化，和用古今中外的广泛事实、经验充实这个普遍原理，回转来，更准确地认识、解释历史和应用于历史科学研究实践。"对于如何推进中国历史学理论建设，他在会上提出了三点建议：第一，制定长远一点的规划或设想，切实办好历史学理论讨论会；第二，重点翻译、介绍一批国外历史学理论著作，准确了解外界；第三，出版一个专门的马克思主义旗帜鲜明的历史学理论刊物。他关于历史学要有自己的专门理论以及推进历史学理论建设的三点主张，得到了与会学者的重视。会后，这三条建议都得到了具体落实。

对历史研究的对象进行了专门研究

在歙县会议前后，大年先生把自己的精力和时间大多放到历史学理论研究上。关于历史研究对象的问题，没有人专门研究过。大年先生大量阅读国内外史学理论著作，根据国内外学者的认识，对以往的说法做了三种概括：第一种，历史研究不存在一定的客观对象；第二种，凡过去的一切事物都是历史研究的对象；第三种，历史上某些事物、领域或某种状况是历史研究的对象。第三种中又包括人事对象说、社会对象说、结构对象说、文化对象说、"综合史观"与"分散史"说、规律对象说、"历史科学的对象不是一成不变"说等。大年先生的研究就是针对这三种观点逐一展开的。

大年先生根据历史唯物主义基本原理，从社会关系及其运动来考察历史研究的对象。历史研究的对象应当是全面、集中体现人创造历史的事物，他认为社会关系和联系就是这样的东西。社会关系集中体现为阶级、阶级相互间的关系，表现出历史上各种现象、事件、人物等的关系和联系。在私有制社会中，历史的中心始终是社会阶级的社会和政治的统治。阶级状况、势力怎样，历史的基本面貌就怎样。

大年先生总结他研究历史研究对象的结论时指出："根据历史唯物主义观点，确认历史研究的对象是社会阶级、阶级斗争以及由此构成的社会关系客观体系及其运动……它找到了历史研究如何成为科学的前提。社会阶级、社会关系体系不但是客观地存在的，它的范围明确，内容主次分明。以前人们有时拿历史唯物主义的一般规律、社会经济的规律来说明历史的运动。它们或者失于宽泛，或者失于狭窄。辨明研究的对象以后，就可以确切去探寻历史运动本身的规律了。"这个研究结论，不同于上面指出的三种说法，明确了历史研究的对象，就是明确了历史研究的方向。这个问题固然还可以继续讨论，但大年先生关于历史对象的研究，在中国史学理论研究中是第一家，对史学理论学科建设是一个大贡献。

继承白寿彝先生为建设中国马克思主义史学筚路蓝缕、殚精竭虑的奋斗精神[*]

——祝贺纪念白寿彝先生诞辰100周年大会的召开

我很高兴有机会出席北京师范大学举办的纪念白寿彝先生诞辰100周年大会。我们今天纪念白先生诞辰100周年是很有意义的。回顾新中国60年的历史学，白寿彝先生作为新中国史学奠基人之一的荣誉，是当之无愧的。白先生担任过中国史学会主席团成员，是中国史学会早期领导人之一。作为晚辈，我在这里代表中国史学会衷心祝贺大会的举办，并向中国史学会早期领导人白寿彝先生致以最崇高的敬意！

为新中国的史学奠基，也就是为中国马克思主义史学奠基。郭沫若、吴玉章、范文澜、吕振羽、翦伯赞、侯外庐、吴晗、陈垣、嵇文甫等前辈卓著功绩，白寿彝先生也在其列。新中国成立初期，这些前辈学者为中国马克思主义史学的建立筚路蓝缕、殚精竭虑，是值得我们后辈景仰和发扬的。

我想从三个方面来说明这一点。

第一，促成了中国史学会的建立。中国史学会是在中华人民共和国成立以前就开始筹备的。郭沫若、吴玉章、范文澜等前辈在其中起了主要的作用，吕振羽、翦伯赞、侯外庐、吴晗、陈垣、嵇文甫、白寿彝等50人是中国新史学研究会筹备会的发起人。1949年7月1日，发起人

---

[*] 本文是在北京师范大学纪念白寿彝先生诞辰100周年大会上的演讲，发表于瞿林东主编《史学理论与史学史学刊》（2009年卷），社会科学文献出版社，2009。后收入《张海鹏自选集》，学习出版社，2012。

出席了在北京饭店举行的筹备会。新史学研究会筹备会作为学术社团推举包括白寿彝在内的多名代表出席了新政协会议,为中华人民共和国的成立出了一臂之力。

1951年7月,中国史学会在北京召开成立大会,白寿彝先生当选为中国史学会第一届理事会理事、常务理事。

1980年1月15日,白寿彝先生出席了中国社会科学院召开的重建中国史学会座谈会。1980年4月在中国史学界第二次代表大会上,白先生当选为中国史学会第二届理事会理事、常务理事、主席团成员。此后,还当选中国史学会第三届、第四届理事会理事。

中国史学会是全国史学工作者的学术团体。新中国成立之初,在团结从旧时代走过来的史学工作者,为建立中国马克思主义史学队伍,推动中国的历史学研究和教学方面起到了重要的作用。白寿彝先生作为中国史学会早期的理事、常务理事、主席团成员,在建立中国马克思主义史学方面功不可没。

第二,在历史学研究和教学事业中,坚持了马克思主义的方向。白先生在1949年前已经读过毛泽东的著作,1949年后,积极学习马克思主义理论,成了一个坚定的马克思主义者,在历史学研究和教学中始终坚持马克思主义方向。

1999年7月在北京师范大学召开的庆祝中国史学会成立50周年座谈会上,白寿彝先生发表了书面讲话。他在讲话中深情回顾了50年前同范文澜同志、郭沫若同志、翦伯赞同志、侯外庐同志等一起筹建新中国史学会的情形。他指出,50年来,除了"文革"期间以外,中国史学会基本上是在马克思主义指导下,在中国共产党的基本路线方针指引下开展工作,史学队伍不断在壮大,为社会主义建设事业发挥着作用。在这次会议上,白寿彝先生还对中国史学界提出了期望。他希望中国史学界:"第一,要继续坚持马克思主义史学的研究方向,多研究些与当代有关的重大历史理论问题。第二,要坚持认真读书,读历史书,读当代人写的书,读马列主义的书。第三,要加强学会之间的联系和团结协作,培育新人,壮大我们的史学队伍,使我们中国史学会真正能够成为推动历史前进的一种动力。"这个书面谈话,是白先生辞世以前留给中国史学界的赠言,也是留给中国史学会的遗言,他谆谆告诫要读马克思主义的书,要坚持马克思主义的方向,要加强团结协作,壮大史学队伍。白先生的这次谈话，值得我们留作座右，时加温习。

第三，白先生是著名的历史学家、教育家和社会活动家。在历史学领域，他终生勤奋，贡献极大。他是我国著名的伊斯兰史和回族史学者，在开创回族史研究方面厥功甚伟。20 世纪 50 年代初，他作为中国史学会主编的《中国近代史资料丛刊》的总编辑委员会成员，主持编辑了丛刊第 4 种《回民起义》，这套书是从事回族史学研究工作必不可少的一部大型史料集。他的伊斯兰史、回族史著作，对于国家正确处理民族事务，起到了重要的参考作用。他参加了二十四史的点校，为祖国历史文化的传承与积累做出了贡献。

白寿彝先生在把马克思主义理论与中国历史学研究相结合方面用力甚勤，他出版的《中国通史纲要》《史学概论》《中国史学史》反映了他在这方面的探索与思考。他在历史研究中，注重研究和思考历史发展的规律，主张按照社会性质对中国历史进行分期，他提出了历史的二重性和历史认识的辩证发展的观点。注重中国历史研究要贯通起来的观点，他关于中国历史是中国境内多民族的历史的观点，以及他对统一多民族国家形成历史的思考，在在都体现出高超的史学智慧和浓厚的爱国主义情怀。他在学术上的努力，推动了回族史学科和史学史学科的建立和发展。

1999 年，在白先生 90 高龄之际，由他担任总主编的《中国通史》12 卷 22 册出版。这套《中国通史》不仅是他一生史学研究的集大成，也是中国历史学特别是中国通史撰述的集大成，是他团结史学界共同奋斗的结果。江泽民总书记致信祝贺，对《中国通史》给予高度评价，认为《中国通史》的出版，是我国史学界的一大喜事，对我们推进今天祖国的建设事业，更好地迈向未来，具有重要的意义，一定会有益于推动全党全社会进一步学习历史的浓厚风气。

以上三点，是我作为晚辈对白先生一生学术事业的概括，可能不免浅薄。白先生那一代前辈历史学家，在他们的时代条件下，完成了他们所应承担的历史任务。他们在开拓、创新和发展中国历史学研究上，付出了心血，筚路蓝缕、殚精竭虑，是我们不能忘记的，是我们应当继承和发扬的。中国年轻一代史学工作者，要继承前辈史学家的学风和思想，在新的历史条件下，为发展和繁荣中国历史学研究和教学事业，为中国特色社会主义文化事业，做出自己的努力！

何兹全先生的史学创新与学术贡献[*]

幸逢何兹老百岁华诞，北京师范大学举办祝贺何兹老百岁华诞暨何兹老著作八卷本《中国古代社会与政治》首发，本人获邀与会，非常荣幸。我谨代表中国史学会，代表中国社会科学院从事史学研究的晚辈们，向何兹老表达由衷的敬意，祝百岁人瑞更加康健，祝何兹老天年颐养，诸事顺遂，身心愉悦！

何兹老是我们的前辈。我个人仰望项背，久而久之。您从事史学著述已超过70年，从事教学事业超过60年。这样的资历，在中国，在外国，多乎哉？不多也！您的著述，独步史坛，独树一帜，影响广被海内外，有这样成就的历史学者，多乎哉？不多也！

1993年，中国社会科学院召开纪念范老文澜诞辰100周年座谈会，2003年，中国社会科学院召开纪念范老文澜诞辰110周年座谈会，何兹老以83岁、93岁高龄应邀出席，并发表纪念感言，令人感动、令人钦佩！

祝贺何兹老百岁华诞，晚辈个人有几点感想，提出来，敬请何兹老，也敬请在座诸位赐教！

第一，何兹老在历史学学术岗位做教学和研究工作，一辈子坐冷板凳，不求名，不求利。1949年前，何先生不是没有做官的可能，却选择了书生的路。何兹老在北京师范大学历史系工作60年，除曾担任历史系副主任，协助白寿彝先生工作外，一生未曾担任校系职务，后来虽

---

[*] 本文是2010年9月12日在北京师范大学举办祝贺何兹全教授百岁华诞暨八卷本《中国古代社会与政治》首发仪式上的致辞，何兹全先生出席了这次会议。原载于《中国社会科学报》2010年12月3日，第17版，"学林"。后收入《张海鹏自选集》，学习出版社，2012。

有魏晋南北朝史研究所所长之衔，也纯粹是学术职务。何兹老一辈子只是一个读书做学问的书生，只知道精进学术，从不与人做名利之争，遇事坦然，淡泊名利，等富贵如浮云。高风亮节，令人敬佩！

第二，何兹老从事历史学研究，一辈子在史学创新上开拓。何兹老研究中国古代社会史，研究秦汉史、三国史，研究汉唐佛教寺院经济，研究魏晋南北朝兵制史，每有文出，必有新见，道人之所未道。创新是科学研究的灵魂，创新是科学前进的动力。何兹老一生的学问事业，贯穿了创新二字。何兹老在史学领域的创新之见，早为历史学界所认同。这是值得史学晚辈们永远学习、永远追随的。

第三，何兹老在史学研究中，一辈子学习马克思主义，以唯物史观为研究的指导。何兹老在中学时代就接触马克思主义的书籍，大学以后攻读马克思主义经典著作，用力甚勤，用心甚苦。他把马克思主义的唯物史观融会贯通在自己读书生活中，运用在自己研究历史的过程中。在20世纪30年代中国社会史大论战中，何兹老已能娴熟地应用唯物史观，分析史料，鉴别异说，创立新说。直至20世纪末，何兹老每有新书，无不使人感受到马克思主义的理论感召力和学术上的说服力。

众所周知，何兹老是中国历史学界"魏晋封建说"的首倡者和始终坚持者。中国封建社会从何时开始？中国历史学界有范文澜的"西周封建说"和郭沫若的"春秋战国之交封建说"，也有何兹老的"魏晋封建说"。所谓中国封建社会从何时开始，完全是中国马克思主义者的学术语言。非马克思主义者、反马克思主义者一般不采用这样的学术概念。马克思、恩格斯提出了社会形态学说，认为人类社会历史经历了由低级的社会形态向高级的社会形态发展演变的过程。有什么样的生产方式，有什么样的所有制，就有什么样的社会形态。封建社会只是诸种社会形态由低级向高级演变过程中的一个过渡形态。在马克思主义唯物史观传入中国的时候，一些反对马克思主义的人声称中国历史几千年周而复始，不存在什么奴隶社会，也不存在什么封建社会。中国的马克思主义者在历史研究中，运用马克思主义的解剖刀，解析中国历史脉络，提出了中国历史上出现过奴隶社会、封建社会的论点，在时代的大潮中与反马克思主义者起而辩驳。但是，中国马克思主义者在研究中出现了分歧，中国究竟什么时候出现奴隶社会，什么时候出现封建社会，因个人掌握史料不同，识见有异，人言言殊。这是马克思主义者之间正常的学术争鸣。这个争鸣过程是马克思主义与中国历史实际相结合的过程，是马克思主义与中国社会现实相结合的过程，是马克思主义走向中国化、大众化的过程。

无论是"西周封建说""春秋战国之交封建说"，还是"魏晋封建说"，应该都是中国历史学中的假说，都是可以用真凭实据开展争鸣的。如果能够形成一致的意见，当然更好，如果不能形成一致的意见，就不必下结论，更不必下政治性的结论，应该继续争鸣，各自完善自己的假说，以推进历史认识的前进。

何兹老在接受马克思主义以后，在自己的研究实践中，始终自觉地坚持辩证的、唯物的历史观和方法论。20世纪30年代不论发表《魏晋时期庄园经济的雏形》《中古时代之中国佛教寺院》，还是研究魏晋南北朝时期的"世兵制"，抑或20世纪80年代的"中国佛教寺院经济"研究课题，都是在研究那一时代的社会经济变化，探讨那一时代中国社会性质问题，是在思考中国古代社会历史发展的道路，探索中国历史发展规律。甚至在研究中国思想文化问题的时候，何兹老也是立足于社会经济史的角度，辨识思想文化现象的。我们要观察一个马克思主义的历史学家如何用唯物史观处理各种历史材料，阐释中国历史发展方向，何兹老是一个最好的典型。

第四，何兹老在20世纪60—70年代学术环境不正常的时候，因为坚持"魏晋封建说"，被说成"食货余孽"，身受坎坷，却不发怨言，热爱祖国之心不变，热爱人民之心不变，追求中国共产党之心不变，坚持学术志向不变，志节高尚。这是极为难得的。何兹老不仅是"爱国一书生"，而且是中国共产党的优秀党员。

关于"食货余孽"，我在这里借机会为何兹老辩诬。何兹老是《食货》杂志的撰稿人，是陶希圣的学生，这是事实，却绝不能因此把何兹老打成"食货余孽"。要辨识这一点，首先要看文章的观点，如果是符合马克思主义精神，又有史料支撑，即便是在《食货》发表，也是好文章。其次，要辨识何兹老与陶希圣的差异。陶希圣虽然也曾经信奉唯物史观，但在抗战关头，投奔了汪伪政权，亲近陶希圣的人也纷纷跟随，只有何兹老一人坚持留在重庆，认为"离开重庆这个基础，只有投降，没有和平"。这个一走一留，真乃天渊之别。再次，何兹老在美国留学，获得了工作，有了优厚的生活条件，却在新中国成立的第二年即

1950 年毅然回到祖国，热情投入为新中国培养建设人才的工作。这充分说明，何兹老绝不是"食货余孽"，而是一个有爱国心、有理想、有抱负、有事业心的新型知识分子，是一个信仰唯物史观、一生献身学术事业且学术成就杰出的马克思主义历史学家。

以上四点是晚辈学习、了解何兹老一生经历后，做出的一点简略概括，敬献给何兹老，请何兹老笑纳，并以此与各位老师、同学共勉。这四点，是值得晚辈们终身学习、终身效仿的。何兹老是做人的楷模，是做老师的楷模，是做历史学家的楷模！

八
论中华人民共和国成立

中华人民共和国成立的
伟大历史意义[*]

今年 10 月 1 日，是中华人民共和国成立 60 周年纪念日。这是一个十分值得庆祝的日子。中华人民共和国的成立是中国历史上的伟大事件，也是世界历史上的伟大事件。正是这个伟大事件，改变了中国历史发展的方向，也深刻影响了世界历史发展的进程。

近代中国：列强侵略下的半殖民地半封建社会

为了说明中华人民共和国成立的伟大历史意义，我们首先回顾一下 60 年前的中国和世界。

中国是世界上历史最悠久的文明古国之一，仅封建社会就经历了两千多年。到 1840 年，英国发动侵华的鸦片战争，中国进入了近代。从 1840 年至 1949 年的 109 年，是中国社会有史以来变化最剧烈的时期，是中国落后挨打并逐步走向半殖民地半封建社会的时期，是中国人民在民族危亡面前不断觉醒，为了国家独立、民主和现代化而奋起反抗帝国

---

[*] 本文是应《人民日报》理论部邀请为纪念中华人民共和国成立 60 周年而作，原载于《人民日报》2009 年 9 月 1 日，第 7 版，署名中国史学会（张海鹏执笔）。中宣部党建杂志社《学习活页文选》2009 年第 27 期（总第 313 期）转载；《马克思主义理论研究和建设工程参考资料》第 459 期转载；中国社会科学院《学习与参考》2009 年第 20 期转载。后收入中共中央宣传部学习杂志社编《思考中国：〈学习活页文选〉选编》，红旗出版社，2010。

主义侵略和封建统治的时期，是中国由旧民主主义革命转向新民主主义革命的时期，是旧中国走向新中国的关键时期。

1842年8月，清政府在鸦片战争中失败，被迫签订了不平等的《南京条约》。从此，中国被套上不平等条约体系的枷锁。那时候，西方资本主义正处于上升期，急于在世界各地寻找殖民地并开拓世界市场，促使自由资本主义发展为帝国主义，并为此不惜在20世纪上半叶发动了两次世界大战。中国因为长期固守封建制度，特别是明末清初实行海禁政策，封闭了国人的眼界，郑和下西洋那样壮丽的情景不能再现。清初虽然出现过康乾盛世局面，但依然是在封建社会的基本政治经济制度上的发展，比起资本主义取得的生产力进步，中国总体上是大大落后了。这就使中国在突然面对西方势力来侵的时候，处在被动挨打的地位。世界上发展中的资本主义国家纷至沓来，都想从中国身上瓜分一块肥肉。尤其是甲午战争后，欧美列强看见东方刚刚崛起的小国日本打败了中国，便认为这个东方巨人已经躺在"死亡之榻"上，瓜分这个巨人"遗产"的时机已经到来，纷纷在中国抢占租借地，划分势力范围，攫取各种政治、经济利益。清廷名义上保持着独立的地位，但中国实际上濒临被瓜分的状态。在近代中国历史上，中国首都三次被外国武装势力占领。第一次是在1860年10月，英法联军占领北京，朝廷"北狩"热河，被迫签订《北京条约》；壮丽无比、举世无双的皇家园林圆明园被侵略者焚之一炬。第二次是在1900年8月，八国联军占领北京，朝廷仓皇逃亡西安，被迫签订《辛丑条约》；八国军人分治中国京师，为了侮辱中国，他们在紫禁城举行分列式，武装通过皇宫。第三次是在1937年12月，日本侵略军占领中国首都南京，实行惨绝人寰的大屠杀，酿成历史上极为少见的人间惨剧，中国的首都被迫迁至重庆；此后，日本帝国主义的铁蹄踏遍了华北、华东、华中、华南大半个中国的领土。

近代资本—帝国主义迫使弱小国家签订不平等条约，是资本主义体系中最恶劣的国际关系准则。中国作为一个封建大国，面对西方资本主义体系先进的生产关系和生产力，却是一个落后的弱小国家。近代中国被迫同列强签订一系列不平等条约，是导致中国沦为半殖民地半封建社会的重要因素之一。这个不平等条约体系，内容涉及许多方面：第一，极大地破坏了中国的领土主权完整，包括领土割让，出让领土管制权、租借地和租界、引水权、军舰驻泊权、内河航行权、驻军权；第二，单方面开放通商口岸；第三，破坏了中国的关税自主权；第四，破坏了中国司法主权的完整；第五，规定片面最惠国待遇，其他任何国家都可以使用这一规定，从中国索取利益；第六，规定鸦片自由贸易；第七，规定自由传教；第八，涉及大量对外赔款。列强对中国的侵略战争，侵犯了中国领土，破坏了中国主权，屠杀中国军民，掠夺中国财产，给中国造成了极大的损害。在这些战争中，列强是加害的一方，中国是受害的一方，中国理应向他们索取赔偿，但战争结果是列强迫使中国付出昂贵的赔偿代价。对外赔款是近代中国的一项沉重负担。除战争赔款以外，还有教案赔款等其他名目的赔款。粗略统计，晚清时期（1841—1911）实际赔款总额达到9.65亿两白银，民国时期（1912—1949）为6000多万元。赔款情况实际还要复杂许多。为了赔款，中国向西方银行大量借款，损失大量利息、回扣以及其他权益。

在不平等条约体系下，中国的独立、主权已经降到不可能再低的程度了！中国人受到了严重的盘剥和压抑。这就是半殖民地半封建社会的中国。

走社会主义道路是近代中国历史发展的必然结果

作为一个历史悠久的国家，中国与周边国家、西方国家的关系经历了长久的年代。鸦片战争以前，以中国为中心，形成了东方式的国际关系体系。在这种体系下，中国不大关心西方世界的发展。西方资本主义的发展以及殖民主义扩张，通过鸦片战争把中国与世界紧密地联系在一起。西方式的国际关系体系以大炮为前锋，把贸易和殖民体系迅速推向东方，使以道德和尊严相维系的东方式国际关系体系很快败下阵来。中国在屈辱、赔款、割让土地和主权被侵蚀的恶劣国际关系环境中苦苦挣扎。到了20世纪初，即《辛丑条约》签订以后，无论从国际关系的角度说，还是从国内历史进程的角度说，中国国势的沉沦都到了"谷底"。

在失败和屈辱中，中国的先进分子在思考并且开始觉醒。一批早期改良派思想家对洋务运动颇多批评。他们批评洋务派只知"师夷长技"，徒袭西艺之皮毛，未得西艺之要领。于是，康有为、梁启超在光绪皇帝支持下，发动戊戌变法。百日之内，政治、经济、军事、法律、学校教育诸方面的诏谕，像雪片一样地飞来，看似轰轰烈烈、大有作为的样子。但政变随之而来，光绪被囚，康梁逃亡，六君子喋血菜市口。华北农民的反帝爱国行动也失败在血泊中。这样顽固的封建专制统治，岂能领导国家的改革和进步？

孙中山是20世纪初深刻揭示中国社会发展方向的杰出革命家。在艰难的探索中，他鲜明地提出民族、民权、民生三大主张，开创了完全意义上的中国近代民族民主革命。辛亥革命获得成功，摧毁了在中国沿袭两千多年的封建帝制，建立了按照资产阶级民主政治理念设计的新的国家形式。但是，辛亥革命后，国家政权为袁世凯和北洋军阀所掌握，军阀争战，国无宁日，民不聊生，国家的独立和民主富强仍旧没有希望。

五四时期，先进知识分子毅然举起民主与科学的旗帜，从思想、道德和文化方面对封建主义进行深刻的批判，从而揭开了思想启蒙的序幕。一些人对资本主义社会产生怀疑，提出了改造中国社会的方案。俄国十月革命对他们产生了重要影响，他们看到劳动者第一次成为国家的主人，认为这是"社会主义的胜利"，"世界劳工阶级的胜利，是二十世纪新潮流的胜利"。这种主张影响了新文化运动方向，成为影响五四运动发展方向的力量。五四时期，马克思主义在中国的广泛传播以及中国内忧外患的加剧，促使先进的知识分子聚集在马克思主义的旗帜下。1921年中国共产党成立并成为中国革命运动的领导者，正是适应了历史的需要。

20世纪20年代，在中国共产党帮助下，中国国民党召开第一次全国代表大会，形成了第一次国共合作，并取得了打败北洋军阀的胜利。但此后蒋介石垄断了国民革命的领导权，背叛国共合作，造成合作破裂、国共内战的局面。1937年，由于日本帝国主义发动全面侵略中国的战争，中国共产党与中国国民党在空前的民族危机面前再次携手合作，动员全国人民共同抗击日本侵略，并最终取得了抗日战争的胜利。抗日战争胜利后，蒋介石坚持国民党独裁统治，导致了国共合作的破裂。在这个过程中，以毛泽东同志为代表的中国共产党人把马克思列宁主义同中国革命实际相结合，创立了毛泽东思想，形成了新民主主义革命理论以及在这一理论指导下反帝反封建的战略和策略，提出了引导中国革命走向胜利的正确方针，指明了中国必须先经过新民主主义再进入社会主义的发展道路，为新中国的建立奠定了深厚的政治和思想基础。

新中国要走社会主义道路，是近代中国历史发展的必然结果。

五四运动以后特别是国共合作以后，是把资本主义作为国家发展的方向，还是把社会主义作为国家发展的方向，是许多人特别是知识界思考的问题，也是思考中国社会发展方向的政党需要严肃考虑的问题。在各种救国方案中，三民主义和社会主义的影响最大。这两种思潮或者主义的传播和实施，都影响了中国社会的发展方向。在近代中国，哪种政治势力能够领导人民赢得民主主义革命的胜利，哪种政治势力就取得了引导中国走何种道路的主导权。

三民主义是孙中山在20世纪初的国际国内情势下提出来的政治思想主张，是中国资产阶级民主主义革命的基本纲领。这一主张或者纲领在1924年中国国民党第一次全国代表大会上经过孙中山的重新阐述，反映了当时国共合作反对北洋军阀的要求。反映孙中山社会改造思想的是三民主义中的民生主义思想。1925年初孙中山去世后，随着中国国民党的分裂，三民主义思想被国民党内持不同政治主张的野心家所篡改。篡改后的"三民主义"违背了孙中山"联俄、联共、扶助农工"的政策，反对马克思主义，反对社会主义学说，反对并屠杀共产党，镇压工农运动。国民党、蒋介石脱离人民大众的利益，违背近代中国历史前进的方向，终于在决定中国历史命运的大决战中彻底败北。三民主义不能救中国，就在这样的大决战中被证实了。能够救中国的只能是新民主主义理论。毛泽东同志指出："只有经过民主主义，才能到达社会主义，这是马克思主义的天经地义。""民主主义革命是社会主义革命的必要准备，社会主义革命是民主主义革命的必然趋势。"民主主义社会是过渡性的社会，它的前途必定是社会主义社会。这就是说，新民主主义理论明确规定了中国的社会主义发展方向。中国走社会主义道路，是历史的选择，是人民大众的选择，这个选择经过了严酷的历史实践的检验。

1949年10月1日中华人民共和国成立，标志着近代中国反帝反封建斗争的最后胜利，是从旧民主主义革命到新民主主义革命各阶段经验教训的总积累。这是100多年间中国历史的一个具有伟大意义的里程碑，是中华五千年历史中的一个伟大里程碑。它结束了鸦片战争以来的半殖民地半封建社会，结束了两千多年封建专制制度的历史，中止了中国可能走向资本主义世界体系的发展趋势，结束了极少数压迫者、剥削者统治广大劳动人民的历史，结束了国家四分五裂、征战不已、人民生活贫困、生灵涂炭的局面。中国人民第一次看到一个独立、统一、人民当家做主的新中国屹立于世界。

开启了中华民族复兴的历史新纪元

新中国的成立，实现了国家的空前统一，这在旧中国是不可想象的。

1949年10月，诞生了中国历史上一个空前统一的人民共和国。

中国的地理版图在清朝中叶基本上确定了。鸦片战争以后经过多次战败对外割让土地，大体上形成了中华人民共和国成立时的国土面积。新中国在这个版图上形成了省、自治区、直辖市这样一种行政体制。省区市以上是中央人民政府（1954年宪法规定"中华人民共和国国务院，即中央人民政府"）。这样的行政体制，大大加强了国家的统一性和提高了行政效率。1949年以前的近代中国是一个分散而虚弱的国家。分散被人称为"一盘散沙"，虚弱的另一称呼是"东亚病夫"。从晚清到民国，国家的行政体制始终未能一致，指臂不灵，尾大不掉，中央政府始终不能有效地号令全国。新疆在1884年建省，台湾在1885年建省，东北三省在1907年才建省，内蒙古的绥远、察哈尔等地，宁夏、青海等地，很晚才建省，西藏还分前藏、后藏，以地方之名称呼。边远地区不少地方还是土司掌管，改土归流远未完成。有些地方甚至实行奴隶制度，康藏地区还是政教合一的封建农奴制度。从湘军、淮军到北洋六军，各占地盘，完全没有大局观念。地方军阀，各拥武装。国民党政府时期，桂系、滇系、川系、晋系、西北五马等，各掌门户，分裂分散，征战不已，生灵涂炭。国民党政府何时真正统一过全国？新中国一改旧观，全国行政区划归于统一。各民族一律平等，实行民族区域自治制度，各民族间的关系逐渐走向和谐。稳定物价，镇压反革命破坏活动，消灭土匪黑道，清理整治妓女，全国社会秩序迅速归于平静，人民生活在安定祥和之中。这不仅是近代中国不曾有的，也是几千年的历史上不曾真正出现过的。

台湾自古以来就是中国领土的一部分。依照国际法和国内法，中华人民共和国对台湾享有主权，是无可争议的。所谓"台湾地位未定论"是完全没有根据的，是一种帝国主义霸权理论。中华人民共和国的治权目前尚未到达台湾，是1949年国内战争的遗留问题。从理论上讲，内战尚未结束。内战一旦结束，治权问题应该能得到合理解决。这也就是今天海峡两岸关系中的本质问题。我们今天要用"和平统一、一国两制"的办法解决台湾问题，不是解决主权问题，而是解决治权问题。

1997年7月1日香港从英国管辖下回归祖国怀抱，1999年12月20日澳门从葡萄牙管辖下回归祖国怀抱，洗去了近代以来不平等条约加诸中国最后的耻辱。金瓯完璧，领土主权的完整实现了。这在旧中国是不能解决的，甚至是不可想象的。

新中国的成立，奠定了社会主义的经济基础，对中华民族的复兴事业具有长远意义。

鸦片战争以后，中国逐步沦为半殖民地半封建社会，原有的经济结构被打破，中国社会在地主制和农民小生产经济的汪洋大海中产生了资本主义经济。在华外国资本主义经济、中国官僚资本主义经济和民族资本主义经济，是那时中国资本主义经济的主要形式。民族资本主义经济受到外国资本主义和本国官僚统治的严重制约，得不到顺利发展。帝国主义还控制了中国的对外贸易和国内贸易，垄断了中国的金融。1928年，外商垄断组织的贸易占中国对外贸易额的90%，外商在中国的航运吨位占全国的77.7%。在工矿业中，1926年外国人在中国煤矿业的投资额占中外投资额的72%。1937年后，日本全面入侵中国，其他帝国主义国家纷纷撤出。日本为了"以战养战"，在华投资额骤增，加紧了对中国各行业的控制和掠夺。总之，帝国主义对中国的经济侵略严重阻碍了中国民族资本主义的发展，阻碍了中国的社会进步。

官僚资本是指国民党统治时期利用政治特权积累巨大财富者。官僚资本是半殖民地半封建社会形态下特有的经济成分，它对外勾结帝国主义，对内勾结封建势力，依靠国际金融垄断资本，排挤民族资本，操纵国家经济命脉，构成独裁统治的经济基础。官僚资本控制了全国银行总数的70%，产业资本的80%，控制了全部铁路、公路和航空运输。

没收封建地主阶级的土地归农民所有，没收官僚资本归国家所有，保护民族工商业，是新民主主义的三大经济纲领。中央人民政府甫一成立，立即实施没收官僚资本为人民的国家所有，1949 年底基本完成。对于在华的 1300 多家外国资本企业，没有采取直接没收的政策，而是首先废除了外国资本企业依据不平等条约所享有的经济特权，然后通过监督和管制、收购、征购等办法，妥善处理外国在华企业。到 1952 年底，基本上清理了帝国主义在华的经济势力。新中国在这个基础上建立起强大的国营经济。国营经济是整个国民经济的领导力量，它形成了人民共和国的物质基础，成为走向社会主义社会的经济基础。为了发展经济，新生的人民共和国并未没收其他资本主义的私有财产，并未禁止"不能操纵国民生计"的资本主义生产的发展。

完成土地改革，是新中国成立之初的一项重大社会改革成就。1950 年中央人民政府颁布的《中华人民共和国土地改革法》指出："废除地主阶级封建剥削的土地所有制，实行农民的土地所有制，借以解放农村生产力，发展农业生产，为新中国的工业化开辟道路。"地主土地所有制，是封建社会的经济基础。不破除地主土地所有制，不实行"耕者有其田"，民主革命的任务就不能完成，民主革命的下一步任务——实现社会主义就难以达成。到 1952 年底，全国新解放区的土地改革基本完成。这是民主革命取得最后胜利的重要标志。土地改革的完成，使农民成为新生的人民共和国的基本支持力量，也为农民走上社会主义道路做了很好的铺垫。

新中国的成立，开启了中国现代化的新契机。我们看到，从 1840 年到 1949 年，中国的现代化屡遭挫折失败，屡次失去发展机遇。现代工业只是星星点点地分布在若干城市，工业产值只占国民经济总产值很小的比例，中国仍然是一个传统的农业国家。中国真正走上现代化的发展道路，并且改变中国传统农业国家的地位，是在 1949 年新中国成立之后。历史已经证明，中国现代化的历史进程，是在 1949 年以后大规模开启的。1978 年以后，中国现代化的进程进一步加快了步伐。

新中国的成立，确立了我国的基本政治制度，使中国历史迈入长治久安的时期，使中华民族复兴有了可靠政治保证。

在近代中国，政治制度经历了一个变化的过程。清朝末年，在国内外的情势压迫下，清廷曾派五大臣出洋考察政治，最终形成了试行君主立宪制的基本想法。但在慈禧太后专制下，除了增加几个部以外，不准动摇封建制度的根基。慈禧和光绪死后，清朝产生了皇族内阁，内阁成员多由皇族成员充任。孙中山领导的辛亥革命，成功地推翻了封建专制的政治制度，希望走上资产阶级民主共和政治道路。但是，辛亥革命的胜利成果被袁世凯攫取。民国初年，在民国的招牌下，也曾试行政党政治、议会制，但最后都失败了。从此，老百姓对政党政治、议会道路完全失望了。国民党政府在南京建立后，最后实际上维持了"训政"，维持了蒋介石的独裁统治。

中国共产党一向追求在中国建立民主政治，反对封建专制制度，反对法西斯专政的政治制度。在江西苏区建立苏维埃共和国试行人民代表大会的民主制度，在陕甘宁边区实行各革命阶级联合的抗日民族统一战线的政治制度，开始摸索能够体现绝大多数人民意愿的民主制度。

半殖民地半封建的中国转变为无产阶级领导的人民共和国，应该实行什么样的政治制度？中国共产党在抗日战争期间就提出了自己的主张。毛泽东同志在《新民主主义论》中指出：在无产阶级领导下的一切反帝反封建的人们联合专政的民主共和国，这就是新民主主义的共和国。在这种国体下的政权构成形式，就是全国人民代表大会直到乡人民代表大会的系统，由各级人民代表大会选举政府。1945年4月，在抗日战争即将取得全面胜利、决定中国未来命运的时刻，中国共产党召开了第七次全国代表大会，毛泽东同志在为大会所做的《论联合政府》中阐述了中国共产党的建国主张。他指出："我们主张在彻底地打败日本侵略者之后，建立一个以全国绝对多数人民为基础而在工人阶级领导之下的统一战线的民主联盟的国家制度。"至于政权组织，则由各级人民代表大会决定大政方针，选举政府，"使各级人民代表大会有高度的权力；又能集中处理国事，使各级政府能集中地处理被各级人民代表大会所委托的一切事务，并保障人民的一切必要的民主活动"。

1949年9月中国人民政治协商会议通过的《共同纲领》表明，参加政协会议的各革命阶级和党派接受了中国共产党提出的建国方针。中国人民政治协商会议一致同意以新民主主义即人民民主主义为中华人民共和国建国的政治基础。这就是毛泽东同志在《新民主主义论》中所说的"国体"。至于政体，即指政权机关。《共同纲领》规定："中华人民共和国的国家政权属于人民。人民行使国家政权的机关为各级人民代表大会和各级人民政府。"中国人民政治协商会议具有代表全国人民的性质，执行全国人民代表大会的职权。会议的决议代表了全国人民的意志。1954年召开了第一届全国人民代表大会，正式通过了《中华人民共和国宪法》，选举了中央政府即国务院，任命了国务院组成人员，依法完成了《共同纲领》提出的政权机关的组成。1954年宪法奠定了中华人民共和国政治制度的基础。这部宪法在1978年后经过全国人民代表大会多次讨论修订，但这个政治制度的基础被反复申明和强调。国家的权力运行模式经过多次改革并且至今还在改革中，但是最基本、最核心的东西并未动摇。在旧中国毫无政治地位的广大工农大众，第一次成为国家的主人，他们的代表加入了各级政权机关，也成为各级人民代表构成中的主要成分。在政治制度的设计中，人民第一次成为国家的主人，这在中国历史上是没有先例的。

新中国的国家权力构成和政权组成模式，是中国历史以来最能反映民意的模式，最民主的模式，最能集中绝大多数人民意志的模式。这个模式，无论在封建社会还是半殖民地半封建社会都是不可能出现的。从此，中国的历史进入了一个新时代。

新中国的成立，空前地提高了中国的国际地位，这在以前的近代中国历史上是不可能实现的。

新中国成立之前，中国处于半殖民地半封建社会，主权少到不能再少，根本谈不上国际地位。全民族抗战取得胜利，中国对世界反法西斯战争做出了贡献，战后成为联合国安理会五个常任理事国之一。但是，那时的中国还是在帝国主义的东方链条上，美帝国主义还在通过条约控制着中国，还在直接干涉中国内政，支持国民党打内战。中国仍然是一个没有实力支撑的弱国，不但在战后处理欧洲问题时没有发言权，甚至中国的内政还被提到联合国的会议上加以讨论。新中国的成立结束了半殖民地半封建社会，也就是摆脱了世界资本主义体系，冲破了帝国主义的东方战线，大大改变了世界的政治地图，鼓舞并支持了全世界被压迫民族和被压迫人民争取解放的斗争，具有伟大的国际意义。

新中国有明确的外交政策："不承认国民党时代的任何外国外交机关和外交人员的合法地位，不承认国民党时代的一切卖国条约的继续存在，取消一切帝国主义在中国开办的宣传机关，立即统制对外贸易，改革海关制度"，收回驻军权和内河航行权。这一外交政策，清楚地体现了一个负责任的独立的主权国家的本质特点。只要同意上述外交政策，按照平等、互利及互相尊重领土主权等原则，新中国可以与任何国家建立正常的外交关系。对于与资本主义各国建立外交关系，要求"各国无条件承认中国，废除旧约，重订新约"，这就叫作"另起炉灶""打扫干净屋子再请客"。在这个原则之下，到 1950 年 10 月，就有 25 个国家承认中华人民共和国，有 17 个国家与中国建立了正式的外交关系。通过有步骤地彻底清除帝国主义在中国的控制权，包括政治上、经济上、文化上的控制权，中国人、中国这个国家就在世界面前站起来了！中国作为一个独立的主权国家的国际地位就确定了。这是整个中国近代史时期所有志士仁人梦寐以求的，"是一百多年来旧中国的政府所没有做到的"。

新中国国际地位的提高，还表现在新中国成立之初的抗美援朝战争。美国是超级大国，率领部分国家组成"联合国军"侵略朝鲜，战火燃烧到鸭绿江边，威胁中国的安全。为了保家卫国，中国人民志愿军赴朝与朝鲜人民军一起坚决抵抗了以美国为首的"联合国军"的侵略。新中国成立不到一年，百废待举，百业待兴，经济十分落后，仍然不在强权面前低头，终于把美国逼到谈判桌前。一个落后的国家与世界强权国家相抗衡，全世界都另眼相看。这在近代中国是绝对做不到的。

新中国的成立，是"第二次世界大战以后最重大的政治事件，对国际局势和世界人民斗争的发展具有深刻的久远的影响"。新中国刚一成立，就通知联合国秘书长，不承认国民党政府派驻联合国的外交代表，并出席日内瓦会议、万隆会议，提出中国的主张，发出独立主权国家的声音。此后，中国在国际社会一贯强调独立自主和平外交，强调和平共处五项原则，强调国家不论大小一律平等，反对帝国主义霸权政治，主张多极政治，主张发达国家要支持发展中国家发展经济，主张对话、反对战争，等等。这些都充分展示了新中国的国际关系理念，对构建和谐国际关系起到了重要的促进作用。

新中国成立后，经过 60 年的发展特别是最近 30 多年的发展，中国发生了巨大变化，经济、政治、文化、社会等各项事业取得巨大进步。当然，我们不能骄傲。毛泽东同志在 1949 年党的七届二中全会上说："夺取全国胜利，这只是万里长征走完了第一步。如果这一步也值得骄傲，那是比较渺小的，更值得骄傲的还在后头。在过了几十年之后来看中国人民民主革命的胜利,就会使人们感觉那好像只是一出长剧的一个短小的序幕。"在60年之后回顾中华人民共和国成立的伟大历史意义,回顾新中国的缔造者毛泽东同志当年的预言,是何等亲切,何等振奋!

  胡锦涛同志在党的十七大报告中指出:"我们要永远铭记,改革开放伟大事业,是在以毛泽东同志为核心的党的第一代中央领导集体创立毛泽东思想,带领全党全国各族人民建立新中国、取得社会主义革命和建设伟大成就以及艰辛探索社会主义建设规律取得宝贵经验的基础上进行的。新民主主义革命的胜利,社会主义基本制度的建立,为当代中国一切发展进步奠定了根本政治前提和制度基础。"在探讨中华人民共和国成立的伟大历史意义的时候,我们更加体会到这段话的深刻含义和巨大分量!

为中华民族走向复兴点赞[*]

——庆祝中华人民共和国成立 65 周年

1949 年 10 月 1 日,毛泽东同志在天安门城楼上宣布中华人民共和国中央人民政府成立。中华人民共和国的成立,是一个令无数中国人极为兴奋的翻天覆地的大事件。经过 65 年沧桑巨变,人们看得更加清楚,中华人民共和国的成立开启了实现中华民族伟大复兴中国梦的新征程,是一个永远值得中国人庆祝和纪念的大事件。

近代中国:为中华民族伟大复兴而艰辛奋斗

回首 1840 年以来的中国近代历史,我们对中华儿女为实现中华民族伟大复兴中国梦而进行的艰苦卓绝的奋斗感慨万千。

1840 年,资本主义强国英国借口通商,使用鸦片和大炮把一场侵略战争强加于中国头上。清朝的中国,度过了康雍乾时期后,封建王朝体制走上了下坡路,闭关锁国、自居天下、武备不兴,对欧洲史无前例的工业革命和资本主义生产方式大发展毫无察觉,也完全没有准备与外国打仗。在这场"不期而遇"的鸦片战争中,清王朝被逼签下城下之盟。此后,欧美列强一再前来试剑,清王朝一再被逼签订不平等条约,中国逐步从封建社会变成了半殖民地半封建社会。中国的沉沦在八国联

---

[*] 本文应《人民日报》约请而作,署名中国社会科学院中国特色社会主义理论体系研究中心。原载于《人民日报》2014 年 9 月 29 日,第 7 版。

军侵略前后到了谷底。

今年是甲午战争120周年，又是第一次世界大战爆发100周年。今年还是日本侵略者发动卢沟桥事变77周年，又是1944年日本发动侵略中国最疯狂的战役——豫湘桂战役70周年，明年就是世界反法西斯战争和中国人民抗日战争胜利70周年。回顾这几个历史节点，看看中华民族在历史前进的道路上是如何艰辛，为实现中华民族伟大复兴的奋斗是如何不易，可以给今天的人们敲响警钟。

中国在甲午战争中失败，是一个惨痛的历史教训。此前，中国是败于欧美列强，甲午战争则是败于后起的资本主义国家东邻日本。从中国自身来总结，我们只能得出这样一个结论：中国当时无论在生产力发展上还是在政治制度上，确实落后了。落后就国力不强，不可能搞好国防建设、扎好国家篱笆、做好战争准备。面对外来侵略，中国只能左遮右挡、穷于应付，最后不得不以割地赔款来息事宁人，甚至面对列强瓜分、面对列强在紫禁城大门口驻军，也无可奈何。

甲午战争失败给中国世纪性的打击，也促使中国世纪性的觉醒。1894年11月，正是平壤战败和黄海海战战败后，中国革命的先行者孙中山在美国夏威夷成立兴中会，提出推翻清朝的主张，在中国近代史上第一次发出了"振兴中华"的号召。康有为领导的戊戌维新也从反对签订《马关条约》开始。严复在天津的报纸上发表《救亡决论》文章，第一次发出"救亡"呐喊。从此，"救亡"成为所有爱国者的口号。革命和维新两股力量成为甲午战争以后推动中国变革的主要力量。这可以说是中国旧民主主义革命的真正开端，也是中华民族复兴愿望的最早呐喊。

中华民族的世纪性觉醒还表现在开始有意识地向西方学习。甲午战争以前，中国人对东邻日本是瞧不起的。但由于甲午战败的刺激，1896年，第一批13名留学生去了日本。1905年日本战胜俄国，中国知识分子深感意外，这一年涌到日本的中国留学生一下子达到8000—10000人。这些年轻的留学生放下身段，要去看看日本是怎样自强的，日本是怎样学习西方的，中国可以从中学到些什么。马克思主义理论最初也是留日学生带回中国的。在学习中，中国的先进分子开始形成复兴中华民族的强烈愿望。在这种强烈愿望推动下，辛亥革命爆发了，清王朝的统治被推翻了，中华民国建立了。

1914年第一次世界大战爆发的时候，中国正处于北洋军阀统治的民国初期。日本乘甲午战胜和八国联军之役，再次掀起侵略中国的高潮。1915年1月，日本提出全面控制中国的"二十一条"，迫使袁世凯政府签订所谓"民四条约"。同时，又借口对德宣战，出兵山东，占领济南和胶济铁路、青岛。中国也是对德宣战国，试图收回德国在山东的势力范围和以青岛为中心的胶州湾租借地。但是，弱国无外交。一战结束后，在巴黎和会上中国要求收回青岛的要求不被采纳，帝国主义列强却支持日本占领青岛。这是引起1919年五四运动的主要原因。中国人发出了"强权战胜公理"的愤懑之声，"外争国权，内惩国贼""收回青岛"成为当年中国人反抗强权的主要口号。正是在这种强大的反帝声势下，中国外交代表顾维钧拒绝在巴黎和约上签字。这是中国人第一次对帝国主义强盗逻辑在国际场合表达否定的意志。

　　今年是卢沟桥事变77周年。1937年7月7日，日本军国主义发动卢沟桥事变，开始全面侵略中国。日本人一开始就狂妄叫嚣"三个月内灭亡中国"，虽然未能得逞，但很快就占领中国首都南京，并在南京制造了惨绝人寰的大屠杀，30万生灵惨遭杀戮。这是世界近代战争史上罕见的暴行！但是，中华民族没有被强敌吓倒，中国人民抗击强敌的意志空前坚定起来。这是日本帝国主义没有预料到的。在中国共产党推动下，国共两党和其他党派、政治势力组成抗日民族统一战线，发动并坚持了全民族的抗日战争。

　　1944年，日本在中国发动所谓"一号作战"，又称豫湘桂战役，企图打通中国大陆交通线。这是日本在中国战场上发动的最后一次大规模攻势作战，由于战线过长，战略目的未能达到。豫湘桂战役虽然拖住了日本，耗尽了它的军力，但也暴露了国民党正面战场的软弱。国民党军队数十万人几个月内大溃败，丢掉100多座城市，20多万平方公里的国土沦陷。1944年，德日法西斯失败的命运已经不可挽回，世界反法西斯联盟胜利的趋势已经非常明显。在这种形势下出现豫湘桂战役大溃败，给中国大后方人民造成了强大心理冲击，对国民政府的信任降到最低点，大后方知识分子、工商界人士的态度明显倾向中国共产党一边。这是中国共产党在抗战胜利后短短数年间取得全国胜利的重要民意基础。

　　在这场艰苦无比的抗日战争中，中国国民党领导的正面战场，中国共产党领导的敌后战场，在抗日的大目标下进行了有力的战略大配合，把中华民族神圣的抗战坚持到了最后，在世界反法西斯联盟的支持下，终于在1945年取得了最后胜利。抗日战争是近代以来中国反抗外敌入侵第一次取得完全胜利的民族解放战争。至此，经过百年的艰辛奋斗，在经历世所罕见的民族屈辱和苦难后，中华民族终于迎来了走向复兴的历史转折点。

现代中国：走上中华民族伟大复兴康庄大道

抗日战争胜利后，走什么道路的问题摆在了中国面前。是走国民党主张的资本主义道路，还是走共产党主张的社会主义道路？历史需要做出选择，历史也做出了选择。中国为什么要走社会主义道路而不走资本主义道路？答案很简单：这是近代中国历史发展的必然结果。

中国共产党1921年成立后，逐渐主导了中国革命的方向。以毛泽东同志为代表的中国共产党人对中国的前进方向做了明确阐述：中国反帝反封建的资产阶级民主主义革命必须由无产阶级领导，中国革命的前途是社会主义和共产主义。为了走向社会主义，第一步是实行新民主主义，第二步是实行社会主义。抗战胜利后，国民党政府悍然发动以消灭中国共产党为目的的内战，完全失去人心，落得彻底失败。这个结局使中国共产党成为推动中国社会前进的主导力量，这就决定了中华人民共和国的成立以及走上社会主义道路的历史必然性。对于这一重大历史事件，当时的绝大多数中国人是衷心拥护、欢欣鼓舞的。

65年来，中国在社会主义道路上没有停止前进的步伐。新中国成立初期，面对政权巩固严峻考验，面对国民经济恢复难题，面对抗美援朝复杂形势，我国还是实施了第一个五年计划，启动了156个大型建设项目，其投入超过旧中国自洋务运动以来的所有国家投入，不仅初步奠定了社会主义中国的工业化基础，也标志着大规模现代化建设的真正开始。

走社会主义道路要靠制度来保证。新中国成立初期，社会主义经济制度主要是借鉴苏联，实行计划经济和国有制。在借鉴过程中，毛泽东同志等领导人结合中国实际提出了自己的主张。毛泽东同志的《关于正确处理人民内部矛盾的问题》和《论十大关系》，是探索中国式社会主义道路的经验总结，反映了那个时期我们党在中国实践社会主义的理论思考。探索中也犯过错误，交过学费。正反两方面的经验，都加深了党和人民对中国走社会主义道路的认识，坚定了继续在社会主义道路上前进的信心。

社会主义政治制度是保证走社会主义道路的基础。1954年，第一届全国人民代表大会通过的《中华人民共和国宪法》，从宏观层面确定了中国社会主义政治制度的大方向。人民代表大会制度本质上不同于西方的议会制度，体现了前所未有的人民民主。工人、农民出身的代表与国家领导人一起讨论国家大事，这在中外历史上不曾有过先例。在人民政治协商制度下，各党派和无党派人士等就国家事务进行政治协商。这两种政治制度设计，真正把民主贯彻到国家政治生活的各个方面。改革开放前，国家政治生活中也出现过一些失误，主要是阶级斗争扩大化，甚至出现了"文化大革命"那样的错误。这些经验与教训，使我们进一步深刻认识到社会主义时期政治体制改革的必要性。

改革开放后30多年，中国继续在社会主义道路上大踏步前进。这个时期我们党对什么是社会主义、怎样建设社会主义问题的认识有了实质性进步，进步的主要标志是提出了中国特色社会主义这一概念。这个概念是对中国现阶段的社会主义性质的准确判断，既坚持了科学社会主义的基本原则，又结合了中国的具体实际。提出中国特色社会主义这一概念的理论前提是，中国的社会主义尚处在社会主义初级阶段。这是中国在社会主义道路探索中十分关键的实践总结和理论升华，是对科学社会主义理论的重要贡献。在这样一个实践总结和理论升华指导下，才有了"一个中心、两个基本点"，才有了"发展是硬道理"，才有了以公有制为主体、多种所有制经济共同发展，才有了社会主义市场经济的理论和实践，等等。在此基础上，中国经济建设取得了举世瞩目的成就。

改革开放后，政治体制改革与经济体制改革是同时进行的。在指导思想上结束以阶级斗争为纲，是政治体制改革得以启动的前提。政治体制改革是要巩固党的领导，而不是削弱党的领导；是要加强人民代表大会制度，而不是削弱这个制度；是要更好地发挥人民政协的作用，而不是削弱这个作用。中国这么大，相当于整个欧洲，而且人口比欧洲多得多，政治体制改革必须既积极又稳妥，才能更好地发挥全体人民坚持和发展中国特色社会主义的积极性、主动性、创造性。这些年，中国政治体制改革取得了积极成果。比如，人民政协的协商民主走上科学轨道，各民主党派、各人民团体、无党派人士等和中共共商国是，共同担起国家发展、社会进步的责任。在当代中国，执政党与参政党的关系，不是一党在台上、一党在台下的朝野关系，不是一党执政、一党痛骂的水火关系，而是共担责任的关系，是共同对历史负责的关系，是生死与共的关系。

在中华民族伟大复兴的康庄大道上，中国不但在经济建设、政治建设上取得了伟大成就，而且在其他各个领域都取得了伟大成就，这一点是毋庸置疑的。为了使中华民族在复兴的大道上走得更顺、更稳，党和国家高度重视发展中出现的各种问题。目前在党内提出坚决反对"四风"，就是为了解决党风问题，解决贪污腐败问题，解决当官是做老爷还是全心全意为人民服务问题；在全社会提出培育和弘扬社会主义核心价值观，就是为了解决理想信念问题，解决义利失衡问题，解决诚信缺失、道德滑坡问题。可以说，我们在民族复兴过程中需要解决的问题还有很多，我们不应回避这些问题。65 年来，我们已经克服了前进道路上一个又一个困难，相信在党中央的坚强领导下，在实现中华民族伟大复兴最大愿景的激励下，前进中的难题一定会一个个地破解。

未来中国：为世界做出更大贡献

党的十八大闭幕后，习近平同志与中央政治局常委集体参观国家博物馆"复兴之路"展览时指出："现在，我们比历史上任何时期都更接近中华民族伟大复兴的目标，比历史上任何时期都更有信心、有能力实现这个目标。"这清晰地表达了我们党对实现中华民族伟大复兴目标的期待，反映了我们党对实现这一伟大目标的信心。

关于中华民族伟大复兴的目标，习近平同志指出："新中国成立 60 多年来特别是改革开放 30 多年来，中国走出了一条成功的发展道路，取得了举世瞩目的发展成就。中国对未来发展作出了战略部署，明确了奋斗目标，即到 2020 年实现国内生产总值和城乡居民人均收入比 2010

年翻一番，全面建成小康社会；到本世纪中叶建成富强民主文明和谐的社会主义现代化国家，实现中华民族伟大复兴。这是中华民族和中国人民的百年夙愿，也是中国为人类作出更大贡献的必要条件。"这也就是我们党提出的"两个一百年"奋斗目标。实现这个目标和中华民族伟大复兴中国梦，是中华人民共和国成立65年来党和人民的不懈追求。

看看新中国成立65年后的今天，我们的确离中华民族伟大复兴的目标越来越近了。2013年，中国国内生产总值达到57万亿元，已经稳居世界第二，仅次于美国。1949年，中国国内生产总值只有466亿元，这个数字比不上今天一天的产值。1980年，中国国内生产总值只相当于美国的1/9。而根据国际著名经济组织的估计，到2030年，中国经济总量超过美国是没有悬念的。经济总量超过美国成为世界第一，是中华民族复兴的一个重要标志。到那时，中国在世界上的经济地位将大体上达到或超过历史上号称繁盛的汉唐时期和鸦片战争前的康雍乾时期。这对于13亿中国人来说，无疑是5000年历史上最好的时期。

在新中国成立65周年之际，我们可以有把握地说，中华民族伟大复兴圆梦的时刻越来越近了。能如此接近中华民族伟大复兴目标，是在中国共产党领导下、在全国各族人民努力下，通过走中国特色社会主义道路实现的，彰显的是马克思主义的真理性、社会主义的优越性。这是中国共产党人对于拥有5000年历史的中国所做出的一大突出贡献，将永远彪炳史册。今天，对于中国道路、中国模式、中国崛起、中国力量等，不仅中国人在广泛谈论，国际社会也是津津乐道。面对未来，我们更应坚定中国特色社会主义道路自信、理论自信、制度自信。

回望近代历史上中华民族屈辱的历史，展望未来"两个一百年"的光明前景，作为这个国家的一分子，我们应该对新中国成立65年来取得的伟大成就深感欣慰，对未来的发展前景满怀期待。我们相信，中国人为世界做出更大贡献的时代到来了。我们每一个人都应为此点赞，为此努力！

关于中国的社会主义道路答读者问[*]

（一）

问：在近代中国，救国强国的思潮非常多，为什么最后是马克思主义引领中国人民实现了救国强国的梦想？

张海鹏：这个问题提得很好。的确，在近代中国，各种救国思潮很多。教育救国、科学救国、实业救国、道德救国等，在一部分知识分子和实业家那里，是十分笃信的。还有自由主义、实用主义等，在知识分子中也有一定市场。君主立宪、共和制度也经过长期的辩论。什么国家主义、"好人政府"、联省自治、乡村建设，各种政治主张，有人提出，有人实践，但很快都烟消云散了。最重要的思潮或者主义是两种：三民主义救中国，还是社会主义救中国。这两种思潮或者主义的传播和实施，都将会影响中国社会的发展方向。

三民主义是孙中山在20世纪初的国际国内情势下提出来的政治思想主张，是20世纪初中国资产阶级民主主义革命的基本纲领。这种主张或者纲领在1924年中国国民党第一次全国代表大会上，经过孙中山的重新阐述，反映了那时国共合作反对北洋军阀的要求。基本上说，反映孙中山社会改造思想的是三民主义中的民生主义思想。民生主义思

---

[*] 答读者问（一）（二）是《人民日报》理论部编辑提出的，我分别做了文字答复。这些答复经《人民日报》理论部编辑删节，分别发表在2009年1月12日第7版和4月3日第6版。收入本书时恢复了原文。人民日报理论部主编《"六个为什么"：人民日报系列解答理论文章》（一）（二），人民日报出版社，2009。

想，首先受 19 世纪末欧洲社会主义运动的启发，在一定意义上还受到马克思主义的影响，又结合了中国传统的大同思想，从而形成了用民生主义改造中国社会的一系列主张。孙中山在阐述他的三民主义理论的时候，内心中存在对马克思主义的好感。孙中山去世后，随着中国国民党的分裂，三民主义思想也被不同的政治家篡改。篡改后的"三民主义"，都一概违背了孙中山"联俄、联共、扶助农工"的政策，反对马克思主义、共产主义，反对并屠杀共产党，镇压工农运动，反对社会主义学说。国民党、蒋介石脱离人民大众的利益，违背近代中国历史前进的方向，终于在决定中国历史命运的大决战中彻底败北。"三民主义"不能救中国就在这样的大决战中被证实了。能够救中国的只能是经过大决战检验的新民主主义理论。以毛泽东名字命名的新民主主义理论，明确规定了中国的社会主义发展方向。说中国走社会主义道路是历史的选择，正是近代中国历史发展的方向，是历史实践检验过的。

问：马克思主义在中国的发展有历史的必然性吗？

张海鹏：马克思主义在中国的发展有历史的必然性吗？我的回答是肯定的。

首先，马克思主义的出现，不是个别的现象，不是偶然的现象，不是可有可无的现象。马克思主义是世界资本主义发展到一定阶段的产物，换一句话说，它是资本主义成熟到一定发展阶段的产物，也是工人运动成熟到一定阶段的产物。

其次，马克思主义理论，不仅推动了欧洲的社会主义、共产主义运动，还随着资本主义的世界化，在世界范围内传播。

最后，19 世纪末 20 世纪初，还在清朝的最后时期，马克思、恩格斯的一些观点已经出现在中文刊物和著述中。这就是说，马克思主义在中国的传播迟早是要发生的。第一次世界大战后，中国作为战胜国在巴黎和会上的失败，大大刺激了中国知识分子和仁人志士的思考，再加上俄国十月革命胜利成果的推动，中国人进一步思考从晚清到民国初年中国的历史发展道路，更容易接受马克思主义的传播，能够在新的历史起点和历史经验基础上考虑国家发展的资本主义或者社会主义方向。这就是说，五四运动后，或者说中国共产党成立后，中国人考虑国家发展的社会主义方向，已经成为历史的趋势。

这就是马克思主义在中国发展的历史必然性。这个历史必然性不是凭空产生的，是建立在中国半殖民地半封建社会的国情上的，是建立在帝国主义侵略造成中国民族资本主义力量弱小、资产阶级政党力量弱小的基础上，而无产阶级政党——中国共产党是用马克思主义武装起来的。这个政党的理论武装终于掌握了人民大众，掌握了历史发展的大方向。

问：一些人认为假设中国当初不走社会主义道路而是走资本主义道路，现在或许也会发展得很好甚至更好。请问专家，应该如何看待这些历史研究中的假设？

张海鹏：首先必须指出，后人对历史发展过程所做的任意假设，是没有意义的。如果允许这种假设，人类对历史的认识将变得毫无意义。其次，以前有人说过，中国如果当上三百年殖民地，中国早就现代化了。这样的说法，如同梦呓。说者至少是出于对近代中国国情的无知，也是对现代中国国情的无知。假设中国当初不走社会主义道路而是走资本主义道路，暂且认为这样的假设有某种意义，中国是否会发展得更好呢？我看不尽然。这个问题，我们不能从中国发展道路的历史事实中来求证，因为中国道路不是这样的。我们可以看看世界上类似国家的状况。

我们首先看看日本。日本在140年前实行明治维新，走了"脱亚入欧"的发展路线，是继欧美国家后走上资本主义发展道路的国家。可是日本是一个靠军国主义、靠战争、靠掠夺发展资本主义的国家。中国和亚洲国家吃它的苦，还需要在这里细数吗？二战结束，日本被迫宣布无条件投降。美军占领日本后，如果不是出于冷战需要，扶植日本作为对抗社会主义阵营的基地，日本战后的发展还不知道怎么样呢。

再看印度。印度是我国的西南邻邦。印度早于中国差不多200年成为英国的殖民地，印度的独立时间和中国差不多。印度是一个大国，是按照资本主义方向发展的国家，今天称为金砖四国之一。这60年来，印度的发展状况和人民的富裕程度，是不是比中国更好呢？这是不难回答的问题。

再看俄罗斯。俄罗斯是最先建成社会主义的国家，搞社会主义搞了70年。1991年选择了资本主义发展道路。俄罗斯搞社会主义的时候，军事、经济发展均可抗衡美国，今天的俄罗斯在综合实力上与美国却是相差甚远。

亚洲的菲律宾、缅甸、泰国、印度尼西亚以及拉丁美洲、非洲大陆等许多国家，都走的是资本主义道路，今天的情况如何，恐怕不需要多加引证了。

回顾寰球各国，相比较之下，中国走上社会主义道路，对国家的整体发展，对人民生活的改善，对综合国力的提升，对国际地位的提高，是不是更好些呢？如果转述的那种假设是可以假设的话，我们可以想象，走上资本主义道路的中国，在列强的政治压迫和经济压榨之下，在内部的四分五裂下，中国发展的现状会更好吗？

问：中国是通过革命走上社会主义道路，进而走上现代化道路的。请问，革命与社会主义以及现代化之间是什么关系？有人认为近代中国如果没有革命也许会发展得更好，应该如何看待这样的观点？

张海鹏：说到革命和现代化的关系，从理论与实践相结合的角度说，是可以做出合理解释的。一般来说，当旧的社会制度严重阻碍社会生产力的发展，就有可能发生革命，以扫除生产力发展的障碍，推动社会的前进。中国共产党领导的新民主主义革命，就是为了扫除旧的社会制度对生产力发展的障碍，这样的障碍一旦扫除，社会经济就会获得大的发展。18世纪的法国大革命，起到了推动法国资本主义经济发展的作用。美国也是在18世纪中叶发动了北美独立战争，取得了国家的独立，才使美国的生产力获得解放，从而在19世纪末以后发展成为世界强国的。中国则是在取得反帝反封建的新民主主义革命胜利，从而获得国家的独立后，开始了现代化的进程的。

有人认为近代中国如果没有革命也许会发展得更好，这是一种错误的观点。十多年前，有人发表"告别革命"的说法，提出了这种错误观点。这种观点是不能成立的。首先，中国如果没有革命也许会发展得更好，这是一种随意的假设，假设者提不出任何有价值的证明。换句话说，你用什么材料证明你的观点呢？历史不能重头来过，否则，还可以检验一下你的论点是否有可行性。其次，任何社会的革命都不是人为制造出来的，都是客观环境逼迫出来的。有一句话说，统治阶级不能照旧统治下去，人民大众不能照旧生活下去的时候，革命就可能发生。这时候，革命党举臂一挥，人民就会跟从，革命事业就会大规模地开展起来。如果没有这样的客观环境，任何人、任何政党凭空呼唤，是制造不出革命来的。最后，近代中国从鸦片战争以后，逐渐形成半殖民地半封建社会，在这样的社会里，统治形态基本上是封建主义的。同时，由于帝国主义不断的侵略，帝国主义国家用战争、不平等条约等多种手段在相当程度上控制了中国的政府，操纵了中国的经济。在这种政治、经济生活条件下，从晚清政府到民国政府都面临着不能照旧统治下去，人民群众也不能照旧生活下去的局面。在这种社会环境下，革命成为社会生活的常态。这是近代中国的基本历史事实。我们怎么能不顾这样的基本事实，而假设如果没有革命会发展得更好些呢？

（二）

问：在近代中国，救国强国的思潮非常多，为什么最后是马克思主义引领中国人民实现了救国强国的梦想？马克思主义在中国的发展有历史的必然性吗？

张海鹏：这个问题提得很好。的确，在近代中国，各种救国思潮很多。教育救国、科学救国、实业救国、道德救国等，在一部分知识分子和实业家那里，是十分笃信的。还有自由主义、实用主义，等等，在知识分子中也有一定市场。君主立宪、共和制度经过长期辩论。什么国家主义、"好人政府"、联省自治、乡村建设，各种政治主张，有人提出，有人实践，很快也就烟消云散了。最重要的思潮或者主义是两种：三民主义救中国，还是社会主义救中国。这两种思潮或者主义的传播和实施，都将会影响中国社会的发展方向。三民主义是孙中山在20世纪初国际国内情势下提出来的政治思想主张，是20世纪初中国资产阶级民主主义革命的基本纲领。这种主张或者纲领在1924年中国国民党第一次全国代表大会上，经过孙中山的重新阐述，反映了那时国共合作反对北洋军阀的要求。基本上说，反映孙中山社会改造思想的是三民主义中的民生主义思想。民生主义思想，首先来自19世纪末欧洲社会主义运动的启发，在一定程度上还受到马克思主义的影响，又结合了中国传统的大同思想，形成了用民生主义改造中国社会的一系列主张。孙中山受到欧洲从自由资本主义到垄断资本主义转型中所产生的剧烈变动的影响，对垄断资本主义制度展开了强烈的批判。当时的人们从这些批判中，不难得出民生主义是要反对资本家、反对资本主义的看法。所以孙中山一再解释，民生主义并不是要反对资本、反对资本家，只是要反对少数人对社会财富的垄断，防止资本家垄断所产生的社会流弊。实际上，孙中山所要建立的，不是没有资本家的社会，而是不要大资本家的资本主义社会，这是理解他的民生主义的诀窍。孙中山在阐述他的三民主义理论的时候，内心中存在对马克思、马克思主义的好感。他虽然批评马克思主义有关阶级斗争理论和剩余价值学说，但承认马克思是社会主义学说的鼻祖，而且宣布三民主义与共产主义是好朋友。孙中山去世后，随着中国国民党的分裂，三民主义思想也被不同的政治家和思想家所篡改。有改组派的三民主义，有戴季陶的三民主义，有蒋介石"儒家化"的三民主义，有胡汉民的三民主义。这些"三民主义"，都一概违背了孙中山"联俄、联共、扶助农工"的政策，一改孙中山所说三民主义与共产主义是好朋友的认识，反对马克思主义、共产主义，反对并屠杀共产党，镇压工农运动，反对社会主义学说。他们宣布"承认三民主义就要收起共产主义"，坚持"一个主义、一个政党、一个领袖"。国民党、蒋介石脱离人民大众的利益，违背近代中国历史前进的方向，终于在决定中国历史命运的大决战中彻底败北。"三民主义"不能救中国就在这样的大决战中证实了。能够救中国的只能是经过大决战检验过的新民主主义—社会主义理论。说中国走社会主义道路是历史的选择，正是近代中国历史发展的方向，是历史实践检验过的。

新民主主义理论，是在马克思主义理论指导下形成的，是马克思主义与中国社会实际、与中国革命实际相结合的产物。新民主主义理论的核心是，中国革命必须分成两个步骤，第一步是推翻帝国主义和封建主义，建立民主主义的社会；第二步才是使革命继续发展，建立社会主义社会。"民主主义革命是社会主义革命的必要准备，社会主义革命是民主主义革命的必然趋势。"（毛泽东语）只有完成前一个革命，才能进行后一个革命，两个革命是相联结的，中间不能横插另一个阶段。民主主义社会是过渡性的社会，它的前途必定是社会主义社会。这就是说，新民主主义理论明确规定了中国的社会主义发展方向。

那么，马克思主义在中国的发展有历史的必然性吗？我的回答也是肯定的。

第一，马克思主义的出现，不是个别的现象，不是偶然的现象，不是可有可无的现象。马克思主义是世界资本主义发展到一定阶段的产物，换一句话说，它是资本主义成熟到一定发展阶段的产物，也是工人运动成熟到一定阶段的产物。马克思主义理论的重大贡献，一是分析了人类社会由低级到高级的发展规律，二是分析了资本的运行规律并对资本主义社会进行了政治经济学批判，指出了资本主义的社会制度一定要被更高级的社会制度所代替。

第二，马克思主义理论，不仅推动了欧洲的社会主义、共产主义运动，还随着资本主义的世界化（包括殖民侵略的血与火的方式），在世界范围内传播。

第三，19世纪末20世纪初，还在清朝的最后时期，马克思、恩格斯的一些观点已经出现在中文刊物和著述上。这就是说，马克思主义在中国的传播迟早是要发生的。第一次世界大战后，中国作为战胜国在巴黎和会上的失败，大大刺激了中国知识分子和仁人志士的思考，再加上俄国十月革命胜利成果的推动，中国人进一步思考从晚清到民国初年中国的历史发展道路，更容易接受马克思主义的传播，能够在新的历史起点和历史经验基础上考虑国家发展的资本主义或者社会主义方向。这就是说，五四运动后，或者说中国共产党成立后，中国人考虑国家发展的社会主义方向，已经成为历史的趋势。

这就是马克思主义在中国发展的历史必然性。这个历史必然性不是凭空产生的，是建立在中国半殖民地半封建社会的国情上的，是建立在帝国主义侵略造成中国民族资本主义力量弱小、资产阶级政党力量弱小，而无产阶级政党——中国共产党是用马克思主义武装起来基础上的。这个政党的理论武装终于掌握了人民大众，掌握了历史发展的大方向。

问： 一些人认为假设中国当初不走社会主义道路而是走资本主义道路，现在或许也会发展得很好。请问专家，应该如何看待这些历史发展中的假设？

张海鹏： 首先必须指出，后人对历史发展过程所做的任意假设，是没有意义的。如果允许这种假设，人类历史的认识将变得毫无意义。举例说，人类是从猿猴变来的，我们可否假设当初猿猴变成的不是人类，而是别的什么动物，那么地球的历史、人类的历史是什么样的呢？我想，大家会同意，这样的假设无助于我们对历史发展的认识，是没有意义的。

其次，以前有人说过，中国如果当上三百年殖民地，中国早就现代化了。这样的说法，如同梦呓。说者至少是出于对近代中国国情的无知，也是对现代中国国情的无知。

假设中国当初不走社会主义道路而是走资本主义道路，假设这样的假设有某种意义，是否中国会发展得更好呢？我看不尽然。这个问题，我们不能从中国发展道路的历史事实中来求证，因为中国道路不是这样的。我们可以看看世界上类似国家的状况。

我们首先看看日本。日本在140年前实行明治维新，走了"脱亚入欧"的发展路线，是继欧美国家后走上资本主义发展道路的国家，也是唯一一个走通了这条道路的国家。可日本是一个靠军国主义、靠战争、靠掠夺发展资本主义的国家。中国和亚洲国家吃它的苦，还需要在这里细数吗？二战结束，日本被迫宣布无条件投降。美军占领日本后，如果不是出于冷战需要，扶植日本作为对抗社会主义阵营的基地，日本战后的发展还不知道怎么样呢。

再看印度。印度是我国的西南邻邦。印度早于中国差不多200年成为英国的殖民地，印度的独立时间和中国差不多。印度是一个大国，是按照资本主义方向发展的国家，今天称为金砖四国之一。这60年来，印度的发展状况和人民的富裕程度，是不是比中国更好呢？这是不难回答的问题。

再看俄罗斯。俄罗斯是最先建成社会主义的国家，搞社会主义搞了70年。1991年选择了资本主义发展道路。俄罗斯搞社会主义的时候，军事、经济发展均可抗衡美国，今天的俄罗斯在综合实力等各方面与美国却是相差甚远。

亚洲的菲律宾，曾是美国的殖民地；缅甸、泰国曾是英国的殖民地；印度尼西亚曾是荷兰的殖民地，也曾被日本占领。这些国家都走的是资本主义道路，今天的情况如何，恐怕不需要多加引证了。

拉丁美洲各国，早在19世纪初就进行独立战争，逐渐摆脱殖民地地位，走上资本主义发展道路。那里的经济发展水平是否比中国更好呢？

非洲大陆，长期是欧洲殖民诸国的殖民地，大多数国家在20世纪中叶民族解放运动中才逐渐摆脱殖民地地位。那些国家大体上走的是资本主义发展类型的道路。大多数非洲国家至今还是世界上最不发达的地区。

回顾寰球各国，相比较之下，中国走上社会主义道路，对国家的整体发展，对人民生活的改善，对综合国力的提升，对国际地位的提高，是不是更好些呢？如果网友转述的那种假设，是可以设想的话，我们可以想象，走上资本主义道路的中国，在列强的政治压迫和经济压榨之下，在内部的四分五裂下，中国发展的现状较1949年以前，好多少呢？

问：大同理想是中国传统文化中非常重要的一个方面，应该如何理解中国传统文化中的大同理想与社会主义的关系？是否可以认为中国走上社会主义道路与我们的传统文化也有着一定的关系？中国封建社会迟迟发展不到资本主义跟传统文化有关系吗？

张海鹏：大同理想可以看成中国传统文化的一个方面，是否非常重要的一个方面，可以请历史文化学者进一步斟酌研究。中国传统文化内容十分复杂，如何正确地认识它、评价它，实在可以看作一个系统工程。坦率地说，我国的传统文化，有精华的部分，也有糟粕的部分。精华的部分，是维系五千年中华文化的核心部分；糟粕的部分，是拖后腿的部分。中国封建社会迟迟发展不到资本主义，跟这些糟粕恐怕有一定的关联。譬如，我国传统社会的社会结构，长期固定在士农工商这样的层次上，工商处在社会底层，不为人们重视。显然，这与西方社会的重商精神是相背离的。这样的社会结构，对于推动社会经济的发展，可能是不利的。当然，这些是非常复杂的问题，不是三言两语可以说清楚的。

中国古代的大同理想，主要反映在《礼记·礼运篇》。它是先秦时期中国古人对公平、公正社会的一种乌托邦追求。几千年来，大同理想除了保留在思想家的著述中，还保留在历代农民起义的口号中。近代维新运动的发起者康有为曾撰写《大同书》，描述过没有阶级、没有压迫、没有剥削、人人平等、按劳分配的空想社会主义即大同社会，他主张公有制应该成为大同社会的经济基础。在大同社会里，农工商各业，一概归公，个人不置私产。这种大同理想所设想的财产归公，分配公平，社会成员人人都能发挥适当作用，"使老有所终，壮有所用，幼有所长，矜寡孤独废疾者，皆有所养"。这些与社会主义所追求的财产公有、社会福利、分配公平，有某种契合的地方。"大道之行，天下为公"的大同理想，就是在社会公平与公正这一点上与社会主义建立了某种思想联系。中国知识分子和老百姓，对古代的大同理想是耳熟能详的。所以，孙中山在广州讲民生主义，是能够抓住听众的。中国共产党在领导革命的过程中，用社会主义、共产主义理想去引导群众，是能够为群众所理解的。从这个意义上说，中国人对大同理想的追求，在一定意义上，有助于他们接受社会主义的制度。

问：有网友认为，中国是通过革命走上社会主义道路，进而走上现代化道路。请问革命与社会主义以及现代化之间是什么关系？有人认为近代中国如果没有革命也许会发展得更好，应该如何看待这样的观点？

张海鹏：这个问题是学术界常常进行讨论的问题。中国近代史学界认识到，在近代中国历史中，有两个历史发展主题，一个是民族独立问题，一个是社会经济的现代化问题。解决民族独立问题，就是要进行反帝反封建的民主主义革命。解决社会经济的现代化问题，就是要工业化，因为工业化是现代化的核心。在近代中国，只有首先解决国家和民族的独立问题，才有可能实行工业化和现代化。这是整个中国近代革命史已经证明了的。所以，中国的现代化事业，实际上是在1949年10月中华人民共和国成立以后，在中国社会进入社会主义建设时期以后开始的。

这就是说，在中国，社会主义与现代化几乎是同时进行的。我们是在社会主义社会里进行现代化事业，我们的现代化，叫作社会主义现代化。社会主义中国经历了差不多60年的探索和奋斗，特别是经过后30年的探索和奋斗，我们形成了以社会主义市场经济为名称的经济体制，形成了中国特色社会主义理论体系。实践证明，这种经济体制，这种理论体系，对中国的发展是有效的。

说到革命和现代化的关系，从理论与实践相结合的角度说，是可以做出合理解释的。一般来说，当旧的社会制度严重阻碍社会生产力的发展，就有可能发生革命，以扫除生产力发展的障碍，推动社会的前进。中国共产党领导的新民主主义革命，就是为了扫除旧的社会制度对生产力前进形成的障碍，这样的障碍一旦扫除，社会经济就会获得大的发展。17世纪英国发生的资产阶级革命，产生了英国18世纪的工业革命，推动了英国资本主义生产力的大发展；18世纪的法国大革命，也同样起到了推动法国资本主义经济发展的作用。美国也是在18世纪中叶发动了北美独立战争，取得了国家的独立，才使美国的生产力获得解放，而在 19 世纪末以后发展成为世界强国的。

有人认为近代中国如果没有革命也许会发展得更好，这是一种错误的观点。十多年前，有人发表"告别革命"的说法，提出了这种错误观点。首先，中国如果没有革命也许会发展得更好，这是一种随意的假设，假设者提不出任何有价值的证明。换句话说，你用什么材料证明你的观点呢？历史不能重头来过一次，否则，还可以检验一下你的论点是否有可行性。其次，任何社会的革命都不是人为制造出来的，都是客观环境逼迫出来的。有一句话说，统治阶级不能照旧统治下去，人民大众不能照旧生活下去的时候，革命就可能发生。这时候，革命党举臂一挥，人民就会跟从，革命事业就像云卷云舒，大规模地开展起来。如果没有这样的客观环境，任何人、任何政党凭空呼唤革命，是制造不出革命来的。最后，近代中国从鸦片战争以后，逐渐形成半殖民地半封建社会，在这样的社会里，统治形态基本上是封建主义的。同时由于帝国主义不断的侵略，帝国主义国家用战争、不平等条约等多种手段在相当程度上控制了中国的政府，操纵了中国的经济。基本的经济形态是地主所有制，可是在国内一些大中城市，开始有了星星点点的现代工厂和生活方式，也即有了资本主义的生产、生活方式。在这种政治、经济生活条件下，从晚清政府到民国政府都面临着不能照旧统治下去，人民群众也不能照旧生活下去的局面。在这种社会环境下，革命成为社会生活的常态。这是近代中国的基本历史事实。我们怎么能不顾这样的基本事实，而假设如果没有革命会发展得更好些呢？

正确评价毛泽东的历史功过[*]

——纪念毛泽东诞辰 120 周年

2013 年 12 月 26 日，是毛泽东诞辰 120 周年的日子。120 年前，湖南韶山一个农村妇女诞下一个男孩，这个男孩后来成长为中国近现代历史上一个最伟大的人物。他就是毛泽东，泽润东方，一个光辉灿烂的名字。

在毛泽东诞辰 120 周年、逝世 37 周年的时候，他的那个时代早已逝去，他的同时代人都已作古，他那个时代的政治激情早已冷却，中国社会已经进入新的发展阶段——社会主义初级阶段，或者中国特色社会主义阶段，历史已经沉淀。面对历史，我们已经可以撇开各种利益的牵扯与纠葛，我们已经有足够的历史条件和冷静的头脑，以及历史的、国际的比较视野，来评价毛泽东。客观、正确评价毛泽东这个中国近现代历史上最伟大的历史人物，是我们这一代人的责任。

从 1849 年到 1949 年这一百年，是中国历史上最为惊天动地、惊世骇俗，变动最为剧烈的一百年。从封建社会到半殖民地半封建社会再到社会主义社会，这是中国历史五千年来最巨大的转变。从 1949 年到 2049 年，是中华民族从衰弱走向复兴的一百年。民族复兴的幅度、深度和广度，将迈越文景之治，迈越贞观之治，也将超越康乾盛世。这两个一百年，是要被今后的中国历史学家大书特书的两个一百年。毛泽东正活动在这两个一百年的中间：1949 年前的半个世纪，他在剧烈变动的时代中是一个叱咤风云的人，是一个引领时代前进的人，他推动了历

---

[*] 本文原载于《光明日报》2014 年 2 月 12 日，第 14 版，"党史"。后收入王伟光主编《中国特色社会主义的伟大奠基者——纪念毛泽东同志诞辰 120 周年》，中国社会科学出版社，2014。

史的前进，以他为首的中国共产党人带领全国人民完成了中国民主主义革命的全部过程，建立了中华人民共和国——一个全新的中国；在1949年后的27年中华民族复兴的途程中，他还是一个呼风唤雨的人，是一个引领时代前进的人，是一个动员了中国全体人民的人，虽然在行进中难免跌跌撞撞，他毕竟在探索中国社会主义前进的路，在探索中国社会主义现代化道路上取得了空前成就。他是一个把毕生毫无保留地献给了中国人民的人！他是一个为国家走向富强工作到最后一息的人。我们的后人将会为中国的发展创下更为伟大的业绩，为人类做出更为伟大的贡献，这是毫无疑问的，但是像毛泽东那样经历了那样多剧烈的世纪变化、那样多风雨兼程、那样多天地开创的人，应该是前无古人，后鲜来者的！

今天，全体中国人现在和今后在生活中所享受的物质条件都比他那个时代好，但我们不要忘记，我们是在享受他的劳绩带给我们的丰泽雨润。

1981年6月，中共十一届六中全会通过了《关于建国以来党的若干历史问题的决议》，对毛泽东的历史地位和他对中国历史的独特贡献做出了科学的评价和总结。中国共产党的领导人邓小平、江泽民、胡锦涛、习近平等都对毛泽东的历史贡献做出了肯定的评价。这些肯定的评价反映了中国绝大多数人民的愿望，是尊重历史事实的，是得到人民拥护的。

在毛泽东诞辰120周年、逝世37周年的时候，我们怀念毛泽东，回顾他的一生事功，指出他的成功与失误，对于认识历史和认识社会现实是有意义的，对于从中汲取力量、推进中国历史的前进是有意义的。

毛泽东作为一个历史人物，人们认识上对其存在分歧，是可以理解的。但是，在毛泽东逝世后，在反思半个世纪来中国历史进步的时候，出现了一些否定毛泽东的声音，出现了所谓"非毛化"的倾向。这种"非毛化"的倾向是完全错误的，是站不住的，是不得人心的。

研究历史人物，最重要的是要尊重基本的历史事实，是要尊重历史人物所处的时代，是要尊重这个历史人物比他的同时代人、比他的前代人贡献于历史的那些更多的东西。有人对毛泽东加上了"罪恶滔天"的恶谥，把毛泽东领导下的中国说成是一团漆黑，一无是处，认为其是"专制帝王"，极尽污蔑攻击之事。这就不是一个正常人对历史人物的评价了,恕我不客气的话,这是带有阶级报复性的思维方式,应该痛加驳斥。全盘否定革命领袖毛泽东,丑化毛泽东这个中国共产党的主要领袖、中华人民共和国的主要开创者、人民军队的主要缔造者,就是丑化中华人民共和国,就是丑化中国的社会主义制度,就是丑化中国人民对美好理想的追求。这是历史虚无主义的恶劣表现,是企图从历史依据和逻辑前提上否定马克思主义在当代中国的指导地位,否定中国共产党在现实政治中的执政地位,否定社会主义根本制度,为另寻"自由主义出路"制造依据,为西方敌对势力"西化""分化"中国制造根据。有人指出,这种历史虚无主义,他们所要虚无掉的正是中华民族的脊梁与精神,正是中华民族的骄傲与希望。[①] 我完全赞成这样的评论。

从正常的理论逻辑和历史逻辑来说,毛泽东探索中国社会主义建设规律的轨迹是很清楚的。毛泽东在理论和社会现实的观察上,鉴于苏联复辟资本主义的严重社会现实,所犯的最大错误是对国内阶级斗争的现实严重性估计过高了。由此引出一系列现实政治措施上的错误,影响他对国家发展重心的认识的偏离,没有始终抓住社会主义建设不放,有时候把重心偏离到阶级斗争上去。这是第一点。第二点错误,是没有掌握社会主义发展规律,对于什么是社会主义,怎样建设社会主义,心中没底。在社会主义建设的速度上犯了急性病,在国民经济按比例发展上,没有认识到经济发展规律。所以犯这个错误,从思想认识上讲,还是理论和实际相脱离,或者说马克思主义理论与中国的实际相脱离。第三点,他晚年调查研究难以亲力亲为了,了解社会实际不够了,实事求是的精神欠缺了。加上威信过高,在党的领导层中难免滋生家长作风,听不得不同意见,民主作风欠缺了。再一个就是终身制,这一点在十一届三中全会后已经解决了,已经形成了领导体制过渡的恰当形式。

严格说来,这些错误,不只是毛泽东个人的错误,而是中国共产党领导层的错误,是那一代人的共同错误,是时代的局限造成的。当然,毛泽东应该承担更多的责任。早日建成社会主义,早日过渡到共产主义,那一代中国人哪一个不是欢欣鼓舞呢?我作为那个时代的过来人,是有切身体会的。但是这种急性病,距离社会现实太远,是不能实现的。这种急性病,带有列宁所批评的共产主义运动中"左派"幼稚病

[①] 李捷:《"非毛化"虚无掉的正是中华民族脊梁》,《中国社会科学报》2013年9月6日。

的某些迹象。在一定意义上说，犯这种错误是难免的。中国共产党人摸索新民主主义革命的规律，从建党到中华人民共和国成立，花了28年。这28年就是一个应该付出的代价。从中华人民共和国成立到1978年十一届三中全会，也是28年，这也是一个应该付出的代价，这以后才可能召开中共十一届三中全会，才可能形成建设中国特色社会主义的新认识。而且这个认识到现在又过了30多年，我们还处在继续探索和加深认识之中。

历史人物难以避免时代的局限，这是任何时代的人不能回避的。毛泽东的伟大之处就在于，他自己认识到了这一点。

1960年毛泽东在《十年总结》中说："我们对于社会主义时期的革命和建设，还有一个很大的盲目性，还有一个很大的未被认识的必然王国，我们还不深刻地认识它。我们要以第二个十年时间去调查它，去研究它，从其中找出它的固有的规律，以便利用这些规律为社会主义的革命和建设服务。"[①] 1961年他说："搞社会主义我们没有一套，没有把握。比如工业，我就不甚了了。计划工作怎么搞，现在总搞不好。"[②] 同年，毛泽东对英国元帅蒙哥马利说："我们对搞社会主义没有经验，包括社会主义革命、社会主义经济建设。要取得经验需要一个过程。"1956年毛泽东应南斯拉夫客人的要求，回答中国的前途问题时说："关于中国的前途，就是搞社会主义。要使中国变成富强的国家，需要五十到一百年的时光。现在已不存在障碍中国发展的力量。中国是一个大国，它的人口占全世界人口的四分之一，但是它对人类的贡献是不符合它的人口比重的。将来这种状况会改变的，可是这已不是我这一辈的事，也不是我儿子一辈的事。将来要变成什么样子，是要看发展的。中国也可能犯错误，也可能腐化，由现在较好的阶段发展到不好的阶段，然后又由不好的阶段发展到较好的阶段。当然即便不好总不会像蒋介石时代那样黑暗，是辩证的，即肯定、否定、否定之否定，这样曲折地发

---

① 毛泽东：《十年总结》（手稿），1960年6月18日，《毛泽东文集》第8卷，人民出版社，1999，第197页。
② 毛泽东在中央和各大区负责人会议上的讲话传达记录稿，1961年8月23日，转引自中共中央文献研究室编，逄先知、金冲及主编《毛泽东传（1949—1976）》，中央文献出版社，2003，第1169页。

展下去。"①

毛泽东说过我们不是圣人，难免犯错误。他在1956年总结苏联的教训时说："共产主义运动，从马克思、恩格斯发表《共产党宣言》算起，至今只有一百年多一点的历史。无产阶级专政的历史，从俄国十月革命算起，还不到四十年。实现共产主义，是空前伟大而又空前艰巨的事业。不艰巨就不能说伟大，因为很艰巨才很伟大。在这艰巨斗争的过程中，不犯错误是不可能的，因为我们走的是前无古人的道路。我历来是'难免论'。斯大林犯错误，是题中应有之义。赫鲁晓夫同样也要犯错误。苏联要犯错误，我们也要犯错误。问题在于共产党能够通过批评和自我批评克服自己的错误。"② 1957年他在省市自治区党委书记会议上讲话说："我们搞革命和建设，总难免要犯一些错误，这是历史经验证明了的。《再论无产阶级专政的历史经验》那篇文章，就是个大难免论。我们的同志谁愿意犯错误？错误都是后头才认识到的，开头都自以为是百分之百的马克思主义。当然，我们不要因为错误难免就觉得犯一点也不要紧。但是，还要承认工作中不犯错误确实是不可能的。问题是要犯得少一些，犯得小一些。"③ 这里说的犯错误，既包括了因历史时代的局限可能犯的错误，也包括因认识不足和经验缺乏所犯的错误，还包括因个人原因所犯的错误。重要的是，共产党能够通过自己来克服错误。中国共产党已经总结了自己的历史，包括毛泽东领导国家时期的历史，克服了以往的错误，中国的事业又重新大踏步前进了。

毛泽东一生革命，一家人中出现了六位烈士。中华人民共和国成立以后，为了保家卫国，他像千千万万普通父母一样，把儿子送到朝鲜战火的前线。他没有把儿子放到安乐窝里，没有把儿子放到某个重要的岗位上，而是把儿子放到了抗美援朝、保家卫国的战火第一线。他的儿子毛岸英未能幸免于美国军机的炸弹，未能全身返国。毛泽东一生清廉，勤勉从公，没有为子女和戚属留下财产和权力。五千年中国历史里，从古代的皇帝到民国时期的总统，哪一个能与他相比呢？哪一个能像他那样大公无私呢？

结论只能是：毛泽东对国家的忠诚和贡献是无与伦比的，毛泽东对

---

① 《毛泽东文集》第7卷，第124页。
② 吴冷西：《忆毛主席》，新华出版社，1995，第5—7页。
③ 《在省市自治区党委书记会议上的讲话》，《毛泽东文集》第7卷，第196页。

中国社会主义事业的忠诚和贡献是应该充分肯定的。金无足赤，人无完人。伴随着毛泽东对时代的贡献的，是时代对他的局限。这通常是一个伟大的历史人物难以避免的，后人不能苛求。

毛泽东已然成为历史，但是毛泽东的事功、毛泽东的失误、毛泽东思想，正是今天的中国人追求中国复兴梦想的精神力量和前进基础。

在纪念毛泽东诞辰120周年的时候，怀念这位伟人的历史功绩，我禁不住要吟诵他的《沁园春·雪》：

> 江山如此多娇，
> 引无数英雄竞折腰。
> 惜秦皇汉武，
> 略输文采；
> 唐宗宋祖，
> 稍逊风骚。
> 一代天骄，
> 成吉思汗，
> 只识弯弓射大雕。
> 俱往矣，
> 数风流人物，
> 还看今朝！

毛泽东是中国近现代历史上最重要的伟大人物，值得今天的、今后的中国人永远怀念！

中华民族迈向伟大复兴的光辉历程[*]

在庆祝中华人民共和国成立70周年大会上的讲话中，习近平总书记指出，70年前的今天，毛泽东同志在这里向世界庄严宣告了中华人民共和国的成立，中国人民从此站起来了。这一伟大事件，彻底改变了近代以后100多年中国积贫积弱、受人欺凌的悲惨命运，中华民族走上了实现伟大复兴的壮阔道路。经过新中国70年砥砺奋进，中国发生了天翻地覆的巨大变化，中华民族迎来了从站起来、富起来到强起来的伟大飞跃，前所未有地迎来了实现伟大复兴的光明前景。

中华民族开启了发展进步的新纪元

新中国的成立标志着近代中国反帝反封建斗争的最后胜利，是近代中国历史上一个具有伟大历史意义的里程碑，是中华五千多年历史的一个伟大的里程碑。它结束了鸦片战争以来中国半殖民地半封建社会的历史，结束了两千多年封建专制制度的历史，结束了极少数压迫者、剥削者统治广大劳动人民的历史，结束了国家四分五裂、征战不已、人民生活贫困、生灵涂炭的局面。中国人民从此站起来了，中国人民从此把命运牢牢掌握在自己手中，中华民族发展进步从此开启了新纪元。

回顾中国近代史不难发现，从1840年到1949年这一百多年间，中国的现代化是屡遭挫折的、扭曲的，屡次失去发展的机遇。现代工业只是星星点点地分布在若干城市。新中国成立之前，中国工业产值占国民

---

[*] 本文发表于《光明日报》2019年12月11日，第11版。

经济总产值的比例很低，中国仍然是一个传统的农业大国。而中国真正走上现代化的发展道路，并且改变传统农业大国的地位，是在新中国成立之后。

早在新民主主义革命时期，以毛泽东同志为主要代表的中国共产党人就制定了新民主主义的三大经济纲领：没收封建地主阶级的土地归农民所有，没收官僚垄断资本归国家所有，保护民族工商业。1949年10月中央人民政府甫一成立，就立即实施没收官僚资本为人民的国家所有，并于1949年底基本完成。对于在华外国资本企业，没有采取直接没收的政策，而是首先废除了外国资本企业依据不平等条约所享有的经济特权，然后通过监督、管制、收购、征购等办法，妥善处理外国在华企业，到1952年底基本上清理了帝国主义在华的经济势力。新中国在这个基础上建立起强大的社会主义性质的国营经济，它形成了新生人民共和国的物质基础，成为走向社会主义社会的经济基础，是整个国民经济的引领力量。

完成土地改革是新中国成立之初的一项重大社会改革成就。1950年中央人民政府颁布的《中华人民共和国土地改革法》指出："废除地主阶级封建剥削的土地所有制，实行农民的土地所有制，借以解放农村生产力，发展农业生产，为新中国的工业化开辟道路。"据1952年调查材料，全国解放以后，占农户总数不到7%的地主、富农占有总耕地的50%以上，而占全国农户57%以上的贫农、雇农仅占有耕地总数的14%。地主土地所有制是封建社会的经济基础，不破除地主土地所有制，不实行"耕者有其田"，民主革命的任务就不能完成，民主革命的下一步任务——社会主义的方向就难以达成。到1952年底，全国新解放区的土地改革基本完成，这是民主革命取得最后胜利的重要标志。土地改革完成后，农民成为新生的人民共和国的基本的支持力量。

新中国成立初期，千疮百孔，百废待举，巩固人民共和国政权的任务形势十分严峻。国民经济恢复面临很大难题，不法投机商人抢购物资、囤积居奇，造成物价飞涨，给国民经济的稳定与恢复造成了很大威胁。我们党采用行政、法律和市场手段，同上海、天津、武汉、广州等大城市的投机资本打了"银元之战"和"米棉之战"，掌握了市场的主动权，从而结束了连续十几年物价暴涨的局面，赢得了全国人民的信任。与此同时，新中国还面临着美国侵略的严重威胁。1950年，美国趁朝鲜内战，组织"联合国军"侵略朝鲜，派第七舰队侵入台湾海峡。美军越过三八线，直逼中朝边境，严重威胁我国安全。毛泽东等党和国家领导人毅然决然地做出了抗美援朝的重大战略决策。经过两年多的顽强抗争，中国人民志愿军以英勇无比的战斗精神把美军逼到了谈判桌上。抗美援朝既是一场捍卫国家独立的正义战争，也是维护新生人民共和国安全的"立国之战"，它的胜利奠定了新中国的国际地位和发展基础。

土地改革、恢复国民经济、抗美援朝，都是在短短几年内完成的，使新中国度过了成立初期的困难，大踏步进入社会主义建设中。此后，我国实施了第一个五年计划，启动了一批大型建设项目，不仅初步奠定了社会主义中国的工业化基础，也标志着中国近代以来大规模现代化建设的真正开端。

中国实现了历史上最深刻最伟大的社会变革

新中国成立后，以毛泽东同志为主要代表的中国共产党人带领人民，在迅速恢复国民经济的基础上，不失时机提出了过渡时期总路线，对农业、手工业和资本主义工商业进行了社会主义改造，创造性地完成了由新民主主义革命向社会主义革命的转变，使中国这个占世界四分之一人口的东方大国进入了社会主义社会，成功实现了中国历史上最深刻最伟大的社会变革。新民主主义革命的胜利，社会主义基本制度的确立，为当代中国一切发展进步奠定了根本政治前提和制度基础。

在基本经济制度方面，新中国成立初期主要是借鉴苏联，实行计划经济和国有制。在借鉴过程中，毛泽东等领导人对中国实际做了大量调查研究，提出了自己的主张，这集中体现在毛泽东撰写的《关于正确处理人民内部矛盾的问题》《论十大关系》等重要文献之中。这些关于探索中国的社会主义道路的经验总结，反映了那个时期我们党在中国建设社会主义的理论思考。虽然我们党在探索中也犯过错误，但是正反两方面的经验，都加深了党和人民对中国走社会主义道路的认识，坚定了在社会主义道路上继续前进的信心。

在根本政治制度方面，社会主义政治制度保证了我国坚定地走社会主义的道路。在中国建立什么样的政治制度，是近代中国人民面临的一个历史性课题。1949年9月召开的中国人民政治协商会议执行了全国人民代表大会的职权，代表着全国人民的意志。会议通过的《共同纲领》规定了中华人民共和国的国家政权属于人民。人民行使国家政权的机关为各级人民代表大会和各级人民政府。1954年召开的第一届全国人民代表大会，正式通过了《中华人民共和国宪法》，依法完成了《共同纲领》提出的政权机关的组成。这部宪法奠定了中华人民共和国政治制度的基础。在旧中国毫无政治地位的广大工农大众，第一次成了国家的主人，他们的代表加入了各级政权机关，也成为各级人民代表构成中的主要成分。在政治制度的设计中，人民第一次成为国家的主人。人民代表大会制度，是中国人民在人类政治制度史上的伟大创造，是中国社会一百多年激越变革、激荡发展的历史结果，是中国人民翻身作主、掌握自己命运的必然选择。正如习近平总书记指出的："事实证明，不触动旧的社会根基的自强运动，各种名目的改良主义，旧式农民战争，资产阶级革命派领导的民主主义革命，照搬西方政治制度模式的各种方案，都不能完成中华民族救亡图存和反帝反封建的历史任务，都不能让中国的政局和社会稳定下来，也都谈不上为中国实现国家富强、人民幸福提供制度保障。"

改革开放开辟了中国特色社会主义道路

1978年12月召开的党的十一届三中全会，标志着我国社会主义和现代化建设进入了历史新时期。这个时期，以邓小平同志为主要代表的中国共产党人，团结带领全党全国各族人民，深刻总结我国社会主义建设正反两方面经验，借鉴世界社会主义历史经验，做出把党和国家工作中心转移到经济建设上来、实行改革开放的历史性决策，确立了社会主义初级阶段基本路线，明确提出走自己的路、建设中国特色社会主义，科学回答了建设中国特色社会主义的一系列基本问题，创立了邓小平理论，制定了到21世纪中叶分三步走、基本实现社会主义现代化的发展战略，成功开创了中国特色社会主义。"走自己的路、建设中国特色社会主义"的重大命题，既坚持了科学社会主义的基本原则，又结合了中国的具体实际。这是中国在社会主义道路探索中十分关键的实践总结和理论升华，是对科学社会主义理论的重要贡献。在这样一个实践总结和理论升华指导下，才有了"一个中心、两个基本点"，才有了"发展是硬道理"，才有了公有制为主体、多种所有制经济共同发展，才有了社会主义市场经济的理论和实践等。在此基础上，以江泽民同志为主要代表的中国共产党人，加深了对什么是社会主义、怎样建设社会主义和建设什么样的党、怎样建设党的认识，积累了治党治国新的宝贵经验，形成了"三个代表"重要思想，成功把中国特色社会主义推向21世纪。以胡锦涛同志为主要代表的中国共产党人，深刻认识和回答了新形势下实现什么样的发展、怎样发展等重大问题，形成了科学发展观，成功在新的历史起点上坚持和发展了中国特色社会主义。

改革开放以来，我们党坚持政治体制改革与经济体制改革同时推进。我们推进政治体制改革，是要巩固党的领导，而不是削弱党的领导；是要加强人民代表大会制度，而不是削弱这个制度；是要更好发挥人民政协的作用，而不是削弱这个作用。中国的政治体制改革必须既积极又稳妥，更好发挥全体人民坚持和发展中国特色社会主义的积极性、主动性、创造性。

中国特色社会主义道路的开辟，使中华民族伟大复兴行进在一条广阔的康庄大道上。改革开放40多年来，我国不但在经济建设、政治建设上取得了伟大成就，而且在文化建设、社会建设、生态文明建设等各个领域都取得了伟大成就。需要明确的是，中国共产党是中国特色社会主义事业的坚强领导核心，是最高政治领导力量。党政军民学，东西南北中，党是领导一切的。历史证明，没有中国共产党自身的坚强有力，谋划长远，统筹国内国际大局，中华民族的伟大复兴是没有希望的。习近平总书记强调："中国共产党的领导是中国特色社会主义最本质的特征。没有共产党，就没有新中国，就没有新中国的繁荣富强。坚持中国共产党这一坚强领导核心，是中华民族的命运所系。"

中华民族迎来了实现伟大复兴的光明前景

党的十八大以来，以习近平同志为核心的党中央团结带领全党全国各族人民，全面审视国际国内新形势，深刻回答了新时代坚持和发展什么样的中国特色社会主义、怎样坚持和发展中国特色社会主义这个重大时代课题，形成了习近平新时代中国特色社会主义思想，坚持统筹推进"五位一体"总体布局、协调推进"四个全面"战略布局，坚持稳中求进工作总基调，对党和国家各方面工作提出一系列新理念新思想新战略，推动党和国家事业发生历史性变革、取得历史性成就，中国特色社会主义进入了新时代。

党的十八大闭幕不久，习近平总书记在参观国家博物馆《复兴之路》展览时指出："现在，我们比历史上任何时期都更接近中华民族伟大复兴的目标，比历史上任何时期都更有信心、有能力实现这个目标。"这清晰表达了我们党对实现中华民族伟大复兴目标的期待，反映了我们党对实现这一伟大目标的信心。中国梦的本质是国家富强、民族振兴、人民幸福。从二〇二〇年到二〇三五年，在全面建成小康社会的基础上，再奋斗十五年，基本实现社会主义现代化。从二〇三五年到本世纪中叶，在基本实现现代化的基础上，再奋斗十五年，把我国建成富强民主文明和谐美丽的社会主义现代化强国。到那时，我国物质文明、政治文明、精神文明、社会文明、生态文明将全面提升，实现国家治理体系和治理能力现代化，成为综合国力和国际影响力领先的国家，全体人民共同富裕基本实现，我国人民将享有更加幸福安康的生活，中华民族将以更加昂扬的姿态屹立于世界民族之林。党的十八大以来，以习近平同志为核心的党中央为了团结带领人民进行伟大斗争、建设伟大工程、推进伟大事业、实现伟大梦想，空前有力地强调了反腐败斗争的极端重要性，以"八项规定"为起点，保持惩治腐败的高压态势，从严管党的干部，努力构筑不敢腐、不能腐、不想腐的堤坝，反腐败斗争取得压倒性胜利，提出了治党治国治军的一系列措施，把制度的笼子扎得更加牢固。我们党要成功推进伟大社会革命，必须勇于推进伟大自我革命，把党建设成为始终走在时代前列、人民衷心拥护、勇于自我革命、经得起各种风浪考验、朝气蓬勃的马克思主义执政党。当前，我们党正在开展"不忘初心，牢记使命"主题教育，目的就是要在新时代建设一个强有力的马克思主义政党，这也是夺取中国特色社会主义新胜利、实现中华民族伟大复兴中国梦的根本政治保障。

进入新时代，我们在中国共产党的坚强领导下、在全国各族人民的不懈努力下，通过坚持走中国特色社会主义道路，彰显了马克思主义的真理性、社会主义的优越性、中国共产党的先进性。党的十九大擘画了实现中华民族伟大复兴的光辉蓝图。习近平总书记指出："中国特色社会主义进入新时代，意味着近代以来久经磨难的中华民族迎来了从站起来、富起来到强起来的伟大飞跃，迎来了实现中华民族伟大复兴的光明前景。"今天，我们离中华民族伟大复兴的目标越来越近。中国道路、中国声音、中国方案、中国力量等受到了国际社会前所未有的关注。站在新时代中国发展新的历史方位上，我们更应坚定对中国特色社会主义的道路自信、理论自信、制度自信和文化自信，不断凝聚起成就事业、开创未来的强大精神动力。

中国历史将要良性运转[*]

——毛泽东与近代中国历史的随想

老百姓心中有杆秤

1893年12月出生于湖南韶山冲一个农民家庭的毛泽东，过世已满17年，即将届满一百周岁冥诞。终毛泽东一生，其言行在中国历史上留下了深深的印痕，在世界历史上，也足堪与同时代的伟人媲美。美国一位毛泽东的传记作者在其作品的中文版序中写道："毛不仅是中国的，而且是全世界的，他的影响早已经超出了他的国家。"[①] 同样的意思，曾被许多外国访问者、学人和政治家用不同的语言描述过。一位知名的台湾历史学者给我讲过一个很动听的故事：他1968年到美国访问，一位黑人计程车司机眉飞色舞地对他说："你来自毛泽东的中国（注意：这位教授来自中国的台湾，而非大陆），车费就免收了吧。"很令我这位朋友动颜。

当然看法也并非一律。两年前在夏威夷一个讨论辛亥革命的学术会议上，我与两位知名的台湾教授在茶点时讨论孙中山、蒋介石和毛泽东。在谈到毛泽东的功绩时，那位很值得我尊敬的台湾教授明显表现了怀疑和鄙夷颜色。

毛泽东去世两年以后，中国共产党人、人民群众和学术界对毛泽东

---

[*] 本文原载于台北《海峡评论》1993年第12期。
[①] 〔美〕R.特里尔：《毛泽东传》，胡为雄、郑玉臣译，河北人民出版社，1990。

晚年的错误，尤其对他发动"文化大革命"的错误决策，对他的家长制作风展开了激烈的批评，呼吁毛泽东走下神坛。不过 10 年工夫，在中国的改革开放日益走向深入的 80 年代末以后，在中国，主要在民间出现了一个新的现象，在老百姓心目中毛泽东的形象再现光辉。从广东、广西，迤北至东三省，挂毛泽东像、唱红太阳颂，随处可见，在青年学生和知识分子中，"毛泽东热"蔚为壮观。今年还有"心中想念毛泽东"的活动展开。这种有趣的社会现象颇值得从政治学、社会学和历史学角度加以关注和研究。毛泽东是耶非耶，在中国老百姓的心中，是有一杆秤的。

毛泽东逝世 17 年后的中国，与毛泽东时代的中国，有了很大的不同。中共十四大在实行改革开放十几年的基础上，确立了以社会主义市场经济作为实现社会主义现代化的必经之路，这在毛泽东的时代几乎是不能想象的。有鉴于此，我们今天已经有可能冷静地从整个近代中国历史的角度来思考毛泽东现象，来探寻毛泽东与中国近代历史的关系了。

作为一个挺直腰杆的整体

1842 年《南京条约》签订以后，中国沦为半殖民地半封建社会，外受列强压迫，内受封建统治，既贫且弱，落后挨打，国将不国，民不聊生。一代代中国人，为着祖国的独立、统一、民主和富强而努力奋斗。《北京条约》签订以后六年出生的孙中山，《中法越南条约》签订以后两年出生的蒋介石，《马关条约》签订以前两年出生的毛泽东，差不多活跃在近代中国历史的主要时期。孙中山以革命为职业，毕生奋斗，实现了推翻清廷帝制的伟大抱负，对中国历史的贡献彪炳史册，但帝国主义仍在神州横行，封建统治的根基并未触动。蒋介石继承孙中山遗志，胜利完成了北伐，在南京建立国民政府，名义上实现了中华民国的初步统一。但蒋介石对帮助改组国民党、推动北伐并为实现孙中山的三民主义而努力的共产党大张挞伐，引致国共长期内战，民益贫而国益弱，诱使早已蓄谋侵华的日本帝国主义大打出手，从九一八事变起到八一五日本投降止，十四年时间差不多侵占、蹂躏了大半个中国。中国何幸？民众何幸？晚清以来的中国政府惧洋成癖，挺不起腰杆做人，是主要原因。半个世纪过去了，中国的独立、统一、民主和富强仍然是大多数中国人苦苦追寻的一个梦。

毛泽东代表挺起脊梁骨的中国人，与他的共产党朋友和万千爱国志士一起，一步一个脚印，扎根在差不多一无所有、赤贫的民众中间，走从农村包围城市、从农村走向城市的革命道路，"外抗强权，内除国贼"，终于在1949年10月建立了中华人民共和国。新中国的建立是中国历史的一个十分重要的新标志。毛泽东说："占人类总数四分之一的中国人从此站立起来了！""我们的民族将再也不是一个被人侮辱的民族了。"① 这是代表受尽了几千年的封建奴役、一个世纪的帝国主义压迫的中国人向世界的一声庄严宣告。从此，不管你对中华人民共和国承认与否，不管你对毛泽东和中国共产党赞成与否，中国人、中华民族作为一个挺直腰杆的整体，站立在世界的东方，是一个铁的事实了。

为研制核武而含辛茹苦

毛泽东传记的另一位作者认为，毛泽东"维护中国尊严和民族利益的坚定决心""得到了他的同胞的一致反应"。② 这是很自然的。毛泽东在1963年9月写道："我国从十九世纪四〇年代起，到二十世纪四〇年代中期，共计一百零五年时间，全世界几乎一切大中小帝国主义国家都侵略过我们，都打过我们，除了最后一次，即抗日战争，由于国内外各种原因以日本帝国主义投降告终以外，没有一次战争不是以我国失败、签订丧权辱国条约而告终。"③ 面对一百多年来民族的屈辱、国家的屈辱，中国人为向世界争取国家平等地位不停地抗争，从太平天国、义和团朴素的反帝（以排外的形式出现），到五四运动后"打倒列强""打倒帝国主义"的种种运动，一再爆发出来。

在新中国建立前夕的1949年3月，毛泽东在河北西柏坡宣告：新中国在对外关系上将"采取有步骤地彻底地摧毁帝国主义在中国的

---

① 《毛泽东选集》第5卷，人民出版社，1977，第5页。
② 施拉姆：《毛泽东》，1967年美国修订版，1987年红旗出版社中译本。
③ 《毛泽东著作选读》，人民出版社，1986，第848页。

控制权的方针"，"不承认国民党时代的任何外国外交机关和外交人员的合法地位，不承认国民党时代的一切卖国条约的继续存在，取消一切帝国主义在中国开办的宣传机关，立即统制对外贸易，改革海关制度"，"关于帝国主义对我国的承认问题，不但现在不应急于去解决，而且就是在全国胜利以后的一个相当时期内也不必急于去解决。我们是愿意按照平等原则同一切国家建立外交关系的，但是从来敌视中国人民的帝国主义，决不能很快地就以平等的态度对待我们，只要一天它们不改变敌视的态度，我们就一天不给帝国主义国家在中国以合法的地位"。毛泽东认为，"在做了这些以后，中国人民就在帝国主义面前站立起来了"。"我们就有可能在平等，互利和互相尊重领土主权的基础之上和一切国家建立外交关系了。"① 这个宣告，就是新中国建立后所取独立自主外交方针的基本政策依据和理论依据。这个宣告，使新中国的对外政策原则与鸦片战争以来历届中国政府的对外政策原则划清了界限，一扫由于历届中国政府对外屈服、帝国主义欺我辱我不平等待我而导致的中国人的崇洋、媚洋、惧洋心理和软骨病，给予国人和世界的震动何其巨大。此后，中国人和自己的国家立即感到自己挺起了腰杆。

当1950年朝鲜战争发生，中国面对比自己强大许多倍的美国军事力量进行抗美援朝战争时，尽管在三年国民经济恢复初期中国还是那样一种百孔千疮、百废待举、依旧贫穷落后的严重形势下，全国人民为反对美帝国主义、保家卫国，而进行那样一种意气风发以恢复经济、发展生产来谋求国家在世界的平等地位的战争，就是有力的证明。此后在三年困难时期（1959—1961），中国知识分子和人民群众勒紧裤带、忍饥挨饿为研制原子弹和核武器而含辛茹苦、同仇敌忾的精神，也同样证明了这一点。如果新中国不采取这种独立自主的对外政策而像1949年前一百年的历届政府那样一切俯仰随人、屈己服人，中国还能有今天这样的国际地位吗？由此估计毛泽东对近代中国历史的贡献，我们能够不说是迈越前古的吗？

---

① 《在中国共产党第七届中央委员会第二次全体会议上的报告》，《毛泽东选集》（合订一卷本），人民出版社，1964，第1435—1436、1478页。

最富经济活力的一块大热土

求富求强,是中国近代历史上一个永不衰竭的追求目标。从19世纪70年代的洋务运动起,到戊戌维新,再到20世纪头十年清政府全面推行新政,30年代国民政府也在一定程度上组织过国家的经济建设,许多志士仁人为求富求强追求过工业救国、教育救国,令人沮丧的是,中国始终没有富强起来。到1949年新中国建立时,中国还是一个贫穷落后的农业国家,以机器工业为代表的近代资本主义企业产值在国民经济总产值中只不过占到10%的份额(这是抗战前的估计,实际上1949年还不足这个份额)。近代中国全部问题的严重性就在这里。

从社会发展的观点看,求富求强、民富国强、国民生活素质不断改善和提高,应当是社会的基本要求,为此而采取一切必要而有效的措施,应是治国者的基本目标。从历史的观点来看,甚至可以说,近代中国一切改革的、革命的运动、政策措施、政府,都是由这一点出发的。晚清政府在求富求强方面无甚前进,乃有康、梁维新和孙、黄革命的迭起,乃有专制朝廷的推翻和中华民国的诞生。袁氏窃国,军阀争战,国将不国,富强更何待求,于是在孙中山提倡下,国共合作,北伐成功,乃有国民政府建都南京之举。南京开府,蒋氏独裁,内战频仍,民生罔顾,一个时期内,中国几乎成为世界上最大的外国军火采购者,及至抗战胜利,政府要员"五子登科",腐败透顶,于是"反内战、要和平、反饥饿、要民主"的口号遍及全国大中城市,战场失败是民心丧失的反映,由此奠基,中华人民共和国政府乃得成立。在这个意义上可以说,新中国是为着消灭中国民贫国弱的现况,为着扫除求富求强的障碍而建立的。经过艰苦努力,在1952年中国工农业生产就恢复到历史最好水平,到60年代初,工业产值在国民经济总产值中的比重就超过农业产值,此后因为"文革"十年的破坏,社会发展停滞,但经过1978年后十几年的努力,全面建设社会主义现代化的中心思想得以确立,在有中国特色的社会主义理论指导下,又顺利形成了社会主义市场经济的社会发展模式,全中国在全方位的开放形势下,处在热气腾腾的现代化建设氛围之中,成为当今世界上最富经济活力的一大块热土。比起发达资本主义国家，以及按人口平均来算，中国今天还不能说已经富了，已经强了，但中国的这种社会经济发展趋势，不仅在整个中国历史上是空前的，在世界历史上也是令人骇异的。似乎可以说，一个半世纪来中国人追求的国家富强之梦，在今后不长时间，应当要实现了。然则，在这个历史过程中，毛泽东发挥了什么作用呢？

节制，而不是消灭资本主义

吾人研究近代中国历史，评估毛泽东在中国近代史上的作用，应抛弃那些细枝末节，抓住两条大的脉络。第一，毛泽东总结了近百年中国不得富强、落后挨打的历史教训，体察了历届政府软弱、腐败、政治恶劣，社会制度不良的现实，在改造社会的手段上摒弃了社会改良主义的路线，改采社会革命的路线，其创造性贡献是：不是一开始就实行社会主义革命，而是先实行民主主义革命（这个时期的纲领与孙中山先生的主张基本相同），再进行社会主义革命，"只有经过民主主义，才能到达社会主义"，[①] 这种民主主义，毛泽东称为新民主主义。"这种新式的民主革命，虽然在一方面是替资本主义扫清道路，但在另一方面又是替社会主义创造前提。"[②] 依据这种理论指导，中国革命的路走通了，新的中国才得以建立。总结一句话，毛泽东主张先革命、后建设，革命成功了，再努力建设。关于这一方面，本文不赘述。

第二，毛泽东努力设计、探索中国社会发展即中国现代化的道路。从 20 世纪 30 年代至 50 年代，毛泽东面对的虽然大量的、主要的是战争和军事战略问题，他不是从纯军事的角度考虑战争，而是从政治全局、政治前景的角度考虑战争问题。在考虑战争的同时，还从发展生产力的角度考虑中国的社会发展。毛泽东在 1945 年写道："中国一切政党的政策及其实践在中国人民中所表现的作用的好坏、大小，归根到底，看它对于中国人民的生产力的发展是否有帮助及其帮助之大小，看它是束缚生产力的，还是解放生产力的。消灭日本侵略者、实行土地改革、

[①] 毛泽东：《论联合政府》，《毛泽东选集》（合订一卷本），第 1060 页。
[②] 毛泽东：《中国革命和中国共产党》，《毛泽东选集》（合订一卷本），第 643 页。

解放农民，发展现代工业，建立独立、自由、民主、统一和富强的新中国，只有这一切，才能使中国社会生产力获得解放，才是中国人民所欢迎的。"① 这一观点，为此后建国及建国后全面实施社会主义现代化建设奠定了理论基础。

新中国建立以后，毛泽东在探索中国社会发展即中国现代化道路方面，有成功的一面，也有失误的一面，无论成功或失误，都打上了毛泽东作为一代伟人所独具的个人风格的印记，并对中国历史产生了深刻的影响。建国前夕，毛泽东设计未来新中国的经济战略，指出："为了对付帝国主义的压迫，为了使落后的经济地位提高一步，中国必须利用一切于国计民生有利而不是有害的城乡资本主义因素，团结民族资产阶级，共同奋斗。我们现在的方针是节制资本主义，而不是消灭资本主义。"② 据此，构成新民主主义新中国的几种主要经济形态是：社会主义性质的国营经济、半社会主义性质的合作社经济、私人资本主义经济、个体经济和国家资本主义经济。这种设计是完全符合中国生产力发展水平的，同时也显示了由新民主主义向社会主义发展的美好前景。按照这样的设计稳步地走下去，中国老百姓求富求强的理想是可以计日程功的。

失误本身影响中国发展至巨

可惜建国以后不久，就过早地结束新民主主义的社会发展阶段，不适当地、过早地把五种经济形态变为单一的社会主义经济形态，"使生产资料的社会主义所有制成为我国国家和社会的唯一的经济基础"。③ 背离生产力发展的实际情况，不断调整生产关系，不仅使计划经济体制中的弊端发展到极致，在政治思想上也日益变得紧张起来（"以阶级斗争为纲"），在建设方式上盲目求快，追求用群众运动的方式发展大规模的社会经济事业。所谓"抓革命，促生产"，显然具有"马上打天下，马上治天下"的味道，违背了客观经济规律，结果欲速则不达，求

---

① 毛泽东：《论联合政府》，《毛泽东选集》（合订一卷本），第 1079 页。
② 毛泽东：《论人民民主专政》，《毛泽东选集》（合订一卷本），第 1484 页。
③ 《关于党在过渡时期的总路线》，《毛泽东著作选读》，第 705 页。

富求强的理想不能迅速实现，甚至破坏了经济发展，造成二十年（1958—1978）发展停滞。失误原因复杂，这里不做分析，但失误本身影响中国历史发展至巨则是事实。

换一个角度说，毛泽东关于中国社会主义现代化建设模式的探索，是始终不懈的。上述失误是这种探索内容之一。毛泽东希望加快社会发展速度，摆脱"一穷二白"面貌，使中国早日富强起来。由于经验不够（毛泽东承认，对于经济建设我们还缺乏经验，需要在实践中去解决"社会主义经济发展的客观规律和我们主观认识之间的矛盾"，希望不要花费革命时期那么高的代价[①]），再加上国际国内种种环境的刺激，他的思想神驰起来，可能出现偏差。当他冷静时，他为中国现代化的发展道路提出了很好的思路。他经常思考，要实现社会主义工业化，要实现农业的社会主义化、机械化，要建成一个伟大的社会主义国家，究竟需要多少时间。50—60年代，他经常结合苏联社会主义建设的经验教训，探讨中国的发展道路，分析现代化过程中各工业部类之间的比例关系，分析像沿海经济和内地经济这样属于区域经济范围的问题，考虑中国社会主义现代化的国内外环境问题，他虽然强调要向苏联等社会主义国家学习，也指出要向资本主义国家学习。他说过："我们的方针是，一切民族、一切国家的长处都要学，政治、经济、科学、文学、艺术的一切真正好的东西都要学。""外国资本主义的一切腐败制度和思想作风，我们要坚决抵制和批判。但是，这并不妨碍我们去学习资本主义国家的先进的科学技术和企业管理方法中合乎科学的方面。工业发达国家的企业，用人少、效率高，会做生意，这些都应当有原则地好好学过来。"[②] 他强调，就是将来国家富强了，就是在几十个五年计划之后，还应当向人家学习。显然，这是一种谦虚谨慎的态度。

实现中国人求富求强的理想

进入70年代，还在"文革"中，笔者正在河南信阳地区的"五七

[①]《关于正确处理人民内部矛盾的问题》，《毛泽东著作选读》，第797页。
[②]《论十大关系》，《毛泽东著作选读》，第740、742页。

干校"劳动，突然看到报载中美关系的戏剧性突破，听到毛泽东关于中美关系的讲话传达，头脑中的震惊是异常巨大的。这就是说，在当时那样一种沉闷的国内氛围中，毛泽东却超脱出来，正在从寰球角度考虑中、美、苏关系问题。随着中美《上海公报》发表，中美关系改善，中日建交，中国未来发展的国际环境获得了极大改善。

回顾1978年中共确立改革开放的社会主义现代化建设总方针的历史，回顾邓小平提出有中国特色的社会主义理论，如果我们问：假若没有毛泽东提出新民主主义经济形态的框架，没有毛泽东关于社会主义建设道路的思考，没有毛泽东关于向一切外国（包括资本主义国家）学习先进科学技术和企业管理经验的言论，没有毛泽东那样特立独行地营造相对安定的国际环境，中国现代化的步子将会怎么走？正是毛泽东过急过左的"一万年太久，只争朝夕"的现代化模式（从"大跃进"到"文化大革命"），极大地教育了中国人怎样才是中国社会主义现代化的正确道路，怎样才能实现中国人求富求强的理想。

尽管毛泽东晚年的错误给中国历史发展带来的负面影响是明显的、严重的，但中国人今天仍没有忘记毛泽东推动中国历史前进的丰功伟绩。尽管今天中国实行改革开放、建设社会主义市场经济的形势是毛泽东当年不能比拟的，但又不能把它与毛泽东当年截然对立起来，它的形成与发展，与毛泽东的思想和主张，是有着内在联系的。当人们思考毛泽东与近代中国历史发展关系时，是不是应当得出这样的认识呢？我以为应当是这样的。

邓小平提出的"有中国特色的社会主义"，今天已获全民共识，近闻蒋纬国在美国发表讲话对此"举双手赞成"。的确，孙中山当初阐述民生主义时思考过这个问题，但孙中山没有得着实践的机会。毛泽东在全国范围大规模、长时间的社会实践中探索这个问题，取得了宝贵的经验与认识。邓小平总其成，鲜明地提出有中国特色的社会主义理论，把近代中国历史前进的传承关系明确地昭示给世人，给中国人求富求强的强烈愿望一个肯定的答复。这就给人们提示了一个中国历史将要良性运转的可喜信息。可以肯定，它将是中国历史发展中一个值得庆贺的里程碑。而历史伟人毛泽东在其中起着举足轻重的不可替代的作用。

九
历史学家要有时代担当

济南大会聚焦"全球视野下的中国"[*]

经过五年筹备，第 22 届国际历史科学大会在山东济南开幕。这次大会在济南召开，既是国际历史学会的大事，也是中国史学会的大事，更是中国史学界的大事和喜事。

2010 年 8 月，在荷兰阿姆斯特丹国际历史学会各国代表大会上，中国史学会的申办获得通过。这次申办成功是在中国经济发展取得重大成就的大背景下取得的。2010 年，中国经济总量超过日本，成为仅次于美国的第二大经济体，中国的国际地位和国际话语权空前提高。同时，据我从 2003 年开始与国际历史学会主席和秘书长的联系中得知，他们主张国际历史学会和国际历史科学大会的国际化，希望国际历史科学大会走出欧洲。1900 年以来，国际历史科学大会绝大多数在欧洲召开。1975 年第一次越过欧洲去到美国旧金山，1995 年去到加拿大蒙特利尔，2005 年去到澳大利亚悉尼。国际历史学会主席和秘书长等都表示希望今后大会在每个洲轮流主办，中国抓住了这一机遇。

一百多年来，中国历史学界一直在关注国际历史科学大会的召开，也希望有机会在中国举办。1949 年前没有这种可能。1982 年，中国史学会正式加入国际历史学会，成为它的国家级会员；从 1985 年开始，中国史学会代表团以正式身份出席了每五年一次的国际历史科学大会；在 1995 年加拿大蒙特利尔大会上，中国史学会申办第 19 届国际历史科学大会，铩羽而归，令人遗憾。

2010 年在阿姆斯特丹国际历史科学大会期间，中国史学会举办了申办 2015 年大会说明会，100 多人出席。中国史学会介绍了准备在山

---

[*] 本文原载于《光明日报》2015 年 8 月 23 日，第 6 版。

东济南举办第 22 届国际历史科学大会的计划，回答了各国学者提出的疑问。国际历史学会代表大会在表决中国史学会的申请时，36 票赞成，国际历史学会主席当场宣布，代表大会顺利通过了中国史学会的申请。

济南大会的筹备工作，是由中国史学会和山东大学合作进行的。中国史学会负责与国际历史学会一起制定大会议程，山东大学负责会务。按照国际历史学会的规定，国际历史科学大会是由国际历史学会主办，大会议题的制定、提出需经国际历史学会代表大会通过。2010 年大会申请通过后，国际历史学会向成员发函，征求议题建议。一般成员只提出自己感兴趣的一两个议题。中国史学会考虑到第 22 届大会在中国召开，要多反映中国学者的声音，为此做了大量准备工作。2012 年初，中国史学会向国际历史学会执行局报送了 20 多个议题，其中 10 多个议题与中国史学有关，或是中国学者感兴趣的，或与历史学发展有关系。国际历史学会执行局从中采纳了 10 多个议题。

2012 年 8 月在匈牙利首都布达佩斯召开的国际历史学会代表大会，经过一天讨论，通过了全部议题。这些议题包括四大主题：全球视野下的中国、书写情感的历史、世界史中的革命、历史学的数字化转向。大会开幕式由中国设计，开幕式后的专题演讲有三位学者，其中一位是中国历史学者。

"全球视野下的中国"，作为会议选定的第一大主题，由中国历史学者主持。会议时间一天，分上午、下午两场，加上候选发言人共 14 位，其中有 3 位中国学者、3 位意大利学者，还有美国、法国、日本、西班牙、瑞士、俄罗斯、加拿大、孟加拉国各一人。提供的论文涉及中国各个历史时期，尤其注重中国与世界各国的关系。

据初步统计，在一周会议期间，中国学者主持的主会场和分会场共有 16 场（包括海外华人学者和香港学者主持的各一项），作为评论人、论文作者的中国历史学者近 80 人（包括海外中国学者和港台学者），涉及中国历史问题的论文近百篇。可以说，这次国际历史科学大会，开启了聚焦中国历史和历史学的先河。

中国是一个历史悠久的古国、大国。在 17 世纪以前，中国的经济、文化一直处在世界的前列。18 世纪以后，中国的经济发展落后了。经过中国人民 100 多年的奋斗，特别是 1949 年以来将近 70 年的奋斗，中国经济发展已经在 2010 年稳居世界第二。全世界的目光都集中在现实的中国。在这样的背景下，第 22 届国际历史科学大会在济南召开，历史学家的聚焦点从现实的中国转到历史的中国，很有象征意义。这说明，一个国家在学术上的话语权，一定是与那个国家在现实国际关系中的话语权相适应的。

从 1985 年第 16 届国际历史科学大会到 2010 年第 21 届大会，大会议题中只有一项与中国历史有关，中国历史学者只是主持一场与中国有关的学术会议。济南大会，四大主题的第一大主题是中国历史问题，主持人是中国学者……这些安排大大提升了中国历史学者在这次大会中的作用。有这么多中国学者参与主持专题讨论会（或者圆桌会议），在以往的国际大会上是不可能的。

国际历史科学大会是国际历史学界规模最大、参与人数最多的国际历史学会议。从以往的各次会议来看，出席会议并且提交论文的学者，一般都是很严谨的历史学家。他们带着各个不同国家和地区感兴趣的历史学话题前来赴会，对于彼此学术交流的意义重大。各国历史学家怎样看待各国的历史或者怎样看待世界史上发生过的重大事件，来自各不相同国家和地区的学者用什么样的历史观或者史学方法处理历史学问题，是大家都感兴趣的。一次大会所确定的各项议题，可能成为今后一个时期史学研究的潮流。历史学研究的这些潮流和趋势，都是中国学者需要了解和注意的。各国学者的学术研究成果也是值得中国学者学习和吸取的。学习世界各国史学研究的精华，对于提升中国史学的水平显然是有所裨益的。

在第 22 届国际历史科学大会开幕式上的致辞*

中国史学界即将在此地迎来重要的历史时刻：第 22 届国际历史科学大会在山东济南召开！这是一个有历史意义的时刻，是一个荣耀的时刻！我代表中国史学会热烈欢迎前来出席第 22 届国际历史科学大会的各国学者，欢迎光临指导的国务院副总理和中国社会科学院、山东省人民政府的领导和各位嘉宾！

一百多年来，中国历史学家一直抱着浓厚的兴趣关注国际历史科学大会的召开。早在 1905 年，还在清朝末年，中国学者就开始期待在柏林召开的第 3 届国际历史科学大会。1923 年，当第 5 届国际历史科学大会在布鲁塞尔闭幕后不久，中国未来的历史学家、东南大学历史系学生向达就在南京《史地学报》发表翻译自美国的长篇介绍文章。1938 年，胡适作为中国历史学者第一次出席了在瑞士苏黎世举办的第 8 届国际历史科学大会。往后一直到 1980 年，中国史学会才与国际历史学会发生联系，此后每五年一届的国际历史科学大会，中国史学会都组团出席。中国史学界盼望能够在中国召开一届国际历史科学大会。这个愿望得到了国际历史学会数任主席和秘书长的支持与鼓励。

2010 年 8 月在阿姆斯特丹，国际历史学会代表大会（the General Assembly，Assemblée générale）正式投票通过在中国济南举办国际历史科学大会。这是中国历史学界的荣幸！为了办好这次大会，中国史学会

---

* 本文是第 22 届国际历史科学大会上的开幕词，这次大会于 2015 年 8 月 23 日下午在山东济南召开。出席开幕式的有中共中央政治局委员、国务院副总理刘延东，国际历史学会主席希耶塔拉（Marjatta Hietala）教授等。习近平主席给大会发了贺信。这个开幕词当天在山东大学网站刊出。

与国际历史学会合作密切而有效率。在国际历史学会希耶塔拉主席和弗朗克（Prof. Robert Frank）秘书长密切关注和指导下，经过五年筹备，得到各国历史学家的支持和配合，历史科学大会百年来第一次在亚洲，第一次在中国召开实现了！山东大学倾全力承办了这次大会。我代表中国史学会对国际历史学会和山东大学表示诚挚的感谢！

正如国际历史学会秘书长弗朗克教授说过的，济南大会将是一次成功的大会，济南大会的成功举办将证明国际历史学会代表大会的选择是正确的！济南大会将打破欧洲中心主义，走向亚洲，走向世界！

各国历史学家将通过在中国一周以上的逗留，进一步认识中国，进一步了解中国的历史学界！中国历史学家将利用这个宝贵的机会，虚心向各国历史学家学习，开展有益的学术交流！

历史是人类共同的遗产，也是人类走向未来的依据和动力。守卫历史就是守卫人类的正义与和平。我们相信，济南国际历史科学大会在推动历史学的国际化以及对历史和历史学的深刻认识上，将留下珍贵的记录！

我代表中国史学会预祝此次大会获得圆满成功！

中国历史学家要有时代担当[*]

习近平主席在致第22届国际历史科学大会的贺信中，一开始就明确指出："历史研究是一切社会科学的基础，承担着'究天人之际，通古今之变'的使命。"这是对历史学作用和功能的重要论断。

"究天人之际，通古今之变"，意指史学要研究自然与人类社会的关系，要深究古往今来人类社会的演变规律。从唯物史观来看，研究人类社会发展规律，研究人类社会何以从低级阶段发展到高级阶段，何以从原始阶段发展到资本主义社会和社会主义社会，是历史学的任务，这样的认识是完全符合历史唯物主义的，也与马克思所说的"我们仅仅知道一门唯一的科学，即历史科学"，大体是一个意思。

历史科学是基础科学，无论哪一个学科，其实都离不开历史，至少离不开本学科形成和发展的历史。即使是自然科学，也离不开历史，至少离不开自然科学各学科自身形成发展的历史。只有透彻了解本学科形成发展的历史，才能对学科发展的方向做出准确的判断。

习近平主席在贺信中还说："重视历史、研究历史、借鉴历史，可以给人类带来很多了解昨天、把握今天、开创明天的智慧。所以说，历史是人类最好的老师。"人们需要从历史知识的宝库中获取营养。历史研究可以把前人克服前进困难的智慧挖掘出来，把前人的历史局限性、时代局限性即前人解决不了的问题总结出来，可以把前人胜利的经验、失败的教训提炼出来，供今人参考。这些了解和总结，都不是自然发生的，都需要靠人们的努力去深入研究才能得到。

---

[*] 《光明日报》与中国史学会联合主办首都史学界学习习近平总书记致第22届国际历史科学大会开幕式的贺信座谈会，本文是在那次座谈会上的发言摘要，原载于《光明日报》2015年11月11日，第14版。

历史研究是一门学问，最根本的特点是尽可能多地占有史料，用史实说话，一切研究结论建立在扎实的史料基础上，拒绝凭空捏造。历史虚无主义最大的问题就是不尊重史实，不尊重历史发展的大趋势，随意解读史料。习近平总书记在今年 7 月 30 日主持中央政治局学习时，就抗战历史和抗战史研究做了重要讲话。他说："同中国人民抗日战争的历史地位和历史意义相比，同这场战争对中华民族和世界的影响相比，我们的抗战研究还远远不够，要继续进行深入系统的研究。"要按照"总体研究要深、专题研究要细"的原则，制定中长期规划和具体工作方案，要把历史结论建立在翔实准确的史料支撑和深入细致的研究分析的基础之上，要更多通过档案、资料、事实、当事人证词等各种人证、物证来说话。要坚持正确方向、把握正确导向，让历史说话，用史实发言。这些意见，不仅适用于抗战历史，也适用于一切历史问题的研究。

为了中华民族复兴的伟大事业，我们需要深入研究历史。不仅要深入研究抗战历史，还要深入研究中国近现代史，研究中国共产党的历史，研究中华人民共和国的历史，研究中国古代史和世界史。要深入研究几千年的传统文化，研究五四运动以来和新中国成立以来的文化传统，从中总结出有益的东西。这些对于马克思主义中国化，对于中国特色社会主义的建设都是至关重要的。

习近平主席的贺信代表了党中央对中国历史学界的鼓励、鞭策和重视，是中国史学界的光荣。我们要在发展和繁荣中国历史学中发挥时代担当，尽到自己作为历史学者的时代责任。

说说历史有什么用[*]

"历史学有什么用",这个问过无数遍的问题,总是有人提出来,可见这个问题是有生命力的。前些年,某大学校长问历史系主任,历史有什么用?弄得历史系主任哭笑不得。我曾出过主意,只要这样说就可以:全世界最优秀的综合性大学一定要有出色的历史系,敝校要成为世界一流的综合性大学,请问要不要建设一流的历史系?那位历史系主任听了,觉得这个回答好。

历史有什么用?既好回答,又不好回答。历史能当饭吃吗?能造飞机、造汽车、造高铁吗?能造宇宙飞船吗?都不能造,所以没用。如果我们找造飞机、汽车、高铁和宇宙飞船的工程师问一句,你们造的这些东西,是盘古开天地一开始就有的吗?还是在一定的社会历史背景和物质条件下一步一步发展过来的?今天引以为傲的高科技产品,包括大数据、云计算和人工智能技术,都是在一定的社会历史背景和物质条件下逐步发展过来的。有人把社会历史背景和物质条件讲清楚了,就是讲了历史,讲了历史的用处。把这些讲清楚了,可能对这些高科技产品的未来发展趋势也较为清晰了。这就是历史判断能力和历史的用处。这个对历史从无用到有用的认识转变,就是认识的辩证法。

理工科任何高深的学问,包括数学、高能物理、天文气象在内,都是在历史过程中不断进步的人们认识宇宙、改造宇宙的反映和产物,无一例外。这就是历史活动。科学实验也是一种历史活动。以前有些极为聪明的人痴迷于永动机的发明,却得不到理想中的效果,直白地说,这就是不懂历史,不懂得社会历史背景和一定的物质条件。今天,执着于

---

[*] 本文刊载于《中国社会科学报》2019 年 4 月 17 日。

发明永动机的人少很多了，说明今天的人们更聪明了，更懂得历史了。可见，一定的历史和物质条件，是发展自然科学的前提。

换句话说，任何一个高明的自然科学家，若不懂得掌握社会历史条件，不懂得在同样历史条件下的人际关系，不懂得前人的成果是在何等历史条件下取得的，单凭个人的聪明才智和想象能力，想取得超出同人成就的科学成果，可能性是微乎其微的。任何科学家只有在历史活动所允许的条件下才可能取得理想的成果，这个道理是不难讲清楚的。

历史科学是基础科学，无论哪一个学科，其实都离不开历史，至少离不开本学科形成和发展的历史。即使是自然科学，也离不开历史，至少离不开自然科学各学科自身形成发展的历史，只有透彻了解本学科形成发展的历史，才能对学科发展的方向做出准确的判断。科学事业永远是后人站在前人的肩膀上前进的。无论社会科学还是自然科学，都是在人类社会发展过程中产生的，都有其产生、形成和发展的社会历史背景。无论社会科学家还是自然科学家，只有透彻了解人类社会发展的历史，才能明了本门科学发展的方向，以及本门科学如何才能推动社会的发展。

可能有人会说：我不是科学家，我是一个普通人，我种田、做工，我甚至不问政治，历史对我有什么用？的确没有大用。但是任何人都不是孙猴子，不是从石头里蹦出来的，任何人都是父母所生，父母也是由其父母所生。中国历史文化的特点之一是历史久远，中国人讲究慎终追远，要知道自己所从何来。修家谱、修族谱、修地方志，都是要知道自己所从何来。我为什么姓张，你为什么姓王，他为什么姓刘？都是从历史中走来。成渝一带的人会说我的祖先清康熙年间从湖北麻城来，湖北、湖南一带的人会说我的祖先明洪武初年从江西来，福建、广东一带的客家人可能在魏晋时期从陕西、河南一带迁过来。我们为什么要爱国，为什么知道钓鱼岛被日本侵占很气愤？因为600年前中国皇帝派大臣到琉球王国册封琉球国王，就把钓鱼岛一带的地形地势搞得很清楚了，那些地名也是我们的祖先命名的。为什么说南海是中国的，因为唐朝以后中国南粤渔民在南海打鱼，就把各条路线和岛礁、沙洲弄清楚了，地名也起好了。所以，我们看到美国军舰要侵入南海中国岛礁附近海域就很气愤。这就是家国情怀。哪个普通人没有家国情怀？至于茶余饭后,听历史故事、看历史电影电视剧、评价古人,津津乐道,不都是陶冶在历史的情境中吗?一个没有家国情怀、没有爱国主义情感、讲不出几个历史故事的人,可能就是一个人文素养不高的人。

对于任何一个准备从事管理工作的人来说,懂得历史是至关重要的。治理一个国家、一个地区、一个乡镇、一个单位、一家学校,都需要具有一定的历史知识。治理的地区越大,你需要的历史知识就越要扩大。直白一点说,治理本身就是历史知识的积累。一个学习了一定医学知识的人,一开始就可能成为好医生吗?不会的。好医生都是从无数病人身上积累起来的。治理国家,治理社会,光凭理想是不成的。从基层做起,摸爬滚打,经历无数曲折磨难,聪明的人从中积累最有用的经验,结合自己勤学,特别是读一些有用的历史书,借鉴前人的历史经验,方才可以在治理自己负责的地区中有所成就。在这里,历史既包括自己的历史经验,也包括前人的历史经验。

积累自己的历史经验,举例说,毛泽东同志所做的一系列农村调查,如湖南农民运动调查、寻乌调查、兴国调查、长冈乡调查、才溪乡调查,乃至1956年为形成《论十大关系》对国务院各部委做的一系列调查,都是在积累自己的历史经验。习近平同志在福建宁德工作后出版的《摆脱贫困》一书,在浙江工作期间留下的《之江心语》和"八八战略",也是在积累自己治国理政的历史经验。自己积累的历史经验只有总结提升到理论的高度,才能形成对自己对社会有用的历史经验,才能称之为历史经验。

借鉴前人历史经验的例子不胜枚举。秦始皇是促成中国统一的伟大历史人物,"书同文,车同轨",从精神和物质上奠定了中国统一的基础。但是,他自我膨胀,大兴土木,建造宫殿、陵墓,过度消耗民力,终于导致农民起义,秦王朝成为中国历史上最短命的王朝。建长城好不好,当然有一定的历史意义;超过现有物质条件建造宫殿、陵墓就很不好。秦亡的教训,是历代不同人士长盛不衰的话题。总之,乱用民力就不好。此后,末代君主往往不爱惜民力,不顾惜民心,人民不得不起来反抗,改朝换代。唐太宗李世民常与群臣讨论"水可载舟,亦可覆舟"的道理。《贞观政要》记录了贞观之治时期轻徭薄赋、劝课农桑、虚怀纳谏的故事。李世民时的贤臣魏征说:"怨不在大,可畏惟人,载舟覆舟,所宜深慎。"懂得"水可载舟,亦可覆舟"的道理,就是初步认识到人民的力量。中国共产党反复强调人民是创造历史的伟大力量，这不仅是马克思主义的基本原理，也是总结了中国历史的基本经验。习近平同志总结中国共产党不忘初心的历史经验说："党和人民的关系就好比舟和水的关系，'水可载舟，亦可覆舟'。革命战争年代，正是在'红船精神'引领下，我们党从民族大义和人民群众的根本利益出发，充分发动并紧紧依靠人民群众夺取了政权，从此成为在全国掌握政权并长期执政的执政党。"这里也是引用载舟覆舟的历史经验，说明中国共产党无论在革命时期还是建设时期都必须紧紧依靠人民这一道理。这是对历史经验的活的运用。

从事治国理政的政治家，不注意吸取历史经验，是要吃大亏的。凡是成功的政治家，都是成功运用历史经验的大家。当乡长、县长、市长、省长，你不了解本地区的历史，不了解本地区在全国的地位，不了解本地区与世界的联系，不了解本地区在新中国成立 70 年来的表现，不了解本地区改革开放 40 年来的发展，你是难以当好乡长、县长、市长、省长的。

对于从事历史研究的学者来说，学习历史、研究历史是他们的专业。历史有什么用，是不待言的。习近平同志致函第二十二届国际历史科学大会，就历史学研究的基础作用和社会功能发表了重要论述，受到了与会国内外学者广泛欢迎。贺信一开始就明确指出："历史研究是一切社会科学的基础，承担着'究天人之际，通古今之变'的使命。"2018 年，党中央决定成立中国历史研究院，习近平同志给成立大会发来贺信，殷切希望中国历史研究院"总结历史经验，揭示历史规律，把握历史趋势，加快构建中国特色历史学学科体系、学术体系、话语体系"，贺信要求中国历史研究院推出一批有思想穿透力的精品力作，立时代之潮头，通古今之变化，发思想之先声，充分发挥知古鉴今、资政育人作用。习近平同志的贺信给中国历史研究工作者极大的鼓舞。

"究天人之际，通古今之变"是司马迁的经典语言。习近平同志几次引用这句话说明历史研究的意义。这句话的意思是史学要研究自然与人类社会的关系，要深究古往今来人类社会的演变规律。从唯物史观来看，研究人类社会发展规律，研究人类社会何以从低级阶段发展到今天的高级阶段，何以从原始阶段发展到资本主义社会和社会主义社会，是历史学的任务，这样的认识是完全符合历史唯物主义的。我想，习近平同志在这里引用这句话，用意也在于此。从这个角度说，历史研究是一切社会科学的基础就可以成立了，这与马克思所说我们仅仅知道一门唯一的科学即历史科学，大体是一个意思。

习近平同志在致第二十二届国际历史科学大会召开的贺信中强调："重视历史、研究历史、借鉴历史，可以给人类带来很多了解昨天、把握今天、开创明天的智慧。所以说，历史是人类最好的老师。"他在另一个地方说，历史是人类的百科全书，人们需要从历史知识的宝库中获取营养。个人、团体、政党、地区或者国家，都需要了解自己的昨天、了解自己的前天、了解自己是怎么走到今天的，从而判明今后前进的方向。历史研究可以把前人克服前进困难的智慧挖掘出来，把前人的历史局限性、时代局限性即前人解决不了的问题总结出来，可以把前人胜利的经验、失败的教训提炼出来，供今人参考。这些了解，这些总结，都不是自然发生的，都是需要靠人们的努力去深入研究才能得到的，从这个角度说，后人的总结往往比前人站得更高，看得更深入，这就说明了重视历史、研究历史、借鉴历史的重要性。这个提炼和总结的工作，不是一般个人能做到的，这就是专业历史学者的责任。

中国历史悠久，有丰富的历史典籍，也有众多的研究成果。二十五史，可以说都是后人对前人历史经验的总结与积累。宋人司马光主编的中国通史称作《资治通鉴》，把中国古人研究历史的出发点讲得清清楚楚。所谓《资治通鉴》，是指编撰一部通史作为治理国家者镜鉴。我理解，这个治理国家者是泛指的，是指现在和今后治理国家者，也包括所有准备参与治理国家的人。这里的国家也是泛指，它既指国家，也指地区。按这样理解，就是说历史经验要提供给所有参与社会活动的人或者人群。这就是说，一部优秀的史学著作，可以为所有准备参与国家治理者提供值得借鉴的历史经验。历史和历史学的借鉴意义就十分清楚了。习近平同志在贺信中还指出："中国人民正在为实现中华民族伟大复兴的中国梦而奋斗，需要从历史中汲取智慧，需要博采各国文明之长。欢迎各位专家从对历史的感悟中为我们提供真知灼见。"《习近平谈治国理政》一书就大量引用了历史经验。这一贺信表达了习近平同志对历史学家寄予的无限期望。

作为中国历史学家，我们既要了解中国历史，也要了解世界历史。中国历史学家要著书立说，总结中国和世界的历史经验，提供给中国和世界准备参与治理国家和社会的人们参考。

历史的用处大乎哉，大也。历史是一门真正的学问，它的作用是明显的。